W0039146

Von Zecharia Sitchin sind außerdem erschienen:

»Der zwölfte Planet« (Band 3947)
»Am Anfang war der Fortschritt« (Band 4828)
»Stufen zum Kosmos« (Band 3946)
»Versunkene Reiche« (Band 4827)

Dieses Buch wurde auf chlor- und säurefreiem Papier gedruckt.

Deutsche Erstausgabe Dezember 1991
© 1991 Droemersche Verlagsanstalt Th. Knaur Nachf., München

Titel der Originalausgabe »The Wars of Gods and Men«
© 1985 Z. Sitchin
Originalverlag Avon Books, New York
Umschlaggestaltung Manfred Waller
Umschlagfoto Corey Wolfe/The Image Bank
Satz MPM, Wasserburg
Reproduktion Reproteam Ulm
Druck und Bindung Ebner Ulm
Printed in Germany   5   4   3   2
ISBN 3-426-04805-1

Zecharia Sitchin:

Die Kriege der Menschen und Götter

Wie die Anunnaki von einem anderen Stern kamen,
um Gold zu suchen, und den Menschen schufen

Aus dem Amerikanischen von Ursula von Wiese

Inhalt

Vorwort

Lange bevor die Menschen gegeneinander Krieg führten, bekämpften sich die Götter. Ja, es war der Krieg der Götter, mit dem der Krieg der Menschen begann.

Und der Krieg der Götter um die Herrschaft über die Erde hatte auf ihrem eigenen Planeten seinen Anfang genommen. So fiel die erste Zivilisation der Menschheit einer nuklearen Massenvernichtung zum Opfer.

Dies ist Tatsache, kein erdichtetes Märchen; es ist alles vor langer Zeit niedergeschrieben worden — in der Chronik der Erde.

1

Die Kriege der Menschen

Im Frühjahr 1947 entdeckte ein Schäfer, der in den kahlen Klippen über dem Toten Meer ein verirrtes Schaf suchte, eine Höhle, in der hebräische Schriftrollen in irdenen Krügen versteckt waren. Diese und andere Schriftrollen, die in den folgenden Jahren in dem Gebiet gefunden wurden, allgemein die Schriftrollen vom Toten Meer genannt, hatten fast zweitausend Jahre, sorgfältig verpackt und versteckt während der turbulenten Zeit, wo Judäa die Macht des Römischen Reiches herausgefordert hatte, ungestört hier gelegen.

Gehörten sie zu der Bibliothek von Jerusalem, und waren sie in Sicherheit gebracht worden, ehe die Stadt und ihr Tempel im Jahr 70 v. Chr. fielen, oder gehörten sie, wie die meisten Gelehrten annehmen, zu der Bibliothek der Essener, einer ordensähnlichen Gemeinschaft, die an das Kommen des Messias glaubte? Die Meinungen gehen auseinander, denn die Bibliothek enthielt sowohl überlieferte biblische Texte als auch Schriften über Sitten, Organisation und Glauben der Bruderschaft.

Die längste und vollständigste Schriftrolle, vielleicht auch die dramatischste, handelt von einem zukünftigen Krieg, gewissermaßen dem endgültigen. Die Altertumsforscher haben ihr den Titel »Der Krieg der Söhne des Lichtes gegen die Söhne der Finsternis« gegeben. Darin wird ein ausgedehnter Krieg geschildert, mit örtlichen Schlachten, die zuerst zwischen Judäas unmittelbaren Nachbarn stattfinden, an Heftigkeit zunehmen und schließlich die gesamte alte Welt vernichten: »Der erste Kampf der Söhne des Lichtes gegen die Söhne der Finsternis, das heißt gegen die Heerscharen Belials, wird ein Angriff auf die Truppen von Edom und Moab und auf das Gebiet der Ammoniter und der Philister sein, dann auf die Heiden von Assyrien und diejenigen Vertragsbrecher, die ihnen Hilfe geleistet haben.« Und nach diesen Schlachten »werden sie gegen die Bewohner Ägyptens und zu gegebener Zeit ... gegen die Könige im Norden zu Felde ziehen«.

In diesem Krieg der Menschen, so sagen die Schriftrollen voraus, werde der Gott Israels eine aktive Rolle spielen:

> »An dem Tage, an dem die Heiden fallen, wird es eine gewaltige Schlacht
> und ein Blutbad in Anwesenheit des Gottes von Israel geben;
> denn das ist der Tag, den er vor alter Zeit als den letzten Krieg
> gegen die Söhne der Finsternis bestimmt hat.«

Schon der Prophet Hesekiel hatte den letzten Kampf gegen Gog und Magog, mit dem Gott droht, geweissagt: »Ich will den Bogen aus deiner Hand schlagen und die Pfeile deiner rechten Hand entfallen lassen.« Aber die Schriftrolle vom Toten Meer führte noch weiter, denn sie sah oft die Beteiligung vieler Götter voraus, die Seite an Seite mit den Menschen kämpfen würden:

> »An diesem Tage werden die Götter und die Sterblichen
> Seite an Seite am Kampf und am Blutbad teilnehmen.
> Die Söhne des Lichtes werden gegen die Söhne der Finsternis
> mit göttlicher Macht kämpfen,
> in stürmischem Tumult,
> im Kriegsgeschrei der Götter und der Menschen.«

Zwar sind Kreuzfahrer, Sarazenen und viele andere in vergangener Zeit »im Namen Gottes« in den Krieg gezogen, aber der Glaube, daß der Herr selbst auf dem Schlachtfeld zugegen gewesen sei, und daß Götter und Menschen Seite an Seite gekämpft haben, klingt wie Phantasterei, die höchstens allegorisch verstanden werden kann. Doch das ist nicht so außergewöhnlich, wie es scheint, denn früher nahm man tatsächlich an, daß die Kriege der Menschen nicht nur von den Göttern verfügt wurden, sondern daß sie sogar daran aktiv teilnahmen.

Einer der am meisten romantisierten Kriege, in dem »die Liebe tausend Schiffe vom Stapel laufen ließ«, war der Trojanische Krieg zwischen den achäischen Griechen und den Trojanern. Er wurde, wie man weiß, von den Griechen entfacht, weil sie die Trojaner zwingen wollte, die schöne Helena ihrem rechtmäßigen Gatten zurückzugeben. Doch in dem griechischen Epos »Kypria« wird der Krieg als vorher überlegter Plan des Himmelsgottes Zeus dargestellt:

> »Es gab eine Zeit,
> in der Tausende und aber Tausende von Menschen
> den breiten Busen der Erde belasteten.
> Da Zeus in seiner großen Weisheit
> mit ihnen Mitleid hatte,
> beschloß er, die Erde zu entlasten.
> So verursachte er zu diesem Zweck den Krieg in Ilios (Troja),
> und durch den Tod
> konnte er das Menschengeschlecht verringern.«

Der griechische Erzähler Homer, der die kriegerischen Ereignisse in der »Iliade« geschildert hat, gibt den launischen Göttern die Schuld an dem Konflikt, den sie angezettelt und dessen Ausmaß sie bewirkt haben. Direkt und indirekt, teils sichtbar und teils unsichtbar, haben sie dieses Drama herbeigeführt und das Schicksal der Menschen inszeniert. Und hinter allem stand Jove (Jupiter/Zeus): »Während die anderen Götter und die Krieger schliefen, blieb Jove wach und überlegte, wie er Achilles zu Ehren kommen lassen und viele Leute auf den Schiffen der Achäer vernichten könnte.«

Bereits vor Beginn der Schlacht begann der Gott Apollo mit den Feindseligkeiten: »Er setzte sich abseits mit finsterem Gesicht nieder, und sein silberner Bogen brachte den Tod, als er seinen Pfeil mitten unter sie (die Achäer) abschoß ... Neun ganze Tage schoß er auf sie ... Und immerzu brannten die Scheiterhaufen mit den Toten.« Als die Streitenden übereinkamen, die Feindseligkeiten einzustellen, damit die Anführer im Zweikampf den Sieg entscheiden konnten, wiesen die unglücklichen Götter Minerva an: »Geh hin und mach, daß die Trojaner als erste ihren Schwur brechen und die Achäer überfallen.« Voller Eifer, den Auftrag auszuführen, »schoß Minerva gleich einem glänzenden Stern über den Himmel, und ein feuriger Lichtstrahl folgte ihr«. Damit der Krieg nicht in der Nacht aufhörte, »verwandelte Minerva die Nacht zum Tag, um das Schlachtfeld zu erhellen. Sie hob den dichten Schleier der Dunkelheit von ihren Augen, und viel Licht fiel auf sie, sowohl bei den Schiffen als auch auf der Stätte des Kampfes, und die Achäer konnten Hektor und alle seine Männer sehen.«

Während die Schlacht tobte, ein Krieger gegen den anderen, hatten die Götter ein wachsames Auge auf die Kämpfenden und schwebten hernieder, um einen Bedrängten zu retten oder einen führerlosen Wagen zu bremsen. Doch als die Götter und Göttinnen unterschiedlich Partei ergriffen und einander zu schaden trachteten, gebot Zeus ihnen Einhalt und befahl ihnen, sich aus dem Kampf der Sterblichen herauszuhalten.

Die Unterbrechung dauerte nicht lange, denn viele der führenden Kämpfer waren Söhne von Göttern oder Göttinnen (durch Vermischung mit Menschen). Besonders aufgebracht war Mars, als sein Sohn Askalaphos von einem Achäer erstochen wurde. »Verübelt es mir nicht, ihr Götter im Himmel«, rief Mars, »wenn ich mich zu den Schiffen der Achäer begebe und den Tod meines Sohnes räche, selbst wenn mich Joves Blitz trifft und ich unter den Toten in Blut und Staub liege!«

»Solange die Götter sich aus dem Krieg der Sterblichen heraushielten«, schreibt Homer, »waren die Achäer siegreich, denn Achilles, der lange nicht mitkämpfen durfte, war jetzt unter ihnen.« Aber in Anbetracht des zunehmenden Zornes der Götter und der Hilfe, die den Achäern nun durch den Halbgott Achilles zuteil wurde, besann sich Jove anders:

> »Ich für mein Teil werde hier auf dem Olymp bleiben
> und in Frieden zuschauen.
> Aber ihr andern, ihr geht zu den Trojanern und den Achäern
> und helft nach Belieben einer Partei.«
> Also sprach Jove und gab Befehl für den Krieg,
> worauf die Götter Partei ergriffen
> und an der Schlacht teilnahmen.

Der Trojanische Krieg, ja Troja selbst, wurden lange Zeit für eine faszinierende, aber unglaubhafte griechische Sage gehalten, die die Gelehrten als Mythologie bezeichneten. Troja und seine Geschichte galten immer noch als mythologisch, bis Charles McLaren 1822 die Meinung vertrat, der Hügel Hissarlik in Kleinasien sei die homerische Stätte. Erst als der Archäologe Heinrich Schliemann 1870 auf eigene Faust dort Ausgrabungen vornahm und Aufsehen erregende Entdeckungen machte, wurde das Vorhandensein Trojas von den Gelehrten anerkannt. Heute weiß man, daß der Trojanische Krieg im dreizehnten Jahrhundert v. Chr. tatsächlich stattgefunden hat und daß laut griechischen Quellen Götter und Menschen dabei Seite an Seite gekämpft haben.

Bevor die Griechen sich in Kleinasien ansiedelten, unterstand es der Herrschaft der Hethiter, die moderne Wissenschaftler zuerst nur von biblischen Hinweisen kannten, später von ägyptischen Inschriften; doch durch Ausgrabungen lernten sie die Hethiter und ihr Königreich Hatti näher kennen.

Die Entzifferung der hethitischen Schrift und die Bekanntschaft mit der indoeuropäischen Sprache der Hethiter machten es möglich, ihren Ursprung bis zum zweiten Jahrtausend v. Chr. zurückzuverfolgen. Zu dieser Zeit wanderten indogermanische Stämme aus dem Kaukasus aus, einige südöstlich nach Indien, andere südwestlich nach Kleinasien. Das hethitische Königreich hatte seine Blütezeit um 1750 v. Chr.; fünfhundert Jahre später begann sein Niedergang. Von da an wurden die Hethiter durch Angriffe vom Ägäischen Meer belästigt. Die Hethiter nannten die Eindringlinge Achijawa, und man nimmt an, daß es dasselbe Volk war, das bei Homer Achioi (Achäer) heißt und dessen Überfall auf die Westspitze von Kleinasien er in der »Iliade« unsterblich gemacht hat.

Jahrhunderte vor dem Trojanischen Krieg hatten die Hethiter ihr Reich zu imperialistischer Größe ausgedehnt, angeblich auf Anordnung ihres obersten Gottes Tesub (Stürmer, ursprünglich »Sturmgott, dessen Kraft tötet«), und die hethitischen Könige behaupteten, ihr Gott habe tatsächlich in die Schlachten eingegriffen. König Muršili schrieb: »Der mächtige Sturmgott, mein Herr, zeigte seine göttliche Kraft und schoß einen Blitz ab«, womit er zur Niederlage des Feindes beitrug. Auch die Göttin Istar, deren Beiname »Herrin des Schlachtfeldes« lautete, stand den Hethitern bei. Ihr wurden viele Siege zugeschrieben, denn »sie kam (vom Himmel) hernieder, um die feindlichen Länder zu vernichten«.

Wie viele Stellen im Alten Testament kundtun, erstreckte sich der Einfluß der Hethiter südwärts bis Kanaan, aber dort lebten sie als Siedler, nicht als Eroberer. Sie betrachteten Kanaan als neutrale Zone, auf die sie keinen Anspruch erhoben, im Gegensatz zu den Ägyptern. Die Pharaonen suchten ihre Herrschaft nordwärts nach Kanaan und dem Zedernland (Libanon) auszudehnen; das gelang ihnen um 1470 v. Chr., wo sie eine Koalition kanaanitischer Könige bei Megiddo schlugen.

Das Alte Testament und die von hethitischen Feinden hinterlassenen Inschriften stellen die Hethiter als erfahrene Krieger dar, die den Gebrauch des Streitwagens vervollkommneten. Aber ihre Inschriften bekunden, daß sie selbst nur in den Krieg zogen, wenn die Götter es befahlen, und sie dem Feind lieber die Möglichkeit gaben, sich friedlich zu ergeben. Nach einem siegreichen Krieg begnügten sie sich damit, Tribut zu verlangen und Gefangene zu machen; die Städte

blieben verschont, und die Bevölkerung wurde nicht massa-
kriert.

Aber Thothmes III., der Pharao, der bei der Schlacht von Megiddo siegte, sagt stolz in seiner Inschrift: »Nun zog Seine Ma-
jestät gen Norden, plünderte Städte und setzte Lager in
Brand.« Über einen besiegten König schrieb er: »Ich verwüstete seine Städte, machte aus seinen verbrannten Lagern Hügel, so daß eine Wiederbesiedlung unmöglich war. Alle Leute
nahm ich gefangen, ihr zahlreiches Vieh führte ich fort und
auch ihre Götter. Ich nahm ihnen alle Lebensquellen, säbelte
ihr Getreide ab und fällte ihre schönen Bäume. Ich zerstörte
das ganze Land.« Das alles geschah, wie der Pharao schrieb,
auf Befehl seines Gottes Amon-Ra.

Die Eroberungen der Ägypter und ihre erbarmungslose Zerstörung eines besiegten Landes bildeten den Inhalt prahleri-
scher Inschriften. Zum Beispiel beschrieb Pharao Pepi I. seinen Sieg über die asiatischen »Sandbewohner« in einem
Hymnus auf sein Militär, das »das Land der Sandbewohner
zerhackte, die Feigenbäume und Reben vernichtete, alle
Wohnstätten in Brand setzte und die Leute zu Tausenden tötete«. Die Beschreibung war begleitet von treffenden Abbildungen (Abb. 1).

Abb. 1

Der unmenschlichen Tradition gemäß entsandte Pharao
Piranchi Truppen von Oberägypten nach Unterägypten, um
die dortigen Rebellen zu unterwerfen, und entrüstete sich
über den Vorschlag seiner Heerführer, Überlebende zu verschonen. Er ordnete vollständige Zerstörung an und verkündete, er werde zu der eroberten Stadt kommen, »um alles zu
zerstören, was noch übriggeblieben ist«. »Dafür lobt mich
mein Vater Amon«, erklärte er.

Der Gott Amon, dessen Befehlen die Ägypter ihre Boshaf-
tigkeit zuschrieben, hat sein Gegenstück im Gott Israels.
Wie der Prophet Jeremia sagt: »So spricht der Herr der
Heerscharen, der Gott Israels: ›Ich werde Amon strafen, den
Gott von Theben, und werde Vergeltung bringen über Ägypten und seine Götter, seine Pharaonen und seine Könige.‹«
Dies war, wie man aus der Bibel ersieht, eine lang gültige Weis-
sagung; denn fast tausend Jahre früher, in den Tagen des Exodus, hat Jahwe, der Gott Israels, Ägypten mit Unheil belegt,
nicht nur um das Herz seiner Herrscher zu besänftigen, sondern auch als »Verurteilung aller Götter Ägyptens«.

Der wundersame Auszug der Israeliten aus der ägyptischen
Sklaverei wird in der biblischen Schilderung des Exodus mit
dem direkten Eingreifen Jahwes bei diesen Ereignissen be-
gründet:

> »Und Jahwe zog vor ihnen her,
> des Tages in einer Wolkensäule, daß er sie den rechten Weg führte,
> und des Nachts in einer Feuersäule, daß er ihnen leuchtete,
>   zu reisen Tag und Nacht.«

Es folgte dann eine Seeschlacht, von der der Pharao wohlweislich keine Inschrift hinterließ; aber wir kennen den Verlauf aus dem zweiten Buch Mose:

> »Da ließ Jahwe das Meer durch einen starken Ostwind
> hinwegfahren und machte es trocken,
> und die Wasser teilten sich.
> Und die Kinder Israels gingen hinein,
> mitten ins Meer auf dem Trockenen.«

Als den Ägyptern bei Tagesanbruch klar wurde, was geschehen war, befahl der Pharao seinen Wagenlenkern, den Israeliten zu folgen. Jedoch:

>>Als nun die Morgenwache kam,
schaute Jahwe aus der Feuer- und Wolkensäule auf der Ägypter
  Heer
und ließ ihre Herzen erschrecken:
Er löste die Räder von ihren Wagen,
so daß sie nicht mehr fahren konnten.
Da sprachen die Ägypter:
Lasset uns fliehen vor den Israeliten,
denn Jahwe streitet für sie gegen Ägypten.<<

Aber der ägyptische Herrscher wollte die Verfolgung fortsetzen und befahl den Angriff. Das Ergebnis war für die Ägypter katastrophal:

>>Und die Wasser kehrten zurück
und bedeckten Wagen und Reiter
und alle Heerscharen des Pharaos, die ihnen folgten;
keiner blieb zurück ...
Und die Israeliten gewahrten die große Macht,
die Jahwe über die Ägypter bewiesen hatte.<<

Die biblische Darstellung ist fast gleichlautend wie die des späteren Pharaos Ramses II. bei der Beschreibung des wundersamen Ereignisses, als Amon-Ra bei einer entscheidenden Schlacht gegen die Hethiter im Jahr 1286 v. Chr. an seiner Seite erschien.

In der Schlacht, die im Libanon bei der Festung Kadesch stattfand, kämpften vier Abteilungen des Pharaos Ramses II. gegen Heerscharen, die der hethitische König Muwatallis aus allen Gegenden seines Reiches aufgeboten hatte. Sie endete mit dem Rückzug der Ägypter, denen der Weg nach Norden in Richtung Syrien und Mesopotamien abgeschnitten wurde. Aber auch die Hethiter erlitten schwere Einbußen.

Ihr Sieg hätte entscheidend sein können, denn fast wäre es ihnen gelungen, den Pharao selbst gefangenzunehmen.

Abb. 2

Es sind nur Bruchstücke von hethitischen Inschriften, die sich mit der Schlacht beschäftigen, gefunden worden; doch Ramses II. hat das Wunder seiner Flucht nach seiner Rückkehr nach Ägypten genau beschrieben.

Diese Inschriften auf den Tempelmauern sind illustriert (Abb. 2) und erzählen, wie die Ägypter Kadesch erreichten, südlich davon lagerten und sich für die Schlacht vorbereiteten. Überraschenderweise rührten sich die Hethiter nicht. Da befahl Ramses II. zwei von seinen Abteilungen, gegen die Festung vorzurücken. Nun aber erschienen die Hethiter wie aus dem Nichts, griffen die vorrückenden Abteilungen von hinten an und richteten bei den Lagernden erhebliche Verwüstungen an.

Als die ägyptischen Truppen panisch zu fliehen begannen, merkte Ramses II. plötzlich, daß er mit seiner Leibwache allein dastand. »Als der König hinter sich blickte, sah er, daß ihm 2500 Wagen den Weg abschnitten, nicht seine eigenen, sondern hethitische. Verlassen von seinen Truppen, wandte Ramses II. sich an seinen Gott und erinnerte ihn daran, daß er sich nur in dieser Notlage befand, weil er das Gebot des Gottes befolgt hatte.«

Und der König sagte:
»Was nun, mein Vater Amon?
Hat ein Vater seinen Sohn vergessen?
Habe ich jemals etwas ohne dich getan?
Was ich auch tat oder nicht tat,
geschah es nicht auf deinen Befehl hin?«

Er wies darauf hin, daß der Feind an andere Götter glaubte, und fragte weiter: »Was bedeuten dir diese Asiaten, o Amon? Diese Elenden, die nichts von dir wissen wollen, o Gott?«
Als Ramses II. seinen Gott Amon anflehte, ihn zu retten, da seine Macht größer war als die von »Millionen Fußsoldaten und hunderttausend Wagenlenkern«, geschah ein Wunder: Der Gott erschien auf dem Schlachtfeld!

»Amon erhörte mich, als ich ihn anrief.
Er streckte seine Hand nach mir aus, und ich frohlockte.
Er stand hinter mir und rief:
›Vorwärts! Vorwärts!
Ramses, von Amon geliebt, ich bin bei dir!‹«

Dem Gebot seines Gottes folgend, warf sich Ramses den feindlichen Truppen entgegen. Die Hethiter waren unerklärlicherweise entkräftet: »Ihre Hände sanken herab, sie waren unfähig, ihre Pfeile abzuschießen oder ihre Speere zu zücken. Sie riefen einander zu: Dieser hier unter uns ist kein Sterblicher, er ist ein mächtiger Gott. Seine Taten sind nicht die Taten eines Mannes, ein Gott ist in seinen Gliedern.« Ohne auf Widerstand zu stoßen, den Feind links und rechts schlagend, gelang Ramses die Flucht.
Nach dem Tod des hethitischen Königs Muwatallis schlossen Ägypten und das hethitische Reich einen Friedensvertrag ab, und der regierende Pharao nahm eine hethitische Prinzessin zu seiner Hauptfrau. Der Friede war notwendig, denn nicht nur die Hethiter, sondern auch die Ägypter gerieten in zunehmendem Maße in Bedrängnis seitens der »Völker vom Meer«, das heißt seitens der Eindringlinge von Kreta und an deren griechischen Inseln. Sie faßten Fuß an der kanaaniti-

schen Küste des Mittelmeers und wurden die biblischen Philister. Ihre Angriffe gegen Ägypten wurden jedoch von Ramses III. zurückgeschlagen, der die Schlachtszenen auf Tempelmauern verewigte (Abb. 3). Er schrieb seine Siege seinem
unbedingten Gehorsam gegenüber den »Plänen des alleini-
gen Herrn, meines erlauchten göttlichen Vaters, des Obersten der Götter« zu. Die Anerkennung für die Siege gebühre
seinem Gott Amon-Ra, schrieb Ramses III., denn: »Amon-
Ra verfolgte und vernichtete meine Feinde.«

Abb. 3

Die blutige Spur der Kriege des Menschen gegen seinen Mitmenschen um der Götter willen führt uns nun nach Mesopotamien zurück, dem Land zwischen den Flüssen (Euphrat
und Tigris), dem biblischen Land Sinear. Hier entstanden,
wie im ersten Buch Mose erzählt wird, die ersten Städte
mit Gebäuden aus Ziegeln und hohen Türmen. Hier nimmt
die aufgezeichnete Historie ihren Anfang, und hier beginnt
die Vorgeschichte mit den Niederlassungen der alten Götter.
Es ist eine uralte Geschichte, die sich bald entfalten wird.
Doch vorerst wollen wir uns der dramatischen Zeit zuwen-
den, die sich eintausend Jahre vor der Herrschaft des Pharaos Ramses II. abgespielt hat. Damals bestieg in Mesopotamien ein ehrgeiziger junger Mann den Königsthron. Er

hieß Scharru-Kin (Rechtmäßiger Herrscher) — die Lehrbücher nennen ihn Sargon I. Er baute die neue Hauptstadt Agade und errichtete das Königreich Akkad. Die akkadische Sprache, in Keilschrift geschrieben, ist die Stammsprache aller semitischen Sprachen, von denen das Hebräische und das Arabische noch immer in Gebrauch sind.

Sargon regierte im 24. Jahrhundert v. Chr. Seine lange Regierungszeit — vierundfünfzig Jahre — schrieb er der besonderen Gunst der Götter zu, die ihn zu Istars Aufseher, Anus gesalbtem Priester und Enlils rechtmäßigem Hirten machten. Nach seinen eigenen Worten ließ Enlil es nicht zu, daß jemand sich Sargon widersetzte, und er gab ihm das Gebiet vom Oberen Meer bis zum Unteren Meer (vom Mittelmeer bis zum Persischen Golf). Darum brachte Sargon die gefangenen Könige, die wie Hunde an der Leine geführt wurden, zum »Tor von Enlils Haus«.

Bei einem seiner Feldzüge quer über das Faltengebirge Zagros erlebte Sargon das gleiche wie die trojanischen Kämpfer. »Als er in der Dunkelheit durch Waraschi zog, ließ Istar ein Licht leuchten, das ihm den Weg zeigte.« So konnte er seine Truppen trotz der Finsternis über die Bergpässe der heutigen iranischen Provinz Luristan führen.

Die von Sargon begonnene akkadische Dynastie erreichte ihren Höhepunkt unter seinem Enkel Naram-Sin (Den Gott Sin liebt). Auf seinen Gedenksteinen schrieb Naram-Sin, seine Eroberungen seien ihm dadurch ermöglicht worden, daß sein Gott ihn mit einer einzigartigen Waffe ausgestattet habe, der »Waffe des Gottes«, und daß die anderen Götter ihm erlaubt oder ihn sogar aufgefordert hätten, ihre Gebiete zu betreten.

Naram-Sin zog hauptsächlich nach Nordwesten, und zu seinen Eroberungen zählt der Stadtstaat Ibla, dessen kürzlich entdecktes Archiv von Tontafeln großes wissenschaftliches Interesse erregt hat: »Zwar hat seit der Trennung der Menschheit keiner der Könige jemals Arman und Ibla zerstört, aber Gott Nergal öffnete dem mächtigen Naram-Sin den Weg und gab ihm Arman und Ibla. Er schenkte ihm auch das Gebirge Cedar am oberen Meer.«

Genau wie Naram-Sin den Erfolg seiner Feldzüge der Tatsache zuschreiben konnte, daß er die Befehle seiner Götter befolgte, so rührte auch sein Sturz davon her, daß er entgegen dem Rat der Götter in den Krieg zog. Gelehrte haben aus Fragmenten verschiedener Versionen einen Text zusammengestellt, der den Titel »Die Sage von Naram-Sin« trägt. Darin erklärt Naram-Sin in Ichform, daß sein Mißgeschick begann, als die Göttin Istar »ihren Plan änderte« und die Götter »sieben Königen, glorreichen und edlen Brüdern, deren Truppen 360 000 Mann zählten«, ihren Segen gaben. Vom heutigen Iran aus drangen sie in die Gebirgsländer Gutium und Elam im östlichen Mesopotamien ein und bedrohten Akkad. Naram-Sin befragte die Götter, was er tun solle, und erhielt den Bescheid, seine Waffen ruhen zu lassen und, statt zu kämpfen, mit seiner Frau schlafen zu gehen (aber aus irgendeinem tieferen Grunde sie nicht zu umarmen):

> Die Götter antworten ihm:
> »O Naram-Sin, dies ist unser Wort:
> dieses Heer gegen dich . . .
> Laß deine Waffen ruhen, stell sie in einen Winkel!
> Halte deine Kühnheit zurück, bleib zu Hause!
> Geh zusammen mit deiner Frau schlafen,
> aber mit ihr darfst du nicht . . .
> Aus dem Lande, deinen Feinden entgegen,
> sollst du nicht gehen.«

Aber Naram-Sin vertraute seinen eigenen Waffen und beschloß, trotz des Rates der Götter den Feind anzugreifen. »Als das erste Jahr kam, entsandte ich 120 000 Mann, doch keiner von ihnen kehrte lebend zurück«, bekennt Naram-Sin in seiner Inschrift. Weitere Streiter wurden im zweiten und dritten Jahr aufgerieben, und Akkad erlag dem Tod und dem Hunger. Am vierten Jahrestag des unbefugten Krieges flehte Naram-Sin den großen Gott Ea an, Istar abzusetzen und seinen Fall den anderen Göttern zu unterbreiten. Sie rieten ihm, von weiteren Kämpfen abzusehen, und versprachen: »In kommenden Tagen wird Enlil den Söhnen des Bösen Verderben bringen«, und Akkad werde Erleichterung zuteil.

Die verheißene Friedenszeit währte ungefähr drei Jahrhunderte; währenddessen wurde Sumer, der alte Teil von Mesopotamien, wieder der Mittelpunkt des Königreichs, und die ältesten Städte, Ur, Nippur, Lagasch (heute Tello), Isin, Larsa, erblühten wieder. Sumer war unter den Königen von Ur das Zentrum eines Reichs, das den gesamten alten Nahen Osten umfaßte. Aber gegen Ende des dritten Jahrtausends v. Chr. bildete das Land die Arena für widerstreitende Anhängerschaften und sich gegenüberstehende Heere, und dann ging diese große Zivilisation — die erste bekannte Zivilisation der Menschen — durch eine Katastrophe von beispiellosem Ausmaß zugrunde.

Es war ein verhängnisvolles Ereignis, das in biblischen Geschichten seinen Niederschlag gefunden hat. Es war ein Ereignis, das lange Zeit unvergeßlich blieb, und an das in vielen Klageliedern erinnert wurde. Sie beschreiben anschaulich die Zerstörung und Verwüstung, der dieses großartige Kernland einer alten Kultur zum Opfer gefallen ist. Diese Katastrophe, der Sumer ausgesetzt war, ereignete sich, wie aus den mesopotamischen Texten hervorgeht, als Folge der Entscheidung einer Ratsversammlung der großen Götter.

Es dauerte fast ein Jahrhundert, bis Südmesopotamien sich von dem Schlag einigermaßen erholt hatte, und noch ein Jahrhundert, bis es den Zusammenbruch überwunden hatte. Inzwischen hatte sich das Zentrum der mesopotamischen Macht nach Norden verlagert, nach Babylonien. Hier entstand ein neues Reich, das den ehrgeizigen Gott Marduk zur obersten Gottheit erklärte.

Um 1800 v. Chr. bestieg Hammurabi — bekannt geworden durch seinen auf dem Dioritblock eingemeißelten Gesetzeskodex — den Thron und begann, seine Grenzen auszudehnen. Laut den Inschriften sagten ihm die Götter nicht nur, ob und wann er einen Feldzug unternehmen sollte, sondern sie führten auch sein Heer an:

> »Durch die Macht der großen Götter
> konnte der König, geliebt von Gott Marduk,
> die Fundamente von Sumer und Akkad wiederherstellen.
> Auf Befehl von Anu,
> mit Hilfe von Enlil, der dem Heer voranging,
> und mit der Kraft, die ihm von den Göttern verliehen war,
> hatte er leichtes Spiel mit dem Heer von Emutbal
> und dessen König Rim-Sin.«

Um noch mehr Feinde vernichten zu können, erhielt Hammurabi von Marduk eine »mächtige Waffe«, genannt »Marduks große Macht«.

> »Mit der mächtigen Waffe,
> die seine Triumphe erklärt,
> besiegte der Held (Hammurabi) im Kampf
> die Heere von Eschnuna, Subartu und Gutium.
> Mit Marduks großer Macht
> besiegte er die Heere von Sutium, Turukku, Kamu.
> Mit der mächtigen Macht, die Anu und Enlil ihm verliehen hatten,
> schlug er alle seine Feinde
> so weit fort wie das Land Subartu.«

Aber binnen kurzem mußte Babylonien seine Macht mit einem neuen Rivalen im Norden teilen, mit Assyrien, wo nicht Marduk, sondern der bärtige Gott Asur (der Allsehende) als oberste Gottheit galt. Während Babylonien mit den Ländern im Süden und Osten im Streit lag, dehnten die Assyrer ihre Herrschaft nordwärts und westwärts aus, »weit bis zum Land Libanon an den Küsten des Großen Meeres«. In diesen Ländern herrschten die Götter Ninurta und Adad, und die Assyrer waren darauf bedacht, ihre Feldzüge nur auf Befehl dieser großen Götter durchzuführen. Folgendermaßen beschrieb Tiglat-Pileser I. im zwölften Jahrhundert v. Chr. seine Kriege:

> »Tiglat-Pileser, der rechtmäßige König, König der Welt, König von Assyrien, König aller vier Regionen auf Erden.
> Der mutige Held, der von den Vertrauen einflößenden Befehlen Asurs und Ninurtas, der großen Götter,

seiner Herren, geleitet wird und so seine Feinde besiegt.
Auf Befehl meines Herrn Asur eroberte meine Hand
alles vom unteren Fluß Zab bis zum oberen Meer,
alles, was im Westen liegt.
Dreimal zog ich gegen die Nairi-Länder.
Dreißig Könige der Nairi-Länder zwang ich in die Knie.
Ich hielt sie als Geiseln fest,
erhielt von ihnen zugerittene Pferde als Tribut.
Auf Befehl von Anu und Adad, meinen Herren,
ging ich in die Berge von Libanon;
ich schnitt Zedernbalken für Anus und Adads Tempel.«

Indem die assyrischen Könige den Titel »König der Welt, König aller vier Regionen auf Erden« annahmen, forderten sie Babylonien heraus, denn zu Babylonien gehörte die Region Sumer und Akkad. Um ihren Anspruch zu legalisieren, mußten sie die alten Städte beherrschen, wo die großen Götter von altersher ihren Sitz hatten; aber der Weg dorthin wurde ihnen von Babylonien versperrt. Das Bravourstück gelang Schalmaneser III. im neunten Jahrhundert v. Chr.; er beschreibt es in seinen Inschriften:

»Ich zog zur Rache nach Akkad . . . und brachte ihnen eine Niederlage bei . . .
Ich betrat Kutha, Babylon und Borsippa.
Ich opferte den Göttern der heiligen Städte von Akkad.
Ich ging weiter stromabwärts nach Chaldäa und erhielt Tribut von all den Königen in Chaldäa.
Zu dieser Zeit gab mir Asur, der große Herr, Zepter und Stab, alles, was nötig war, das Volk zu regieren.
Ich handelte nur auf den vertrauenswürdigen Befehl von Asur, dem großen Herrn, dem Herrn, der mich liebt.«

Bei der Beschreibung seiner vielfachen Feldzüge betont Schalmaneser immer wieder, daß seine Siege mit Waffen errungen wurden, die ihm zwei Götter gegeben hatten: »Ich kämpfte mit der Streitmacht, die mir Asur, mein Herr, gegeben hatte, und mit den starken Waffen, die mir Nergal, mein Führer, geschenkt hatte.« Von Asurs Waffe wird gesagt, sie habe »erschreckenden Glanz« gehabt. Im Krieg gegen Adini flüchtete der Feind, als er »Asurs erschreckenden Glanz sah, der ihn überwältigte«.

Daß Babylonien, nach häufiger Verteidigung, 689 v. Chr. von dem assyrischen König Sanherib besiegt wurde, war nur möglich, weil Marduk, sein eigener Gott, dem König und dem Volk zürnte und befand: »Siebzig Jahre sollen das Maß seiner Zerstörung sein.« Genau das gleiche verhängte der Gott der Israeliten später über Jerusalem. Sanherib konnte nach der Unterwerfung ganz Mesopotamiens den begehrten Titel »König von Sumer und Akkad« für sich in Anspruch nehmen.

In seinen Inschriften schildert Sanherib auch seine Feldzüge längs der Küste des Mittelmeers, die am Zugang zur Halbinsel Sinai zu Schlachten mit den Ägyptern führten. Seine Liste der eroberten Städte liest sich wie ein Stück aus dem Alten Testament — Sidon, Tyre, Byblos, Akko, Asdod, Askalon —, »starke Städte«, die Sanherib »mit Hilfe des Schrecken einflößenden Glanzes, der Waffe Asurs, meines Herrn, überwältigte«.

Abbildung 4 zeigt die Belagerung von Lachisch, bei der die Angreifer raketenähnliche Geschosse benutzen. In den eroberten Städten tötete Sanherib, wie er selbst schreibt, die hohen Beamten und Patrizier und hängte die Leichen an Pfählen rings um die Stadt auf. Die gewöhnlichen Bürger wurden als Kriegsgefangene behandelt.

Auf einem Artefakt, das Sanheribs Prisma genannt wird, hat sich eine Inschrift erhalten, in der die Unterwerfung Judäas und der Angriff auf Jerusalem erwähnt werden. Der Streit zwischen Sanherib und Hiskia rührte davon her, daß er Padi, den König der Philisterstadt Ekron, gefangenhielt, »der seinem feierlichen Gelöbnis Asur gegenüber treu blieb«.

»Was den Judäer Hiskia betrifft, der sich nicht unter mein Joch beugen wollte«, schreibt Sanherib, »so belagerte ich sechsundvierzig seiner starken Städte, die Festungen und die zahlreichen kleinen Dörfer in ihrer Nähe ... Hiskia selbst

Abb. 4

nahm ich in Jerusalem, seiner königlichen Residenz, gefangen; wie ein Vogel im Käfig umgab ich ihn mit Feldschanzen ... Seine Städte, die ich geplündert hatte, schnitt ich vom Land ab und gab sie Mitinti, dem König von Asdod, Padi, dem König von Ekron, und Sillibel, dem König von Gaza. So verkleinerte ich sein Land.«

Die Belagerung von Jerusalem bietet mehrere interessante Aspekte. Sie hatte keine eigentliche Ursache, nur eine indirekte: Der treue König von Ekron sollte hier festgehalten werden. Der »Schrecken einflößende Glanz, die Waffe Asurs«, die dazu benutzt worden war, die starken Städte der Phönizier und Philister zu überwältigen, wurde gegen Jerusalem nicht eingesetzt. Und das übliche Ende der Inschriften: »Ich kämpfte mit ihnen und brachte ihnen eine Niederlage bei«, fehlt in diesem Fall. Sanherib verkleinerte lediglich Judäa, indem er die umliegenden Gebiete den benachbarten Königen schenkte.

Zudem fehlt auch die übliche Erklärung, ein Land oder eine Stadt sei auf den vertrauenswürdigen Befehl Asurs hin angegriffen worden. Man fragt sich, ob all dies bedeutet, daß es sich in diesem Fall um einen unbefugten Angriff gehandelt haben mag, um eine Laune Sanheribs, aber nicht um den Wunsch seines Gottes?

Diese Möglichkeit wird zu einer Wahrscheinlichkeit, wenn man die andere Seite der Geschichte betrachtet; denn eine solche andere Seite kommt im Alten Testament im 2. Buch der Könige, im 18. und 19. Kapitel, vor. Da erfahren wir aus dem biblischen Bericht, daß der assyrische König Sanherib im vierzehnten Regierungsjahr des Königs Hiskia »wider alle befestigten Städte Judäas zog und sie einnahm«. Er entsandte dann zwei seiner Heerführer mit einer großen Heerschar nach der Hauptstadt Jerusalem. Aber anstatt die Stadt zu erstürmen, ließ sich der assyrische Heerführer Rabsake auf einen langen Wortwechsel mit den Stadtvätern ein, wobei er hartnäckig Hebräisch redete, damit das Volk ihn verstand.

Was hatte er zu sagen, was das Volk wissen sollte? Wie aus dem biblischen Text hervorgeht, betraf der Wortwechsel die Frage, ob die assyrische Invasion Judäas von Jahwe veranlaßt worden sei!

»Und Rabsake sagte zu ihnen: Berichtet doch dem Hiskia: So hat der Großkönig, der König von Assyrien, gesprochen: Worauf gründet sich das Vertrauen, das du hegst?«

»Wenn ihr zu mir sagt:
Wir vertrauen auf Jahwe, unseren Gott...
Zudem, bin ich etwa ohne Zutun Jahwes
zu diesem Ort gezogen, ihn zu zerstören?
Jahwe hat zu mir gesagt:
Ziehe in dieses Land und zerstöre es!«

Je mehr die Diener des Königs Hiskia, die auf den Stadtmauern standen, in Rabsake drangen, diese unwahren Worte
doch nicht auf hebräisch zu sagen und seine Botschaft in der
damaligen Diplomatensprache, nämlich auf aramäisch, vor-
zubringen, um so mehr näherte sich Rabsake der Mauer und
rief seine Worte auf hebräisch, damit alle sie hören konnten.
Bald begann er wüste Reden gegen Hiskias Gesandte, dann
schmähte er den König selbst. Hingerissen von seiner eigenen Rhetorik, nahm Rabsake von seiner Behauptung, Jahwe
habe den Angriff auf Jerusalem verfügt, Abstand und ging
dazu über, den Gott selbst zu beschimpfen.
Als Hiskia von dieser Blasphemie erfuhr, zerriß er seine Kleider, hüllte sich in Sackleinen und ging in das Haus Jahwes... Er ließ den Propheten Jesaja kommen und sprach zu
ihm: »Dies ist ein Tag der Not, der Vorwürfe und der Got-
teslästerung. Möge Jahwe, dein Herr, alle die Worte Rabsa-
kes vernehmen, den der König von Assyrien hergeschickt
hat, den lebendigen Gott zu verhöhnen.« Und Jahwes Wort
kam durch den Mund seines Propheten Jesaja: »Was den König von Assyrien betrifft, er wird auf dem Weg, den er gekommen ist, zurückkehren, und in diese Stadt wird er nicht
kommen, denn ich werde sie verteidigen, um sie zu retten.«

»Und in derselben Nacht geschah es,
daß Jahwe Engel aussandte
und im Lager der Assyrer 185 000 Mann sterben ließ,
und bei Sonnenaufgang sahen sie, daß lauter Leichen dalagen.
Da zog Sanherib, der König von Assyrien, ab,
kehrte zurück und blieb in Ninive.«

Laut dem Alten Testament geschah es, daß er nach seiner
Rückkehr nach Ninive, als »er im Tempel zu seinem Gott Nis-
roch betete, von seinen Söhnen Adrammelech und Sarazer

mit dem Schwert erschlagen wurde, worauf sie ins Land Ararat flohen. Und sein Sohn Esarhaddon bestieg nach ihm den Thron«. Assyrische Berichte bestätigen die biblische Geschichte: Sanherib wurde tatsächlich ermordet, und sein jüngster Sohn Esarhaddon folgte ihm auf dem Thron nach.

Eine Inschrift Esarhaddons, Prisma B genannt, enthält eine ausführliche Beschreibung. Auf Befehl der großen Götter hatte Sanherib seinen jüngsten Sohn öffentlich zu seinem Nachfolger erklärt. »Er rief das Volk zusammen, jung und alt, und ließ meine Brüder, die männlichen Sprößlinge meines Vaters, in Gegenwart der Götter von Assyrien einen feierlichen Eid leisten, um meine Nachfolge zu sichern.« Die Brüder aber wurden wortbrüchig, töteten Sanherib und versuchten, auch Esarhaddon umzubringen. Doch die Götter entführten ihn und »brachten mich in ein Versteck ... sie bewahrten mich fürs Königtum«.

Nach einer aufreibenden Zeit erhielt Esarhaddon einen Befehl von den Göttern: »Geh, zögere nicht! Wir kommen mit dir!«

Die Gottheit, die ausersehen war, Esarhaddon zu begleiten, war Istar. Als die Truppen seiner Brüder aus Ninive kamen, um den Angriff auf die Hauptstadt abzuwehren, »stand mir die kriegerische Istar, deren Hoherpriester ich werden sollte, zur Seite. Sie zerbrach ihre Bögen und zersprengte ihre Schlachtordnung.« Danach sprach sie zu den Truppen im Namen von Esarhaddon. »Auf ihr Geheiß liefen sie in Scharen zu mir über und stellten sich hinter mich«, schreibt Esarhaddon, »und sie erkannten mich als ihren König an.«

Sowohl Esarhaddon als auch sein Sohn und Nachfolger Asurbanipal rückten gegen Ägypten vor, und beide benutzten in den Schlachten Glanzwaffen. »Asurs Schrecken einflößender Glanz«, schreibt Asurbanipal, »blendete den Pharao, so daß er wahnsinnig wurde.«

Andere Inschriften von ihm deuten an, daß diese Waffe, die intensive, blendende Helligkeit ausstrahlte, von den Göttern als Teil der Kopfbedeckung getragen wurde. In einem Falle wurde der Feind durch die Helligkeit vom Kopf des Gottes blind. In einem anderen »ließ Istar, gekleidet in göttliches Feuer und ausgestattet mit der strahlenden Kopfbedeckung, Flammen auf Arabien regnen«.

Auch im Alten Testament wird auf die Glanzwaffe hingewiesen. Als die Engel des Herrn (eigentlich Gesandte) vor der Zerstörung der Stadt nach Sodom kamen, wollte das Volk die Tür des Hauses, in dem sie ausruhten, aufbrechen. »Da schlugen die Engel die Leute am Eingang des Hauses mit Blindheit, so daß sie die Tür nicht zu finden vermochten.«

Als Assyrien zur Oberhoheit aufstieg und seine Herrschaft sogar über Unterägypten ausdehnte, vergaßen seine Könige, daß sie nur ein Werkzeug des Herrn waren, wie der Prophet Jesaja es ausdrückt. »Wehe Assyrien, das die Rute meines Zorns ist und meinen Grimm als Peitsche in der Hand hat! Gegen eine gottlose Völkerschaft sende ich sie und lasse sie los gegen Menschen, die sich mir in den Weg gestellt haben.« Aber die Assyrer ließen sich nicht abschrecken, und Jahwe verkündete: »Ich werde den König von Assyrien zur Rechenschaft ziehen wegen der zunehmenden Früchte der Hoffart in seinem Herzen.«

Die biblische Prophezeiung, die den Untergang Assyriens voraussagte, bewahrheitete sich. Als sich Eindringlinge aus dem Norden und Osten mit aufrührerischen Babyloniern aus dem Süden zusammenschlossen, fiel die religiöse Hauptstadt Asur im Jahr 614 v. Chr., und Ninive, die königliche Hauptstadt, wurde zwei Jahre später eingenommen. Das große Assyrien war nicht mehr.

Der Untergang des assyrischen Reiches diente Vasallenkönigen in Ägypten und Babylonien als Gelegenheit, ihre eigene Hegemonie zu verstärken. Die Länder zwischen ihnen wurden wieder ein begehrter Preis, und die Ägypter unter Pharao Necho beeilten sich, in diese Gebiete einzudringen.

In Babylonien wurde Nebukadnezar II., wie seine Inschrif-

ten bezeugen, von seinem Gott Marduk befohlen, mit seinem Heer gen Westen zu ziehen. Das wurde ermöglicht, weil
ein anderer Gott, der an und für sich dort herrschte, »das Zedernland nicht mehr haben will, das nun von einem auswärtigen Feind beherrscht und ausgeraubt wird«. In Jerusalem
werde Jahwe, der durch den Mund seines Propheten Jeremia
gesprochen hatte, mit Babylonien gemeinsame Sache machen; denn Jahwe, der Nebukadnezar »meinen Knecht«
nannte, habe beschlossen, der babylonische König solle ihm
als Werkzeug für seinen Zorn gegen die ägyptischen Götter
dienen.

> »So spricht Jahwe, der Herr der Heerscharen, der Gott der
>   Israeliten:
> Ich will kommen lassen Nebukadnezar, meinen Knecht,
> und er soll strafen das Land Ägypten.
> Und ich will ein Feuer anzünden im Hause der ägyptischen Götter,
> und er soll sie verbrennen.
> Und er wird die Obelisken von Heliopolis zertrümmern,
> und die Häuser der Götter von Ägypten werden in Flammen
>   aufgehen.«

Auch Jerusalem, so verkündete Jahwe, werde wegen der Sünden seiner Bewohner bestraft werden; denn sie hatten es sich
angewöhnt, die »Himmelskönigin« und die ägyptischen Götter anzubeten. »Mein Zorn wird sich über diesen Ort ergie-
ßen, er wird brennen, und das Feuer wird nicht gelöscht werden. Das Verhängnis wird seinen Lauf nehmen.«
So kam es, daß Nebukadnezar, der König von Babylonien,
im Jahr 586 v. Chr. nach Jerusalem gelangte, »wo er das
Haus Jahwes und das Haus des Königs und alle die Häuser
von Jerusalem verbrannte. Und die Mauern rings um die
Stadt wurden von dem Heer der Chaldäer dem Erdboden
gleichgemacht.« Diese Verwüstung dauerte, wie Jahwe ver-
heißen hatte, siebzig Jahre.
Der König, der dieses Versprechen einlöste und den Tempel
von Jerusalem wiederaufbaute, war Kyros der Ältere. Man
vermutet, daß seine Vorfahren, die sich mit einer indogermanischen Sprache verständigten, südlich vom Kaspischen

Meer längs der Ostküste des Persischen Golfs, in die Provinz Ansan ausgewandert sind. Hier gründete Hacham-Anisch (Weiser Mann), das Oberhaupt der Auswanderer, die Dynastie der sogenannten Achämeniden, deren Abkömmlinge — Kyros, Darius, Xerxes — als Herrscher des späteren persischen Reiches Geschichte gemacht haben.

Als Kyros 549 v. Chr. den Thron von Ansan bestieg, war sein Land eine ferne Provinz von Elam und Medien. In Babylonien, damals Mittelpunkt der Macht, war Nabunaid unter ungewöhnlichen Umständen König geworden: nicht wie üblich durch die Wahl des Gottes Marduk, sondern als Ergebnis eines einzigartigen Paktes zwischen einer Hohenpriesterin (Nabunaids Mutter) und dem Gott Sin.

Nachdem Kyros mit seinen ersten Taten bewiesen hatte, daß er die Gebote Marduks befolgte, trug der Gott ihm auf, gegen seine eigene Stadt Babylon zu Felde zu ziehen. Er ging an Kyros' Seite als ein wirklicher Freund. So konnte Kyros, begleitet von dem babylonischen Gott, die Stadt ohne Blutvergießen einnehmen.

Kyros hinterließ seinen Nachfolgern ein Reich, das alle früheren Königreiche außer Ägypten umfaßte. Sumer, Akkad, Babylonien, Assyrien in Mesopotamien, Elam und Medien im Osten, die Länder im Norden, die hethitischen und griechischen Länder in Kleinasien, Phönizien, Kanaan und das Land der Philister, alle unterstanden jetzt einem souveränen König und einem obersten Gott: Ahura-Mazda, dem Gott der Wahrheit und des Lichtes, später in Persien Ormuzd genannt. Im alten Persien wurde er als bärtige Gottheit dargestellt (Abb. 5a), die auf einer geflügelten Scheibe den Himmel durchstreift, ganz ähnlich, wie die Assyrer ihren obersten Gott Asur (Abb. 5b) dargestellt haben.

Als Kyros 529 v. Chr. starb, war nur noch Ägypten mitsamt seinen Göttern unabhängig. Aber vier Jahre später rüstete sein Sohn und Nachfolger Kambyses zu einem Heereszug, führte seine Truppen an der Mittelmeerküste der Halbinsel Sinai entlang und schlug die Ägypter bei Pelusion. Ein paar

a

b

Abb. 5a und b

Monate später zog er in der ägyptischen Hauptstadt Memphis ein und ließ sich zum Pharao ausrufen.

Trotz seinem Sieg vermied es Kambyses wohlweislich, bei seinen Inschriften in Ägypten die übliche Eröffnungsformel »Ahura-Mazda, der Großgott, hat mich dazu ausersehen...« zu benutzen, denn Ägypten gehörte nicht, wie er wußte, zur Domäne dieses Gottes. Aus Ehrerbietung vor den unabhängigen ägyptischen Göttern warf er sich vor ihren Statuen zu Boden, womit er ihre Herrschaft anerkannte. Dafür legalisierten die Priester seine Regentschaft, indem sie ihm den Titel »Sohn des Ra« verliehen.

Die Alte Welt war nun vereint unter einem König, den der

große Gott der Wahrheit und des Lichtes erwählt und die Götter Ägyptens anerkannt hatten. Weder die Götter noch die Menschen hatten einen Grund, gegeneinander Krieg zu führen. Friede auf Erden!

Aber der Friede dauerte nicht lange. Jenseits des Mittelmeers nahmen Reichtum, Macht und Ehrgeiz der Griechen zu. Kleinasien, das Ägäische Meer und das östliche Mittelmeer wurden in zunehmendem Maße Zeugen von Zusammenstößen. Im Jahr 490 v. Chr. fiel Darius I. in Griechenland ein und erlitt bei Marathon eine Niederlage; neun Jahre später wurde Xerxes bei Salamis geschlagen. Anderthalb Jahrhunderte danach unternahm Alexander von Makedonien einen Eroberungsfeldzug von Europa aus, bei dem in allen Ländern der Alten Welt bis weit nach Indien hinein Blut floß.

Führte er einen »vertrauenswürdigen Befehl« der Götter aus? Im Gegenteil. Er glaubte an die Legende, er sei von einem ägyptischen Gott gezeugt worden, und kämpfte sich nach Ägypten durch, um ein göttliches Orakel zu hören, das ihm seinen halbgöttlichen Ursprung bestätigen sollte. Aber das Orakel sagte ihm auch einen frühen Tod voraus, worauf seine Reisen und Eroberungen von der Suche nach dem Lebenswasser bestimmt wurden, von dem er trinken und so seinem Schicksal entgehen könnte.

Er starb, allem Gemetzel zum Trotz, im blühenden Alter von 33 Jahren. Seit dieser Zeit werden die Kriege der Menschen allein von den Menschen geführt.

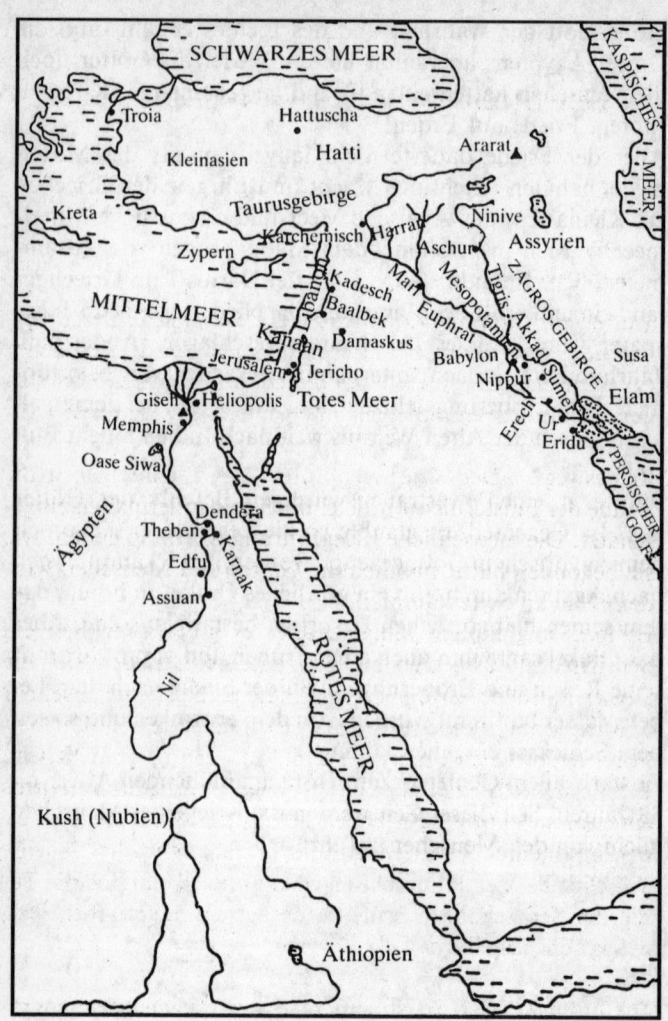

Abb. 5c

2
Der Streit zwischen Horos und Seth

War es ein trauriger Kommentar zur Geschichte der Kriegführung, daß die messianischen Essener den letzten Krieg der Menschen als einen betrachteten, in dem die Götter sich den Menschen anschließen und gemeinsam kämpfen würden?

Keineswegs. »Der Krieg der Söhne des Lichtes gegen die Söhne der Finsternis« wurde einfach folgendermaßen eingeschätzt: Die menschliche Kriegführung würde so enden, wie sie begonnen hatte, nämlich die Götter und Menschen würden Seite an Seite kämpfen.

Es mag unglaublich klingen, aber es gibt tatsächlich ein Schriftstück, das den ersten Krieg beschreibt, in dem sich die Götter mit den Sterblichen vereinigten. Es ist eine Inschrift auf den Mauern des großen Tempels in Edfu, einer alten heiligen, ägyptischen Stadt, die dem Gott Horos geweiht war. Dort errichtete nach alter ägyptischer Überlieferung Horos eine Schmelzhütte »göttlichen Eisens« und bewahrte in einer besonderen Einfriedung die große geflügelte Scheibe auf, die über den Himmel fliegen konnte. »Wenn sich die Türen der Schmelzhütte öffnen«, besagt ein ägyptischer Text, »steigt die Scheibe auf.«

Die Inschrift (Abb. 6) ist bemerkenswert wegen ihrer geographischen Genauigkeit. Sie beginnt mit einem Datum, das nicht die Angelegenheiten der Menschen, sondern die der Götter betrifft, nämlich Ereignisse zu der Zeit, als lange vor den Pharaonen die Götter über Ägypten herrschten:

»Im Jahr 363 war der erleuchtete Ra, der Heilige, der Falke des
Horizonts, der Unsterbliche, der ewig lebt, im Lande Chenn. Er
wurde begleitet von seinen Kriegern, denn die Feinde hatten sich in
dem Gebiet, das seither Ua-Ua heißt, gegen ihn verschworen.
Ra fuhr in seiner Barke dorthin, mit ihm seine Gefährten.
Er landete in der Gegend des Thronplatzes von Horos,
im westlichen Teil dieses Gebiets, östlich vom Hause des Chennu,
der seither königlicher Chennu genannt wird.
Horos, der geflügelte Feldmesser, kam zu Ras Boot. Er sagte zu
seinem Ahnen: ›O Falke des Horizonts, wir haben sofort gesehen,
daß die Kämpfe durch eine Verschwörung bestimmte Feinde der
Götter Ra und Horus entfacht worden waren, um die glänzende
Krone an sich zu reißen.‹«

Mit wenigen Worten beschrieb die alte Inschrift dann sowohl
den Hintergrund als auch die Bühne, auf der sich der ungewöhnliche Krieg abspielen sollte. Die Verschwörung konnte nur von
anderen Göttern angezettelt worden sein. Um ihr zuvorzukom-

Abb. 6

men, begab sich Ra nun — »begleitet von seinen Kriegern« — zu dem Gebiet, wo Horos sein Hauptquartier hatte.

Aus vielen anderen Texten ist bekannt, daß Ras »Barke« ein himmlisches Gefährt war, in dem er zum fernsten Himmel fliegen konnte. In diesem Falle landete er weit entfernt von jeglichem Gewässer, »im westlichen Teil« des Bezirks Ua-Ua. Dort landete er östlich des »Thronplatzes« von Horos. Und Horos kam heraus, um seinen Vorfahr zu begrüßen. Er berichtete ihm, daß »der Feind« seine Kräfte zusammenzog.

> »Darauf sagte Ra, der Heilige, der Falke des Horizonts,
> zu Horos, dem Geflügelten: Mein Sohn,
> geh schnell und schlage die Feinde nieder, die du gesehen hast.«

So angewiesen, flog Horos auf Ras geflügelter Scheibe zum Horizont, um den Feind aus der Luft zu suchen, und darum heißt er seitdem Himmelsherr.

Von der Himmelshöhe aus, von der geflügelten Scheibe aus, erspähte er die feindlichen Heerscharen und griff sie von hinten an. Von vorne ließ er einen Sturm auf sie los, der weder gesehen noch gehört werden konnte, ihnen aber den sofortigen Tod brachte.

Darauf erschien Horos, der Geflügelte, wieder auf der Scheibe, »die in vielen Farben schimmerte«, und er kehrte zu Ra zurück. Er hörte, wie Thoth, der Gott der magischen Kräfte, seinen Sieg verkündete:

> »Dann erschien der geflügelte Feldmesser wieder auf der geflügelten Scheibe, die in vielen Farben schimmerte; und er kehrte zum Boot von Ra, dem Falken des Horizonts, zurück.
> Thoth, der Gott der magischen Werkzeuge, verkündete seinen Sieg: ›O Herr der Götter, der Geflügelte ist auf der großen geflügelten Scheibe zurückgekehrt, die in vielen Farben schimmerte.‹ . . .
> Deshalb wurde er von diesem Tag an ›geflügelter Feldmesser‹ genannt. Und nach Horos, dem geflügelten Feldmesser, benannten sie die Stadt ›Behutet‹ von diesem Tag an.«

Die hier geschilderte erste Schlacht fand zwischen Horos und »den Feinden« statt. Heinrich Brugsch[*], der den Text

---

[*] Namhafter Forscher auf dem Gebiet der ägyptischen Altertumskunde, 1827—1894

der Inschrift 1870 in der »Sage von der geflügelten Sonnenscheibe« veröffentlichte, vertrat die Meinung, das Land Chenn sei Nubien, und Horos habe die Feinde in Syene (heute Assuan) ausfindig gemacht. Neuerliche Studien haben ergeben, daß Ta-Chenn Nubien und der nördliche Teil davon Ua-Ua war, nämlich das Gebiet zwischen dem ersten und zweiten Wasserfall. (Der südliche Teil von Nubien hieß Kusch.) Dies scheint zu stimmen, da die Stadt Behutet, die Horos als Preis für seinen ersten Sieg erhielt, die Horos geweihte Stadt Edfu war.

Laut Überlieferung errichtete Horos in Edfu eine göttliche Metallgießerei, in der einzigartige Waffen aus »göttlichem Eisen« geschmiedet wurden. Hier drillte Horos auch ein Heer von Mesniu — Metallmenschen. Auf den Mauern des Tempels von Edfu sind sie abgebildet: mit geschorenem Kopf, kurzem Überwurf und großem Kragen, mit Waffen in jeder Hand. Die Abbildung einer harpunenähnlichen Waffe ist in die Hieroglyphen, die göttliches Eisen und Metallmenschen bedeuten, eingefügt.

Die Mesniu waren nach ägyptischer Überlieferung die ersten Menschen, die von den Göttern mit Waffen aus Metall ausgerüstet wurden. Sie waren auch, wie sich zeigen wird, die ersten Menschen, die von einem Gott aufgestellt wurden, um sich an den Kriegen der Götter zu beteiligen.

Als das Gebiet zwischen Assuan und Edfu befestigt und die Menschenkrieger bewaffnet und gedrillt waren, rückten die Götter nordwärts zum Kernland von Ägypten vor. Die ersten Siege stärkten ihre Allianz, denn die asiatische Göttin Istar — in den ägyptischen Texten mit ihrem kanaanitischen Namen Astoret aufgeführt — war zu ihnen gestoßen. Vom Himmel aus rief Horos Ra auf, das Land unten zu erkunden:

>»Und Horos sagte: Vorwärts, o Ra!
>Schau nach den Feinden aus, die unten auf dem Land lauern!
>Daraufhin reiste Ra, der Heilige, weiter,
>und Astoret war bei ihm.
>Und sie suchten die Feinde auf dem Land,
>aber jeder von ihnen war verborgen.«

Da die Feinde auf dem Land nicht zu sehen waren, hatte Ra eine Idee: »Und Ra sagte zu den Göttern, die ihn begleiteten: Laßt uns unser Gefährt zum Wasser lenken, denn der Feind lauert auf dem Land. Und sie nannten das Wasser von diesem Tage an Reisewasser.« Während Ra die amphibischen Eigenschaften seines Fahrzeugs nutzen konnte, bedurfte Horos eines schwimmenden Schiffes. So erhielt er ein Boot, das bis heute Mak-A (großer Beschützer) genannt wird. Darauf erfolgte die erste Schlacht, an der Sterbliche beteiligt waren:

> »Aber die Feinde gingen auch zu Wasser, indem sie sich in
> Krokodile und Flußpferde verwandelten, und sie griffen Ras Barke
> an.
> Da geschah es, daß Horos, der Geflügelte, mit seinen Helfern,
> die ihm als Krieger dienten, hinzukam. Jeder hatte
> einen Namen, und sie trugen in den Händen das göttliche Eisen
> sowie eine Kette,
> und sie verjagten die Krokodile und die Flußpferde.
> Und 651 Feinde wurden, von der Stadt aus sichtbar, getötet.
> Und Ra, der Falke des Horizonts, sagte zu Horos,
> dem Geflügelten: Wir wollen diesen Ort als den Ort
> deines Sieges im Südland bekannt machen.«

Nachdem die Feinde zu Wasser und zu Lande verschwunden waren, schien der Sieg des Horos vollkommen zu sein, und Thoth rief zu einer Feier auf:

> »Da sagte Thoth zu den Göttern: O Himmelsgötter,
> laßt euer Herz jubeln! Der junge Horos hat mit außerordentlichen
> Taten Frieden gebracht.«

Hierauf wurde die geflügelte Scheibe das Emblem des siegreichen Horos:

> »Von diesem Tage an gab es die metallischen Embleme des Horos.
> Denn Horos hatte die geflügelte Scheibe als sein Emblem vorn an
> Ras Barke geheftet.
> Die Göttin des Nordens und die Göttin des Südens brachte er, als
> Schlangen dargestellt, längsseits an.
> Und Horos stand hinter dem Emblem auf Ras Barke,
> das göttliche Eisen und die Kette in der Hand.«

Obwohl Thoth Horos als Friedensbringer gepriesen hatte, herrschte noch immer kein Friede:

»Als die Götter weiter nordwärts vorrückten, gewahrten sie auf einer Ebene südöstlich von Theben zwei helle Stellen. Und Ra sagte zu Thoth: Das sind Feinde. Horos soll sie niedermetzeln. Und Horos richtete ein großes Massaker unter ihnen an.« Wieder hatte Horos mit Hilfe der von ihm gedrillten und ausgerüsteten Soldaten gesiegt, und Thoth benannte die Schlachtfelder abermals nach den erfolgreichen Kämpfen.

Nachdem die Verteidigungslinien, die Ägypten bei Syene (Assuan) von Nubien trennten, durch die erste Luftschlacht durchbrochen worden waren, sicherten die folgenden Kämpfe zu Wasser und zu Lande für Horos die Biegung des Nils von Theben nach Dendra. (Hier sollten in kommenden Tagen die großen Tempel und Königssitze entstehen.) Jetzt war der Weg zum Kernland von Ägypten offen.

Mehrere Tage lang rückten die Götter weiter nach Norden vor, während Horos am Himmel auf der geflügelten Scheibe Wache hielt. Ra und seine Gefährten fuhren den Nil hinunter, und die Metallmenschen beschützten sie an Land. Es folgte nun eine Reihe von kurzen, aber heftigen Zusammenstößen; die Namen der Orte — verzeichnet in der alten ägyptischen Geographie — tun kund, daß die Götter das Seegebiet erreichten, das sich in alter Zeit vom Roten Meer bis zum Mittelmeer erstreckte (manche der Namen sind erhalten geblieben).

> »Dann entfernten sich die Feinde von ihm gen Norden.
> Sie hielten sich im Wassergebiet auf, gegenüber
> vom Stauwasser des Mittelmeers,
> und ihre Herzen
> waren von Furcht erfüllt. Aber Horos, der Geflügelte,
>   folgte ihnen dicht in
> Ras Barke, das göttliche Eisen in der Hand.
> Und alle seine Helfer, bewaffnet mit geschmiedeten Eisenwaffen,
> waren ringsum aufgestellt.«

Doch der Versuch, die Feinde zu umzingeln und zu überlisten, schlug fehl. »Vier Tage und vier Nächte lang durchforschte er das Wasser, ohne einen einzigen Feind zu erblicken.« Daraufhin riet Ra ihm, wieder in der geflügelten Scheibe aufzusteigen, und jetzt konnte Horos die fliehenden Feinde sehen. »Er schleuderte seine göttliche Lanze auf sie, und er schlug sie und überwältigte sie. Er brachte auch 142 Gefangene auf den Bug von Ras Barke«, wo sie rasch hingerichtet wurden.

Die Inschrift am Tempel von Edfu findet nun ihre Fortsetzung auf einem anderen Paneel; denn tatsächlich beginnt jetzt ein neues Kapitel im Krieg der Götter:

»Die Feinde, denen die Flucht gelungen war, wandten sich dem See des Nordens zu, um von hier aus zum Mittelmeer zu gelangen, indem sie durch das Wassergebiet fuhren. Aber der Gott erfüllte ihr Herz mit Furcht, und in der Mitte des Wassers schwenkten sie vom westlichen See zu dem Gewässer ab, das mit den Seen von Mer verbunden ist, dem Gebiet, das zu Seths Land gehörte, wo sie sich mit den dortigen Feinden vereinen wollten.«

Dieser Text gibt nicht nur geographische Auskunft, sondern liefert auch zum erstenmal Hinweise auf »die Feinde«. Der Konflikt hatte sich von der Seenkette verlagert, die in alter Zeit Ägypten von der Halbinsel Sinai trennte. Im Osten, hinter der Wasserschranke, lag der Herrschaftsbereich Seths, des ehemaligen Gegners und Mörders von Osiris, dem Vater des Horos. Seth war also der Feind, gegen den die Streitmacht des Horos von Süden her zu Felde gezogen war. Und jetzt erreichte Horos die Grenze zwischen Ägypten und dem Lande Seths.

Für eine Weile trat eine Kampfpause ein, während der Horos seine Metallmenschen zur Grenzlinie führte und Ra in seiner Barke zum Schauplatz gelangte. Auch die Feinde gruppierten sich neu und kreuzten im Wasser, worauf eine größere Schlacht folgte. Diesmal wurden 381 Gefangene gemacht und hingerichtet (Verluste auf Horos' Seite sind im Text nicht angegeben). Hierauf drang Horos in hitziger Verfolgung in Seths Gebiet ein.

Seth war so entrüstet, daß er Horos in mehreren Schlachten entgegentrat — zu Luft und zu Lande — und ihn schließlich zum Zweikampf herausforderte. Von diesem Kampf wurden mehrere Versionen der Niederschrift gefunden.

Interessant ist in diesem Zusammenhang die Tatsache, die E. A. Wallis Budge in seinem Buch »Die Götter der Ägypter« betont: daß bei der ersten Teilnahme der Menschen an den Kriegen der Götter die Ausrüstung der Soldaten mit der »göttlichen Waffe« den Sieg des Gottes Horos herbeigeführt hat: »Es ist ziemlich klar, daß er seinen Sieg hauptsächlich der Überlegenheit der Waffen zu verdanken hatte, mit denen er und seine Soldaten ausgerüstet waren, und dem Material, aus dem sie bestanden.«

So lernte der Mensch, laut den ägyptischen Inschriften, das Schwert gegen seinen Mitmenschen zu erheben.

Als alle Kämpfe vorbei waren, drückte Ra seine Zufriedenheit mit der Arbeit der Metallmenschen aus und verfügte zu ihrer Belohnung, daß sie fortan an heiligen Stätten leben sollten, wo ihnen Spenden und Opfer gebracht würden. Sie wurden in Edfu angesiedelt, der oberägyptischen Hauptstadt des Gottes Horos, sowie in This (Tanis auf griechisch, in der Bibel Zoan), der unterägyptischen Hauptstadt des Gottes.

Die Inschrift auf den Mauern des Tempels von Edfu ist die Kopie eines Textes, der den ägyptischen Schreibern aus früheren Texten bekannt war; wann und von wem der Originaltext verfaßt worden ist, kann niemand sagen. E. A. Wallis Budge (und andere Ägyptologen, die sich mit den geographischen Angaben und übrigen Daten gründlich befaßt haben) ist zu der Folgerung gelangt, daß »wir es nicht unbedingt mit mythologischen Ereignissen zu tun haben. Es ist fast sicher, daß der Hor-Behutet (Horos von Edfu) zugeschriebene Siegeszug auf den Erfolgen eines Eindringlings beruht, der sich in sehr früher Zeit in Edfu angesiedelt hat.«

Wie alle ägyptischen historischen Texte beginnt auch dieser mit einem Datum: »Im Jahr 363.« Derartige Daten betreffen immer das erste Regierungsjahr des Pharaos, in dem das Ereignis stattgefunden hat; jeder Pharao hatte sein erstes Jahr, sein zweites und so weiter. Dieser Text nun handelt nicht von den Angelegenheiten eines Königs, sondern von göttlichen — von einem Krieg zwischen den Göttern. Der Text berichtet von Geschehnissen, die sich im Jahr 363 abgespielt haben, und führt uns in die frühe Zeit zurück, in der Götter, nicht Menschen, über Ägypten herrschen.

Eine solche Zeit hat es tatsächlich gegeben; daran lassen ägyptische Überlieferungen keinen Zweifel. Der griechische Historiker Herodot (fünftes Jahrhundert v. Chr.) erfuhr während seines langen Aufenthalts in Ägypten von den Priestern Einzelheiten über die Dynastien und die Regierung der Pharaonen. »Die Priester sagten mir«, schreibt er, »daß Menes der erste König von Ägypten war, und daß er den Erdwall aufwerfen ließ, der Memphis vor den Überschwemmungen des Nils schützt, den Fluß ablenkte, und Memphis auf dem so geschaffenen Land erbauen konnte. Außerdem errichtete er inmitten der Stadt den Tempel Vulkans, ein großes, erwähnenswertes Gebäude. Von einer Papyrusrolle lasen mir die Priester als nächstes die Namen der 330 Monarchen vor, die seine Nachfolger auf dem Thron waren. Darunter waren 18 äthiopische Könige und eine Königin, die eine Eingeborene war, die übrigen waren Ägypter.«

Die Priester zeigten Herodot dann die Statuen der nachfolgenden Pharaonen und erzählten ihm Einzelheiten über sie und ihre Behauptung, göttlichen Geblüts zu sein. »Sie sahen gar nicht göttlich aus«, merkt Herodot an, aber er fährt fort:

> »In der Zeit vor ihnen war es anders.
> Damals wurde Ägypten von Göttern beherrscht,
> die mit den Menschen auf der Erde weilten;
> einer war stets der Oberste.
> Der letzte von ihnen war Horos, der Sohn von Osiris,
> den die Griechen Apollo nannten.
> Er setzte Typhon ab
> und herrschte als letzter Gott-König über Ägypten.«

In seiner Schrift »Gegen Apion« zitiert der jüdische Geschichtsschreiber Flavius Josephus im ersten Jahrhundert n. Chr. als eine seiner Quellen für die Geschichte Ägyptens die Schriften eines ägyptischen Priesters namens Manetho, die man nie gefunden hat. Aber die Zweifel an der Existenz dieses Historikers wurden behoben, als sich herausstellte, daß seine Schriften späteren griechischen Geschichtsschreibern als Grundlage gedient haben. Heute steht mit Gewißheit fest, daß Manetho, dessen Hieroglyphe »von Thoth gegeben« bedeutet, in der Tat ein Hoherpriester und ein großer Gelehrter war, der auf Befehl von König Ptolomäus Philadelphus ums Jahr 270 v. Chr. mehrere Bände einer Geschichte Ägyptens verfaßt hat. Die Originalmanuskripte lagen in der großen Bibliothek von Alexandria, wo sie zusammen mit vielen anderen kostbaren Dokumenten in Flammen aufgingen, als muselmanische Eroberer das Gebäude und seine Einrichtung im Jahr 642 in Schutt und Asche legten.

Manetho hat als erster die ägyptischen Herrscher in Dynastien aufgeteilt, wobei man bis heute geblieben ist. Seine Königslisten, auf denen Namen, Regierungszeit, Erbfolge und andere einschlägige Informationen verzeichnet waren, sind hauptsächlich durch die Schriften von Julius Africanus (drittes Jahrhundert n. Chr.) und Eusebius von Caesarea (viertes Jahrhundert n. Chr.) erhalten geblieben. Diese und andere auf Manetho beruhenden Versionen bezeugen, daß Manetho als ersten Herrscher der ersten Dynastie der Pharaonen den König Menes (Mên auf ägyptisch) eingetragen hat, denselben König, von dem auch Herodot auf Grund seiner eigenen Untersuchungen in Ägypten berichtet.

Diese Tatsache ist durch moderne Entdeckungen wie etwa die Tafel von Abydos (Abb. 7) bestätigt worden. Darauf verzeichnete Pharao Seti I., unterstützt von seinem Sohn Ramses II., die Namen von fünfundsiebzig seiner Vorgänger. An erster Stelle steht Menes.

Wenn Herodot in bezug auf die ägyptischen Pharaonen recht gehabt hat, kann er dann nicht auch in bezug auf die

Abb. 7

vorangegangene Zeit, als »Ägypten von Göttern beherrscht wurde«, recht gehabt haben?

Auch in dieser Beziehung stimmen Manetho und Herodot überein. Den Dynastien der Pharaonen, schrieb Manetho, gingen vier andere Dynastien voraus: zwei von Göttern, eine von Halbgöttern und eine Übergangsdynastie. Zuerst herrschten sieben große Götter im ganzen 12 300 Jahre lang über Ägypten:

Ptah	herrschte	9 000 Jahre
Ra	herrschte	1 000 Jahre
Schu	herrschte	700 Jahre
Geb	herrschte	500 Jahre
Osiris	herrschte	450 Jahre
Seth	herrschte	350 Jahre
Horos	herrschte	300 Jahre
Sieben Götter	herrschten	12 300 Jahre

Die zweite Dynastie bestand, wie Manetho schreibt, aus zwölf göttlichen Herrschern, allen voran Thoth, die 1570 Jahre regierten. Ihnen folgte eine Dynastie von dreißig Halbgöttern, die 3650 Jahre herrschten. Danach gab es 350 Jahre lang keinen Herrscher über Ägypten mehr; es war eine chaotische Zeit, während der zehn verschiedene Menschen das Königtum in This fortsetzten. Erst danach begründete Menes die erste Menschendynastie der Pharaonen und baute eine neue Hauptstadt, die er dem Gott Ptah, dem »Vulkan« von Herodot, weihte.

Anderthalb Jahrhunderte von archäologischen Entdeckungen und die Entzifferung der Hieroglyphen, die dem Franzosen Jean François Champollion 1822 gelang, überzeugten die Altertumsforscher, daß die Dynastien der Pharaonen wahrscheinlich ums Jahr 3100 v. Chr. begonnen haben, und zwar tatsächlich mit Menes. Er vereinte Ober- und Unterägypten und errichtete seine Hauptstadt Men-Nefer (Schönheit des Menes) — auf griechisch Memphis. Vorher hatten in dem ungeeinten Land, wie Manetho schreibt, chaotische Zustände geherrscht. Eine Inschrift auf einem Artifakt, das Palermo-Stein genannt wird, zählt neun archaische Namen von Königen auf, die nur die Krone von Unterägypten trugen und Menes vorausgingen. Gräber und Gerätschaften von archaischen Königen verzeichnen Namen wie Skorpion, Ka, Zeser, Namer und Sma. Sir Flinders Petrie, ebenfalls ein namhafter Ägyptologe (1853—1945), schreibt in seinem Buch »Die Königsgräber der ersten Dynastie«, daß diese Namen auf Manethos Liste der Menschenherrscher während der chaotischen Zeit vorkommen. Petrie nennt diese Gruppe, die der ersten Dynastie vorausging, »Dynastie O«.

Ein größeres Dokument, das sich mit dem ägyptischen Königtum befaßt, die sogenannte Turin-Papyrusrolle, die aus der Zeit von Ramses II. stammt, beginnt mit einer Götterdynastie und verzeichnet Ra, Geb, Osiris, Seth und Horos, dann Thoth, Maat und andere, und, wie Manetho, gibt sie bei Horos eine Regierungszeit von dreihundert Jahren an. Danach werden achtunddreißig Halbgötter aufgezählt, »neunzehn Herrscher der Weißen Mauer und neunzehn im Norden«.

In einer Rede, die der Kurator der ägyptischen Antiquitäten des Britischen Museums 1843 hielt, sagte er, er habe auf der Papyrusrolle und ihren Fragmenten im ganzen dreihundertdreißig Namen gezählt, also eine Zahl, die mit den von Herodot genannten dreihundertdreißig Königen übereinstimmt.

Mit diesen Ergebnissen der Forschung erklären sich die heutigen Ägyptologen einverstanden, allerdings weniger mit der Angabe, daß die frühen Herrscher »Götter« waren; sie halten sie eher für »vergötterte« Menschen.

Um mehr Licht auf diese Frage zu werfen, wollen wir mit dem Ort beginnen, den Menes für die Hauptstadt des geeinten Ägyptens auswählte. Das geschah nicht zufällig, sondern hing mit bestimmten Ereignissen zusammen, die die Götter betrafen. Auch die Art, in der Menes Memphis errichtete, war symbolträchtig. Er legte sie nämlich auf einem künstli-

chen Hügel an, den er schuf, indem er den Nil an dieser
Stelle ableitete und mit Dämmen und Aufschüttungen die
Landschaft veränderte. Das geschah auf ähnliche Weise, wie
Ägypten entstanden ist.

Die Ägypter glaubten, daß in »früherer Zeit ein Gott herab-
gekommen« sei und das Land unter Wasser und Lehm vor-
gefunden habe. Er legte das Land durch schwierige Arbeiten
trocken und ließ Ägypten buchstäblich aus dem Wasser aufsteigen, weshalb es den Beinamen »Aufgestiegenes Land«
erhielt. Dieser Gott wurde Ptah genannt — »Gott des Himmels und der Erde«. Er wurde als großer Ingenieur und
Handwerksmeister betrachtet.

Die Glaubwürdigkeit vom »Aufgestiegenen Land« wird
durch technische Aspekte erhöht. Der Nil ist oben bei Syene
(Assuan) ein friedlicher und schiffbarer Fluß; weiter unten,
auf seinem Weg vom Süden bis zur Mündung, hat er mehrere schwierige und hinderliche Wasserfälle. Wie sein Niveau
heute durch den Damm von Assuan geregelt wird, so war es
auch im vorgeschichtlichen Ägypten. Ptah, Ägyptens legen-
därer Held, richtete seine Operationsbasis auf der Insel Abu
ein, die wegen ihrer Form von den Griechen Elephantine genannt wurde. Sie liegt unmittelbar oberhalb des ersten Was-
serfalls, gegenüber Assuan. In Text und Abbildungen wurde
Ptah (Abb. 8), dessen Symbol die Schlange war, so dargestellt, als ob er von unterirdischen Höhlen aus das Nilwasser
kontrollierte.

»Er war es, der die Tore der Überschwemmungen schloß, indem er zur rechten Zeit die Riegel vorschob.« Technisch betrachtet heißt das, daß Ptah zwei Höhlen (zwei miteinander
verbundene Reservoirs), die geöffnet und geschlossen werden konnten, anlegte und so das Niveau und den Lauf des
Nilwassers künstlich regulierte.

Ptah und die anderen Götter wurden in Ägypten »Ntr«
(Wächter) genannt. Sie waren aus Ta-Ur, dem »fernen
Land«, gekommen. Ur bedeutet alt; man kennt den Namen
aus der biblischen Geschichte: Es ist die alte Stadt Ur in

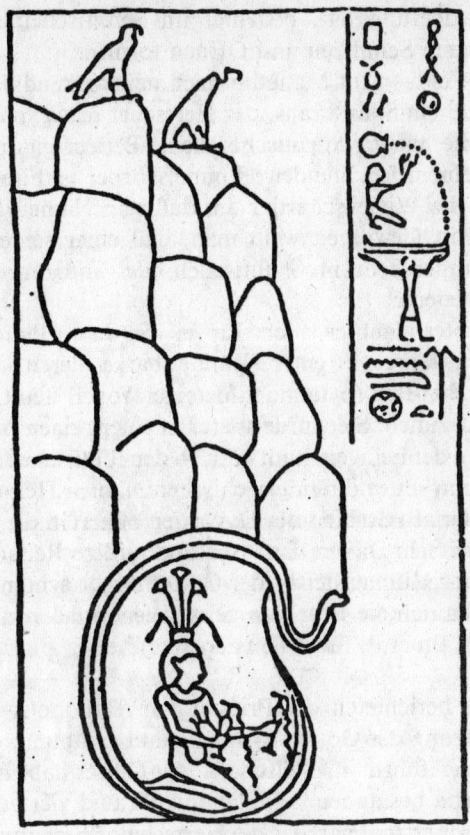

Abb. 8

Südmesopotamien. Die Straßen des Roten Meers, die Ägypten und Mesopotamien verbinden, hießen Ta-Neter (Ort der Götter); auf diesem Wege waren sie nach Ägypten gekommen. Daß die frühesten Götter aus dem biblischen Land Schem gekommen sind, wird auch durch die merkwürdige Tatsache bestätigt, daß ihre Namen vom Semitischen (Akkadischen) abstammten. Der Name Ptah, der im Ägyptischen keine Bedeutung hat, bedeutet im Semitischen »Er, der Dinge durch Schnitzen und Öffnen formt«.

Mit der Zeit — laut Manetho nach neuntausend Jahren — wurde Ra, ein Sohn Ptahs, der Herrscher in Ägypten. Auch sein Name hat im Ägyptischen keine Bedeutung; aber weil Ra mit einem leuchtenden Himmelskörper verbunden war, nehmen die Wissenschaftler an, daß sein Name »hell« bedeutet. Mit Gewißheit weiß man, daß einer seiner Beinamen, nämlich Tem, im Semitischen »der Vollkommene, der Reine« bedeutet.

Die Ägypter glaubten auch, Ra sei von dem »Planeten der Millionen Jahre« in einer Himmelsbarke, deren konisches Oberteil Ben-Ben (pyramidenförmiger Vogel) heißt, auf die Erde gekommen. Sie wurde später in einem eigens gebauten Schrein in der heiligen Stadt Anu — dem biblischen On, besser bekannt unter ihrem griechischen Namen Heliopolis — aufbewahrt. In der Zeit der Dynastien pilgerten die Ägypter zu diesem Schrein, um Ben-Ben und andere Reliquien von Ra und den Himmelsreisen der Götter zu betrachten. Für Ra (Tem) erbauten die Israeliten gezwungenermaßen die Stadt, die in der Bibel Pi-Tum (Tems Torweg) heißt.

Als erste berichteten die Priester von Heliopolis von der Überlieferung der Götter Ägyptens und erzählten, die erste von Ra angeführte »Gesellschaft« der Götter habe aus neun »Wächtern« bestanden, nämlich aus Ra und vier göttlichen Paaren. Als erstes Paar, das die Herrschaft übernahm, als Ra des Aufenthalts in Ägypten überdrüssig war, gilt sein Sohn Schu (Trockenheit) und seine Tochter Tefnut (Feuchtigkeit). Ihre Aufgabe bestand hauptsächlich darin, Ra bei der Kontrolle über den Himmel behilflich zu sein.

Schu und Tefnut dienten den Pharaonen in späterer Zeit als Beispiel: Der König erwählte seine Halbschwester als seine königliche Gemahlin. Ihnen folgten auf den göttlichen Thron — wie sowohl die Sagen als auch Manetho kundtun — ihre Kinder, wiederum ein Geschwisterpaar, nämlich Geb

(Der die Erde aufhäuft) und Nut (Ausgestrecktes Firmament).

Die rein mythologische Auffassung von den ägyptischen Götterlegenden — daß primitive Völker die Natur beobachten und in ihren Phänomenen »Götter« sehen — haben die

Abb. 9

Gelehrten annehmen lassen, Geb stelle die Erdgottheit und Nut die Himmelsgottheit dar, und daß die Ägypter, weil sie Geb und Nut als Vater und Mutter der nach ihnen herrschenden Götter betrachteten, glaubten, die Götter seien durch eine Vereinigung von Erde und Himmel geboren worden. Doch wenn man die Beschreibungen in den »Pyramidentexten« und im »Totenbuch« wörtlicher nimmt, erklärt sich, daß Geb und Nut ihren Namen wegen ihrer Tätigkeit erhielten, die mit dem periodischen Erscheinen des Vogels Bennu zusammenhingen, von dem die Griechen die Sage des Phoenix ableiteten: Es war ein Adler mit rot-goldenem Gefieder, der starb und nach mehreren Jahrtausenden wieder erschien. Wegen dieses Vogels — der genauso hieß wie das Fahrzeug, in dem Ra auf der Erde landete — befaßte sich Geb mit Erdarbeiten, und Nut erweiterte das Firmament. Diese Tätigkeiten wurden von den Göttern im »Lande der Löwen« ausgeübt; hier »hat Geb die Erde geöffnet« für die große Kugel, die vom »ausgestreckten Himmel« kam und am Horizont erschien.

Geb und Nut übergaben die Herrschaft über Ägypten ihren vier Kindern: Asar (Allsehender), den die Griechen Osiris nannten, seiner Schwestergattin Ast, besser bekannt als Isis, Seth und seiner Frau Nephtis (eine Schwester von Isis). Von diesen Göttern handeln die meisten ägyptischen Legenden. Auf den Abbildungen (Abb. 9) wurde Seth nie ohne seine Tiermaske gezeigt: Sein Gesicht war nie zu sehen. Die Bedeutung seines Namens ist den Ägyptologen noch immer unbekannt, obwohl Adam und Eva ihrem dritten Sohn denselben Namen gegeben haben.

Die beiden Brüder, die ihre eigenen Schwestern geheiratet hatten, bekamen es mit einer schwierigen Erbfolge zu tun. Die einzige einleuchtende Lösung bestand darin, das Königreich zu teilen: Osiris erhielt Unterägypten im Norden, Seth den gebirgigen Teil im Süden, nämlich Oberägypten. Wie lange diese Regelung dauerte, läßt sich nach Manethos Chronik lediglich vermuten; sicher ist nur, daß Seth mit der Teilung der Herrschaft unzufrieden war und verschiedene Pläne verfolgte, um die Gesamtherrschaft über Ägypten zu erringen.

Wissenschaftler haben angenommen, daß Seths einziges Motiv die Machtgier war. Aber wenn man die Nachfolgeregeln der Götter kennt, wird die tiefgreifende Wirkung dieser Regeln auf die Angelegenheiten der Götter (und auch der Menschenkönige) verständlich. Seit die Götter (und in der Folge auch die Menschen) neben der offiziellen Gemahlin eine oder mehrere Konkubinen haben und in Liebesaffären Kinder zeugen durften, galt als erste Erbfolgeregel: Der Erstgeborene der offiziellen Gemahlin war der Thronerbe. Wenn sie keinen Sohn gebar, war der Erstgeborene jeglicher Konkubine der Erbe. Wurde aber nach diesem Erstgeborenen dem Herrscher von seiner Halbschwester ein Sohn geschenkt, so verdrängte dieser Sohn den Erstgeborenen und galt als der rechtmäßige Erbe.

Dieser Brauch war die Ursache vieler Rivalitäten und Zwiste unter den Göttern des Himmels und der Erde, und er erklärt wohl Seths grundlegendes Motiv. Zu dieser Überzeugung trägt die Abhandlung »De Iside et Osiride« (Von Isis und Osiris) des griechischen Schriftstellers Plutarch (um 50 bis 120 n. Chr.) bei. Für die Griechen und Römer seiner Zeit beschrieb er die legendären Geschichten über die Götter des Nahen Ostens. Die ägyptischen Quellen, auf die er sich stützte, hielt man damals für die Beschreibungen des Gottes Thoth, der als Schreiber der Götter deren Geschichte und Taten auf Erden für alle Zeit festhielt.

»Nun ist die Geschichte von Isis und Osiris«, schreibt er, »deren wichtigste Teile fehlen, schnell erzählt«, und fährt nach diesem Eröffnungssatz damit fort, daß Nut (die die Griechen mit ihrer Göttin Rhea verglichen) drei Söhne hatte: der erste war Osiris, der letzte Seth. Sie gebar auch zwei Töchter: Isis und Nephtis. Aber nur Seth und Nephtis waren von Geb gezeugt worden. Der Vater von Osiris und dem mittleren Sohn war Ra, der heimlich zu seiner Enkeltochter Nut kam. Isis wurde von Thoth (dem griechischen Hermes) gezeugt, der ihr »aus Dankbarkeit für die Gunst, die ihm von ihr widerfahren war«, beiwohnte.

Es verhielt sich also folgendermaßen: Osiris — nicht Geb — hatte mehr Anspruch auf die Thronfolge, da ihn der Großgott Ra gezeugt hatte. Aber der legitime Erbe war Seth, den Nut ihrem herrschenden Halbbruder geschenkt hatte. Als ob dies nicht genügt hätte, wurden die Dinge noch verwickelter durch den Wettbewerb zwischen den beiden Brüdern, die wünschten, daß ihr Sohn der nächste legitime Thronfolger werden würde. Um dies zu erreichen, hätte Seth nur die Möglichkeit gehabt, mit seiner Halbschwester Isis einen Sohn zu zeugen. Osiris konnte dieses Ziel jedoch erreichen, indem er entweder mit Isis oder Nephtis — beide Halbschwestern — einen Sohn zeugte. Osiris ließ Seth keine Chance und nahm Isis zur Frau. Seth verheiratete sich mit Nephtis, doch da sie seine Vollschwester war, konnte keiner ihrer Söhne als qualifiziert gelten.

Diese Zusammenhänge schürten Seths Wut auf Osiris, der ihm sowohl den Thron als auch die Nachfolge vorenthielt.

Die Gelegenheit für seine Rache ergab sich laut Plutarch, als »eine gewisse äthiopische Königin namens Aso« Ägypten einen Besuch abstattete. In Verschwörung mit seinen Anhängern veranstaltete Seth zu ihren Ehren ein Bankett, zu dem alle Götter eingeladen wurden. Seth hatte eine prächtige Truhe anfertigen lassen, groß genug für Osiris. »Diese Truhe ließ Seth in den Bankettsaal bringen, und nachdem sie von allen Anwesenden bewundert worden war, versprach Seth — wie zum Scherz —, sie demjenigen zu schenken, der hineinpaßte. Daraufhin legten sich alle nacheinander in die Truhe. Als letzter legte sich Osiris hinein, worauf die Verschwörer herbeiliefen, den Deckel zuklappten, die Truhe an den Seiten zunagelten und flüssiges Blei darübergossen.« Dann trugen sie die Truhe, in der Osiris gefangen war, zur Mündung des Nils ins Mittelmeer bei Tanis und warfen sie ins Meer.

Isis legte Trauerkleidung an, schnitt sich als Zeichen des Kummers eine Locke ab und machte sich auf die Suche nach der Truhe. Schließlich wurde ihr gesagt, die Truhe sei von den Meereswellen nach Byblos (heute Libanon) getragen worden. Sie fand die Truhe, die Osiris' Leichnam enthielt, und versteckte sie an einem verlassenen Ort, bis ihr einfiel, wie sie Osiris wiederbeleben könnte. Aber Seth fand all das heraus, ergriff die Truhe und zerstückelte Osiris' Leichnam in vierzehn Teile, die er über ganz Ägypten verteilte.

Abermals machte sich Isis auf die Suche nach den einzelnen Teilen ihres Bruder-Gemahls. Nach der einen Version begrub sie die Teile an den Fundstellen, die Orte der Anbetung wurden; nach einer anderen band sie die Teile zusammen und mumifizierte sie. Jedenfalls herrscht Übereinstimmung darüber, daß sie alle Körperteile fand, außer einem — dem Phallus.

Trotzdem gelang es ihr vor der Vernichtung, dem Leichnam des Osiris die »Essenz« zu entziehen und sich selbst zu be-

samen, so daß sie ihren Sohn Horos gebar. Sie versteckte ihn
vor Seth in den Papyrussümpfen des Nildeltas.

Viele Legenden befassen sich mit den nun folgenden Geschehnissen; sie sind wieder und wieder auf Papyrusrollen
kopiert worden und bilden Kapitel im »Totenbuch« sowie
Verse in den »Pyramidentexten«. Zusammengefaßt enthüllen sie ein Drama, das von legalen Machenschaften, Ent-
führungen zu Staatszwecken, einer magischen Rückkehr
Toter, Homosexualität und einem großen Krieg handelt,
ein Drama, in dem der Thron der Götter auf dem Spiele
stand.

Da alles darauf hindeutete, daß Osiris gestorben war, ohne
einen Erben zu hinterlassen, sah Seth dies als Gelegenheit
an, einen legitimen Erben zu erhalten, indem er Isis zwang,
sich mit ihm zu vermählen. Er entführte sie und hielt sie gefangen, bis sie einwilligte; aber mit Thoths Hilfe glückte ihr
die Flucht. Eine Darstellung — auf der sogenannten Metter-
nich-Stele —, die die Geschichte mit ihren eigenen Worten er-

Abb. 10

zählt, schildert ihre nächtliche Flucht und ihre Erlebnisse, bis sie die Sümpfe erreichte, wo Horos verborgen war. Als sie ihn fand, lag er infolge eines Skorpionstiches im Sterben (Abb. 10). Aus dem Text ist zu ersehen, daß die Nachricht vom bevorstehenden Tod ihres Sohnes sie zur Flucht veranlaßt hatte. Auf ihre Verzweiflungsschreie hin kamen die Leute herbei, die in den Sümpfen lebten, aber sie konnten ihr nicht helfen. Hilfe kam von einem Raumschiff!

> »Da stieß Isis einen Schrei himmelwärts aus
> und richtete ihr Flehen an die Barke der Millionen Jahre.
> Und die Himmelsscheibe stand still
> und bewegte sich nicht mehr von der Stelle.
> Und Thoth kam hernieder.
> Er verfügte über Zauberkräfte und über die Macht,
>   das Wort Tat werden zu lassen.
> Und er sprach: O Isis, du Ruhmreiche,
> die das Wissen des Mundes hat,
> siehe, dem Kind Horos wird nichts Böses widerfahren,
> denn es wird von Ras Barke beschützt.
> Ich bin heute in der Barke der göttlichen Scheibe
> von dem Ort gekommen, wo ich gestern war.
> Wenn es Nacht ist,
> wird dieses Licht das Gift vertreiben und Horos heilen...
> Ich bin vom Himmel gekommen, das Kind für seine Mutter zu
>   retten.«

Vor dem Tode durch den geschickten Thoth bewahrt, wurde Horos, wie manche Texte sagen, durch Thoths Behandlung für immer immun und wuchs als Netsch-atef (Rächer seines Vaters) heran. Götter und Göttinnen, die auf der Seite von Osiris waren, schulten ihn in der Kriegskunst, und er galt als göttlicher Prinz, der des himmlischen Verbands würdig war. Dann erschien er eines Tages vor dem Rat der Götter und verlangte den Thron des Osiris.

Von den vielen Göttern war keiner von seinem Erscheinen so überrascht wie Seth. Alle fragten sich: Hat Osiris diesen Sohn wirklich gezeugt? In einem Text, der Chester Beatty Papyrus Nr. 1 heißt, steht, daß Seth den Göttern eine Beratung vorschlug, um ihm Gelegenheit zu geben, das Problem mit seinem unerwartet aufgetauchten Neffen friedlich zu besprechen. Er lud Horos in sein Haus ein, und Horos stimmte zu. Aber Seth hatte nicht Friedfertigkeit im Sinn, sondern eine Gemeinheit:

> »Und als Abend war, wurde das Bett für sie bereitet,
> und die beiden legten sich hin.
> Und in der Nacht machte Seth sein Glied steif
> und ließ es zwischen Horos' Lenden eindringen.«

Als die Götter zur Beratung zusammengekommen waren, forderte Seth das Amt für sich, denn Horos sei disqualifiziert: Ob er er nun von Osiris abstammte oder nicht, Seths Same sei nun in ihm, so daß Horos als sein Nachfolger, nicht als sein Vorgänger gelten müsse!

Jetzt war die Reihe an Horos, die Götter zu überraschen. Er sagte: »Als Seth seinen Samen ausstieß, fing ich ihn mit den Händen auf.« Am Morgen habe er ihn seiner Mutter gebracht und ihr erzählt, was geschehen war. Da veranlaßte sie ihn, sein Glied steif zu machen und den Samen in einen Becher auszugießen. Hierauf begab sie sich in Seths Garten und begoß seinen Salat mit Horos' Samen, so daß Seth ihn unwissentlich zu sich nahm. Nun verkündete Horos: »Nicht nur ist Seths Same nicht in mir, sondern mein Same ist in ihm! Und Seth ist disqualifiziert!«

Verblüfft riefen die Götter Thoth dazu auf, den Fall zu lösen. Er untersuchte den Samen, der noch im Becher übriggeblieben war, und es war tatsächlich Seths Samen. Dann wurde Seths Körper untersucht, und es stellte sich heraus, daß er Horos' Samen enthielt.

Wütend wartete Seth die weitere Beratung nicht ab. Nur ein Kampf bis zum bitteren Ende könne die Frage jetzt entscheiden, rief er, als er ging.

Seth hatte inzwischen laut Manetho dreihundertfünfzig Jahre regiert. Wenn wir die dreizehn Jahre hinzuzählen, die Isis für ihre Suche nach Osiris' Körperteilen brauchte, war es tatsächlich das Jahr 363, in dem sich Ra und Horos in Nubien trafen und gemeinsam den Krieg gegen »die Feinde«

führten. In seinem Buch »Horos, königlicher Gott von Ägypten« faßt S. B. Mercer die wissenschaftliche Meinung über das Thema mit den Worten zusammen: »Die Geschichte von dem Konflikt zwischen Horos und Seth ist ein historisches Ereignis.«

Gemäß den Inschriften am Tempel von Edfu fand der Zweikampf zwischen Horos und Seth am »See der Götter« statt, der danach »See des Kampfes« genannt wurde. Horos traf Seth mit seiner göttlichen Lanze, nahm ihn gefangen und brachte ihn vor Ra. »Sein Speer stak in Seths Nacken, die Beine des Bösen waren in Ketten, und sein Mund war geschlossen infolge eines Schlages mit der Keule des Gottes (Horos).« Ra verfügte, daß Isis und Horos mit Seth und den übrigen gefangenen Verschwörern nach Belieben verfahren konnten.

Aber als Horos damit begann, den Gefangenen den Kopf abzuschlagen, hatte Isis Mitleid mit ihrem Bruder Seth und setzte ihn frei. Über das Folgende gibt es verschiedene Versionen, darunter die des sogenannten Vierten Sallier-Papyrus; in Übereinstimmung mit den meisten besagt sie, daß Seths Freilassung Horos in solche Wut versetzte, daß er seine eigene Mutter enthauptete. Doch Thoth habe ihren Kopf wieder an seinen Platz gesetzt und sie wiederhergestellt (das berichtet auch Plutarch).

Nach seinem Entkommen versteckte sich Seth zuerst in einem unterirdischen Tunnel. Es folgten nach sechstägiger Ruhe eine Reihe von Luftschlachten. Horos benutzte ein »Nar« (eine Feuersäule), das als längliches, zylindrisches Gefährt mit Ruderflossen oder kurzen Flügeln dargestellt ist. Im Schott saßen zwei »Augen«, die die Farbe wechselten, von Rot zu Blau und umgekehrt; hinten zeigten sich dampfähnliche Streifen, und vorn wurden Strahlen ausgesandt (Abb. 11). Die ägyptischen Texte, die von Horos' Nachfolgern geschrieben worden sind, enthalten keine Beschreibung von Seths Luftschiff.

In den Texten wird die Schlacht beschrieben, die sich hin und her bewegte. Als erster wurde Horos von einem Blitz aus Seths Fahrzeug getroffen. Das Nar verlor ein Auge, und Horos kämpfte von Ras geflügelter Scheibe aus weiter. Er schoß eine »Harpune« auf Seth ab, der getroffen wurde und seine Hoden verlor.

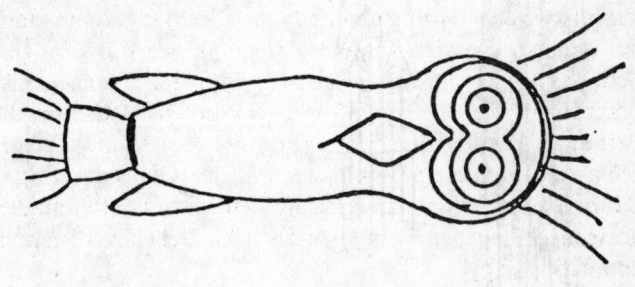

Abb. 11

Von der Waffe schreibt W. Max Müller in seiner »Ägyptischen Mythologie«, sie habe »einen seltsamen, praktisch unmöglichen Kopf« gehabt und »Waffe der Dreißig« geheißen. Alten Darstellungen zufolge (Abb. 12 a) war die »Harpune« tatsächlich eine dreifache Rakete; nach dem Abschuß der ersten war der Weg frei für die beiden kleineren Geschosse. Die Bezeichnung »Waffe der Dreißig« weist darauf hin, daß sie unseren heutigen Mehrstufenraketen entsprach und daß jede Rakete zehn Sprengköpfe enthielt.
Zufällig — oder weil ähnliche Umstände zu gleichen Benennungen führen — hat die Firma McDonnell Douglas in St. Louis im Staat Missouri ihren neu entwickelten Torpedo »Harpune« getauft (Abb. 12 b).
Die Götter riefen zu einem Waffenstillstand auf, und wieder traten die Gegner vor die Ratsversammlung. Einzelheiten der Verhandlung sind aus dem Text auf einer Steinsäule des Pharaos Sabakon (achtes Jahrhundert v. Chr.) zu ersehen, der selbst sagt, der Text sei eine Kopie von einer sehr alten,

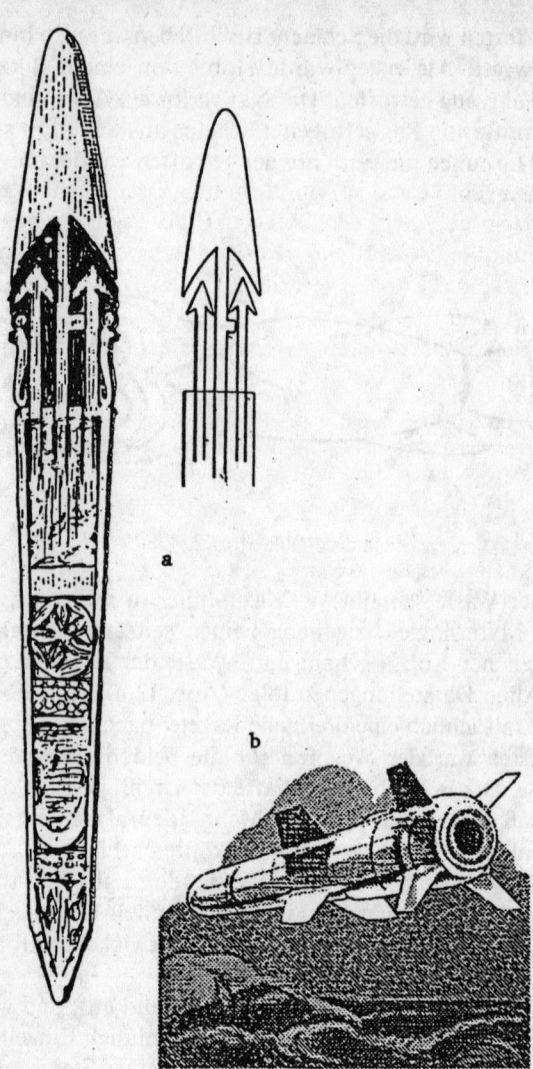

Abb. 12 a und b

von Würmern zerfressenen Lederrolle, die man in Ptahs großem Tempel in Memphis gefunden habe. Der Rat wollte
Ägypten wieder wie zu Osiris' Zeiten zwischen Horos und
Seth aufteilen; aber Seth widersetzte sich dieser Entscheidung, da ihm die Erbfolge Sorgen bereitete. Er hatte ja seine
Hoden eingebüßt und konnte nicht mehr mit Nachkommen
rechnen. So gab Geb, der Gott der Erde, ganz Ägypten an
Horos, und Seth wurde eine Domäne fern von Ägypten zugewiesen, so daß er dazu verurteilt war, eine asiatische Gottheit zu werden.

Dieser Beschluß erfolgte einstimmig. Der Hunifer-Papyrus
beschreibt den letzten Akt:

»Horos triumphiert in Anwesenheit aller Götter.
Die Herrschaft über die Welt ist ihm gegeben worden,
und sie reicht bis zu den äußersten Teilen der Erde.«

In dem Text heißt es weiter:

»Es ist durch Erlasse in der Kammer der Berichte
in aller Form bestätigt worden.
Es ist eingeschrieben in eine Metalltafel
gemäß dem Befehl
deines Vaters Ptah ...
Himmlische und irdische Götter treten in den Dienst deines Sohnes
    Horos.
Sie folgen ihm zur Halle der Erlasse.
Er wird über die Erde herrschen.«

3

Die Wurfgeschosse von Zeus und Indra

Nachdem Herodot im fünften Jahrhundert v. Chr. Ägypten bereist hatte, war er überzeugt, daß die Griechen ihre Vorstellungen von den Göttern und ihren Glauben an sie von den Ägyptern übernommen hatten. Da er für seine Landsleute schrieb, benutzte er die Namen der griechischen Götter für die Beschreibung der vergleichbaren ägyptischen Gottheiten.

Seine Überzeugung vom ägyptischen Ursprung der griechischen Theologie beruhte nicht nur auf den vergleichbaren Attributen und Namen der Götter, sondern vor allem auf den ähnlichen Erzählungen über sie. Eine geradezu unheimliche Ähnlichkeit muß ihn besonders beeindruckt haben und ihm nicht nur als Zufall erschienen sein: die Kastration des einen Gottes durch einen anderen im Kampf um die Vorherrschaft.

Die griechischen Quellen, die Herodot benutzt haben könnte, sind glücklicherweise erhalten geblieben, nämlich verschiedene literarische Werke, darunter Homers »Iliade«, die Oden von Pindar, die kurz vor Herodots Zeit entstanden sind, und hauptsächlich Hesiods Theogonie (Abstammung der Götter) aus dem achten Jahrhundert v. Chr.

Als Dichter schob Hesiod die Abfassung der »Theogonie« den Musen zu, die ihn ermuntert hätten, die Geschichten über die Entstehung der Götter zu besingen und damit Zeus' Herz zu erfreuen. Dies sei eines Tages auf dem Olymp erfolgt, als er seine Lämmer hütete.

Trotz dieser pastoralen Einführung ist das Werk eine Ge-

schichte von Leidenschaft, Auflehnung, Hinterlist und Verstümmelung wie auch von Streit und Krieg. Obwohl Zeus
hymnisch glorifiziert wird, macht Hesiod nicht den Versuch,
die blutigen Gewalttätigkeiten, die zu seiner Vorherrschaft
führten, zu vertuschen. Was immer die Musen, die von Zeus
gezeugten neun Töchter, besangen, Hesiod schrieb es nieder.

>>Wahrlich, zuerst war das Chaos,
als nächstes die vollbusige Gaia,
nach ihr der düstere Tartaros in der Tiefe der vielwegigen Erde,
und Eros, der schönste unter den unsterblichen Göttern.
Aus dem Chaos erstanden Erebos und die schwarze Nyx,
die Aether und Hemera gebar.<<

Die erste Gruppe der Himmelsgötter war vollständig, als
Gaia (Erde) Uranus (gestirnter Himmel) hervorbrachte und
sich dann mit ihrem Erstgeborenen vermählte, damit er der
ersten Dynastie der Götter angehören konnte. Gaia gebar
auch seine anmutige Schwester Uräa sowie Pontus (Meer),
>>die fruchtlose Tiefe mit ihrer zornigen Dünung<<.
Die nächste Generation der Götter entstammte Gaias Vermählung mit Uranus:

>>Danach lag sie mit Uranus und gebar
den wirbelnden Oceanus, Köus und Krius, Hyperion und Iapetus,
Theia und Rhea, Themis und Mnemosyne,
die goldgekrönte Phoebe und die liebliche Thetys.
Danach wurde Kronos geboren, das hinterlistigste
und schrecklichste ihrer Kinder.<<

Obwohl diese zwölf Kinder — sechs männliche und sechs
weibliche — der Vermählung einer Mutter mit ihrem Sohn
entstammten, galten sie als göttlichen Ursprungs. Doch als
Uranus immer lüsterner wurde, zeigten sich bei den nachfolgenden Sprößlingen immer mehr Defekte. Die ersten Ungeheuer, die zur Welt kamen, waren die drei Zyklopen Brontes
(Donnerer), Steropes (Blitzmacher) und Arges (Strahlen-
macher). Sie waren göttergleich, hatten aber nur ein Auge
mitten auf der Stirn und wurden deshalb kugeläugig genannt.

»Und wieder wurden Gaia und Uranus drei Söhne geboren, unsagbar groß und kräftig: Kottos, Briareos und Gyes. Sie waren Riesen und wurden Hekatoncheiren (Hunderthändige) genannt: Von ihren Schultern entsprangen hundert Arme, denen man sich nicht nähern durfte, und sie hatten fünfzig Köpfe.«

»Und Kronos haßte seinen lüsternen Vater«, schreibt Hesiod, »aber Uranus genoß sein schlimmes Treiben.«

Da schärfte Gaia eine große Sichel und weihte ihre teuren Söhne in ihren Plan ein: Ihr sündiger Vater sollte bestraft werden für seine Übertreibung; sie sollten ihm die Genitalien abschneiden und so seinem Geschlechtstrieb ein Ende machen. Aber Furcht ergriff sie alle, nur der kühne Kronos faßte Mut.

So kam es, daß Gaia Kronos die Sichel gab und ihn in einem Hinterhalt am Mittelmeer versteckte.

> »Und Uranus kam zur Nachtzeit, nach Liebe verlangend,
> und er legte sich auf Gaia.
> Da erschien der Sohn aus dem Hinterhalt
> und streckte die linke Hand zum Griff aus.
> In der rechten Hand hielt er die große, gezähnte Sichel.
> Rasch schnitt er dem Vater die Genitalien ab
> und warf sie hinter sich in das brausende Meer.«

Die Tat war geschehen, aber durch die Kastration war die Reihe von Uranus' Nachkommenschaft nicht beendet. Als sein Blut spritzte, schwängerten einige Blutstropfen Gaia, und sie empfing und gebar die Erinnyen, die Rachegöttinnen, sowie die Giganten mit glänzender Rüstung und einem langen Speer in den Händen, außerdem die melischen Nymphen (Nymphen der Eschen). Die abgeschnittenen Geschlechtsteile erzeugten Schaum im Meer, als sie zur Insel Kypros getragen wurden, und ihm entstieg die Göttin Aphrodite, die aus dem Schaum Geborene.

Der unfähige Uranus rief die Ungeheuer-Götter zur Rache auf. Seine eigenen Kinder seien Titanen geworden, die absichtlich Schreckliches anrichteten; jetzt sollten die anderen

Rache üben. Darauf nahm der geängstigte Kronos die Zyklopen und anderen Ungeheuer gefangen, so daß sie nichts tun konnten.

Nicht nur Uranus, auch die anderen Götter hatten inzwischen für Nachwuchs gesorgt, unter ihnen Nyx, die aus sich selbst gute und böse Wesen gebar. Zu den bösen gehörten Klotho, Lachesis und Atropos. Sie gebar Verdammnis, schwarzes Schicksal und Tod, Betrug und Hader, Kampf, Tötung und Mord, Schuld und Wehen, Hungersnot und Sorgen, Lüge, Streit, Gesetzlosigkeit und Untergang, als letztes gebar sie Nemesis, die Göttin der Vergeltung. Der Aufruf des Uranus wurde beantwortet: Streit und Krieg brachen unter den Göttern aus.

In dieser gefährlichen Welt brachten die Titanen die dritte Generation der Götter hervor. Aus Furcht vor Strafe hielten sie eng zusammen; fünf von sechs Brüdern vermählten sich mit fünf ihrer sechs Schwestern. Die wichtigste Verbindung war die von Rhea und Kronos, denn Kronos hatte infolge seiner kühnen Taten die Führerschaft unter den Göttern übernommen. Dieser Vereinigung entsprossen drei Töchter und drei Söhne: Hestia, Demeter und Hera, Hades, Poseidon und Zeus.

Gleich nach der Geburt der ersten fünf Kinder verschlang Kronos sie, weil ihm geweissagt worden war, eines seiner Kinder werde seinen Sturz herbeiführen: Das Schicksal, das er seinem Vater zugefügt hatte, werde sich bei ihm wiederholen.

Aber das Schicksal ließ sich nicht abwenden. Ihren letztgeborenen Sohn Zeus versteckte Rhea auf der Insel Kreta.

Statt des Kindes gab sie Kronos einen in Tücher gewickelten großen Stein. Nichtsahnend verschlang Kronos den Stein, den er für das Kind hielt. Kurz darauf begann er zu erbrechen und spie nacheinander alle die Kinder aus, die er verschlungen hatte.

»Während die Jahre weiterrollten, nahmen die Glieder des Fürsten (Zeus) an Kraft und Stärke zu.« Eine Zeitlang war er ein würdiger Enkel des Uranus, denn er jagte die lieblichen Göttinnen und geriet oft in Zwistigkeiten mit den ihnen zugehörigen Göttern. Dann aber wandte er sich Staatsgeschäften zu. Zehn Jahre lang tobte ein Krieg zwischen den älteren Titanen vom Berg Othyres und den jüngeren, die der Vereinigung von Rhea und Kronos entstammten und auf dem gegenüberliegenden Olymp wohnten. »Mit bitterem Zorn kämpften sie zehn Jahre lang fortwährend gegeneinander, und der harte Krieg fand kein Ende, weil das Gleichgewicht gehalten wurde.«

Waren diese Kämpfe nur die Kulmination verschlechterter Beziehungen zwischen benachbarten göttlichen Kolonien, ein Ausbruch der Rivalität zwischen vermischten und treulosen Göttern und Göttinnen (wo Mütter mit ihren Söhnen schliefen und der Onkel seine Nichten schwängerte), oder war es das erste Beispiel der Auflehnung der Jungen gegen das alte Regime? Die »Theogonie« gibt keine klare Antwort, aber spätere griechische Legenden und Theaterstücke legen den Gedanken nahe, daß alle diese Motive zusammen zu einem endlos langen, hartnäckigen Krieg zwischen den jüngeren und den älteren Göttern führten.

Zeus sah diesen Krieg als eine Gelegenheit an, die Herrschaft über die Götter zu ergreifen und so — bewußt oder unwissentlich — das seinem Vater vorausgesagte Schicksal zu erfüllen, indem er ihn absetzte.

Als erstes »löste Zeus die tödlichen Fesseln der Brüder seines Vaters, der Söhne des Uranus, die sein Vater in seiner Torheit gebunden hatte«. Aus Dankbarkeit gaben ihm die drei Zyklopen die göttlichen Waffen, die Gaia vor Uranus versteckt hatte: den Donner, den Strahlen aussendenden Donnerkeil und den Blitz. Sie gaben auch Hades einen Zauberhelm, der seinen Träger unsichtbar machte, und Poseidon einen magischen Dreizack, der Erde und Meer zum Erbeben bringen konnte.

Um die Hekatoncheiren nach ihrer langen Gefangenschaft

zu kräftigen, versah Zeus das Trio mit Nektar und Ambrosia, der Götterspeise; dann sagte er zu ihnen:

> »Hört mich,
> o kluge Kinder Uranus' und Gaias,
> daß ich euch sagen kann, was mein Herz mir befiehlt.
> Eine lange Zeit haben wir,
> die wir Kronos entsprungen, mit den Titanen täglich gekämpft,
> um die Herrschaft zu erringen.
> Wollt ihr nun eure große Kraft zeigen
> und den Titanen entgegentreten?«

Worauf Kottus, einer der Hunderthändigen, antwortete: »Göttlicher, du sagst, was wir wohl wissen. Dank deiner Klugheit sind wir befreit von den erbarmungslosen Fesseln und aus der Dunkelheit zurückgekehrt. So wollen wir nun dir in dem schrecklichen Streit beistehen und gegen die Titanen kämpfen.«
»So entfachten alle von Kronos Gezeugten, zusammen mit den von Zeus befreiten Männern und Frauen, an jenem Tag die Schlacht gegen die älteren Titanen.«
Die Schlacht tobte überall auf der Erde und in den Himmeln:

> »Das grenzenlose Meer toste furchtbar,
> und die Erde krachte laut.
> Der weite Himmel wurde erschüttert und stöhnte, und der hohe
>   Olymp
> erzitterte unter dem Angriff der unsterblichen Götter,
> unter ihren stampfenden Füßen ·
> und beim Einsatz ihrer schrecklichen Wurfgeschosse,
> deren Geknall weithin bis zum Tartaros reichte.«

In einem Vers, der an den Text einer Schriftrolle vom Toten Meer erinnert, spricht die »Theogonie« vom Kriegsgeschrei der kämpfenden Götter:

> »Sodann schleuderten sie ihre schmerzenden
> Donnerkeile gegeneinander, und die Schreie beider Heere
> reichten bis zum gestirnten Himmel.
> Mit lautem Kriegsgeschrei prallten sie aufeinander.«

Zeus selbst kämpfte mit all seiner Kraft; dabei setzte er seine göttlichen Waffen bis zum äußersten ein. »Vom Himmel gegenüber dem Olymp kam er, seinen Blitz schleudernd. Die Pfeile lösten sich dicht und schnell von seiner starken Hand, Donner und Blitz zugleich, wirbelnd in einer erschreckenden Flamme. Die fruchtbare Erde zerbrach ringsum und brannte, und der große Wald knackte laut in der Feuersbrunst. Das ganze Land siedete, auch die Süßwasserflüsse und das salzige Meer.«

Dann schleuderte Zeus einen Donnerstein gegen den Olymp (Abb. 13). Das war fast wie eine Atomexplosion.

> »Der heiße Dampf umhüllte die Titanen,
> von Gaia geboren;
> unbeschreibliche Flammen schlugen hoch hinauf.
> Der zuckende Blitz des Donnersteins
> blendete ihre Augen,
> so stark war er.
> Unerträgliche Hitze schuf Chaos ...
> Es schien, als wären die Erde und der weite Himmel
> zusammengestoßen;
> ein gewaltiger Lärm, als ob die Erde in Trümmer fiele.
> Ein solcher Lärm war, als die Götter im Kampf zusammenstießen.«

Zudem erzeugten das Getöse, der blendende Blitz, die extreme Hitze und der geschleuderte Donnerstein einen ungeheuerlichen Sturm:

> »Und die Winde brachten ein rumpelndes Erdbeben,
> Staubwirbel,
> Donner und Blitz.«

All dies verursachte der Donnerstein des großen Zeus. Als die beiden widerstreitenden Lager hörten und sahen, was geschehen war, »erhob sich ein schrecklicher Aufruhr; mächtige Taten wurden vollbracht, und die Schlacht neigte sich ihrem Ende zu; denn die Götter hatten die Oberhand über die Titanen gewonnen«.

Unersättlich setzten die drei Zyklopen den Titanen nach und überwältigten sie mit Handwaffen. Sie legten sie in Ketten und brachten sie zum fernen Tartarus in Gefangenschaft. »Dort sind die Titanen infolge des Ratschlusses des Gottes

Abb. 13

Zeus, der auf den Wolken fährt, in nebeligem Dämmer in Gewahrsam, an einem dunstigen Ort am Ende der großen Erde.« Die drei Zyklopen blieben dort als vertrauenswürdige Wächter für Zeus.

Als Zeus im Begriff war, die Oberherrschaft über alle Götter zu beanspruchen, erschien plötzlich ein Herausforderer. Denn »als Zeus die Titanen vom Himmel vertrieb, gebar Gaia ihr jüngstes Kind, von Tartarus gezeugt, mit Hilfe der goldenen Aphrodite«. Typhon war ein wirkliches Ungeheuer: »Kraft war in seinen Händen bei allem, was er tat, und seine starken Füße waren unermüdlich. Er hatte hundert Schlangenköpfe, ein furchtbarer Drache mit dunklen, züngelnden Zungen. Aus den Augen blitzte Feuer. Und alle die schrecklichen Köpfe hatten eine Stimme, die unglaubliche Laute ausstieß.« Es war die Stimme eines Mannes, eines Stieres, eines Löwen und eines Welpen. Nach Pindar und Aischylos war Typhon ein Riese, »dessen Kopf bis zu den Sternen reichte«.

»Wahrlich, dabei war nicht zu helfen, und etwas mußte an jenem Tag geschehen«, wurde Hesiod von den Musen enthüllt. Es war fast unvermeidlich, daß »Typhon gekommen war, über Sterbliche und Unsterbliche zu herrschen«. Aber Zeus erkannte schnell die Gefahr und verlor keine Zeit, ihn anzugreifen.

Die Gefechte, die hierauf folgten, waren nicht weniger furchtbar als der Kampf zwischen den Göttern und den Titanen; denn der Schlangengott Typhon war mit Flügeln ausgestattet und konnte fliegen wie Zeus (Abb. 14). »Zeus donnerte laut und gewaltig, und die Erde ringsum widerhallte furchtbar, ebenso der weite Himmel droben, das Meer und die Flüsse, sogar die Tiefe der Erde.«

Beide Kämpfer benutzten göttliche Waffen:

Abb. 14

»Durch die beiden,
durch den Donner und den Blitz,
umfing Hitze die dunkelblauen Meere,
und durch das Feuer des Ungeheuers,
die sengenden Winde und den flammenden Donnerkeil
siedeten die Erde, der Himmel und das Meer.
Große Wellen brandeten über die Ufer,
und es kam zu einer endlosen Erschütterung.«

In der Unterwelt zitterte Hades; auch die in der Erde gefangenen Titanen zitterten. Als die beiden einander am Himmel und auf dem Land jagten, gelang es Zeus, den Feind mit seinem unheimlichen Donnerkeil zu treffen. Die Waffe verbrannte »alle die wunderbaren Köpfe des Ungeheuers, alles ringsum«, und Typhon krachte auf die Erde hinunter. Trotz des gewaltigen Aufpralls blieb Typhon am Leben. Laut der »Theogonie« warf Zeus ihn auch in den Tartarus. Nach diesem Sieg war seine Herrschaft gesichert, und er befaßte sich mit dem wichtigen Geschäft der Fortpflanzung, indem er sich sowohl mit Ehefrauen als auch mit Konkubinen verband.

Die »Theogonie« beschreibt zwar nur einen Kampf zwischen Zeus und Typhon, aber andere griechische Schriftsteller versichern, daß dies der letzte Kampf war, dem andere vorangingen, in denen Zeus verwundet wurde. In einem Fall war es ein Nahkampf, bei dem Zeus die besondere Sichel benutzte, die seine Mutter ihm gegeben hatte; denn er hatte die Absicht, Typhon zu kastrieren. Aber Typhon verstrickte ihn in ein Netz, nahm ihm die Sichel weg und zerschnitt damit die Sehnen von Zeus' Händen und Füßen. Dann legte er den hilflosen Zeus, seine Sehnen und seine Waffen in eine Höhle.

Aber die Götter Aegipan und Hermes fanden die Höhle, heilten Zeus, indem sie ihm seine Sehnen zurückgaben, und versahen ihn mit Waffen. Zeus flüchtete dann und flog in einem »geflügelten Wagen« zum Olymp zurück, wo er sich mit neuen Waffen ausstattete. Damit unternahm er einen neuerlichen Angriff auf Typhon und trieb ihn zum Berg Nyssa, wo die Schicksalsgöttinnen ihn durch eine List dazu brachten, die Speise der Sterblichen zu sich zu nehmen; dadurch wurde er nicht gestärkt, sondern geschwächt. Der neuerliche Kampf begann über dem Berg Hämos in Thrakien, setzte sich über dem Ätna fort und endete über dem Kasios an der asiatischen Küste des östlichen Mittelmeers. Hier schoß Zeus mit seinem Donnerkeil Typhon vom Himmel ab.

Die Ähnlichkeiten zwischen den Schlachten, den benutzten Waffen, den Orten wie auch zwischen den Erzählungen von Kastration, Verstümmelung und Wiederbelebung — alles im Verlauf eines Kampfes um die Nachfolge — überzeugte Herodot und andere griechische Historiker, daß die Griechen ihre Theogonie von den Ägyptern übernommen hatten. Aegipan glich dem afrikanischen Widdergott, Hermes dem Gott Thoth. Hesiod berichtet, daß Zeus, um sich der sterblichen Alkmene zu nähern, die den Helden Herakles zur Welt bringen sollte, nachts vom Olymp stieg und sich ins Land Typhaonion begab, wo er auf dem Phikion, dem Berg der Sphinx, ausruhte. Der tödliche Sphinx, der bei Heras Machenschaften eine Rolle spielte, kommt auch in den Sagen von Typhon und seinem Herrschaftsbereich vor. Apollodorus erzählt folgendes: Als Typhon geboren wurde und zu unglaublicher Größe heranwuchs, eilten die Götter nach Ägypten, um einen Blick auf dieses schreckliche Ungeheuer zu werfen.

Die meisten Forscher nahmen an, daß der Berg Kasios, über dem sich der letzte Kampf zwischen Zeus und Typhon abspielte, in der Nähe der Orontes-Mündung im heutigen Syrien lag. Aber wie Otto Eissfeldt in seiner Abhandlung »Baal Zaphon, Zeus Kasios und der Durchgang der Israeliten durchs Meer« bewiesen hat, gibt es noch einen Berg, der im Altertum so hieß, nämlich ein Vorgebirge auf der Halbinsel Sinai. Seiner Ansicht nach ist das der in der Sage erwähnte Berg.

Wieder einmal kann man sich auf Herodots Beschreibungen von Ägypten verlassen. In seinem Geschichtswerk schildert er die Landroute von Phönizien über Philistia nach Ägypten

und sagt, die asiatischen Länder »erstrecken sich bis zum Serbonis-See, wo der Berg Kasios ins Meer vorstößt. Ägypten beginnt am Serbonis-See, wo sich Typhon versteckt haben soll.«
Und wieder einmal weisen die griechischen und ägyptischen Sagen auf die Halbinsel Sinai.

Ungeachtet der vielen verbindenden Fäden, die die alten Griechen zwischen ihrer Theogonie und der ägyptischen gefunden haben, sind den europäischen Forschern des neunzehnten Jahrhunderts noch viel weiter entfernt, nämlich in Indien, erstaunliche Parallelen aufgefallen.
Als man in Europa am Ende des achtzehnten Jahrhunderts Sanskrit, die alte Sprache Indiens, kennenlernte, begann man sofort mit der Übersetzung bisher unbekannter Schriften. Zuerst waren die Engländer auf diesem Gebiet führend, doch Mitte des neunzehnten Jahrhunderts wurde das Studium der Sanskrit-Literatur, der indischen Mythologie und Philosophie besonders beliebt bei den Deutschen, denn es hatte sich herausgestellt, daß Sanskrit die Mutter der indogermanischen Sprachen (zu denen Deutsch gehört) ist. Nach Indien sollen Auswanderer vom Kaspischen Meer sie gebracht haben, die sogenannten Arier (Edle).
Das Hauptwerk der alten indischen Literatur ist der Veda (Wissen), die älteste der heiligen Schriften der Inder, von der angenommen wird, sie sei nicht »menschlichen Ursprungs«, sondern in grauer Vorzeit von den Göttern verfaßt. Sie wurde von den Ariern vermutlich im zweiten Jahrtausend v. Chr. nach Indien gebracht und mündlich überliefert. Doch mit der Zeit gingen immer mehr von den ursprünglichen 100 000 Versen verloren; die übriggebliebenen schrieb ein Weiser etwa 200 v. Chr. nieder und teilte sie in vier Schichten: Rigveda (Hymnen an die Götter), der aus zehn Büchern besteht, Samaveda (Veda der Lieder), Yajurveda (Veda der Sprüche, Opfer-Formeln) und Atharveda (Veda des Hauptpriesters, Zauberlieder).

Mit der Zeit wurden die verschiedenen Vedakomponenten und die abgeleitete Literatur (Mantras, Brahmanas, Aranjakas und Upanishaden) durch nichtvedische Puranas (alte Schriften) vermehrt. Zusammen mit den großen epischen Werken Mahabharata (das große Gedicht von den Bharata) und Ramajana (die Schicksale des Rama) bilden sie die Quellen der arischen und hinduistischen Geschichten von Himmel und Erde, Göttern und Helden.

Wegen der langen mündlichen Intervalle, der Länge und Überfülle der Texte, die schließlich über viele Jahrhunderte hinweg niedergeschrieben wurden, der vielen Namen, generischen Ausdrücke und Bezeichnungen, die abwechselnd für die Gottheiten benutzt wurden — und wegen der Tatsache, daß viele dieser Namen und Ausdrücke gar nicht arischer Abstammung sind —, ist diese Sanskrit-Literatur ungenau und widersprüchlich. Immerhin lassen sich einige Tatsachen und Ereignisse als grundlegendes Dogma der arisch-hinduistischen Hinterlassenschaft herausschälen.

Am Anfang, so besagen diese Quellen, gab es nur die Himmelskörper, »die dahinfließenden Ursprünglichen«. Es kam zu einem Aufruhr im Himmel, und »der Drache wurde von den stürmischen Fließenden gespalten«. Die beiden Teile wurden mit Namen nichtarischen Ursprungs benannt. Rehu, der obere Teil des zerstörten Planeten, überquert unaufhörlich den Himmel auf der Suche nach Rache; Ketu (der Abgeschnittene), der untere Teil, hat sich zu dem Fluß (Umlauf) der Ursprünglichen gesellt. Viele Zeitalter vergingen dann, und eine Dynastie von Himmels- und Erdgöttern entstand. Der himmlische Mar-Ischi, der ihnen vorstand, hatte von seiner Frau Prit-Hivi (die Breite) sieben oder zehn Kinder, welche die Erde verkörperten. Eines von ihnen, Kasjapa (Der den Thron innehat), machte sich zum Oberhaupt der Devas (die Glänzenden) und nahm den Titel Dyaus-Pitar (Himmelsvater) an. Das ist zweifellos der Ursprung des griechischen Zeus (»Dyaus«) und des römischen Jupiter (»Dyauspiter«).

Der offenbar recht fruchtbare Kasjapa zeugte mit verschiedenen Frauen und Konkubinen viele Götter, Riesen und Ungeheuer. Am bekanntesten und besonders verehrt waren seit vedischen Zeiten die Aditjas, die Aditi (Grenzenlose) zum Teil geboren hat. Zuerst waren es sieben: Vishnu, Varuna, Mitra, Rudra, Pushan, Tvashtri und Indra. Dann kam zu den Aditjas der Sohn Agni hinzu, entweder von Aditi geboren oder, wie einige Texte besagen, von seiner eigenen Mutter Prithivi. Wie beim olympischen Pantheon der Griechen erhöhte sich die Zahl der Aditjas schließlich auf zwölf. Unter ihnen war Bhaga, der nach Annahme der Gelehrten der oberste slawische Gott Bogh wurde. Aditis letzter Sohn war Surja (ob von Kasjapa gezeugt, ist ungewiß).

Abb. 15

Tvashtri (Formender), der Kunsthandwerker der Götter, versah sie mit Luftschiffen und Zauberwaffen. Aus glänzendem Himmelsmetall schuf er eine Scheibe für Vishnu, einen Dreizack für Rudra, eine »Feuerwaffe« für Agni, ein Bolzengeschoß für Indra und eine »fliegende Keule« für Surja. Auf

alten hinduistischen Abbildungen werden diese verschieden
geformten Waffen in der Hand gehalten (Abb. 15). Außerdem erhielten die Götter von Tvashtris Gehilfen noch andere
Waffen, Indra zum Beispiel ein »Luftnetz«, mit dem er bei
Himmelsschlachten seinen Feind umschnüren konnte.
Die Himmelswagen werden stets als hellglänzend beschrieben, aus Gold bestehend oder damit überzogen. Indras Wagen (Vimana) hatte an den Seiten Lichter, bewegte sich
»schneller als ein Gedanke« und legte rasch weite Strecken
zurück. In manchen Schriften können die Gefährte der Götter nicht nur fliegen, sondern auch unter Wasser schwimmen. Folgendermaßen wird die Ankunft der Götter bei einem Hochzeitsfest beschrieben:

> »Die Götter kamen in ihren Himmelswagen
> aus den Wolken herbei;
> helle Aditjas in ihrem Glanz ...
> leuchtende Himmelswagen flogen in Scharen hernieder.«

Die Texte sprechen auch von den Ashvins (Fahrer), den Göttern, die darin spezialisiert waren, die Wagen zu lenken.
»Schnell wie junge Falken« waren sie »die besten Wagenlen-
ker, die den Himmel erreichen können«. Sie waren immer zu
zweit und von einem Navigator begleitet. Manchmal erschienen sie in Gruppen. Die Wagen waren nach einem Tripel-
system gebaut: drei Ebenen, drei Sitze, drei Stützstangen,
drei Räder. Die Räder dienten verschiedenen Zwecken: eines
ließ das Flugzeug steigen, das andere sorgte für die Richtung, das dritte für die Geschwindigkeit. Die Hymne 22 im
VIII. Buch der Rigveda beschreibt sie genau.
Wie die griechischen Götter waren die der Vedas in sexuel-
ler Beziehung nicht gerade zurückhaltend. Manchmal kamen sie dabei davon, manchmal auch nicht. So trugen die
entrüsteten Aditjas Rudra, dem Dreiäugigen, auf, ihren
Großvater Dyaus zu töten, weil er ihre Schwester Ushas vergewaltigt hatte. (Der verwundete Dyaus rettete sich, indem
er zu einem fernen Himmelskörper floh.) Wie in den gric-

chischen Sagen mischten sich die Götter laut einer hinduistischen Erzählung in späterer Zeit in die Liebesgeschichten
und Kriege der sterblichen Könige und Helden ein. Dabei
spielten ihre Luftschiffe eine größere Rolle als ihre Waffen.
Wenn zum Beispiel ein Held zu ertrinken drohte, erschienen
die Ashvins in drei Fahrzeugen — in »selbsttätigen wasser-
dichten Schiffen, die in der Luft fliegen« —, tauchten ins
Meer, retteten den Helden aus der Wassertiefe und brachten
ihn an Land.

Dann gibt es auch die Geschichte von Jajati, einem König,
der die Tochter eines Gottes heiratete. Als sie Kinder bekamen, schenkte der glückliche Großvater dem König einen
»glänzenden goldenen Himmelswagen, der ohne Unterbrechung überallhin gelangen konnte«. Ohne Zeit zu verlieren,
»stieg Jajati in den Wagen und eroberte, unschlagbar in der
Schlacht, binnen sechs Nächten die ganze Erde«.

Wie in der »Iliade« kommen in den hinduistischen Erzählungen Kriege von Menschen und Göttern vor, bei denen es
um schöne Frauen geht. Am bekanntesten ist das Epos Ra-
mayana, das von dem Fürsten Rama handelt, dessen schöne
Frau vom König von Lanka (Ceylon) entführt wird. Unter
den Göttern, die Rama beistehen, ist Hanuman, der Gott
mit dem Affengesicht, der mit dem geflügelten Garuda die
Luftschlachten leitet. Er ist eines der von Kasjapa gezeugten
Ungeheuer (Abb. 16).

In einer anderen Geschichte entführt der Gott Sukra, »von
Unmoral beschmutzt«, Tara, die schöne Frau von Indras Wa-
genlenker. Rudra und andere Götter kommen dem beküm-
merten Ehemann zu Hilfe. Es folgt »Taras wegen eine verhee-
rende Schlacht zwischen Göttern und Dämonen«. Trotz
ihrer Schrecken einflößenden Waffen geraten die Götter in
Bedrängnis und müssen bei der obersten Gottheit Zuflucht
suchen. Daraufhin kommt der Großvater der Götter selbst
auf die Erde, macht dem Kampf ein Ende und gibt Tara ihrem Gatten zurück. Tara gebiert einen Sohn, dessen Schönheit »die Himmlischen überstrahlt«. Die mißtrauischen Göt-

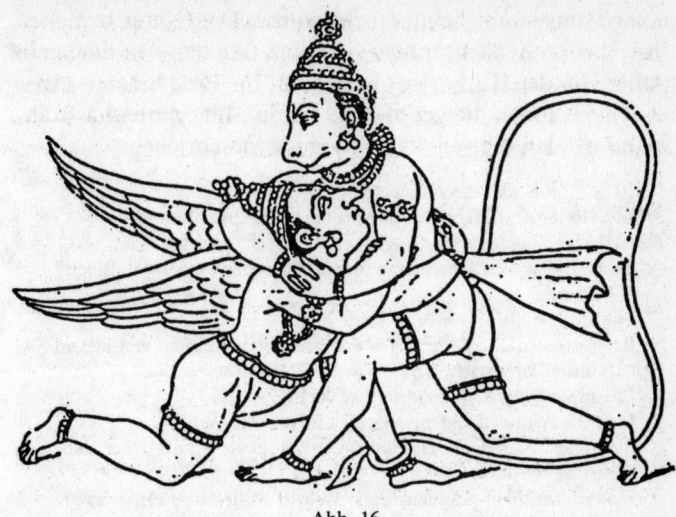

Abb. 16

ter wollen wissen, wer der Vater dieses Kindes ist: der gesetz-
mäßige Ehemann oder der göttliche Entführer. Sie erklärt,
er sei der Sohn Somas, der »himmlischen Unsterblichkeit«,
und nennt ihn Budah.

All dies ereignete sich erst in späterer Zeit; zuvor kämpften
die Götter gegeneinander um weitaus Wichtigeres: um die
Herrschaft über die Erde und ihre Schätze. In Anbetracht
der vielen Kinder Kasjapas von verschiedenen Frauen und
Konkubinen sowie der Abkömmlinge älterer Götter war ein
Konflikt unvermeidlich. Vor allem die Asuras, ältere Götter,
die von Kasjapa abstammten, ehe die Aditjas geboren wurden, verübelten ihnen die bevorzugte Stellung. Sie trugen
nichtarische Namen, die Ähnlichkeit mit den Namen der assyrischen, babylonischen und ägyptischen Götter hatten,
und spielten schließlich die Rolle der bösen Götter, der »Dämonen«.

Neid, Rivalität und Reibungen führten zum Krieg, als die
Erde, »die zuerst ohne Anbau Nahrung hervorbrachte«, von

einer Hungersnot heimgesucht wurde. Die Götter behielten ihre Unsterblichkeit, indem sie Soma tranken, den ihnen ein Adler von der Himmelswohnung auf die Erde brachte. Aber es fehlten ihnen die geopferten Rinder. Im Satapatha Brahmana werden die weiteren Ereignisse beschrieben:

> »Die Götter und die Asuras, beide dem Vater
> der Götter und Menschen entsprungen, kämpften um die
>   Vorherrschaft,
> überwanden die Menschen, wurden dann aber wieder von ihnen
>   belästigt.
> Die Götter und die Asuras, beide dem Vater
> der Götter und der Menschen entsprungen, kämpften von neuem
>   um die Vorherrschaft.
> Diesmal erging es den Göttern schlecht.
> Und die Asuras dachten: Jetzt gehört uns die Welt!
> Sie sagten: Nun denn, laßt uns diese Welt zwischen uns teilen, laßt
>   uns weiter darauf bestehen.
> Und sie machten sich daran, die Welt in Westen und Osten zu
>   teilen.«

Als die geschlagenen Aditjas dies hörten, wollten sie um einen Anteil an den Schätzen der Erde bitten:

> »Als die Götter dies hörten, sagten sie: Die Asuras sind dabei,
> die Erde zu teilen! Kommt, laßt uns hingehen, wo die Asuras die
>   Erde teilen,
> denn was soll aus uns werden, wenn wir keinen Anteil an der Erde
>   haben?«

Sie ernannten Vishnu zu ihrem Anführer und gingen zu den Asuras.

Hochmütig boten die Asuras den Aditjas an, ihnen nur so viel von der Erde zu geben, wie Vishnu liegend bedecken konnte. Aber die Götter benutzten einen Vorwand und legten Vishnu in eine »Einfriedung«, die sich in drei Richtungen bewegen konnte, so daß sie drei Viertel der vier Erdbezirke zurückgewannen.

Die überlisteten Asuras griffen dann von Süden her an, woraufhin die Götter Agni fragten, wie sie die Asuras für immer besiegen könnten. Agni schlug eine Zangenbewegung vor:

»Während ihr zur nördlichen Seite geht und sie von dort umzingelt, werde ich zur südlichen Seite gehen, und durch die Umzingelung werden wir sie schlagen.« Nach dem Sieg über die Asuras sorgten sich die Götter, wie sie wieder zu den Opfertieren kommen könnten. Infolgedessen befassen sich viele der alten hinduistischen Schriften in der Folge mit dem Fang der Rinder und der Versorgung mit Soma.

Diese Kriege wurden an Land, in der Luft und unter Wasser ausgetragen. Die Asuras bauten laut dem Epos Mahabharata im Himmel drei metallene Festungen, von denen aus sie die drei Bezirke der Erde angriffen. Ihre Verbündeten im Krieg mit den Göttern waren imstande, sich unsichtbar zu machen und unsichtbare Waffen zu benutzen. Andere kämpften von einer Unterwasserstadt aus, die sie den Göttern gestohlen hatten.

In diesen Schlachten zeichnete sich Indra (Sturm) besonders aus. An Land eroberte er neunundneunzig Festungen der Asuras und tötete viele ihrer bewaffneten Anhänger. Am Himmel bekämpfte er von seinem Wagen aus diejenigen Asuras, die sich in ihren »Wolkenfestungen« versteckten. Im Rigveda werden sowohl Gruppen von Göttern und auch einzelne angeführt, die von Indra besiegt wurden:

>»Du schlugst mit deinem Bolzen Sasju,
> weit entfernt vom Himmelsboden.
> Die Ritenlosen flohen in alle Richtungen.
> Sasju hast du vom Himmel aus verbrannt.
> Sie trafen im Kampf das Heer der Schuldlosen,
> dann nahmen die Navagvas alle Kraft zusammen.
> Schwächlingen gleich, die mit Männern kämpfen,
> flohen sie auf steilen Pfaden vor Indra.
> Indra brach durch Ilibsas starke Burgen,
> und Sushna mit seinem Horn schnitt er in Stücke.
> Du schlugst mit deinem Donner den kämpfenden Feind.
> Heftig fiel auf die Feinde Indras Waffe,
> mit seinem scharfen, rasenden Donnerkeil
> zertrümmerte er ihre Städte.
> Von Kampf zu Kampf ziehst du unerbittlich,
> zerstörst mit deiner Kraft Burg um Burg.

Du, Indra, mit deinem Freund, vor dem der Feind sich beugt,
schlugst weit entfernt den arglistigen Namuchi.
Niedergeschlagen hast du Karanja, Parnaja,
zerstört hast du die hundert Städte von Vangrida.
Die Berge des hohen Himmels ließest zu erzittern,
als du kühn und mutig Sambara ganz allein schlugst.«

Nach seinem Sieg machte sich Indra daran, die Rinder zu befreien, die von den Dämonen in einem Berg versteckt worden waren und von Vala (Umschlingender) bewacht wurden. Mit Hilfe der Angirases, der jungen Götter, die Flammen aussenden konnten, brach er in das befestigte Versteck ein und befreite die Rinder. (Manche Gelehrte, zum Beispiel J. Herbert in der »Hindu-Mythologie«, vertreten die Meinung, Indra habe nicht Rinder, sondern einen göttlichen Strahl freigesetzt, denn das Sanskrit-Wort »go« bedeutet beides.)
Zu Beginn dieser Kriege ernannten die Aditjas Agni zu ihrem Obersten. Im Verlauf der Feindseligkeiten wurde Vishnu ins höchste Amt erhoben. Aber als der Krieg vorbei war, verlangte Indra, der so viel zum Sieg beigetragen hatte, die Oberherrschaft. Wie in der griechischen »Theogonie« bestand seine erste Handlung darin, daß er seinen Vater tötete, um dies zu erreichen. Im Rigveda (Buch IV, 18, 12) fragt Indra rhetorisch: »Indra, wer hat deine Mutter zur Witwe gemacht?« Die Antwort ist eine Gegenfrage: »Welcher Gott war zugegen, als du deinen Vater am Fuß ergriffen und getötet hast?«
Wegen dieses Verbrechens durfte Indra keinen Soma mehr trinken, wodurch seine Unsterblichkeit gefährdet war. Die Götter stiegen zum Himmel auf und ließen ihn mit dem zurückeroberten Vieh allein. Aber er folgte ihnen mit erhobenem Donnerkeil zum nördlichen Platz der Götter. Die Götter fürchteten sich vor der Waffe und riefen: »Laß sie nicht auf uns los!«, und sie kamen überein, ihn an dem Göttertrank wieder teilnehmen zu lassen.
Dennoch gelangte Indra nicht ungehindert an die Macht.

Der Herausforderer war Tvashtri, der in den Hymnen als
»Erstgeborener« bezeichnet wird, was seinen Anspruch auf
die Nachfolge erklären mag. Indra tötete ihn rasch mit dem
Donnerkeil, mit der nämlichen Waffe, die Tvashtri für ihn geschmiedet hatte. Danach zog Vritra (Hindernder) gegen ihn
zu Felde, den manche Texte den Erstgeborenen Tvashtris
nennen. Einige Gelehrte sehen in ihm ein künstliches Ungeheuer, weil er schnell zu ungeheurer Größe heranwuchs. Er
besiegte Indra, der in einen fernen Winkel der Erde flüchtete. Alle Götter ließen ihn daraufhin im Stich; nur die einundzwanzig Maruten blieben an seiner Seite. Sie waren eine
Gruppe von Göttern, die die schnellsten Himmelswagen fuhren, deren »Getöse, so laut wie der Wind, die Berge erzittern
ließ«, wenn sie sich erhoben.

> »Diese wahrhaft Erstaunlichen, rot von Farbe,
> rasen mit einem Getöse
> über die Berge des Himmels
> und verbreiten Lichtstrahlen ...
> hell, himmlisch, mit Blitzen in der Hand
> und einem Goldhelm auf dem Kopf.«

Mit Hilfe der Maruten kehrte Indra zurück, um abermals gegen Vritra zu kämpfen. Die Hymnen beschreiben den Kampf
mit glühenden Worten:

> »Der Wagen des tapferen Gottes steigt auf,
> getrieben von seiner rasenden Geschwindigkeit.
> Himmelwärts eilt der Held.
> Die Maruten begleiten ihn,
> die Sturmgötter, ungestüme Geister des Sturmes.
> Auf blitzendem Wagen fahren sie,
> stolz glänzend im Kriegerschmuck.
> Löwengleich brüllen ihre verdammenden Stimmen,
> mit eiserner Kraft malmen ihre Zähne.
> Die Hügel, die Erde selbst, sie erbeben,
> alle Geschöpfe zittern ob des Erdbebens.«

Während die Erde bebt und alle Geschöpfe in Deckung gehen, wartet nur Vritra, der Feind, ihr Herannahen ruhig ab.

>»Auf luftiger, steiler Höhe
erglänzte Vritras stattliche Burg hell.
Auf der Mauer, in mörderischer Stimmung,
stand der kühne, gigantische Dämon,
vertrauend auf seine Zauberkünste
und bewaffnet mit feurigen Pfeilen.«

Furchtlos, dem mächtigen Arm Indras trotzend, stand
Vritra abwartend da, während »die Schrecken des tödlichen
Flugzeugs auf ihn zurasten«.

>»Und dann bot sich ein furchtbarer Anblick,
als Gott und Dämon einander im Kampf begegneten.
Seine scharfen Waffen schoß Vritra ab,
seine Donnerkeile und heißen Blitze
schleuderte er dicht wie Regen.
Der Widerstand des zornigen Gottes war vergeblich;
seine stumpfen Waffen trafen nicht.«

Doch nachdem Vritra seine feurigen Geschosse aufge-
braucht hatte, konnte Indra zum Angriff übergehen.

>»Da begannen die Blitze zu leuchten,
die schrecklichen Donnerkeile zu krachen,
von Indra stolz geschleudert.
Selbst die Götter standen stumm entsetzt in Ehrfurcht.
Schrecken erfüllte die ganze Welt.«

Die von Indras Hand geschleuderten Donnerkeile, von
Tvashtris Meisterhand geschmiedet aus göttlichem Eisen,
waren komplizierte, flammende Geschosse, »Donnerkeile
aus hundert Stücken, Eisenschäfte mit tausend Spitzen,
flammend und zischend«, und sie trafen unbeirrbar ihr Ziel.
Bald war Vritras Schicksal besiegelt:

>»Durchbohrt, gespalten, zermalmt,
mit gellendem Schrei stürzte der sterbende Dämon
kopfüber von seinem in den Wolken erbauten Turm.«

Auf dem Boden lag Vritra »wie ein gefällter Baum«; aber
ohne Hände und Füße forderte er Indra immer noch heraus.
Da versetzte ihm Indra den Gnadenstoß zwischen die Schultern.
Obwohl Indras Sieg vollständig war, wurden Zweifel ge-

äußert. War der Throninhaber Kasjapa wirklich sein Vater? Tatsache war doch, daß seine Mutter ihn vor Kasjapas Zorn versteckt hatte. Warum? War etwas Wahres an dem Gerücht, sein älterer Bruder Tvashtri sei sein wahrer Vater gewesen?

Die Vedas lüften den Schleier des Geheimnisses nur zum Teil. Jedenfalls besagen sie, daß Indra, obwohl ein Großgott, nicht allein herrschte: Er mußte seine Macht mit seinen Brüdern Agni und Surja teilen, genau wie Zeus die Herrschaft mit seinen Brüdern Hades und Poseidon geteilt hat.

4
Die Chronik der Erde

Als ob die Ähnlichkeit zwischen der Genealogie und den Kriegen der griechischen und hinduistischen Götter nicht schon genügt hätte, enthalten Tafeln, die man in hethitischen königlichen Archiven (im heutigen Bogazköy, einem Dorf in der Türkei) entdeckt hat, noch mehr Beschreibungen derselben Geschichte: Wie eine Generation von einer anderen abgelöst wurde, wie ein Gott den anderen um der Macht willen bekämpfte.

Die längsten dieser Texte handeln, wie zu erwarten ist, von dem hethitischen Großgott Teschub, von seiner Abstammung, seiner rechtmäßigen Herrschaft über die oberen Regionen der Erde, von den Schlachten, in die ihn der Gott Kumarbi verwickelt hat, und von seinen Nachkommen. Wie in den ägyptischen und griechischen Sagen wurde der Rächer Kumarbi mit Hilfe verbündeter Götter in einem dunklen Teil der Erde versteckt, wo er aufwuchs. Die endgültigen Kämpfe spielten sich am Himmel und im Meer ab; in einem davon wurde Teschub von siebzig Göttern unterstützt, die Streitwagen benutzten. Zunächst wurde Teschub geschlagen und entweder versteckt oder verbannt; schließlich trat er seinem Herausforderer im Zweikampf entgegen. Bewaffnet mit dem »Donnerstürmer, der auf viele Meilen Entfernung Felsen zertrümmert, und mit furchtbaren Blitzen«, stieg er in seinem Streitwagen, den zwei goldbeschlagene Stiere zogen, zum Himmel empor und trat vom Himmel aus seinem Feind entgegen. Obwohl das Ende der Geschichte auf den Tafelfragmenten fehlt, ist es offensichtlich, daß Teschub zum Schluß gesiegt hat.

Wer waren diese Götter des Altertums, die einander um der Macht willen bekämpften und auf der Erde herrschen wollten? Friedensverträge, die Menschen ausgehandelt haben, liefern da wichtige Hinweise.

Als die Ägypter und die Hethiter nach über zweihundertjährigen Zwistigkeiten Frieden schlossen, wurde er durch die Heirat der Tochter des hethitischen Königs Hattusilisch III. mit dem Pharao Ramses II. besiegelt. Der Pharao verzeichnete das Ereignis auf Stelen, die er in Karnak, Elephantine und Abu Simbel errichtete.

Die Inschriften schildern die Reise der Königstochter und ihre Ankunft in Ägypten. Als der Pharao sah, daß sie »schön wie eine Göttin« war, verliebte er sich sogleich in sie und glaubte, Ptah habe sie ihm bestimmt, und sah dies als ein Zeichen der Anerkennung seines Sieges seitens der Hethiter an. Welche diplomatischen Manöver vorausgegangen waren, enthüllt ein anderer Teil der Inschrift: Dreizehn Jahre früher hatte Hattusilisch dem Pharao einen Friedensvertrag geschickt, von dem Ramses II., eingedenk einer beinahe verhängnisvollen Schlacht bei Kadesch, keine Notiz genommen hatte. Jahr um Jahr schrieb der König beschwichtigend an Ramses, ohne eine Antwort zu erhalten. Schließlich schickte er seine älteste Tochter, nachdem kostbarer Tribut ohne Reaktion geblieben war, in Begleitung hethitischer Edelleute. Wie gesagt, Ramses verfiel der Schönheit der hethitischen Prinzessin, machte sie zu seiner Königin und nannte sie Maat-Neferu-Ra (die Schönheit, die Ra sieht).

Unser geschichtliches Wissen hat von dieser Liebe auf den ersten Blick profitiert; denn der Pharao hat daraufhin nicht nur den verzögerten Friedensvertrag angenommen, sondern ihn auch in Karnak verewigt, nicht weit von der Stelle, wo die Schilderungen von der Schlacht bei Kadesch und der schönen hethitischen Königstochter eingetragen sind. Zwei Exemplare, eins vollständig, das andere fragmentarisch, sind entdeckt, entziffert und von Ägyptologen übersetzt worden. Infolgedessen haben wir nicht nur den vollständigen Text des Friedensvertrages, sondern wissen auch, daß der hethitische König ihn in akkadischer Sprache verfaßt hat, die damals die Diplomatensprache war.

Dem Pharao schickte er eine Kopie des akkadischen Textes auf einem Silbertablett, das die ägyptische Inschrift folgendermaßen beschreibt:

> »Was in der Mitte des Silbertabletts zu sehen ist:
> Figuren, und zwar Seth,
> der den großen Fürsten der Hethiter umarmt, umgeben von den
>   Worten:
> Besiegelt von Seth, dem Himmelsherrscher,
> besiegelt von der Regelung, die Hattusilisch getroffen hat.
> Was in Seths Siegel zu sehen ist:
> Figuren, und zwar die Göttin der Hethiter,
> die die Prinzessin umarmt, umgeben von den Worten:
> Siegel des Ra, des Herrn über alle Länder.
> Was in dem Rahmen um die Figuren zu sehen ist: Siegel des Ra
> von der Stadt Arinna, des Herrn über alle Länder.«

In den hethitischen königlichen Archiven haben die Archäologen tatsächlich Siegel gefunden, auf denen die hethitische Gottheit den hethischen König umarmt, und die eine Inschrift tragen (Abb. 17).

Entgegen allen Erwartungen wurde auch der Originalvertrag in akkadischer Sprache in den Archiven gefunden. Aber in den hethitischen Texten heißt der Hauptgott Teschub, nicht Seth. Da Teschub »Windsturm« bedeutet und Seth (der griechische Typhon) »heftiger Wind«, läßt sich folgern, daß die Hethiter und Ägypter ihre Götter je nach ihren Namen gleichstellten. Teschubs Gattin wurde Hebat (Herrin des Himmels) genannt, ebenso wie die Göttin in der ägyptischen Version des Friedensvertrages. Ra (der Helle) hat sein Gegenstück im hethitischen Herr des Himmels, der in der akkadischen Version Schamasch (der Helle) heißt.

Es nahm die Wissenschaftler wunder, was wohl andere Friedensverträge enthüllen würden. Ein Vertrag, der ihnen eine Überraschung bereitet hat, war derjenige, der etwa 1350 v. Chr. abgeschlossen wurde, und zwar zwischen dem hethitischen

Abb. 17

König Schuppilulima und Mattiwaza, dem churritischen König des Mitanni-Reiches, das am Euphrat mitten zwischen dem Land der Hethiter und den alten Ländern Sumer und Akkad lag.

Der Vertrag wurde wie üblich in zwei Exemplaren aufgesetzt, das Original im Schrein des Gottes Teschub in der Stadt Kahat aufbewahrt. Es ging jedoch verloren. Aber die Duplikattafel, aufgehoben in der heiligen hethitischen Stadt Arinna vor der »Göttin der aufsteigenden Scheibe«, wurde rund dreitausenddreihundert Jahre nach seiner Entstehung von Archäologen gefunden!

Wie alle Verträge jenes Zeitalters endet auch dieser mit einem Anruf der Götter beider Vertragspartner, anwesend zu sein, zuzuhören und als Zeugen zu dienen, damit ihr Segen

auf dem Vertrag ruhe und ein Bruch den Zorn der Götter
heraufbeschwören werde. Diese Götter wurden aufgeführt,
beginnend mit Teschub und seiner Gattin Hebat als den obersten Herren über beide Königreiche, nach ihnen jüngere
männliche und weibliche Gottheiten, nämlich die Nachkommen der Erstgenannten, die ihre Eltern in den verschiedenen Städten vertraten.

Diese Liste weist für beide Königreiche dieselben Götter auf,
im Gegensatz zu den ägyptischen Friedensverträgen, gegen
Ende aber die Namen Mitra-asch, Uruwana, Indar — die
Namen des hinduistischen Pantheons!

Welches von den drei Völkern — Hethiter, Churriter (in Mi-
tanni) oder Hindus — war die gemeinsame Quelle? Die Antwort liefert der Friedensvertrag zwischen den Hethitern und
den Churritern: keines von ihnen. Denn außer den sogenannten
arischen Göttern sind auch ihre Vorfahren aufgezählt, die Urgötter: die Paare Anu und Antu, Enlil und Ninlil, Ea und sein
Weib Damkina, dazu Sin, Herr des Eides, Nergal von Kutha,
der Kriegsgott Ninurta, die kriegerische Istar.

Das sind bekannte Namen; Sargon von Akkad erwähnte sie
schon, als er sich Istars Aufseher, Anus gesalbter Priester
und Enlils rechtmäßiger Hirte nannte. Sein Enkel Naram-Sin
(Den Sin liebt) konnte den Zedernberg angreifen, als der
Gott Nergal »ihm den Weg öffnete«. Hammurabi von Babylon befehdete auf Anus Befehl andere Länder, »als Enlil dem
Heer voranschritt«. Der Assyrerkönig Tiglat-Pileser zog auf
Befehl von Anu, Adad und Ninurta auf Eroberungen aus;
Schalmaneser kämpfte mit Waffen, die Nergal ihm beschafft
hatte; Esarhaddon wurde auf seinem Feldzug gegen Ninive
von Istar begleitet.

Nicht weniger erleuchtend war die Entdeckung, daß die Hethiter und die Churriter die Gottheiten zwar in ihrer eigenen Sprache benannten, aber die sumerische Schrift benutzten, auch die
sumerische Determination Din-Gir, was »die Rechtmäßigen«
(Din) und »von den Raketenschiffen« (Gir) bedeutete. So
wurde Teschubs Name Din-Gir-Im (göttlicher Stürmer) ge-

Abb. 18

schrieben; das war der sumerische Name des Gottes Ischkur, auch als Adad bekannt; oder man schrieb Din-Gir-U (Gott zehn); das war der numerische Rang von Ischkur (Adad). Anu hatte den höchsten Rang, nämlich sechzig, Enlil fünfzig, Ea vierzig und so weiter abwärts. Wie der sumerische Ischkur/ Adad wurde Teschub von den Hethitern mit einer Blitze aussendenden Waffe dargestellt, einer »glänzenden Waffe« (Abb. 18).

Schon bevor die Hethiter und ihre Schriften aus der Vergessenheit wieder auftauchten, hatten die Wissenschaftler bestimmt, daß es vor den hethitischen und ägyptischen Zivilisationen, vor Assyrien und Babylonien, ja vor Akkad in
Südmesopotamien die hohe sumerische Kultur gegeben haben müsse, von der alle anderen abstammten.

Heute weiß man, daß die Geschichten von den Göttern und
Menschen zuerst in Sumer verzeichnet worden sind. Dort
wurden zahlreiche Texte — zahlreicher, als man sich vorstellen oder erwarten konnte — zuerst geschrieben. Dort haben
die historischen und vorhistorischen Berichte über den Planeten Erde ihren Ursprung. Wir nennen sie »Chronik der
Erde«.

Die Entdeckung und das Verstehen der uralten Zivilisationen war ein Prozeß fortwährenden Erstaunens und schier
unglaublicher Entdeckungen. Die alten Bauten — Pyramiden, Zikkurate (Stufentürme), große Plattformen, Säulen-
ruinen, geschnitzte Steine — wären Rätsel geblieben, ihr Alter ungewiß, ihre Schöpfer unbekannt, ihr Zweck unklar,
wenn es das geschriebene Wort nicht gegeben hätte.

Was wir wissen, das verdanken wir den alten Schriftgelehrten und Schreibern, die Monumente, Grundsteine, Geräte,
Gebrauchsgegenstände und Waffen aus verschiedenem Material für ihre Inschriften benutzten. Überdies gibt es da die
Tontafeln, manche so klein wie eine Handfläche, in die der
Schreiber mit einem Stichel die Symbole einritzte, die Silben, Wörter und Sätze bildeten. Die feuchten Tontafeln ließ
man trocknen (oder man brannte sie), so daß Berichte geschaffen wurden, die tausendjährige Erosion und menschliche Zerstörung überdauert haben.

In vielen Städten, in Handels- oder Administrationszentren,
in Tempeln und Palästen, überall im alten Nahen Osten gab
es sowohl staatliche als auch private Archive, die voll von solchen Tafeln waren. Es gab auch Bibliotheken, wo die Tafeln
zu Zehntausenden aufbewahrt wurden, dem Inhalt nach ge-

ordnet, numeriert, betitelt und mit dem Namen des Schreibers versehen. Wenn sie von Historie, von Wissenschaft oder von den Göttern handelten, waren es immer Kopien früherer Tafeln, die in »alter Sprache« erzählten.

Sosehr die Archäologen auch über die Großartigkeit von Assyrien und Babylonien staunten, noch mehr wunderte es sie, daß in den Inschriften die Rede von »alten Städten« war. Und was bedeutete der Titel »König von Sumer und Akkad«, was waren das für Reiche?

Erst die Berichte über Sargon von Agade überzeugten die modernen Wissenschaftler, daß es ein Jahrtausend vor Assyrien und Babylonien in Mesopotamien tatsächlich ein großes Königreich gegeben hat, das Königreich Akkad. Mit Erstaunen lasen sie, daß Sargon »Uruk einnahm und seine Mauern niederriß«, daß Sargon, König von Agade, »die Bewohner von Ur besiegte, E-Nimmar einnahm und seine Mauern niederriß und das Gebiet von Lagasch bis zum Meer eroberte, seine Waffen im Meer wusch und in den Kämpfen mit den Bewohnern von Umma siegreich war«.

Sie vermochten es kaum zu glauben: konnte es vor Sargon von Agade, sogar vor 2500 v. Chr. befestigte Städte gegeben haben?

Heute weiß man, daß dies tatsächlich der Fall war. Es waren die Städte in Sumer — daher der Titel »König von Sumer und Akkad«. Dies war, wie Forschungen und Entdeckungen ergeben haben, das Land, wo die Zivilisation vor fast sechstausend Jahren begonnen hat, wo wie aus dem Nichts eine Schriftsprache und Literatur entstanden, ein Land, wo es Könige und Priester, Schulen und Tempel, Ärzte und Astronomen, hohe Gebäude, Kanäle, Schiffe und Anlegeplätze, eine fortgeschrittene Metallurgie, Textilindustrie, Handel, Gesetze und Moralbegriffe, kosmologische Theorien und Geschichtskunde gab.

In all diesen Inschriften, seien es lange epische Erzählungen oder zweizeilige Verse, seien sie weltlichen oder göttlichen Inhalts, kommen dieselben Tatsachen als unerschütterlicher Beweis für das Dogma der Sumerer und der ihnen nachfolgenden Völker vor: In der Vorzeit waren Din-Gir, »der Rechtmäßige der Raketenschiffe«, und die Geschöpfe, die später von den Griechen Götter genannt wurden, von ihrem eigenen Planeten auf die Erde gekommen. Sie wählten Südmesopotamien als Wohnsitz und nannten das Land Ki-En-Gir, das heißt »Land des Herrn der Raketen«. Der akkadische Name, Schumer, bedeutet »Land der Wächter«. Und sie gründeten die ersten Niederlassungen auf der Erde.

Abb. 19

Die Behauptung, daß die ersten Ansiedler auf der Erde Astronauten von einem anderen Planeten gewesen wären, wurde von den Sumerern nicht leichtsinnig aufgestellt. Alle Texte über den Ausgangspunkt lauten gleich: Immer kommt Din-Gir (der Rechtmäßige der Raketenschiffe) 432 000 Jahre vor der Sintflut auf die Erde. Die Sumerer betrachteten seinen Planeten als den zwölften unseres Sonnensystems, bestehend aus Sonne (in der Mitte), Mond, den neun Planeten, die wir heute kennen, sowie einem weitaus größeren, dessen Umlauf ein »Sar« beträgt, nämlich dreitausendsechshundert Erdenjahre. Auf dieser Umlaufbahn — so steht es ge-

schrieben — gelangt der Planet von einer weit entfernten
»Station«, zwischen Mars und Jupiter hindurch, in Erdennähe. Wegen dieser Stellung, auf einer viertausendfünfhun-
dert Jahre alten sumerischen Zeichnung zu sehen (Abb. 19),
wurde er Nibiru (Kreuzung) genannt, und ein Kreuz war sein
Symbol.

Der Anführer der Astronauten, die vom Niburu zur Erde
kamen, wurde Ea genannt (Dessen Haus das Wasser ist).
Nachdem er sich auf der Erde niedergelassen hatte, nahm er
den Titel Enki (Herr der Erde) an. Ein in den Ruinen von
Sumer gefundener Text beschreibt seine Landung in Ichform:

> »Als ich mich der Erde näherte,
> war da viel Wasser.
> Als ich mich den grünen Wiesen näherte,
> wurden dort auf meinen Befehl Erhebungen aufgehäuft.
> Ich baute mein Haus auf einem sauberen Platz.
> Der Schatten meines Hauses erstreckt sich über den Schlangen-
> sumpf.«

Des weiteren schildert der Text Eas (Enkis) Bemühungen, im
Sumpfgebiet am Kopf des Persischen Golfs außergewöhnli-
che Wasserwerke zu errichten: Er vermaß das Sumpfgebiet,
schuf Abzugskanäle und Wasserkontrollen, hob Gräben
aus, baute Dämme und errichtete Gebäude aus Lehmzie-
geln. Er verband Euphrat und Tigris durch Kanäle, und am
Rande des Sumpfgebiets entstand sein Wasserhaus mit einer
Werft und anderen Hafenanlagen.

All das hatte einen Grund. Auf seinem Planeten wurde Gold
benötigt. Nicht für Schmuck, denn nie wurden in den folgenden Jahrtausenden diese Erdbesucher goldgeschmückt
gesehen. Gold brauchten sie für ihre Raumprogramme, wie
aus den hinduistischen Textstellen über die goldbeschlage-
nen Himmelswagen hervorgeht. Gold ist auch heute noch
für unsere Raumschiffe und die zugehörigen Instrumente
notwendig. Doch das allein kann nicht der Grund für die intensive Goldsuche der Nibiruaner gewesen sein, denn sie
nahmen es in großen Mengen zu ihrem eigenen Planeten

mit, wo es lebenswichtig war. Vermutlich füllten sie ihre Atmosphäre mit Goldstaub, um sie vor drohender Auflösung zu schützen.

Diese Aufgabe wurde Ea (Enki), einem Sohn des Herrschers, übertragen. Er war ein brillanter Naturwissenschaftler und Ingenieur, dessen Beiname Nu-Dim-Mud (der Dinge erschafft) lautete. Er mußte dem stillen Wasser des Persischen Golfs und dem Sumpfland das Gold entziehen. Eine sumerische Abbildung zeigt ihn als Herrn des fließenden Wassers in einem Laboratorium, umgeben von Gefäßen (Abb. 20).

Aber der weitere Bericht tut kund, daß die Dinge nicht gerade plangemäß verliefen. Die Goldproduktion entsprach nicht den Erwartungen, und um sie zu beschleunigen, landeten immer mehr Astronauten auf der Erde, genannt Anun-

Abb. 20

naki (Die vom Himmel auf die Erde kamen). Sie kamen in
Fünfzigergruppen; eine von ihnen wurde von Enkis erstgeborenem Sohn Marduk angeführt. Fast wäre es auf diesem
Flug zur Erde zu einer Katastrophe gekommen, denn das
Raumschiff kam einem der großen Planeten des Sonnensystems (wahrscheinlich Jupiter) zu nahe und wäre fast
mit einem der Satelliten zusammengestoßen. Marduk beschreibt seinem Vater aufgeregt den »Angriff« auf sein
Raumschiff:

> »Es war wie eine Waffe beschaffen;
> es griff an wie der Tod.
> Die Anunnaki, fünfzig an Zahl, hat es umgeworfen.
> Das fliegende, vogelgleiche Fahrzeug
> hat es fast an der Brust getroffen.«

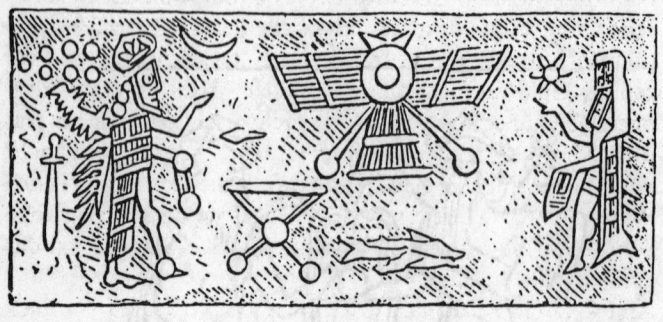

Abb. 21

Vielleicht stellt ein sumerisches Rollsiegel (Abb. 21) die
Szene dar, wie der Herrscher der Erde (links) gespannt seinen als Astronaut gekleideten Sohn (rechts) begrüßt. Das
Raumschiff verläßt den Mars (den sechszackigen Stern) und
nähert sich der Erde, dem siebten Planeten, wenn man von
außen nach innen zählt, hier versinnbildlicht durch sieben
kleine Kreise, in Gemeinschaft mit dem Mond.
Auf dem Heimatplaneten, wo Enkis Vater An (auf akkadisch Anu) herrschte, verfolgte man mit Spannung und in

großer Erwartung den Fortschritt der Arbeiten auf der Erde. Langsamkeit und Verzögerung müssen Ungeduld und dann Enttäuschung hervorgerufen haben. Offenbar mißglückte der Plan, durch Laboratoriumsprozesse Gold aus dem Meerwasser zu gewinnen.

Aber das Gold wurde nun einmal dringend benötigt, und die Anunnaki standen vor einer schweren Entscheidung: Entweder das Projekt aufgeben — was kaum in Frage kam —, oder das Gold auf andere Weise gewinnen, nämlich durch Bergbau unter Tage. Denn das Gold, das wußten die Anunnaki inzwischen, kam in dem Erdteil Afrika im Ab-Zu (Urquelle) in Unmengen vor. (In den semitischen Sprachen hat sich aus dem sumerischen Ab-Zu das umgekehrte Wort Za-ab entwickelt, mit dem noch heute das Gold bezeichnet wird.)

Natürlich bestand da ein größeres Problem. Das afrikanische Gold mußte durch Bergbau aus der Tiefe der Erde geholt werden, und die weitreichende Entscheidung, vom Prozeß des Goldwaschens zu ermüdender Arbeit unter der Erdoberfläche überzugehen, wurde nicht leichtgenommen. Natürlich erforderte das neue Unternehmen noch viel mehr Anunnaki, eine Bergarbeiterkolonie statt der »glänzenden Wasserläufe«, Hafenanlagen in Mesopotamien für den Schiffstransport und weitaus mehr Schiffe. Konnte Enki das ganz allein schaffen?

Anu bezweifelte es, und nach acht Nibiru-Jahren — nach 28 800 Erdenjahren —, die seit Enkis Landung vergangen waren, kam Anu selbst auf die Erde, um nach dem Rechten zu sehen. Er nahm den Thronerben mit, seinen Sohn Enlil (Befehlshaber), der nach Anus Entscheidung die Erdmission und die Goldbeschaffung leiten sollte.

Enlils Wahl mag notwendig gewesen sein, aber sie war auch schmerzhaft, denn sie verschärfte den Neid und die Rivalität zwischen den beiden Halbbrüdern. Enki war Anus Erstgeborener von Id, einer seiner sechs Konkubinen, und durfte die Thronerbschaft erwarten. Aber dann — wie in der biblischen Geschichte von Abraham, Hagar und Sara — schenkte ihm seine Frau, die auch seine Halbschwester war, den Sohn Enlil. Nach gültiger Regel — die von dem biblischen Patriarchen getreulich befolgt wurde — war nun Enlil anstelle von Enki der Thronfolger. Und jetzt sollte dieser Rivale, dieser Räuber von Enkis Geburtsrecht die Befehlsgewalt auf der Erde übernehmen!

Die Bedeutung der Genealogie bei den Kriegen der Götter kann gar nicht genug betont werden. Die Kämpfe um die Nachfolge und um die Vorherrschaft rührten davon her.

In der Tat, aus den wilden Kriegen der Götter, die in diesem Buch zum erstenmal untersucht worden sind, ging hervor, daß sie einem Kodex des sexuellen Verhaltens entstammten, der nicht auf Moral fußte, sondern auf der Berücksichtigung genetischer Reinheit. Den Kernpunkt dieser Kriege bildete eine verwickelte Genealogie, die Hierarchie und Nachfolge bestimmte, und Geschlechtsakte wurden nicht nach damit verbundener Liebe oder Gewalttätigkeit beurteilt, sondern nach ihrem Zweck und ihren Folgen.

Die Inschriften schildern, wie Enlil, Befehlshaber der Anunnaki, eine junge Krankenpflegerin unbekleidet im Fluß schwimmen sah. Er faßte Zuneigung zu ihr, überredete sie, mit ihm eine Bootsfahrt zu unternehmen, und verführte sie, obwohl die Unberührte sich widersetzte. Trotz seinem Rang wurde Enlil nach seiner Rückkehr in die Stadt Nippur verhaftet und von den sieben Richtern der Vergewaltigung beschuldigt. Sie verurteilten ihn zur Verbannung in den Ab-Zu. Er wurde erst begnadigt, nachdem er die junge Göttin geheiratet hatte, die ihm in die Verbannung gefolgt war.

Viele Lieder besangen die Liebesaffäre zwischen Inanna und einem jungen Gott namens Dumuzi und beschrieben ihren Schlaf im Freien mit rührender Zartheit.

> »Oh, sie legten für mich seine Hand in meine Hand.
> Oh, sie legten für mich sein Herz an mein Herz.
> Nicht nur ist es süß, mit ihm Hand in Hand zu schlafen,
> am süßesten ist die Wonne,
> Herz an Herz mit ihm zu sein.«

Der billigende Ton dieses Textes wird verständlich, wenn man weiß, daß Dumuzi Inannas zukünftiger Gatte war, den ihr Bruder Utu (Schamasch) für sie ausgewählt hatte. Wie aber läßt sich ein Text erklären, in dem Inanna das leidenschaftliche Liebesverhältnis mit ihrem eigenen Bruder beschreibt?

> »Mein Geliebter traf mich,
> er freute sich an mir und genoß unser Zusammensein.
> Der Bruder brachte mich in sein Haus;
> wir liebten uns auf seinem süßen Bett.
> Wir waren vereint, mit der Zunge berührte er mich,
> mein schöner Bruder machte es fünfzigmal.«

Auch das ist nur verständlich, wenn man weiß, daß der Kodex zwar die Heirat zwischen Bruder und Schwester untersagte, aber nicht den Beischlaf. Hingegen war die Heirat zwischen Halbgeschwistern erlaubt; Söhne, die dieser Verbindung entstammten, hatten sogar Vorrechte in der hierarchischen Ordnung. Vergewaltigung wurde verurteilt, es sei denn, der Mann verübte sie um der Thronfolge willen. Eine lange Erzählung schildert, wie Enki, der sich einen Sohn von seiner (und Enlils) Halbschwester Sud wünschte, sie zum Beischlaf zwang. Als sie eine Tochter gebar (statt eines Sohnes), verlor Enki keine Zeit, sich mit ihr zu verbinden, als sie »jugendlich und schön« wurde. »Er hatte seine Freude an ihr, umarmte sie, lag in ihrem Schoß und berührte ihre Hüften. Mit der Jungfrau vereinte er sich.« Das ging unaufhörlich so weiter, und er bekam lauter Töchter, bis Sud, die genug davon hatte, ihn mit einem Fluch belegte, der ihn lähmte; jetzt erst fanden diese Eskapaden ein Ende.

Als Enki so aktiv war, war er bereits mit Ninki verheiratet, was zeigt, daß Seitensprünge an sich nicht verboten waren. Wir wissen auch, daß die Götter so viele Frauen und Konkubinen haben durften, wie sie wollten; in einem unter CT-24 katalogisierten Text werden sechs von Anus Konkubinen aufgezählt. Allerdings mußten sie eine von ihnen zur offiziellen Gemahlin machen, wobei sie für diese Rolle eine

Halbschwester bevorzugten. Wenn der Gott, außer seinem Namen und den vielen Beinamen, auch noch einen Titel erhielt, wurde seine Gattin mit der weiblichen Form des Titels bedacht. Als An mit dem Titel »Himmlischer« geehrt wurde, nannte man seine Gemahlin Antu, Anu und Antum auf akkadisch. Die Krankenpflegerin, die Enlil (Befehlshaber) heiratete, erhielt den Titel Ninlil (Befehlshaberin); Enkis Frau wurde Ninki genannt.

Wegen der Bedeutung der Verwandtschaft unter den Anunnaki waren die sogenannten Götterlisten der alten Schreiber ohnehin genealogisch. Auf einer solchen größeren Liste sind zweiundvierzig Vorfahren von Enlil eingetragen, deutlich angeordnet als einundzwanzig Götterpaare. Auch auf Anus Liste sind einundzwanzig Paare angeführt. Anus Eltern waren, wie daraus zu ersehen ist, An-Schar-Gal (Großer Himmelsfürst) und Ki-Schar-Gal (Große Himmelsfürstin). Wie die Namen andeuten, herrschten sie nicht auf Nibiru; der Vater war ein Thronfolger, die Mutter die erstgeborene Tochter des Herrschers, allerdings von einer anderen Frau und somit Anschargals Halbschwester.

Diese genealogischen Fakten bilden den Schlüssel zum Verständnis der Ereignisse auf Nibiru vor der Landung auf der Erde und später auf der Erde selbst.

Die Tatsache, daß Ea zur Goldsuche auf die Erde geschickt wurde, läßt darauf schließen, daß die Nibiruaner schon vor der Landung auf der Erde über die dortigen Metallvorkommen Bescheid wußten. Woher?

Mehrere Erklärungen sind möglich. Sie können die Erde mit unbemannten Sonden erforscht haben, wie auch wir es mit anderen Planeten in unserem Sonnensystem getan haben. Sie können auf der Erde Untersuchungen angestellt haben wie auch wir bei unserem Mond. Sogar ihre Landung auf dem Mars ist nicht auszuschließen, wenn wir die Texte lesen, die sich mit den Raumfahrten von Nibiru zur Erde befassen.

Ob und wann vorsätzliche Landungen auf der Erde stattgefunden haben, wissen wir nicht. Aber es gibt eine alte Chronik, die von einer früheren Landung — unter dramatischen Umständen — handelt, von der Flucht eines abgesetzten Herrschers in einem Raumschiff zur Erde!

Das muß sich zugetragen haben, bevor Enki von seinem Vater zur Erde geschickt wurde, denn dadurch wurde Anu der Herrscher von Nibiru.

Die hethitische Version dieses Textes haben Schriftgelehrte »Königtum im Himmel« betitelt. Er wirft Licht auf den königlichen Hof Nibiru und erzählt eine Geschichte von Verrat und Machtergreifung, die von Shakespeare stammen könnte. Als sich auf Nibiru eine Thronfolge ergab — durch natürlichen Tod oder sonstwie —, bestieg nicht Anschargal, der eigentliche Nachfolger und Anus Vater, den Thron, sondern ein Verwandter namens Alalu (im hethitischen Text Alalusch).

Als Geste der Versöhnung oder nach altem Brauch ernannte Alalu Anu zu seinem Mundschenk, das heißt, er vertraute ihm einen ehrenvollen, vertrauenswürdigen Posten an, der aus Texten und Abbildungen bekannt ist (Abb. 22). Aber nach neun Nibiru-Jahren forderte Anu ihn heraus und stürzte ihn:

Abb. 22

>>Einst in alter Zeit war Alalu Himmelskönig.
Alalu saß auf dem Thron.
Der mächtige Anu, der Erste unter den Göttern,
stand vor ihm.
Er verbeugt sich
und gibt ihm den Becher in die Hand.
Neun Perioden lang war Alalu Himmelskönig.
In der neunten gezählten Periode
forderte Anu Alalu zum Kampf heraus.<<

Danach schildert der Text die dramatische Flucht zur Erde:

>>Alalu war besiegt, er floh vor Anu.
Hinab zur dunklen Erde stieg er.
Anu nahm seinen Sitz auf dem Thron ein.<<

Es ist durchaus möglich, daß schon vor Alalus Flucht viel
von der Erde und ihren Reichtümern den Nibiruanern bekannt war; Tatsache ist jedenfalls, daß laut diesem Bericht
schon vor Eas (Enkis) Mission ein Raumschiff Nibiruaner
zur Erde gebracht hat. Nach den >>Sumerischen Königs-
listen<< hieß der erste Administrator von Eridu Alulim. Das
könnte ein Beiname von Ea/Enki sein, doch ebensogut die
sumerische Wiedergabe von Alalu. Es besteht die Möglichkeit, daß der abgesetzte Alalu immer noch so besorgt
um das Schicksal der Nibiruaner war, daß er dem Usurpator die Nachricht zukommen ließ, er habe in den Gewäs-
sern der Erde Gold gefunden. Zwischen den beiden hatte
nämlich eine Versöhnung stattgefunden, und Anu hatte
Kumarbi, Alalus Enkelsohn, zu seinem Mundschenk ernannt.
Die Versöhnung bewirkte jedoch nur, daß die Geschichte
sich auf Nibiru wiederholte. Trotz seiner Ehrung konnte der
junge Kumarbi nicht vergessen, daß Anu seinen Großvater
gestürzt hatte, und mit der Zeit wurde Kumarbis Haß auf
Anu immer offensichtlicher, und Anu >>konnte den Ausdruck in Kumarbis Augen nicht ertragen<<.
Er hielt es für sicherer, nicht nur den Thronerben auf seinem Flug zur Erde mitzunehmen, sondern auch den jungen

Kumarbi. Diese Entscheidung — sowohl Enlil als auch Kumarbi mitzunehmen — führte zu Streitigkeiten.

Enlils Ernennung hatte Debatten mit Enki zur Folge, die in den bisher gefundenen Texten zum Ausdruck kommen. Der zornige Enki drohte, die Erde zu verlassen und nach Nibiru zurückzukehren; aber war es nicht möglich, daß er dort zum Usurpator werden würde? Wenn Anu auf der Erde blieb und als Kompromiß Enlil zum Vizeherrscher auf Nibiru ernannte, konnte er sich dann darauf verlassen, daß Enlil nach Anus Rückkehr abtreten würde? Zu guter Letzt beschloß er, Lose zu ziehen: sollte der Zufall die Entscheidung treffen. Davon ist in mehreren sumerischen und akkadischen Texten die Rede. Einer, das sogenannte Atra-Hasis-Epos, schildert die Ziehung der Lose und ihre Folgen:

> »Die Götter falteten die Hände,
> zogen dann Lose und nahmen die Teilung vor:
> Anu stieg zum Himmel auf,
> Enlil ward die Erde untertan;
> was das Meer umschlingt,
> erhielt Prinz Enki;
> zum Ab-Zu ging Enki hinab und übernahm hier die Herrschaft.«

In dem Glauben, die feindlichen Brüder seien nun getrennt, »stieg Anu zum Himmel auf«. Aber danach trat eine unerwartete Wende ein. Vielleicht als Vorsichtsmaßnahme wurde Kumarbi auf der Raumstation zurückgelassen. Als Anu Anstalten traf, von dort zur langen Reise zum Niburu abzuheben, trat Kumarbi ihm wütend entgegen, und nach harten Worten rangen sie miteinander. Als Kumarbi Anu bedrängte, »kämpfte sich Anu frei von Kumarbis Händen«. Aber Kumarbi gelang es, Anu an den Füßen zu packen und ihn »zwischen die Knie zu beißen«, wobei Anus »Männlichkeit« verletzt wurde. Alte Abbildungen stellen nicht nur den Ringkampf dar (Abb. 23 a), sondern auch die Gewohnheit der Anunnaki, die Genitalien des Gegners zu verletzen (Abb. 23 b). Entwürdigt und schmerzgequält flog Anu ab und ließ Kumarbi sowie die Astronauten, die die Pendelfähre bemann-

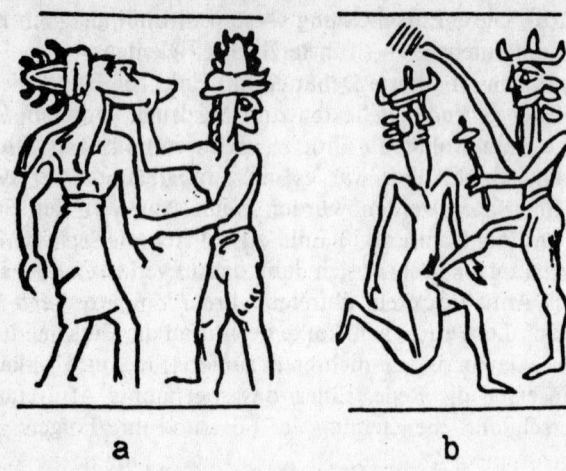

a   b

Abb. 23 a und b

ten, zurück. Doch vor dem Abflug belegte er Kumarbi mit einem Fluch: »Drei Ungeheuer in deinen Bauch!«
Die Ähnlichkeit zwischen dieser hethitischen Geschichte und der griechischen Sage von der Kastration des Uranus durch Kronos braucht nicht besonders betont zu werden.

Nach Anus Abflug wurde die Erdmission ernstlich in Angriff genommen. Immer mehr Anunnaki landeten auf der Erde — mit der Zeit belief sich ihre Zahl auf 600 —, zum Teil wurden sie dafür eingesetzt, Enki bei der Goldgewinnung in der Unterwelt zu helfen, zum anderen bemannten sie die das Gold befördernden Schiffe, die übrigen blieben bei Enlil in Mesopotamien. Dort wurden nach Enlils Musterplan weitere Siedlungen geschaffen:

> »Er errichtete fünf Städte an vorzüglichen Stellen,
> gab ihnen einen Namen
> und machte sie zum Mittelpunkt.
> Die erste dieser Städte, Eridu,
> übertrug er Nudimmud, dem Vorkämpfer.«

Alle diese vorsintflutlichen Siedlungen hatten eine bestimmte Funktion, die ihr Name andeutet. Die erste war
Eridu (In der Ferne erbautes Haus), wo die Schächte ins
Berginnere führten und wo Ea (Enki) seinen mesopotamischen Wohnsitz hatte. Die nächste war Bad-Tibira (Heller
Ort, wo das Gold gemacht wird), das metallurgische Zentrum fürs Schmelzen und Veredeln. Dann kam Laraak (Anblick der Helligkeit), wo Signalfeuer den landenden Raumfähren den Weg wiesen. Sippar (Vogelstadt) war der Landeplatz, und Schuruppak (Ort höchsten Wohlbefindens) bildete ein medizinisches Zentrum, wo Sud (die wieder zum
Leben erwacht), sowohl Enkis als auch Enlils Halbschwester, die Leitung innehatte.
Danach wurde noch eine wegweisende Lichterstadt gebaut,
nämlich Laarsa (Anblick des roten Lichtes), denn die kom-
plexen Operationen hingen von der engen Zusammenarbeit
der auf der Erde gelandeten Anunnaki mit den dreihundert
Astronauten ab, den sogenannten Igigi (Die sehen und beobachten), die ständig die Erde umkreisten. Als Vermittler
zwischen der Erde und dem Nibiru blieben die Igigi in ihren
Raumschiffen, die auch der Umschlagplatz für das verhüt-
tete Gold waren. Die Umladung erfolgte immer, wenn die
Raumschiffe vom Nibiru auf ihrem weiten elliptischen Umlauf zum erdnächsten Punkt gelangten.
All das erforderte ein Kontrollzentrum, das von Enlil in der
Folge gebaut und ausgerüstet wurde. Es hieß Nibru-Ki (Nibirus irdischer Ort), auf akkadisch Nippur. Hier befand
sich auf einer künstlich geschaffenen, mit Antennen ver-
sehenen Plattform — dem Prototyp des Turmes von Babel
— eine Geheimkammer, Dirga (Dunkelglühende Kammer)
genannt, wo Weltallkarten auflagen und die Verbindung
zwischen Himmel und Erde, die sogenannte Dur-An-Ki,
aufrechterhalten wurde (Abb. 24).
Aus den Chroniken ergibt sich, daß die erste Siedlungen der
Anunnaki als »Zentren« angelegt worden sind. Zu dieser
merkwürdigen Erklärung kommt noch die rätselhafte Be-

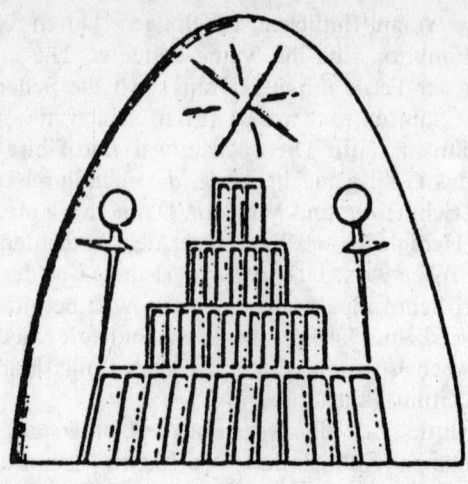

Abb. 24

hauptung, die nachsintflutlichen Könige hätten sich beim
Wiederaufbau der von der Sintflut weggeschwemmten
Städte »nach dem immerwährenden Plan gerichtet, der den
Bau für alle Zeit bestimmt hat; es ist der, welcher die Bilder
der alten Zeit und die Handschrift des Oberhimmels trägt«.
Das Rätsel löst sich, wenn wir die ersten von Enki und Enlil
gegründeten Städte auf einer Karte eintragen und sie mit
konzentrischen Kreisen verbinden. Dann sehen wir, daß sie
tatsächlich »als Zentren angelegt« worden sind. Alle sind
gleich weit vom Kontrollzentrum in Nippur entfernt. Es ist
wirklich ein Plan des »Oberhimmels«, denn er hat nur einen Sinn für die Geschöpfe, die den gesamten Nahen Osten
von hoch oben überblicken können. Der Ararat, der auffäl-
ligste Berg, wurde als Landmarke gewählt, und der Flughafen wurde an der Stelle gebaut, wo die nordwärts weisende
Linie den Euphrat kreuzt. Der »immerwährende Grund-
plan« ist ein Richtungsweiser, der die Flugbahn zum Hafen
in Sippar angibt (Abb. 25).
Die periodischen Goldablieferungen auf dem Niburu linder-

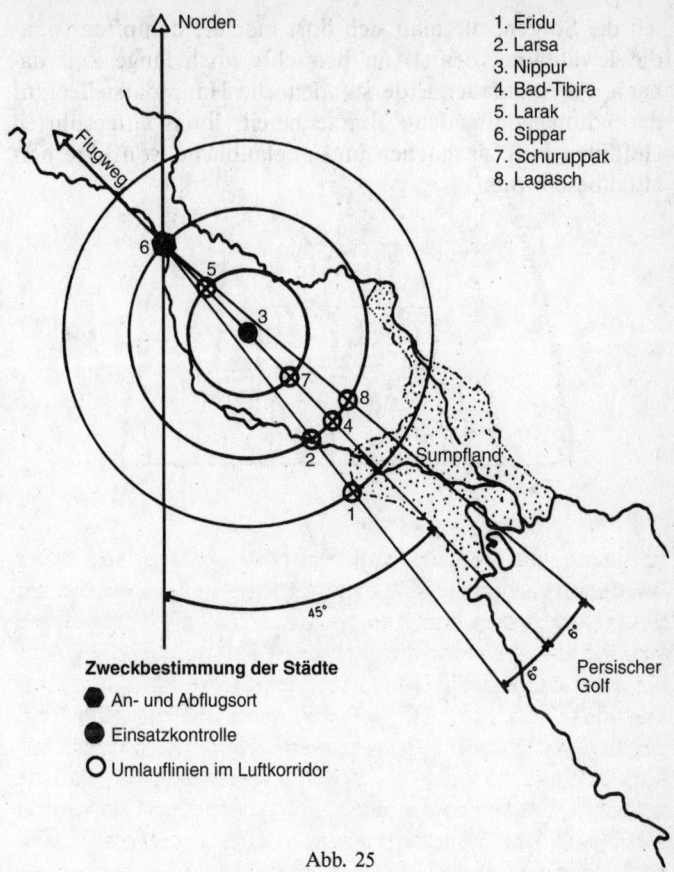

Norden

Flugweg

1. Eridu
2. Larsa
3. Nippur
4. Bad-Tibira
5. Larak
6. Sippar
7. Schuruppak
8. Lagasch

6
5
3
7
8
4
2
1

Sumpfland

45°

6°
6°

Persischer
Golf

Zweckbestimmung der Städte

● An- und Abflugsort

● Einsatzkontrolle

○ Umlauflinien im Luftkorridor

Abb. 25

ten die Sorgen, die man sich dort machte, dämpften sogar die Rivalitäten, denn Anu herrschte noch lange Zeit danach. Aber auf der Erde standen alle Hauptdarsteller auf der »dunkelglühenden« Bühne bereit, ihren aufgerührten Gefühlen Luft zu machen und unglaubliche Konflikte heraufzubeschwören.

Die Kriege der alten Götter

Anus erster Besuch auf der Erde und die von ihm getroffenen Entscheidungen bildeten den Ausgangspunkt für die Ereignisse, die sich hier in den folgenden Jahrtausenden abspielten. Zu gegebener Zeit führten sie zur Erschaffung Adams, des Menschen, wie wir ihn kennen, den Homo sapiens. Sie pflanzten auch den Samen des Konflikts zwischen Enlil und Enki einerseits und ihren Nachkommen andererseits.

Zuerst aber gab es die erbitterten Streitigkeiten zwischen dem Hause von Anu und dem Hause von Alalu, eine Feindschaft, die auf der Erde im Krieg der Titanen ausbrach. Es war ein Krieg, in dem sich »die Götter, die im Himmel sind« mit den »Göttern, die auf der dunkelgetönten Erde sind« maßen, und es war in seiner letzten Phase ein Aufstand der Igigi!

Der Zeitpunkt — die ersten Tage der Niederlassung der Nibiruaner auf der Erde — ist aus dem Text »Königtum im Himmel« zu ersehen. Er spricht von den »uralten mächtigen Göttern, den Göttern vergangener Zeiten«. Nach der Aufzählung von fünf Vorfahren Anus und Alalus folgen die Usurpation auf dem Nibiru, Alalus Flucht, Anus Besuch auf der Erde und der Konflikt mit Kumarbi.

Mehrere andere hethitische und churritische Texte, von den Wissenschaftlern zusammenfassend »Kumarbi-Zyklus« genannt, führen die Geschichte fort. Die mühsam zusammengesetzten Fragmente sind seit kurzem durch die Entdeckung weiterer Fragmente und Versionen verständlicher geworden.

H. Güterbock (»Kumarbi-Mythen vom Churritischen Kronos«) und H. Otten (»Mythen vom Gotte Kumarbi« — Neue Fragmente) haben sie übersetzt.

Wie lange Kumarbi nach dem Kampf mit Anu in der Raumstation geblieben ist, geht aus den Texten nicht klar hervor. Darin heißt es nur: einige Zeit. Danach spie Kumarbi die drei »Steine« aus, die Anu in seinem Bauch hatte wachsen lassen, und kam auf die Erde. Aus Gründen, die vielleicht in den fehlenden Teilen angegeben sind, begab er sich zu Ea (Enki) in den Ab-Zu.

Verstümmelte Stellen handeln dann vom Erscheinen des Sturmgottes Teschub, der laut den Sumerern Enlils jüngster Sohn Ischkur/Adad war. Der Sturmgott ärgert Kumarbi, indem er ihm von den wundervollen Dingen und Eigenschaften erzählt, die Götter ihm verleihen könnten, unter anderem Weisheit, auf die er jedoch verzichten müsse. Wutentbrannt geht Kumarbi nach Nippur. Wieder lassen es fehlende Fragmente offen, was sich in Enlils Hauptquartier abspielte. Jedenfalls kehrte Kumarbi nach sieben Monaten zurück, um sich mit Ea (Enki) zu beraten.

Ea (Enki) schlägt ihm vor, »in den Himmel aufzusteigen und bei Lama, der Mutter der beiden Götter«, Hilfe zu suchen. Offenbar war sie eine Matriarchin der beiden feindlichen Dynastien. Gewiß aus Eigennutz bietet sich Ea (Enki) an, Kumarbi in seinem Margida (Himmelswagen) zur Wohnung der Götter zu bringen. Aber die Göttin, die herausgefunden hat, daß Ea (Enki) ohne Erlaubnis der Versammlung der Götter unterwegs ist, sendet »blitzende Winde« gegen Eas (Enkis) Raumschiff aus und zwingt so die beiden, zur Erde zurückzukehren.

Statt dessen bleiben sie bei den die Erde umkreisenden Igigi. Kumarbi findet genügend Zeit zum Nachdenken. »Er war voller Gedanken, wälzte sie in seinem Kopf. Er dachte sich aus, was für Unglück er anrichten könnte, er plante Böses.« Der Kernpunkt seiner Gedanken: Er wollte zum »Vater aller Götter« erklärt werden, zur obersten Gottheit!

Nachdem ihm die Igigi ihre Unterstützung zugesagt hatten, »zog Kumarbi schnelle Schuhe an« und flog zur Erde. Hier schickte er seinen Gesandten zu den führenden Göttern und forderte von ihnen, seine Oberherrschaft anzuerkennen.

Daraufhin befand Anu, genug sei genug. Um den Enkel seines Gegners Alalu ein für allemal aus dem Wege zu räumen, befahl er seinem eigenen Enkelsohn Teschub, dem Sturmgott, Kumarbi aufzuspüren und ihn zu töten. Heftige Kämpfe folgten nun zwischen den irdischen Göttern, die Teschub anführte, und den im Himmel geborenen, die Kumarbi befehligte. An einer einzigen Schlacht nahmen nicht weniger als siebzig Götter teil, alle in Himmelsstreitwagen. Viele Kampfszenen fehlen in den Fragmenten, doch wir wissen, daß Teschub in diesem Krieg gesiegt hat.

Aber Kumarbis Niederlage beendete die Kriege nicht. Aus zusätzlichen hethitischen Schilderungen im Kumarbi-Zyklus ist zu ersehen, daß Kumarbi eine Berggöttin geschwängert hat, so daß sein Rächer, der »Steingott« Ullikummi, geboren wurde. Er versteckte seinen wundervollen (oder monströsen) Sohn bei den Igigi und prägte ihm ein: »Greife Teschubs schöne Stadt Kummija an! Greife den Sturmgott an und reiß ihn in Stücke! Schieße alle die Götter wie Vögel vom Himmel ab!« Nach seinem Sieg auf der Erde sollte Ullikummi zum Himmel aufsteigen und sich des Throns von Nibiru bemächtigen. Nachdem Kumarbi diese Anweisungen gegeben hat, verschwindet er von der Bildfläche.

Lange Zeit blieb der Sohn versteckt. Doch als er herangewachsen war — zu ungeheuerlicher Größe —, wurde er eines Tages von Utu/Schamasch auf einer Streife gesehen. Utu flog sofort zu Teschubs Wohnung und unterrichtete ihn von der Existenz des Rächers. Nachdem Teschub ihm zu essen und zu trinken gegeben hatte, um ihn zu beruhigen, befahl er ihm: »Besteige deinen Wagen und halte ein Auge auf Ullikummi.« Dann ging er auf den Aussichtsberg, um den Steingott selbst zu sehen. »Er betrachtete den Schrecken einflößenden Steingott, und Zorn schüttelte seine Faust.«

Da ihm klar war, daß ihm keine andere Wahl als ein Kampf blieb, rüstete er seinen Streitwagen, dessen sumerischer Name Iddugga (Bleierner Flieger) war. Die hethitische Beschreibung der Aufrüstung ist mit den ursprünglichen sumerischen Wörtern abgefaßt: Sie rüsteten den Wagen mit dem »großen Kracher«, brachten den »Stier« (Triebwerk) an, der vorn »aufleuchtet«, sowie hinten den »Stier für Luftgeschosse«, installierten im Vorderteil das radarähnliche Navigationsgerät, das »den Weg weist«, aktivierten die »Steine« (Mineralien) mit Energie, bewaffneten das Luftschiff mit dem »Sturmdonner« und beluden es mit nicht weniger als achthundert »Feuersteinen«.

> »Den großen Kracher schmierten sie mit Öl und rüttelten ihn auf.
> Den Stier, der aufleuchtet, setzten sie zwischen die Hörner.
> Den Stier der Luftgeschosse am Schwanz belegten sie mit Gold.
> Den Wegweiser am Vorderteil versahen sie innen mit mächtigen
>   Steinen. Sie brachten
> den Sturmdonner an, der weit, weit die Felsen zerschmettert.
> Die Feuersteine bedeckten sie.
> Den Blitz, der furchtbar blendet, holten sie aus seiner Kammer.
> Sie zogen den Margidda hervor und machten ihn bereit!
> Vom Himmel aus trat der Sturmgott dem Steingott entgegen.«

Nach anfänglichen vergeblichen Angriffen beteiligte sich Teschubs Bruder Ninurta an dem Kampf. Aber der Steingott blieb unversehrt und schlug sich durch bis zu den Toren von Kummija, der Stadt des Sturmgottes.
In Kummija hörte Teschubs Frau Hebat in einem Innenraum des Hauses die Berichte von dem Kampf. Aber Ullikummis Geschosse zwangen Hebat, das Haus zu verlassen, und sie konnte die Nachrichten der Götter nicht mehr hören. Sie befahl dem Boten, »die schnellen Schuhe anzuziehen« und sich zu dem Ort zu begeben, wo die Götter sich versammelt hatten; er sollte ihr Bescheid bringen, denn sie befürchtete, »der Steingott könnte meinen Gatten, den edlen Prinzen, getötet haben«.
Teschub war jedoch nicht tot. Sein Bruder riet ihm, sich in den Bergen zu verstecken. Das lehnte er ab: »Wenn wir das

tun, wird es keinen König im Himmel mehr geben.« Sie beschlossen, zu Ea (Enki) in den Ab-Zu zu gehen, um dort ein Orakel zu befragen.

Als es Ea (Enki) klar wurde, daß Kumarbi ein offenbar unbesiegbares Ungeheuer gezeugt hatte, ging Ea zu Enlil, um ihn vor der Gefahr zu warnen. »Ullikummi wird den Himmel absperren und die heiligen Häuser der Götter!« Eine Versammlung der Anunnaki wurde einberufen. Keiner wußte Rat, nur Ea (Enki) fand eine Lösung: Aus dem versiegelten Lagerraum der Steinmetze sollte ein bestimmter, uralter Metallschneider geholt werden, der dem Steingott Ullikummi die Füße abschnitt.

Als sie das bewerkstelligt hatten, war der Steingott verkrüppelt. Die Götter versammelten sich, und alle brüllten Ullikummi an. Ermutigt sprang Teschub in seinen Wagen, holte Ullikummi ein und forderte ihn zum Kampf heraus. Aber Ullikummi gab sich nicht geschlagen und erklärte: »Kummija werde ich zerstören, das heilige Haus werde ich erobern, die Götter werde ich daraus vertreiben, zum Himmel werde ich aufsteigen und die Herrschaft übernehmen!«

Die letzten Zeilen des hethitischen Epos fehlen, doch zweifellos schildern sie das gleiche Ende des Kampfes wie die Sanskrit-Sage von dem Kampf zwischen Indra und dem Dämon Vritra:

> »Dann war es ein schrecklicher Kampf,
> als Gott und Dämon im Streit sich begegneten.
> Seine geschärften Waffen schoß Vritra ab,
> seine Donnerkeile und heißen Blitze.
> Die Blitze begannen zu funkeln,
> die furchtbaren Donnerkeile zu krachen,
> stolz geschleudert von Indras Hand.
> Und bald war Vritras Schicksal besiegelt
> unter dem Getöse von Indras Eisenschauer.
> Durchbohrt, gespalten, zermalmt,
> mit schrecklichem Schrei stürzte der Dämon kopfüber.
> Und Indra gab ihm den Gnadenstoß zwischen die Schultern.«

So verliefen auch, wie anzunehmen ist, die Kriege der Götter und Titanen in den griechischen Sagen. Niemand kennt die

Bedeutung der Bezeichnung »Titan«, aber sie könnte sumerischen Ursprungs sein, denn das Wort Ti-Ta-Am bedeutet
im Sumerischen buchstäblich »die im Himmel leben«. So
wurden die von Kumarbi angeführten Igigi bezeichnet, im
Gegensatz zu ihren Gegnern, den Anunnaki: »die auf der
Erde leben«.

Sumerische Texte schildern tatsächlich einen Kampf auf Le-
ben oder Tod zwischen einem Enkel von Anu und einem
»Dämon« anderen Geschlechts. Der Held dieser Geschichte,
Zu-Mythos genannt, ist Ninurta, Enlils Sohn von seiner
Halbschwester Sud. Sie könnte der Ursprung der hinduistischen und hethitischen Sagen sein.
Diese Geschichte spielt in der Zeit nach Anus Besuch auf der
Erde. Unter Enlils Kommando führten die Anunnaki ihre
Arbeit im Ab-Zu und in Mesopotamien aus. Das Gold
wurde gewonnen und befördert, dann geschmolzen und veredelt. Von einem belebten Flughafen in Sippar aus wurde
das kostbare Metall zu den von den Igigi bemannten Fähren
gebracht und von dort aus mit Raumschiffen zum Heimatplaneten.
Das komplexe System der Raumoperationen — das Kommen und Gehen der Raumschiffe und die Verbindungen zwischen Erde und Nibiru während des Umlaufs der beiden Planeten — wurde von Enlils Kontrollzentrale in Nippur aus ko-
ordiniert. Hier, auf einer hohen Plattform, befand sich das
»Allerheiligste«, der Raum, der Dirga hieß, wo die lebenswichtigen Weltallkarten und die Daten der Umläufe aufbewahrt wurden.
Zu dieser geheiligten Kammer verschaffte sich ein Gott namens Zu Einlaß und bemächtigte sich der lebenswichtigen
Tafeln, womit er das Schicksal der Anunnaki auf der Erde
und des Planeten Nibiru in der Hand hatte.
Durch die Verbindung alter babylonischer und assyrischer
Versionen mit dem sumerischen Text ist ein Teil der Geschichte wiederhergestellt worden. Aber da Fragmente feh-

len, konnte weder das Geheimnis der wahren Identität Zus gelüftet werden, noch wurde erklärt, wie er sich Zugang zum Dirga verschafft hat. Erst 1979 fanden die Archäologen W. W. Hallo und W. L. Moran die Antwort, als sie eine Tafel entziffert hatten, die zur babylonischen Sammlung der amerikanischen Universität Yale gehört. Daraus rekonstruierten sie den Anfang der Sage.

Im Sumerischen bedeutet der Name Zu »Wissender«. Mehrmals wird der böse Held dieser Geschichte in den Texten als Anzu (Der den Himmel kennt) bezeichnet, was auf einen Zusammenhang mit Enlils Raumprogramm schließen läßt. Der neuentdeckte Anfang der Chronik erzählt tatsächlich, daß Zu, ein Waisenkind, von den Igigi adoptiert und von ihnen in die Geheimnisse des Himmels und der Raumfahrt eingeweiht worden ist.

Die eigentliche Handlung beginnt damit, daß die Igigi auf einer Versammlung beschließen, sich bei Enlil darüber zu beklagen, daß für sie noch nie ein Ruheplatz gebaut worden ist. Mit andern Worten, es gab auf der Erde keinen Platz für die Igigi. Sie wählten Zu als Sprecher und schickten ihn zu Enlils Zentrale in Nippur.

Enlil dachte über die Forderung nach und sah Zu genauer an. Wer war dieser Abgesandte, der nicht zu den Astronauten gehörte und doch ihre Uniform trug? Als sein Mißtrauen wuchs, meldete sich Ea (Enki), der über Zus Abstammung Bescheid wußte, zu Wort. Er meinte, eine Entscheidung über die Forderung der Igigi könne hinausgeschoben werden, wenn man Zu in Enlils Hauptquartier festhielte. »Nimm ihn in deine Dienste«, sagte Ea (Enki) zu Enlil. »Laß ihn den Eingang des Allerheiligsten bewachen.«

> »Den Worten, die Ea (Enki) gesprochen,
> pflichtete Enlil bei.
> Beim Allerheiligsten stellte Zu sich auf,
> am Eingang zur Kammer,
> wie Enlil ihn angewiesen.«

So kam es, daß ein gegnerischer Gott — denn Zu war, was man nicht wußte, ein Abkömmling Alalus — Zugang zum Allerheiligsten fand. Er sieht fortwährend Enlil, den Vater der Götter, den Gott der Verbindung zwischen Himmel und Erde, und fortwährend sieht Zu die Himmelstafeln der Geschicke. Und da reifte ein Plan in seinem Herzen: er will Enlil stürzen:

> »Ich will mir aneignen die Himmelstafeln der Geschicke,
> ich will herrschen über die Erlasse der Götter,
> ich will meinen Thron errichten,
> will Herr sein über die Bestimmungen,
> die Igigi in ihrem Gefährt will ich befehligen!«

Die Gelegenheit für die Durchführung schien gekommen, als Enlil eines Tages beschloß, schwimmen zu gehen, um sich abzukühlen. »Er ergriff mit seinen Händen die Tafeln der Geschicke, und in seinem Vogel flog er zum Hursagmu« (Berg der Himmelskammern), wo er sich in Sicherheit wähnte. Kaum war das geschehen, da kam alles zum Stillstand.

> »Aufgehoben waren die göttlichen Formeln,
> die Lichter gingen aus,
> Stille herrschte.
> In der Raumfähre die Igigi waren verwirrt.
> Die Helligkeit des Allerheiligsten war nicht mehr da.«

Da trat Ninurta, Enlils gesetzmäßiger Erbe, vor, um etwas zu unternehmen, denn nicht nur war Enlil, wie seine Mutter Sud betonte, beraubt worden, sondern auch Ninurta war gefährdet. Sie riet ihm, Zu in seinem Bergversteck mit einer »glänzenden« Waffe anzugreifen, aber erst, wenn er sich ihm hinter einem Staubschirm nähern konnte. Zu diesem Zweck lieh sie ihm ihre »sieben Wirbelwinde, die den Staub aufrühren«.

So ermutigt begab sich Ninurta zum Hazzi — einem Berg, der auch in der Kumarbi-Sage vorkommt —, wo er seine sie-

ben Waffen sowie die sieben staubaufwirbelnden Winde an
seinem Streitwagen befestigte und gegen Zu vorging.

> »Zu und Ninurta begegneten sich am Berghang.
> Als Zu ihn gewahrte, brach er in Wut aus.
> Mit seinem Glanz machte er den Berg hell wie bei Tageslicht.
> Wütend ließ er seine Strahlen los.«

Zu vermochte seinen Herausforderer wegen des Staubstur-
mes nicht zu erkennen und rief: »Ich habe die Macht ergriffen, die Bestimmungen der Götter werden nun von mir erlassen! Wer bist du, der du gekommen bist, mich zu bekämp-
fen? Rechtfertige dich!«
Aber Ninurta rückte weiter gegen ihn vor und erklärte, Anu
selbst habe ihn eingesetzt, Zu zu ergreifen und die Tafeln der
Geschicke zurückzubringen. Als Zu dies vernahm, stellte er
seinen »Glanz« ab, und »das Antlitz des Berges wurde von
Dunkelheit bedeckt«. Unerschrocken drang Ninurta vor.
Von seinem Streitwagen aus schoß er einen Blitz auf Zu ab.
Doch die Waffe erreichte Zu nicht, sondern kehrte zurück.
Infolge der Macht, die Zu errungen hatte, konnte sich kein
Blitz seinem Körper nähern.
Deshalb wurde der Kampf eingestellt; die Waffen ruhten in-
mitten des Berges, sie besiegten Zu nicht.
An die Wand gedrückt, bat Ninurta seinen Bruder Ischkur/
Adad, bei Enlil Rat einzuholen. »Ischkur, der Prinz, eilte zu
Enlil und berichtete ihm von dem Kampf.«
Enlil beauftragte ihn, zu Ninurta zurückzukehren und ihm zu
sagen: »Beweise deine Kraft!« Er gab Ischkur eine Waffe mit,
Tillu genannt (piktografisch $\succ\!\!\longrightarrow$), die an dem Stürmer
befestigt werden sollte, der die Projektile abschoß. Im aufge-
wirbelten Staub sollte sich Ninurta Zus Vogel nähern, bis sie
Flügel an Flügel waren. Dann sollte er auf Zus Getriebe zielen
und den Tillu abschießen. Zus Flügel würden dann flattern wie
Schmetterlinge, und Zu würde besiegt sein.
Die eigentliche Kampfszene fehlt bei allen Tafeln, aber aus
Bruchstücken von Duplikaten, die man in den Ruinen eines
hethitischen Archivs im heutigen Sultan-Tepe gefunden hat,

geht hervor, daß Ninurta »die sieben Wirbelwinde, die den Staub aufrührten« sowie den Tillu mitgenommen und Zu nach den Anweisungen seines Vaters angegriffen hat. »Die Erde bebte, der Himmel verdunkelte sich. Zus Getriebe wurde zerschmettert.« Zu wurde gefangengenommen und vor Enlil nach Nippur gebracht. Die Tafeln der Geschicke kamen wieder dorthin, wo sie hingehörten.

Zu wurde dann von einem Kriegsgericht, das aus sieben Anunnaki bestand, zum Tode verurteilt. »Ninurta, der ihn besiegt hatte, durchschnitt ihm die Kehle.« Viele Abbildungen von der Verurteilung sind gefunden worden, auf denen Zu wegen seiner Verbindung mit den Igigi als Vogel verkleidet ist. Ein archaisches Relief in Mittelmesopotamien gibt Zus Hinrichtung wieder. Es zeigt Zu als dämonischen Hahn mit einem dritten Auge auf der Stirn (Abb. 26).

Abb. 26

Zus Untergang blieb den Anunnaki als große Erlösung in Erinnerung. Vielleicht lag es an der Befürchtung, daß der Geist Zus — der ja Betrug, Doppelspiel und überhaupt alles Böse verkörperte — weiterhin schlimme Dinge und Leid bewirke. Seine Verurteilung und sein Tod wurden den Generationen der Menschen in Form eines kunstvollen Rituals übermittelt. Bei der jährlichen Veranstaltung stellte ein Stier den Sturmgott dar und mußte für seine schlimmen Taten büßen.

Ausführliche Anweisungen für dieses Ritual enthalten sowohl babylonische als auch assyrische Texte, die alle die sumerische Quelle erwähnen. Nach ausgedehnten Vorbereitungen wurde ein »großer, starker Stier, der auf sauberen Wiesen schreitet«, in den Tempel gebracht und am ersten Tag eines bestimmten Monats gereinigt. Man flüsterte ihm durch ein Schilfrohr ins linke Ohr: »Stier, der schuldige Zu bist du« und ins rechte: »Stier, du bist für den Ritus und die Zeremonie ausersehen worden.« Am fünfzehnten Tag wurde er vor die Bilder der »sieben Götter, die richten«, und vor die Symbole der zwölf Himmelskörper des Sonnensystems geführt.

Zus Gerichtsverhandlung wurde dann gespielt. Den Stier legte man Enlil, dem großen Hirten, zu Füßen. Der anklagende Richter fragte den Enlil-Darsteller: »Wie konntest du dem Feind unseren verborgenen Schatz geben? Wie konntest du ihm den Zutritt zum Allerheiligsten gewähren? Wie konntest du ihn einlassen?« Darauf wurden Enki und andere Götter herbeigerufen, Enlil zu beruhigen, denn Ninurta war vorgetreten und hatte seinen Vater gebeten: »Laß meine Finger in die richtige Richtung weisen! Gib mir die richtigen Befehle!«

Nach der Beweisführung wurde das Urteil gesprochen. Während der Stier geschlachtet wurde, rezitierten die Richter das Urteil. Seine Leber sollte in einem heiligen Kessel gekocht, sein Fell und seine Muskeln im Innern des Tempels verbrannt werden, »aber seine böse Zunge soll draußen bleiben«.

Zum Abschluß sangen die Darsteller der anderen Götter ein Loblied auf Ninurta:

> »Wasch dir die Hände, wasch dir die Hände!
> Du bist jetzt wie Enlil, wasch dir die Hände!
> Du bist jetzt wie Enlil auf der Erde,
> Mögen alle Götter sich an dir erfreuen!«

Als die Götter auf der Suche nach einem freiwilligen Kämpfer gegen Zu gewesen waren, hatten sie Ninurta gegenüber ein Versprechen abgelegt, falls er siegte:

> »Dein Name wird der größte in der Versammlung der Götter sein.
> Unter den Göttern, deinen Brüdern,
> wirst du nicht deinesgleichen haben.
> Verherrlicht und mächtig sollst du sein!«

Nach Ninurtas Sieg mußte dieses Versprechen eingehalten werden. Aber es hatte einen Haken: Es barg den Keim zukünftiger Streitigkeiten unter den Göttern. Ninurta war zwar Enlils gesetzmäßiger Erbe, jedoch nur auf dem Niburu, nicht auf der Erde. Jetzt war er, wie das Loblied besagt, »wie Enlil auf der Erde«. Aus anderen Texten, die sich mit den Göttern der Sumerer und Akkader befassen, ist zu ersehen, daß ihre hierarchische Ordnung auch zahlenmäßig dargestellt wurde. Anu trug die höchste Nummer des sumerischen Sexagesimalsystems: sechzig, sein gesetzmäßiger Erbe Enlil die zweithöchste: fünfzig, Ea (Enki), sein erstgeborener Sohn (im Falle von Enlils Tod der Erbe): vierzig. Da Ninurta jetzt Enlil ebenbürtig war, wurde auch ihm die Nummer Fünfzig zugeteilt.

Auf dem Fragment, das vom Ende des Rituals handelt, ist der folgende Text lesbar: »O Marduk, um deines Königs willen sprich das Wort: Ich verzichte! O Adad, um deines Königs willen sprich das Wort: Ich verzichte!« Vermutlich gehört eine gleiche Aufforderung an Sin dazu, nämlich auf seinen Anspruch auf die Herrschaft unter den Göttern zu Ninurtas Gunsten zu verzichten. Es ist bekannt, daß Sin, Enlils erstgeborener Sohn auf der Erde, den dreißigsten

Rang einnahm, sein Sohn Schamasch den zwanzigsten, seine Tochter Istar den fünfzehnten und Ischkur (akkadisch Adad) den zehnten. Marduks numerischer Rang wird nirgends erwähnt.

Abb. 27

Es sei angemerkt, daß Zus schlimmes Vergehen auch den Menschen in Erinnerung blieb; infolgedessen fürchteten sie sich vor vogelähnlichen Dämonen, die Elend und Pestilenz bringen könnten (Abb. 27). Einige dieser Dämonen wurden Lillu genannt, eine Bezeichnung, die doppelte Bedeutung hat, nämlich sowohl »heulen« als auch »nächtlich«; ihre Anführerin hieß Lillitu — Lilith — und wurde als nackte, geflügelte Göttin mit Vogelkrallen dargestellt (Abb. 28). Die vielen Schurpu-Texte (Reinigung durch Feuer) sind Beschwörungsformeln gegen Zauberei; sie haben Jahrtausende überdauert.

Abb. 28

Trotz dem feierlichen Gelübde, Enlils Oberhoheit und Ninurta als Stellvertreter anzuerkennen, schwelten Rivalitäten
und Hader unter den Göttern weiter und brachen im folgenden Jahrtausend von Zeit zu Zeit in offener Feindschaft aus.
Darüber waren sich Anu und Enlil im klaren, weshalb sie Ni-

nurta mit neuen Wunderwaffen ausstatteten. Anu gab ihm den Scharur (überlegener Jäger) sowie den Schargaz (überlegener Schläger). Enlil versorgte ihn mit mehreren Waffen, von denen der einzigartige Ib — eine Waffe »mit fünfzig tödlichen Köpfen« — die erschreckendste war. Ninurta kommt in den Texten des öfteren als »Herr des Ib« vor. So bewaffnet, wurde Ninurta der »allererste Krieger Enlils«, der bereit war, gegen jeden Feind anzutreten.

Die nächste Herausforderung ergab sich in Form eines Aufstands der Anunnaki, die im Ab-Zu in den Goldminen arbeiteten. Der Aufstand und seine Folgen werden in dem sogenannten Atra-Hasis-Epos beschrieben, einer ausführlichen Chronik, die Ereignisse verzeichnet, die zur Erschaffung des Homo sapiens geführt haben, des Menschen, wie wir ihn kennen.

Nach Anus Rückkehr zum Nibiru wurde die Erde zwischen Enlil und Enki geteilt. Die Anunnaki arbeiteten schwer im Ab-Zu »vierzig Perioden« lang, das heißt, während vierzig Umläufen ihres Planeten oder 144 000 Erdjahren. Die Arbeit in den Goldminen war schwer und mühsam: »In den Bergen, in tiefen Schächten, plagten sich die Anunnaki ... Äußerst anstrengend war die Arbeit vierzig Perioden lang.«

Ununterbrochen arbeiteten die Anunnaki: »Tag und Nacht erlitten sie Mühsal.« Während die Schächte immer tiefer und die Plackerei noch anstrengender wurden, »beklagten sie sich, murrten hinter vorgehaltener Hand im Bergwerk«.

Um die Disziplin aufrechtzuerhalten, schickte Enlil Ninurta in den Ab-Zu, aber dadurch wurde die Beziehung zu Enki noch gespannter. Da beschloß Enlil, selbst in den Ab-Zu zu gehen, um die Lage einzuschätzen. Diese Gelegenheit benutzten die Anunnaki zum Aufstand!

Die Atra-Hasis-Chronik beschreibt in einer Sprache, die so lebendig ist wie die eines Reporters, in über hundertfünfzig Zeilen, wie die Anunnaki ihr Werkzeug verbrannten und mitten in der Nacht zu Enlils Wohnung gingen. Einige riefen: »Laßt uns ihn töten, laßt uns das Joch zerbrechen!«; wie ein

ungenannter Führer sie daran erinnerte, daß Enlil seit alters
her der Oberste sei, und zu Verhandlungen riet, und wie Enlil wutentbrannt zu seinen Waffen griff, aber ebenfalls von
seinem Haushofmeister ermahnt wurde: »Herr, dies sind
deine Söhne.«

Da Enlil ein Gefangener in seinem eigenen Quartier war,
schickte er einen Boten zu Anu, ihn zu bitten, er möge auf
die Erde kommen. Danach gab es sozusagen ein Kriegsgericht, bei dem auch Enki zugegen war. Enlil wollte wissen,
wer den Aufstand angezettelt hatte, und forderte die Todesstrafe. Da er bei Anu keine Unterstützung fand, bot er seinen
Rücktritt an. Er sagte zu Anu: »Edler, setze mich ab, nimm
die Macht von mir, zum Himmel möchte ich mit dir aufsteigen.« Aber Anu beruhigte ihn und zeigte auch Verständnis
für die Mühsal der Bergarbeiter.

Da sprach Enki zu den Göttern, unter denen sich seine
Schwester Sud, die Heilkundige, befand:

> »Sie soll einen einfachen Arbeiter erschaffen,
> der das Joch auf sich nimmt.
> Laßt ihn die Arbeit für die Götter übernehmen,
> laßt ihn das Joch tragen!«

In den folgenden hundert Zeilen des Atra-Hasis-Epos sowie
in anderen Texten über die Erschaffung des Menschen wird
die Entstehung des Homo sapiens in erstaunlichen Einzelheiten erzählt. Zu diesem Zweck schlug Enki vor, ein Geschöpf,
das es bereits auf der Erde gab, nämlich eine Äffin, zur Erschaffung des Lulu Amelu, des »gemischten Arbeiters«, zu
benutzen: Diese unentwickelten Geschöpfe sollten mit den
Göttern gemischt werden.

Sud reinigte die »Essenz« eines jungen Anunnakis und mischte
sie mit dem Ei eines Menschenaffenweibchens. Das befruchtete Ei wurde dann in die Gebärmutter einer Anunnaki-Frau
verpflanzt, so daß sie geschwängert war. Als das »gemischte Geschöpf« geboren wurde, hob Sud es in die Höhe und rief: »Ich
habe es erschaffen! Meine Hände haben es gemacht!«

Der »primitive Arbeiter«, der Homo sapiens, war entstanden. Das geschah vor etwa 300 000 Jahren durch eine Technik, die heute wiederentdeckt worden ist: Befruchtung in vitro. So haben die Anunnaki den Menschen erschaffen. Lange haben die Wissenschaftler nach dem »fehlenden Glied« in der Entwicklung der Menschheit gesucht. Die sumerischen Texte enthüllen, daß es nichts anderes als eine Manipulation in einem Laboratorium war. Allerdings machen sie klar, daß es längere Zeit dauerte, bis alle Irrtümer aufgeklärt waren, bis das »vollkommene Muster« des primitiven Arbeiters entstand; doch als dies erreicht war, setzte eine Massenproduktion ein: Vierzehn »Geburtsgöttinnen« wurde gleichzeitig das befruchtete Ei eines Menschenaffenweibchens implantiert; sieben Arbeiter und sieben Arbeiterinnen sollten entstehen. Sobald sie erwachsen waren, mußten sie ihre Tätigkeit aufnehmen, und als ihre Zahl zunahm, wurden sie mehr und mehr für die schwere körperliche Arbeit im Ab-Zu eingesetzt.

Diese Sklaven waren allerdings der Grund, warum zwischen Enlil und Enki offene Feindschaft ausbrach.

Je mehr Gold im Ab-Zu geschürft wurde, um so mehr Arbeit hatten die Anunnaki in den Anlagen in Mesopotamien. Das Klima war hier milder, aber es regnete häufig, und die Flüsse traten ständig über die Ufer. In zunehmendem Maße »gruben die Anunnaki die Flüsse aus«, errichteten Dämme und vertieften die Kanäle. Bald verlangten sie nach den Sklaven, die eine helle Hautfarbe und dichtes schwarzes Haar hatten:

> »Die Anunnaki traten vor Enlil,
> Schwarzköpfige verlangten sie von ihm.
> Die Schwarzköpfigen sollten die Hacke in die Hand nehmen.«

Diese Ereignisse beschreibt ein Text, der den Titel »Der Mythos von der Hacke« erhalten hat. Obwohl Teile fehlen, geht daraus hervor, daß Enki sich weigerte, primitive Arbeiter nach Mesopotamien zu versetzen. Daraufhin beschloß Enlil, die Sache in die eigenen Hände zu nehmen, und ging radikal vor: Er unterbrach die Verbindung mit dem Heimat-

planeten. »Er durchschnitt das Band zwischen Himmel und
Erde.« Dann unternahm er einen bewaffneten Angriff auf
das Land der Bergwerke.

Die Anunnaki im Ab-Zu versammelten die primitiven Arbeiter in einem zentral gelegenen Lager, dessen Einfriedung verstärkt wurde. Aber Enlil verfügte über eine Wunderwaffe,
Alani genannt (Axt, die Macht verleiht), die mit einem
»Horn« und einem »Erdspalter« versehen war und sich
durch Erde und Gestein bohren konnte. Damit bohrte er
ein Loch in die Befestigung. Als das Loch groß genug war,
brachen die primitiven Arbeiter zu Enlil durch, der »die
Schwarzköpfigen staunend betrachtete«.

Abb. 29

Danach verrichteten die primitiven Arbeiter die manuellen
Arbeiten in beiden Ländern. Im Land der Bergwerke müh-
ten sie sich ab; in Mesopotamien »bauten sie mit Hacke und
Spaten Häuser für die Götter, hoben Kanäle aus und ließen
Nahrung für die Götter wachsen«.

Viele alte Rollsiegel zeigen sie bei ihrer Arbeit, unbekleidet
wie Tiere (Abb. 29).

Verschiedene sumerische Texte beschreiben dieses tierähnliche Stadium in der Entwicklung des Menschen:

> »Als die Menschen erschaffen wurden,
> kannten sie Brot nicht, kannten keine Bekleidung.
> Sie aßen Pflanzen mit dem Mund wie Schafe,
> tranken Wasser aus Gräben.«

Wie lange aber konnten junge weibliche Anunnaki gebeten (oder gezwungen) werden, die Rolle der »Geburtsgöttin« zu spielen? Ohne daß Enlil etwas davon wußte, unternahm Enki mit Suds Hilfe noch eine genetische Manipulation: Er verlieh den Zwittern, die keine Nachkommen hervorbringen konnten, die Fähigkeit, sich fortzupflanzen, indem er ihnen »Erkenntnis« vermittelte. (Dieses Ereignis wird in der biblischen Geschichte von Adam und Eva im Paradies dargestellt.) Darüber gibt es keine ursprünglichen sumerischen Texte, nur Abbildungen vom »Lebensbaum«, von der verbotenen Frucht und der Auseinandersetzung zwischen »dem Herrn« und der Schlange (Abb. 30). Adam ist immer noch unbekleidet, aber Eva trägt eine Art Rock.

Abb. 30

Die hier wiedergegebene Abbildung hat besondere Bedeutung, weil im Sumerischen Gottes Beiname als ✳➜ geschrieben wird. Der Stern bedeutet Gott, und das dreieckige

Symbol steht für Bur, Buru oder Buzur. Das Symbol bedeutet also »Gott, der die Geheimnisse kennt«, auch »Gott der tiefen Minen« und anderes. In der ursprünglichen, hebräischen Bibel heißt der Gott, der Eva versucht, Nahasch, was als »Schlange« übersetzt wurde. Wörtlich bedeutet es jedoch »jener, welcher Geheimnisse kennt« und »jener, der Metalle kennt«, eine genaue Entsprechung des Namen Gottes in der sumerischen Abbildung. Diese Abbildung ist auch deshalb interessant, weil der Schlangengott gefesselte Hände und Füße hat, woraus zu ersehen ist, daß Enki wegen seines unbefugten Vorgehens verhaftet wurde.

In seinem Zorn ordnete Enlil die Verstoßung des Erdlings aus dem Edin (Wohnung der Rechtmäßigen) an, und der Mensch, nicht mehr beschränkt auf die Niederlassungen der Anunnaki, begann auf der Erde umherzustreifen.

Damals ahnten die Anunnaki nicht, welche Rolle der primitive Arbeiter in ihren Kriegen spielen sollte.

6
Die Entstehung der Menschheit

Seit George Smith im Jahr 1876 die »Chaldäische Geschichte der Genesis« fand, der dann L. W. Kings »Sieben Tafeln der Schöpfung« folgten, sind Fachgelehrte und Theologen zu der Erkenntnis gelangt, daß die ersten bis dritten Kapitel der biblischen »Genesis« auf zusammengefaßten und abgewandelten sumerischen Texten beruhen. Genau ein Jahrhundert später (1976) habe ich in meinem Buch »Der zwölfte Planet« bewiesen, daß diese Texte keine primitiven Mythen sind, sondern wissenschaftliche Darstellungen, die von den modernen Gelehrten erst jetzt allmählich begriffen werden.

Durch die unbemannten Raumflüge zu Jupiter und Saturn wurden viele »unglaubliche« Feststellungen der Sumerer in bezug auf unser Sonnensystem bestätigt, zum Beispiel die Tatsache, daß die äußeren Planeten zahlreiche Satelliten und zum Teil auch Wasser aufweisen. Man hat festgestellt, daß diese fernen Planeten und einige ihrer Satelliten einen tätigen Kern haben, der Hitze ausstrahlt, mehr, als sie von der weit entfernten Sonne empfangen können. Durch vulkanische Tätigkeit erhielten diese Himmelskörper ihre eigene Atmosphäre. Alle grundlegenden Erfordernisse für die Entwicklung von Leben sind gegeben — genau das haben die Sumerer schon vor 6000 Jahren gesagt.

Wie verhält es sich nun mit einem zwölften Mitglied unseres Sonnensystems, also eines zehnten Planeten hinter Pluto, den die Sumerer Nibiru und die Babylonier Marduk nannten, und dessen Vorhandensein den Mittelpunkt meines Buches »Der zwölfte Planet« bildet?

Im Jahr 1978 erklärten die Astronomen des Observatoriums in Washington, daß Pluto — der sich als kleiner herausstellte, als man angenommen hatte —, unmöglich der Anlaß für die Störungen und Schwankungen in der Umlaufbahn von Uranus und Neptun sein könne. 1982 verkündete die NASA (National Aeronautics and Space Administration), daß es tatsächlich einen solchen Himmelskörper gibt. Ob es ein anderer großer Planet ist oder nicht, wollte man durch zwei »Pioneer«-Raumschiffe herausfinden, die über den Saturn hinaus in den Weltraum geschossen wurden.

Ende 1983 taten die Astronomen vom Jet Propulsion Laboratory in Kalifornien kund, daß durch IRAS — das infrarote Teleskop eines Raumschiffes — hinter Pluto ein sehr entfernter »geheimnisvoller Himmelskörper« entdeckt worden sei, etwa viermal so groß wie die Erde, der sich auf sie zu bewegte. Sie bezeichneten ihn noch nicht als Planeten, aber die »Erdchronik« läßt daran keinen Zweifel.

1983 fand man in der Antarktis und sonstwo Steine, die Bruchstücke vom Mond und Mars sein müssen, und die Wissenschaftler zerbrachen sich den Kopf, wie sie dorthin gelangt sein könnten. Die sumerische Geschichte von der Entstehung des Sonnensystems, der Zusammenstoß zwischen Nibirus Satelliten und Tiamat sowie die übrige Kosmologie im »Epos von der Schöpfung« liefern eine verständliche Erklärung.

Und was ist mit den Texten, die die Entstehung des Menschen durch genetische Manipulation — Befruchtung in vitro und Transplantation — schildern?

Die Fortschritte in der Genetik haben nicht nur die allmähliche Entwicklung bestätigt, sondern auch das bisher unerklärliche Erscheinen des biologisch fortgeschrittenen Homo sapiens durch genetische technische Maßnahmen der Anunnaki. Sogar unsere heutige Methode der Fortpflanzung durch künstliche Besamung eines Eies und Transplantation in die Gebärmutter ist genau dieselbe wie die vor Jahrtausenden von den Sumerern beschriebene Methode.

Wenn die beiden hauptsächlichen Ereignisse — die Erschaffung der Erde und die des Menschen — so vonstatten gegangen sind, wie die Bibel sie darstellt, sollten wir dann nicht auch die Wahrhaftigkeit der biblischen Erzählung vom Erscheinen des Menschen auf der Erde gelten lassen? Und wenn die biblischen Erzählungen nichts anderes als eine zusammengefaßte Version der sumerischen Chronik sind, könnte dann diese Version nicht die biblische Darstellung ergänzen und vervollständigen?

Betrachten wir die Dinge einmal von diesem Standpunkt aus.

Nachdem »dem Adam« (wörtlich: Erdling) die Fähigkeit der Fortpflanzung verliehen worden ist, geht es im biblischen Buch »Genesis«, abgesehen von allgemeinen Geschehnissen auf der Erde, damit weiter, daß die Geschichte eines bestimmten Zweiges der Menschheit erzählt wird — einer Person namens Adam und seiner Nachfahren.

»Dies ist das Verzeichnis der Nachkommen Adams«, heißt es im Alten Testament, einem Buch, das es bestimmt gegeben hat. Es ist möglich anzunehmen, daß Adam derselbe Erdling ist, den die Sumerer Adapa genannt haben, vervollkommnet von Enki und genetisch mit ihm verwandt. »Erkenntnis gab Enki ihm, die Anordnung der Erde zu verstehen; Wissen gab er ihm, aber Unsterblichkeit gab er ihm nicht.«

Einzelne Teile der »Geschichte von Adapa« sind gefunden worden, der vollständige Text könnte gut das Verzeichnis der Nachkommen Adams gewesen sein, von dem die Bibel berichtet. Wahrscheinlich hatten assyrische Könige Zugang dazu, denn viele von ihnen rühmten sich der einen oder anderen Tugend, die Adapa auszeichnete. Sargon und Sanherib hielten es sich zugute, daß sie über die Klugheit verfügten, die Enki Adapa verliehen hatte; Sinsariskun und Asarhaddon prahlten, sie seien als Abbild des weisen Adapa geboren worden. Laut einer Inschrift Asarhaddons hat er im Tempel von Asur eine Adapa-Statue errichtet, und Asur-

banipal erklärt, er habe »die geheimnisvolle Tafelschrift«
wie Adapa erlernt.

Gemäß den sumerischen Quellen hat es schon ländliche Kulturen — Ackerbau und Schafzucht — gegeben, bevor die
Sintflut alles vom Antlitz der Erde wegschwemmte. Im Buch
»Genesis« steht, daß Kain ein Ackermann war und sein Bruder Abel ein Schäfer. Dann wurden nach Kains Verbannung
»fort vom Angesicht des Herrn« — weil er Abel getötet
hatte — Niederlassungen gegründet, Städte des Menschen,
im Lande Nud, jenseits von Eden. Kains Frau gebar einen
Sohn, den er Henoch nannte, und auch eine von ihm ge-
baute Stadt nannte er so; der Name bedeutet Grundstein.
Das Alte Testament, das kein besonderes Interesse an Kains
Kindern hat, geht dann gleich zur vierten Generation nach
Henoch über, zu Lamech.

> »Und Lamech nahm sich zwei Weiber,
> die eine hieß Ada, die andere Zilla.
> Ada gebar Jabal, er wurde der Vater der Zeltbewohner und Herden-
> besitzer.
> Der Name seines Bruders war Jubal; von ihm sind hergekommen
> die Geiger und Pfeifer.
> Auch Zilla gebar einen Sohn, nämlich Thubalkain, den Vater derer,
> die Geräte aus Gold und Kupfer und Eisen herstellten.«

Das pseudoepigraphische »Buch der Jubiläen«, das, wie man
glaubt, im zweiten Jahrhundert v. Chr. aus früherem Material
zusammengestellt worden ist, fügt hinzu, daß Kain seine
Schwester Awan heiratete und sie ihm am Ende des vierten
Jubiläums den Sohn Enoch schenkte. »Und in der ersten Wo-
che des fünften Jubiläums wurden Häuser gebaut, und Kain
baute eine Stadt und benannte sie nach seinem Sohn Grundstein.« Woher stammt diese zusätzliche Information?

Es wurde angenommen, daß dieser Teil der Genesis für sich
steht, keine Entsprechung oder Parallele in mesopotamischen Texten hat. Aber ich habe herausgefunden, daß dem
nicht so ist.

Im Britischen Museum existiert eine babylonische Tafel —

etwa 2000 v. Chr. verfaßt — (Nr. 74329, Abb. 31), katalogisiert als unbekannter Mythos. Es könnte jedoch eine babylo-
nische/assyrische Version des fehlenden sumerischen Ver-
zeichnisses von Kains Nachkommen sein!
A. R. Millard und W. G. Lambert haben in ihrem Werk
»Kadmos« (Band IV) den Text übersetzt. Er beginnt mit einer Gruppe von Menschen, die Pflüger waren, was den biblischen »Ackermännern« entspricht. Sie werden Amakandu
genannt, das heißt Volk, das sorgenvoll umherstreift. Das
wäre eine Parallele zu Kains Verurteilung: »Verbannt sollst
du sein vom Boden, der deines Bruders Blut empfangen
hat... Unstet und rastlos sollst du auf der Erde sein.« Was
das merkwürdigste ist: der mesopotamische Anführer dieser
Nomaden hieß Ka'in! Und weiter geht es wie in der Bibel:

> »Er baute in Dunnu
> eine Stadt mit zwei Türmen.
> Ka'in übernahm die Herrschaft in dieser Stadt.«

Interessant ist auch der Name des Gebiets. Da in der sumerischen Sprache die Silben ausgetauscht werden können,
ohne daß sich dadurch die Bedeutung ändert, könnte man
auch Nudun sagen, ähnlich dem Ort Nud in der Bibel. Der
sumerische Name bedeutet ausgegrabener Ruheplatz; auch
da besteht eine Ähnlichkeit mit dem Namen Grundstein.
Nach dem Tod (oder der Ermordung) Ka'ins »wurde er in
der Stadt Dunnu, die er liebte, zur letzten Ruhe gelegt«. Im
Gegensatz zum Alten Testament folgt darauf die Geschichte
von vier Generationen: Brüder, die ihre Schwester heirateten
und ihre Eltern ermordeten, die sowohl über Dunnu herrschten als auch neue Orte gründeten, deren letzter Schupat (Urteil) heißt.
Eine weitere Quelle der mesopotamischen Darstellung von
Adam und seinem Sohn Kain bilden assyrische Texte. Zum
Beispiel steht in einer archaischen assyrischen Königsliste,
daß in frühester Zeit ihre Vorväter Zeltbewohner waren, deren Urvater Adamu hieß. Ferner findet sich unter den

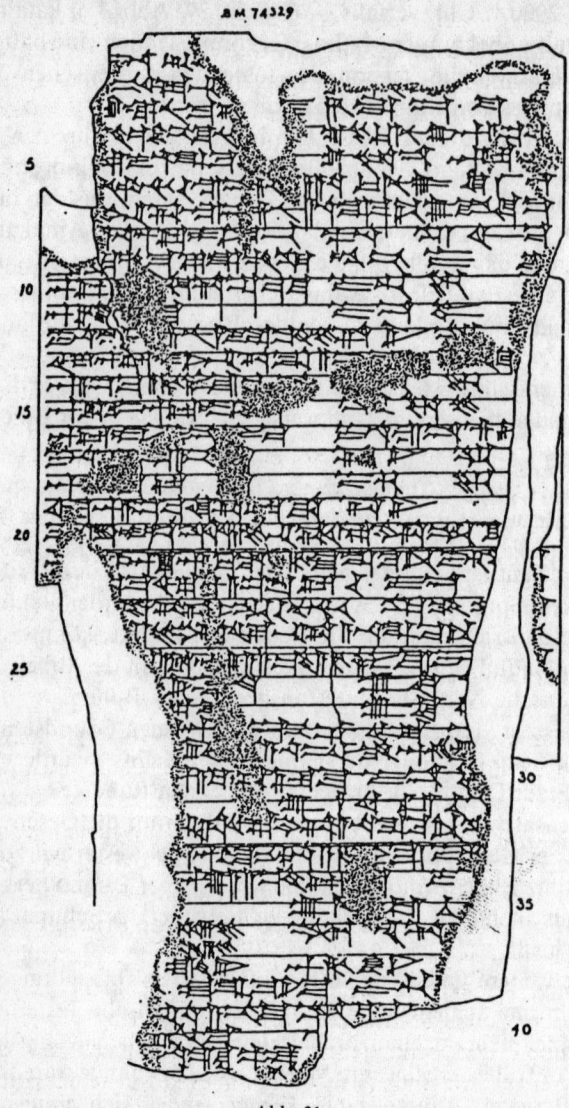

Abb. 31

Stammvätern der Name Asur-bel-Ka'ini (Asur, Herr der Ka'initen). Die assyrischen Schriftgelehrten brachten ihn in Einklang mit Asur-En-Duni (Asur ist der Herr der Duni), womit angedeutet ist, daß für sie die Ka'initen (Kains Volk) und die Duni (Duns Volk) ein und dasselbe waren — also eine Bestätigung des biblischen Kains und des Landes Nud oder Dun.

Nach der kurzen Erwähnung des Kainschen Geschlechts widmet das Alte Testament volle Aufmerksamkeit einer anderen Abstammungslinie Adams: »Und Adam erkannte abermals sein Weib, und sie gebar einen Sohn, den sie Seth (Ersatz) nannte. Denn Gott hat mir, sprach sie, einen anderen Samen für Abel gegeben, den Kain erschlagen hat.« Im fünften Kapitel heißt es: »Adam war hundertdreißig Jahre alt, als er Seth zeugte, der seinem Bilde ähnlich war und Seth geheißen wurde. Und danach lebte er achthundert Jahre und zeugte Söhne und Töchter. Demnach betrug die Lebenszeit Adams neunhundertdreißig Jahre, und dann starb er. Und Seth war hundertfünf Jahre alt und zeugte Enos. Danach lebte er achthundertsieben Jahre und zeugte Söhne und Töchter. Demnach betrug die Lebenszeit Seths neunhundertzwölf Jahre, und dann starb er.«

Der Name von Seths Sohn, des nächsten vorsintflutlichen Urvaters, für den sich die Bibel interessierte, war Enos (auf hebräisch: menschlich, sterblich). Es ist klar, daß das Alte Testament ihn als Ahnen der menschlichen Abstammungslinie betrachtet, die den Kern der alten Chroniken bildet; denn »da war es, daß man begann, den Namen Jahwe anzurufen«, und es begannen auch Anbetungen und Priestertum.

Etliche sumerische Texte werfen mehr Licht auf diesen interessanten Aspekt. In der »Adapa«-Schrift heißt es, daß Adapa in Enkis Stadt Eridu als ein Sohn Enkis »vervollkommnet« und behandelt wurde. Es ist einleuchtend, daß der Urenkel von Enos (siehe William Hallo in seiner Studie »Vorsintflutliche Städte«) den Namen Jared (Der von Eridu)

erhielt. Da haben wir die Antwort: Die Bibel, die kein Interesse für Adams verbannte Nachkommen hat, rückt die Erz-
väter der Abstammungslinie Adams in den Mittelpunkt. Sie
waren in Eden — in Südmesopotamien — geblieben und
wurden als erste zum Priestertum berufen.

In der vierten Generation nach Enos hieß der erstgeborene
Sohn Henoch. Gelehrte meinen, sein Name bedeutet, abgeleitet von der hebräischen Wurzel, Erzieher. Von ihm sagt
das Alte Testament nur kurz, er sei »mit der Gottheit gewan-
delt« und sei nicht auf der Erde gestorben, sondern die Gottheit habe ihn hinweggenommen, und »er ward nicht mehr gesehen«. Der kurze Vers im ersten Buch Mose (5, 24) ist in
den zusätzlichen biblischen »Büchern Henoch« stark erwei-
tert. Sie enthalten Einzelheiten, schildern sein erstes Zusam-
mentreffen mit den Gottesengeln, die ihn in Ethik und verschiedenen Wissenschaften unterrichten. Nach der Rückkehr zur Erde gibt er sein Wissen und die Requisiten der Priesterwürde an seine Söhne weiter. Er wird wieder emporgeho-
ben und bleibt bei den Nefilim (biblischer Ausdruck, der
Herabgefallene bedeutet) in ihrer himmlischen Wohnung.

Die sumerische Königsliste berichtet von Enmedurankis
Priesterwürde in Sippar, wo sich damals der Raumschiff-
hafen unter dem Kommando von Utu (Schamasch) befand.
Sein Name, »Hoherpriester der Duranki« zeigt an, daß er in
Nippur ausgebildet worden ist. Eine wenig bekannte Tafel,
die in W. G. Lamberts Studie über Enmeduranki vorkommt,
erzählt folgendes:

> »Enmeduranki war ein Prinz in Sippar,
> geliebt von Anu, Enlil und Ea.
> Schamasch im hellen Tempel ernannte ihn.
> Schamasch und Adad nahmen ihn mit zur Versammlung der Götter.
> Sie zeigten ihm, wie man Öl auf Wasser erkennt,
> ein Geheimnis von Anu, Enlil und Ea.
> Sie gaben ihm die göttlichen Tafeln,
> das Geheimnis von Himmel und Erde.
> Sie lehrten ihn, wie man mit Zahlen rechnet.«

Als Enmedurankis Belehrung über das Geheimwissen der Götter beendet war, wurde er nach Sumer gebracht. »Die Männer von Nippur, Sippar und Babylon wurden vor ihn gerufen.« Er erzählte ihnen von seinen Erfahrungen und von der Errichtung des Priestertums, das auf Geheiß der Götter vom Vater auf den Sohn übergehen sollte. »Der Gelehrte, der die Geheimnisse der Götter bewahrt, wird seinen bevorzugten Sohn mit einem Schwur vor Schamasch und Adad binden und ihn in die Geheimnisse der Götter einweihen.«

Die Tafel schließt mit einer Nachschrift: »Dies war die Linie der auserwählten Priester, jener, die sich Schamasch und Adad nähern dürfen.«

Zur Zeit der siebten Generation nach Enos, am Vorabend der Sintflut, wurden die Erde und ihre Bewohner von einem neuen Eiszeitalter heimgesucht. Die mesopotamischen Texte handeln von den Leiden der Menschheit, von Hungersnot und sogar von Kannibalismus. Das Buch »Genesis« macht nur eine diesbezügliche Andeutung über die Lage, indem es sagt, Noah (Ruhe) sei sein Name in der Hoffnung gegeben worden, daß er »uns trösten wird in unserer Mühe und Arbeit auf Erden, die der Herr verflucht hat«. Die Bibel erzählt wenig von Noah, außer der Tatsache, daß er ein frommer, rechtschaffener Mann unter seinen Zeitgenossen war. Aus mesopotamischen Texten ist zu ersehen, daß der Held der Sintflut in Schurappak lebte, dem medizinischen Zentrum, das von Sud geleitet wurde.

Laut den sumerischen Texten nahm das Unglück der Menschen zu, worauf Enki vorschlug, Maßnahmen zu ergreifen, um die Leiden zu lindern. Enlil widersetzte sich heftig. Was Enlil erboste, das waren die zunehmenden sexuellen Beziehungen zwischen jungen Anunnaki und den Erdentöchtern. Im ersten Buch Mose wird das »Weibernehmen« der Nefilim folgendermaßen beschrieben:

> »Als nun die Erdlinge auf dem Antlitz der Erde sich zu vermehren begannen
> und ihnen auch Töchter geboren wurden,
> da sahen die Söhne der Götter,

daß die Töchter der Erdlinge umgänglich waren,
und nahmen sich zu Frauen, welche sie wollten.«

Eine »mythische Tafel«, die von E. Chiera in seinem Buch
»Sumerische religiöse Texte« (CBS-14061) angeführt wird,
erzählt die Geschichte jener Tage und die eines jungen Gottes namens Martu, der sich beklagte, daß es ihm verwehrt
sein sollte, eine Erdlingsfrau zu heiraten. Sie spielt in Ninab,
einer Stadt in bewohnten Landen. Ihr Hoherpriester war ein
angesehener Musiker; er hatte eine Frau und eine Tochter.
Als die Leute sich versammelten, um den Göttern gebratenes
Fleisch zu opfern, gewahrte Martu, der unverheiratet war,
die Tochter des Priesters. Da er sie begehrte, ging er zu seiner
Mutter und klagte:

> »In meiner Stadt habe ich Freunde, die sich eine Frau genommen
>   haben.
> Ich habe Gefährten, die sich eine Frau genommen haben.
> In meiner Stadt habe ich mir, im Gegensatz zu meinen Freunden,
>   keine Frau genommen.
> Ich habe keine Frau, ich habe keine Kinder.«

Nach der Frage, ob das Mädchen, die er begehrte, »empfäng-
lich für seinen Blick« sei, gab die Göttin ihre Einwilligung.
Die anderen jungen Götter veranstalteten ein Fest, und als
die Heirat verkündet worden war, wurden die Leute in Ninab
zusammengerufen »durch den Klang der Kupfertrommeln,
und sieben Tamburine ertönten«.

Die zunehmende Vereinigung junger Astronauten mit Nachkommen des primitiven Arbeiters mißfiel Enlil. »Als das
Land sich ausbreitete und die Leute sich vermehrten«, ärgerte sich Enlil immer mehr über die Ansprüche der Menschen und ihrer Freude an Geschlechtsverkehr und Lust. Die
Vereinigung der Anunnaki mit den Töchtern des Erdlings
raubte ihm den Schlaf. »Und der Herr sagte: Ich will den
Erdling, den ich geschaffen habe, vertilgen vom Antlitz der
Erde.«

Als beschlossen worden war, die Minen in Ab-Zu auszu-
bauen, machten sich die Anunnaki auch daran, an der

Spitze von Afrika eine wissenschaftliche Überwachungsstation zu errichten, die von Ereschkigal, einer Enkeltochter Enlils, geleitet werden sollte. Ein sumerisches Epos beschreibt Enkis und Ereschkigals gefährliche Reise von Mesopotamien zu dem fernen Bergland (Kur). Demnach wurde Ereschkigal entweder entführt oder von Enki zu der Reise irgendwie gezwungen, jedenfalls »fortgeschafft nach Kur als ein Preis«. (Aus anderen Texten geht hervor, daß Ereschkigal später auf ihrer Station von Enkis Sohn Nergal angegriffen wurde, wegen einer Beleidigung, mit der ihr Gesandter zu tun hatte. Im letzten Augenblick rettete Ereschkigal ihr Leben, indem sie Nergal anbot, sie zu heiraten und mit ihr zusammen die »Tafeln des Wissens« zu verwalten.)

Enlil sah seine Gelegenheit gekommen, sich der Erdlinge zu entledigen, als die wissenschaftliche Station auf der Spitze von Afrika von einer drohenden Gefahr berichtete: Die größer werdende Eisdecke über der Antarktis war instabil geworden, sie ruhte auf einer schlüpfrigen Schlammschicht. Das geschah gerade in einer Zeit, wo sich der Nibiru wieder einmal der Erde näherte, und seine Anziehungskraft konnte bewirken, daß die Eisdecke das Gleichgewicht verlieren und in den Atlantischen Ozean kippen würde. Die ungeheuren Wellen, die dadurch entstehen würden, könnten die ganze Erde verschlingen.

Da die Igigi, die die Erde umkreisten, diese furchtbare Gefahr bestätigten, versammelten sich die Anunnaki am Landeplatz in Sippar. Enlil bestand darauf, daß die Menschen nichts von der Gefahr einer Sintflut erfahren sollten, und ließ die versammelten Götter, insbesondere Enki, schwören, das Geheimnis zu wahren.

Der letzte Teil der Atra-Hasis-Texte, ein größerer Teil des Gilgamesch-Epos und andere mesopotamische Schriften beschreiben ausführlich die nachfolgenden Ereignisse: Wie Enlil die katastrophale Sintflut zur Vernichtung der Menschheit benutzte; und wie es Enki, der gegen Enlils Entscheidung war, gelang, seinen getreuen Anhänger Ziusudra

(Noah) zu retten, indem er für ihn ein Schiff entwarf, das den Wassermassen zu widerstehen vermochte.

Die Anunnaki selbst hoben auf ein Signal hin in ihren Rukub-ilani (Götterwagen) von der Erde ab; die abgefeuerten Raumschiffe »beleuchteten das Land mit ihrem blendenden Licht«. Die Götter umkreisten die Erde in ihren Satelliten und beobachteten mit Entsetzen den Ansturm der Wellen. Alles auf der Erde wurde von einer kolossalen Flut weggeschwemmt. Sud, die mit Enki zusammen den Menschen geschaffen hatte, »saß und weinte. Istar schrie laut wie eine Frau in Wehen. Die Götter, die Anunnaki, weinten mit ihr.« Hin und her rollend schwemmte die Flut den Boden weg und ließ Schlammablagerungen zurück. »Alles, was erschaffen worden war, wurde wieder zu Schlamm.«

In meinem Buch »Der zwölfte Planet« habe ich den Beweis dafür erbracht, daß sich die Sintflut, die der letzten Eiszeit abrupt ein Ende machte, vor ungefähr 13 000 Jahren ereignet hat.

Als die Wasser der Sintflut »vom Lande wichen« und zu versickern begannen, landeten die Anunnaki auf dem Nisir (Berg der Rettung), dem heutigen Ararat. Auch Ziusudra (Noah) kam hier an; ein von Enki bestellter Navigator war sein Lotse. Enlil geriet in Wut, als er dahinterkam, daß der »Same der Menschheit« der Vernichtung entgangen war; aber Enki überzeugte ihn: ohne die Hilfe des Menschen konnten die Götter nicht mehr auf der Erde verweilen. »Und der Herr segnete Noah und seine Söhne und sprach zu ihnen: Seid fruchtbar und mehret euch und füllet die Erde.«

Das Alte Testament, das sich nur mit Noahs Stammbaum befaßt, erwähnt keine sonstigen Passagiere in der Arche. Aber in den mesopotamischen Berichten über die Sintflut ist die Rede von dem Navigator; außerdem heißt es, im letzten Augenblick seien auch Freunde oder Helfer von Ziusudra mit ihren Kindern an Bord gekommen. Der griechisch schrei-

bende Historiker Berossos, ein Priester in Babylon, erzählt,
Ziusudra, seine Söhne und der Navigator seien von den Göttern aufgenommen worden; die anderen Leute hätten sie angewiesen, den Weg nach Mesopotamien selbst zu finden.

Das unmittelbare Problem, vor dem sie nun standen, war die
Nahrungsbeschaffung. Zu Noah und seinen Söhnen sagte
der Herr: »Alle Tiere, die auf der Erde sind, alles, was am
Himmel fliegt und auf dem Boden kriecht, und alle Fische
im Meer seien euch in die Hände gegeben, alles, was sich regt
und lebt, soll eure Nahrung sein.« Dann fügt er etwas Bedeu-
tungsvolles hinzu: »Wie einst die grünenden Pflanzen weise
ich euch alles zu.«

Dieser Satz, der auf den Ursprung der Agrikultur hinweist,
wird im allgemeinen wenig beachtet. Die sumerischen Texte
aber sind ausführlicher. Die Wissenschaftler sind sich darin
einig, daß der Ackerbau im sichelförmigen Gebiet von
Syrien/Israel seinen Anfang nahm, können sich jedoch nicht
erklären, weshalb gerade in diesem gebirgigen Land statt in
der Ebene (wo Bodenbestellung weitaus leichter ist). Ihrer
einhelligen Meinung nach begann die Kultivierung vor etwa
zwölftausend Jahren mit der Ernte der »wilden Ahnen« des
Weizens und der Gerste, aber sie wundern sich über die genetische Gleichförmigkeit des Getreides und rätseln über die
botanische Tatsache, daß die Chromosomenpaare des Em-
mers sich in nur zweitausend Jahren vervierfachten, so daß
kultivierbarer Weizen mit hervorragendem Nährwert entstand, der zudem die Fähigkeit hatte, fast überall zu wachsen, und zweimal im Jahr geerntet werden konnte.

Rätselhaft ist auch die Plötzlichkeit, mit der im selben Gebiet und fast zur selben Zeit Früchte und Gemüse erschienen
sowie domestizierte Schafe und Ziegen, die Fleisch, Milch
und Wolle lieferten.

Wie hat sich das alles ergeben? Die heutigen Gelehrten ver-
mögen es nicht zu sagen, aber die sumerischen Texte haben
schon vor Jahrtausenden die Antwort geliefert. Wie die Bibel berichten sie von den Anfängen der Landwirtschaft nach

der Sintflut. In der Bibel steht: »Noah fing an und wurde Landmann«; aber im Gegensatz zur Bibel, die zwar erzählt, daß lange vor der Sintflut Kain bereits ein Landmann war und Abel ein Schäfer, schildern die sumerischen Inschriften die Entwicklung der Landwirtschaft und Viehzucht bereits in vorhistorischer Zeit.

Ein Text, der von den Gelehrten »Mythos von Vieh und Getreide« genannt wird, besagt, daß es, als die Anunnaki auf die Erde kamen, hier noch kein Vieh und kein Getreide gab:

> »Als die Anunnaki auf Anus Befehl von der Himmelshöhe auf die
>   Erde kamen,
> gab es hier noch kein Getreide und kein Gemüse.
> Es gab keinen Hammel, noch kein Lamm war geboren.
> Es gab keine Ziege, noch kein Zicklein war geboren.
> Schaf und Ziege hatten noch kein Junges geboren.
> Weben (Wolle) war noch nicht üblich, es war noch nicht erfunden.«

Dann wurden in der »Schöpfungskammer« der Anunnaki, im Laboratorium für genetische Manipulation, Lahar (wolliges Vieh) und Anschan (Getreide) geschaffen:

> »In jenen Tagen,
> in der Schöpfungskammer der Götter, wurden Lahar und Anschan
>   geschaffen.
> Der Wohnsitz war gefüllt mit Nahrung für die Götter.
> Von Lahar und Anschan, die sich vermehrten, essen die Anunnaki,
>   aber sie werden nicht satt.
> Die gute Milch der Ziegen und Schafe trinken die Anunnaki,
>   aber sie sind nicht gesättigt.«

Die primitiven Arbeiter — die »das Brotessen nicht kannten, die mit ihrem Mund Pflanzen aßen« — gab es damals schon:

> »Nachdem Anu, Enlil, Enki und Sud die Schwarzköpfigen geschaf-
>   fen hatten,
> vervielfachten sie das üppige Grün im Lande.
> Vierbeinige Tiere brachten sie kunstvoll zur Welt;
> in den Edin setzten sie sie.«

Um die Produktion von Vieh und Getreide zu erhöhen und die Anunnaki zu sättigen, wurde ein Beschluß gefaßt: die

Erdlinge sollten lernen, den Boden zu pflügen und Schafe zu halten — um der Götter willen. Die zivilisierte Menschheit entstand.

Einerseits zählen die Texte die Dinge auf, die in früher Zeit geschaffen worden waren, andrerseits aber auch diejenigen, die es noch nicht gab:

> »Was sich durch Anpflanzung vermehrt,
> war noch nicht geschaffen worden;
> Terrassen waren noch nicht entstanden,
> das dreifache Getreide von dreißig Tagen noch nicht,
> das vierfache Getreide von vierzig Tagen noch nicht,
> das kleine Korn, das Korn der Berge, noch nicht.
> Knollengemüse gab es noch nicht.«

Diese Dinge wurden erst einige Zeit nach der Sintflut von Enlil und Ninurta auf der Erde eingeführt.

Nachdem die Sintflut alles vom Antlitz der Erde weggeschwemmt hatte, standen die Anunnaki vor der Frage: Woher Samen nehmen für die Erneuerung der Bodenbestellung? Zum Glück waren Exemplare der angebauten Pflanzen zum Nibiru geschickt worden, und jetzt versorgte Anu vom Himmel aus Enlil damit. Enlil suchte einen sicheren Ort, wo die Keime gesät werden konnten. Die Erde war immer noch von Wasser bedeckt, und der einzige geeignete Ort war »der Berg mit den duftenden Zedern«. S. N. Kramer hat in seinem Buch »Sumerische literarische Texte aus Nippur« die folgende fragmentarische Stelle veröffentlicht:

> »Enlil stieg zum Gipfel hinauf und hob die Augen.
> Er blickte hinab: Da war Wasser gleich einem Meer.
> Er blickte empor: Da war der Berg der duftenden Zedern.
> Er holte die Gerste herauf, er terrassierte den Berg.
> Er holte das Gemüse herauf
> und besäte die Terrassen des Berges mit den Körnern.«

Es war wohl nicht zufällig, daß Enlil den Zedernberg wählte und ihn zu einem Sperrgebiet (zu einem »heiligen« Ort) erklärte. Im ganzen Nahen Osten, ja in der ganzen Welt, gibt es nur einen berühmten Zedernberg: im Libanon. Dort gibt es noch heute (in Baalbek) eine von kolossalen Steinblöcken

Abb. 32

gestützten Plattform, die ein Wunder der Technik ist (Abb. 32). Sie war ein Landeplatz der Anunnaki, der Sage nach in vorsintflutlichen Tagen erbaut, zur Zeit Adams. Sie eignete sich nach der Sintflut als einzige Landestelle für die Fähren der Anunnaki, denn der Flughafen in Sippur war unter Schlamm begraben.

Keime waren zwar verfügbar, aber wo sollte man sie aussäen? Das Tiefland, immer noch von Schlamm und Wasser bedeckt, war nicht bewohnbar. Das Hochland wurde vom Regen durchnäßt, die Flüsse hatten ihren neuen Lauf noch nicht gefunden, die Wasser konnten nirgendwohin. Landwirtschaft war unmöglich. Ein sumerischer Text enthält die folgende Beschreibung:

> »Es herrschte Hungersnot, nichts wurde hervorgebracht.
> Die kleinen Flüsse waren nicht gereinigt,
> der Schlamm nicht fortgeschafft.
> In allen Landen gab es keine Ernten,
> nur Unkraut wuchs.«

Auch die beiden großen mesopotamischen Flüsse, Euphrat und Tigris, waren nutzlos: »Der Euphrat war nicht zusammengeführt, es herrschte Elend. Der Tigris war verworren, stieß und rüttelte.« Der einzige, der imstande war, in den Bergen Dämme zu bauen, für die Flüsse neue Kanäle auszuheben und die Wasser abzuleiten, war Ninurta: »Ninurta, der Sohn Enlils, bringt große Dinge zuwege.«

> »Das Land zu schützen, wurde eine gewaltige Mauer hochgezogen.
> Mit einem Knüppel zertrümmerte er die Felsen,
> die Steine häufte der Held auf und schuf eine Siedlung.
> Die zerstreuten Wasser faßte er zusammen.
> Was in den Bergen zerstreut war,
> das schickte er den Tigris hinunter.
> Das hohe Wasser verströmt über bebautes Land.
> Nun siehe, alles auf Erden bejubelte Ninurta,
> den Herrn des Landes.«

Ein langer Text, der von den Gelehrten zusammengesetzt worden ist, »Ninurtas Großtaten«, fügt einen tragischen Aspekt zu Ninurtas Anstrengungen hinzu, die Erde, auf der er herrschte, wieder in Ordnung zu bringen. Um allen Problemen gleichzeitig zu begegnen, raste Ninurta in seinem Luftschiff von Ort zu Ort im Gebirge; aber »sein fliegender Vogel zerschellte am Gipfel, die Flügel krachten zu Boden«. (Ein unklarer Vers läßt annehmen, daß er von Adad gerettet wurde.)

Aus den sumerischen Texten ist ersichtlich, daß zuerst auf den Berghängen Obstbäume und -sträucher wuchsen, gewiß auch Weinreben. »Die Anunnaki gaben der Menschheit Trauben und Wein«, heißt es an einer Stelle. Und in der Bibel steht: »Als Noah anfing, Landmann zu werden, legte er einen Weinberg an, und als er von dem Wein trank, wurde er betrunken.«

Nachdem Ninurta Mesopotamien dräniert hatte, konnte man im Tiefland wieder Landwirtschaft betreiben. »Die Anunnaki brachten das Korn von den Bergen hinunter, und das Land (Sumer) wurde mit Weizen und Gerste bekannt.«

In den folgenden Jahrtausenden wurde Ninurta als derjenige verehrt, der die Leute Landkultivierung gelehrt hatte. Archäologen haben tatsächlich in Sumer einen »Bauernalmanach« gefunden, der ihm zugeschrieben wird. Sein akkadischer Name lautet Urasch (Der mit dem Pflug), und auf einem sumerischen Rollsiegel ist er abgebildet, wie er den Menschen den Pflug schenkt (Abb. 33). Manche glauben allerdings, es sei Enlil.

Abb. 33

Enlil und Ninurta wird die Entstehung der Landwirtschaft zugeschrieben, Enki hingegen die Einführung domestizierter Viehherden. Als das erste Getreide kultiviert wurde, aber noch nicht das Korn mit den vervierfachten Chromosomenpaaren (das Enki mit Enlils Einwilligung herstellte), geschah folgendes:

»Zu dieser Zeit sprach Enki zu Enlil:
Vater Enlil, Getreide wächst auf dem heiligen Berg.
Laß uns beide dafür sorgen,
daß auch das Wolltier vom heiligen Berg kommt.
Enlil willigte ein, und Überfluß war die Folge:
Das Wolltier sperrten sie in einen Pferch,
in dem es sich vermehrte.
Den Arbeitern gaben sie den Pflug und das Joch.
Der Schäfer sorgte für Überfluß im Pferch.
Die junge Frau sieht den Überfluß und hebt den Kopf:

Der Überfluß ist vom Himmel gekommen.
Das Wolltier und das Getreide sind im Überfluß vorhanden.
Überfluß ward den Menschen gegeben.«

Das revolutionäre hölzerne Gerät, einfach, aber genial ent-
worfen, der Pflug, wurde zuerst vom Menschen gezogen,
dem man ein Joch auflegte. Dann aber benutzte Enki domes-
tiziertes Vieh, das die Pflüger ersetzte (Abb. 34). »So vermehrten die Götter die Fruchtbarkeit des Landes.«

Abb. 34

Während Ninurta damit beschäftigt war, die mesopotamischen Berghänge zu begrenzen und das Tiefland zu dränie-
ren, kehrte Enki nach Afrika zurück, um zu sehen, was die
Sintflut dort angerichtet hatte.
Es hatte sich ergeben, daß Enlil und seine Nachkommen
über das ganze Hochland südöstlich Elam (das Inanna/Istar
anvertraut war) bis zum Taurischen Gebirge und bis Kleinasien (dieses Gebiet gehörte Ischkur/Adad) herrschten. Vom
dazwischenliegenden Hochland hatte Ninurta den südlichen
und Nannar/Sin den nördlichen Bereich erhalten. Enlil
selbst hatte seine Zentralposition hoch über Edin behalten
und Utu (Schamasch) die Befehlsgewalt über den Landeplatz auf dem Zedernberg übernommen. Was blieb da für
Enki und seine Sippe übrig?
Als Enki Afrika begutachtete, wurde ihm klar, daß der Ab-

Zu, der südliche Teil des Kontinents, ihm nicht genügen würde. Da in Mesopotamien die »Überfülle« von der Regulierung der Flüsse abhängig gewesen war, mußte man in Afrika gleichermaßen vorgehen. So befaßte er sich mit der Wiedergewinnung des Niltals.

Die Ägypter meinten, wie wir bereits gesehen haben, ihre großen Götter seien von Ur (Alter Ort) nach Ägypten gekommen. Laut Manetho begann Ptahs Herrschaft über die Länder des Nils siebzehntausendneunhundert Jahre vor Menes, das heißt etwa 21 000 v. Chr. Neuntausend Jahre später übergab Ptah die Herrschaft über das ägyptische Reich seinem Sohn Ra, aber dessen Herrschaft brach nach (kurzen) tausend Jahren ungefähr 11 000 v. Chr. plötzlich ab. Das war nach unserer Berechnung der Zeitpunkt der Sintflut.

Die Ägypter glaubten nun, Ptah sei zurückgekehrt, um das große Werk der Rückgewinnung zu vollbringen und Ägypten buchstäblich unter dem Wasser herauszuheben. In den sumerischen Texten lesen wir, daß Enki zu den Ländern Meluhha (Äthiopien und Nubien) und Magan (Ägypten) ging, um sie für Menschen und Tiere bewohnbar zu machen.

> »Er geht zum Lande Meluhha;
> Enki, der Herr des Ab-Zus, beschließt dessen Schicksal.
> Schwarzes Land, mögen deine Bäume große Bäume werden,
> mögen sie die Bäume des Hochlands werden.
> Mögen Throne deine königlichen Paläste füllen.
> Möge dein Schilf großes Schilf werden, möge es Hochlandschilf
>   werden. Mögen deine Stiere große Stiere werden,
> mögen sie Hochlandstiere werden.
> Möge dein Silber wie Gold sein,
> möge dein Kupfer mit Zinn wie Bronze sein.
> Möge deine Bevölkerung sich vermehren;
> möge dein Held vorwärtsstürmen gleich einem Stier.«

Dieser sumerische Text, der Enki mit den afrikanischen Nilländern verknüpft, hat doppelte Bedeutung: Einerseits stimmen die ägyptischen Sagen mit den mesopotamischen überein und andererseits die sumerischen Götter, besonders die

Enki-Götter, mit dem ägyptischen Gott Ptah, der kein anderer als Enki ist.

Nachdem die Länder bewohnbar geworden waren, teilte Enki den afrikanischen Kontinent zwischen seinen sechs Söhnen (Abb. 35). Den südlichen Teil bekamen Nergal (Großer Wächter) und seine Frau Ereschkigal. Im nördlichen Bergwerksgebiet wurde Gibil (Der des Feuers) eingesetzt, der von seinem Vater in die Geheimnisse der Metallurgie eingeweiht worden war. Ninagal (Fürst der großen Wasser) erhielt, wie sein Name andeutet, die Region der großen Seen und des Niloberlaufs. Weiter nördlich, auf dem Weideland des Sudan, herrschte der jüngste Sohn Dumuzi (Sohn, der Leben ist), dessen Beiname »Hirte« lautete.

Über die Identität eines anderen Sohnes streiten sich die Wissenschaftler (meine eigene Meinung werde ich später äußern). Hingegen besteht kein Zweifel über die Frage, wer Enkis Erstgeborener und gesetzmäßiger Erbe war, nämlich Marduk (Sohn des reinen Berges). Da einer seiner fünfzig Beinamen Asar lautete, also ganz ähnlich wie der ägyptische Name Assar (griechisch Osiris), meinen einige Gelehrte, Marduk und Osiris seien ein und derselbe. Aber diese Beinamen (Allmächtiger oder Ehrfurchtgebietender) wurden verschiedenen Gottheiten verliehen, und Asar (Allsehender) war auch der Beiname des assyrischen Gottes Asur.

Abb. 35

Tatsächlich bestehen Ähnlichkeiten zwischen dem babylonischen Gott Marduk und dem ägyptischen Ra: Marduk war
Enkis Sohn, Ra war Ptahs Sohn, und diese beiden sind meiner Ansicht nach ein und derselbe. Das bestätigen auch manche sumerische Texte. Zum Beispiel erklärt Marduk in einer
Lobrede auf sich selbst (Asur-Tafel 4125), einer seiner Beinamen sei Imkurga-Ra (Ra, der neben dem Bergland wohnt).

Außerdem gibt es Beweise dafür, daß die Sumerer den Namen der ägyptischen Gottheit Ra kannten. Es gab Sumerer,
die ihn übernahmen: Tafeln aus der dritten Urdynastie erwähnen Dingir-Ra und seinen Tempel E-Dingir-Ra. Nach
dem Sturz dieser Dynastie, als Marduk in seiner Lieblings-
stadt Babylon die Macht übernahm, wurde ihr sumerischer
Name Ka-Dingir (Torweg der Götter) in Ka-Dingir-Ra (Ras
Torweg der Götter) geändert.

Es wird sich bald erhellen, daß Marduks Aufstieg in Ägypten begann, wo sein bekanntestes Bauwerk — die Große Pyramide von Gise — eine entscheidende Rolle in seiner turbulenten Laufbahn gespielt hat. Aber den Großgott von Ägypten, Marduk/Ra, verlangte danach, über die ganze Erde zu
herrschen, und zwar vom »alten Nabel der Erde«, von Mesopotamien aus. Dieser Ehrgeiz bewog ihn, auf den Gottes-
thron in Ägypten zugunsten seiner Kinder und Enkel zu verzichten.

Er wußte jedoch nicht, daß dies zu zwei Pyramidenkriegen
und in nächster Zukunft zu seinem eigenen Tod führen
würde.

7

Die Teilung der Erde

»Die drei Söhne Noahs, die aus der Arche traten, waren Sem, Ham und Japhet. Diese drei waren die Söhne Noahs, und von ihnen wurde die Erde bevölkert.«

Hierauf folgt im Alten Testament die sogenannte Völkertafel (Genesis 10), die früher angezweifelt wurde, weil sie bisher unbekannte Stämme und Völker aufzählt. Dann wurde sie kritisch untersucht, und schließlich, nach anderthalb Jahrhunderte dauernden archäologischen Entdeckungen, staunte man über ihre Genauigkeit. Sie ist ein Dokument, das reich an verläßlichen historischen, geographischen und politischen Informationen ist, die den Aufstieg der Menschheit aus dem Schlamm und Elend nach der Sintflut zu den Höhen der Zivilisation und der Herrschaftsbereiche erklären.

Die Völkertafel beginnt nicht mit der wichtigen Abstammungslinie Sems, sondern mit der von Japhet (der Hübsche): »Die Söhne Japhets waren Gomer, Magog, Madai, Javan, Tubal, Mesech und Tiras. Und die Söhne Gomers waren Askenas, Riphat und Togarma. Und die Söhne Javans: Elischah, Tarsis, die Kithiker und die Dodanimer. Von ihnen zweigten sich die Bewohner der Inseln ab.« Die späteren Generationen verbreiteten sich also in Küstengebieten und auf Inseln; unbeachtet blieb jedoch die Tatsache, daß die ersten sieben Söhne (Völker) sich über Kleinasien sowie über die Gebiete am Schwarzen und am Kaspischen Meer ausbreiteten, über Hochländer also, die schon kurz nach der Sintflut bewohnbar waren, ganz im Gegensatz zu den tiefer gelegenen Küstengebieten und Inseln, die erst viel später bewohnbar wurden.

Die Söhne Hams (Dunkelhäutiger) waren Kusch, Mizraim, Put und Kanaan; von ihnen stammten ganze Heerscharen von Völkern ab, die Nubien, Äthiopien, Ägypten und Libyen, die Kernländer Afrikas, bevölkerten, auch hier zuerst die höher gelegenen Gebiete und später das Tiefland.

»Aber auch Sem, dem Stammvater aller Söhne Ebers, Japhets älterem Bruder, wurden Söhne geboren. Die Söhne Sems waren Elam, Assur, Arpachsad, Lud und Aram.« Die ihnen entstammenden Völker besiedelten das Hochland vom Persischen Golf bis zum Mittelmeer im Nordwesten; es grenzt an das große Land »zwischen den Flüssen«, das ebenfalls erst später bewohnbar wurde. Das war das Land, das man Land der Raumschiffhäfen nennen könnte, nämlich Mesopotamien, der Landeplatz vor der Sintflut — der auf dem Zedernberg gelegene funktionierte immer noch —, das Land Schalem, wo nach der Sintflut ein neues Kontrollzentrum errichtet wurde. Dazu gehörte auch die Halbinsel Sinai, die später Sitz des neuen Flughafens wurde. Der Name des Stammvaters all dieser Völker, Sem, bedeutet Himmelskammer, ist also passend.

Die Teilung der Menschheit in drei Zweige, die die Bibel schildert, richtet sich nicht nur nach geographischen und topographischen Gegebenheiten, sondern auch nach der Teilung der Erde zwischen den Nachkommen Enlils und Enkis. Sem und Japhet werden in der Bibel als verträgliche, gute Brüder dargestellt; hingegen ist die Einstellung zu Hams Linie — besonders zu Kanaan — durch bittere Erinnerungen bestimmt. Sie enthalten Geschichten, die noch zu erzählen sind, Geschichten von Göttern und Menschen und deren Kriegen.

Die Teilung der bewohnten Erde in drei Zweige stimmt übrigens mit dem überein, was wir von den verschiedenen Kulturen wissen.

Den Wissenschaftlern ist die plötzliche Veränderung der

menschlichen Kultur um das Jahr 11 000 v. Chr. — in der
Zeit der Sintflut — aufgefallen. Sie bezeichnen diese Zeit als
mesolithische (mittelsteinzeitliche) Periode. Genau dreitausendsechshundert Jahre später — um 7400 v. Chr. — zeigt
sich wieder ein Fortschritt, und zwar im sogenannten neoli-
thischen Zeitalter (jüngere Steinzeit). In dieser Zeit benutzte
der Mensch nicht mehr nur Steine, sondern stellte aus Ton
Töpferwaren her. Danach erblühte »plötzlich und unerklär-
lich« — aber wieder genau dreitausendsechshundert Jahre
später, um das Jahr 3800 v. Chr. — im Land zwischen Euphrat und Tigris die hohe Kultur der Sumerer. Ihr folgte um
das Jahr 3100 v. Chr. die Zivilisation am Nil, und etwa 2800
v. Chr. trat die dritte alte Zivilisation am Indus in Erschei-
nung. Das waren die drei den Menschen zugefallenen Regionen, wo sich die Bevölkerung im Nahen Osten, in Afrika und
in Indo-Europa entwickelte —, genau die Aufteilung, die im
Alten Testament auf der Völkertafel verzeichnet ist.
All dies war laut den sumerischen Chroniken das Ergebnis
absichtlicher Entscheidungen der Anunnaki:

> »Die Anunnaki, die über das Schicksal bestimmen,
> beratschlagten wegen der Erde.
> Die vier Regionen schufen sie.«

Mit diesen einfachen Worten, die in mehreren sumerischen
Texten vorkommen, war das nachsintflutliche Schicksal der
Erde und ihrer Bewohner entschieden. In drei Regionen entstanden die drei Kulturen der Menschheit, die vierte behielten sich die Anunnaki für den Eigengebrauch vor. Sie wurde
Tilmun (Land der Geschosse) genannt. (Mein Buch »Stufen
zum Kosmos« enthält den Beweis, daß Tilmun mit der Halbinsel Sinai identisch ist.)
Sems Nachkommen, in ägyptischen Inschriften Sandbewohner genannt, durften sich zwar ohne weiteres auf der Halbinsel niederlassen, aber bei der Aufteilung des Gebiets, das
den Anunnaki unterstand, ergaben sich Meinungsverschiedenheiten. Die Herrschaft über den Landeplatz war gleich-

bedeutend mit der Kontrolle über die Verbindung zwischen Erde und Nibiru, wie die Geschichte von Kumarbi und Zu gezeigt hat. Wegen der wieder aufflammenden Rivalität zwischen Enlils und Enkis Sippe war die Berufung einer neutralen Autorität unerläßlich.

Man fand eine glänzende Lösung. Von derselben Abstammung wie die beiden war ihre Schwester Sud. Als Anus Tochter trug sie den Titel Ninmah (Große Herrin). Sie gehörte der ursprünglichen Gruppe der Großgötter an, die auf der Erde Pionierarbeit geleistet hatten, war ein Mitglied des Zwölferpantheons. Sie hatte Enlil einen Sohn geschenkt, Enki eine Tochter und wurde liebevoll Mammi (Mutter der Götter) genannt. Sie hatte bei der Erschaffung des Menschen mitgeholfen. Mit ihren medizinischen Kenntnissen hatte sie vielen das Leben gerettet und deshalb den Beinamen Ninti (Herrin des Lebens) erhalten. Aber sie hatte nie über ein Gebiet geherrscht. Sie zur Herrin von Tilmun zu machen — das war ein Einfall, dem niemand widersprach.

Die Halbinsel Sinai ist eine unfruchtbare Gegend mit hohen Granitbergen im Süden, einer felsigen Hochebene in der Mitte, einer Wüstensteppe im Norden, umgeben von niedrigen Bergketten und Hügeln. Sanddünen senken sich zum Mittelmeer hinunter. Doch wo es Wasser gibt, wie etwa in mehreren Oasen und in Flußbetten, die sich in der kurzen Winterregenzeit füllen und das Wasser unter der Oberfläche zurückhalten, da wachsen Dattelpalmen, Früchte und Gemüse, und Schafe und Ziegen können weiden.

Vor Jahrtausenden muß die Halbinsel ebenso abschreckend wie heute gewesen sein. Aber obwohl Sud in einer der wiederaufgebauten Städte Mesopotamiens eine Wohnung hatte, beschloß sie, nach Sinai umzuziehen und das gebirgige Gebiet persönlich in Besitz zu nehmen. Trotz all ihren Attributen, ihrem Stand und ihrem Wissen hatte sie immer nur eine Nebenrolle gespielt. Als sie zur Erde kam, war sie jung und schön gewesen; jetzt war sie alt und wurde hinter

ihrem Rücken Kuh genannt (Abb. 36 a und b). Da sie nun zur
Herrscherin ernannt worden war, wollte sie auch dort regieren. Stolz erklärte sie: »Eine Herrin bin ich jetzt! Allein will
ich dort bleiben und immerdar herrschen!«

a   b

Abb. 36 a und b

Da Ninurta es ihr nicht ausreden konnte, wandte er seine Erfahrung im Eindämmen und Kanalisieren an, um den neuen
Wohnsitz seiner Mutter so erträglich wie möglich zu machen. Davon erzählt die Tafel IX der »Meisterstücke und Taten Ninurtas«, auf der er seine Mutter anspricht:

>»Da du, edle Herrin,
allein ins Land der Landung gegangen bist,
da du unerschrocken ins Land der Betrübnis gingst,
will ich einen Damm für dich aufhäufen,
so daß das Land eine Herrin haben kann.«

Nachdem die Berieselungsanlagen von den Arbeitern, die
Ninurta hergebracht hatte, fertiggestellt worden waren, ver-
sicherte er seiner Mutter, sie werde nun in ihrer Bergwohnung eine Überfülle an Pflanzen, Holz und Mineralien haben:

»Die Täler werden grün sein von Pflanzen,
die Berghänge werden Honig und Wein für dich hervorbringen,
hervorbringen werden sie Zabalumbäume und Kornelkirschen;

die Terrassen werden geschmückt sein mit Früchten wie ein Garten;
der Große Berg wird hervorbringen den göttlichen Duft und
   hervorbringen für dich schimmernd Glänzendes;
seine Minen werden dir Kupfer und Zinn geben.
Die Berge werden vermehren großes und kleines Vieh.
Der Harsag wird hervorbringen die vierbeinigen Geschöpfe.«

Das ist in der Tat eine zutreffende Beschreibung von Sinai,
einem Land der Minen, der Akazien, deren Holz für die
Tempeleinrichtungen benutzt wurde, mit Oasen, wo es Wasser gab und Herden weiden konnten. Ist es etwa Zufall, daß
der Hauptwinterfluß der Halbinsel Arisch (Landwirt) heißt
und daß dies Ninurtas Beiname war?
Ninurta verlieh seiner Mutter als der Herrin von Tilmun
auch einen neuen Titel: Ninharsag (Herrin des Großen Berges). Von da an wurde Sud immer so angeredet.
Der Ausdruck »Großer Berg« deutet an, daß damit der höchste Berg auf der Sinaihalbinsel gemeint ist: der heutige Katharinenberg, der schon Jahrtausende vor der Errichtung
des nahegelegenen Klosters als göttlich verehrt wurde. In der
Nähe ragt der etwas niedrigere Gipfel empor, den die Mön-
che den Gesetzgebungsberg nennen, weil sie ihn für den Berg
Sinai der Bibel halten. Das ist zwar zweifelhaft, aber die Tatsache bleibt, daß die beiden Gipfel von alters her als heilig
galten. Ich glaube, dies kommt daher, daß sie bei der Planung des nachsintflutlichen Landeplatzes und des Luftkorridors eine wichtige Rolle gespielt haben.
Bei dieser neuerlichen Planung ging man genauso vor wie
bei der ersten vorsintflutlichen, und um sie zu verstehen,
muß man den ersten Plan kennen. Damals wählten die
Anunnaki den zweigipfligen Ararat, den höchsten Berg in
Westasien, als Zielpunkt, weil er, vom Himmel aus erspäht,
die am besten sichtbare Landmarke war. Die nächsten natürlichen und sichtbaren Merkmale waren der Euphrat und der
Persische Golf. Die Anunnaki zogen im Geist vom Ararat
aus eine Nord-Süd-Linie und bestimmten den Schnittpunkt
von Fluß und Linie als Landeplatz. Diagonal dazu — im genauen Winkel von 45 Grad — zeichneten sie die Landebahn

ein. Die ersten Siedlungen wurden so eingeplant, daß der Luftkorridor auf beiden Seiten der Landebahn verlief. Als Mittelpunkt erbauten sie Nippur, das Kontrollzentrum, von dem die anderen Orte gleich weit entfernt waren (Abb. 25).
Der nachsintflutliche Flughafen wurde nach den gleichen Grundsätzen angelegt. Als hauptsächlicher Zielpunkt diente

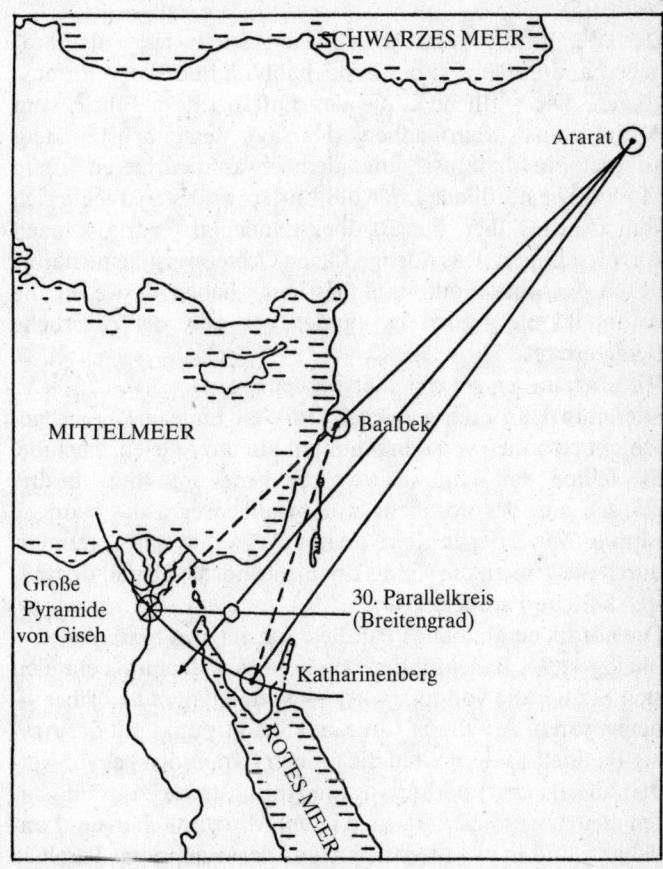

Abb. 37

wieder der Ararat. Eine Linie von 45 Grad bezeichnete die
Landebahn, und eine Kombination von natürlichen und
künstlichen Merkmalen bildete einen pfeilartigen Luftkorridor, das heißt die festgelegte Einflugstrecke. Ein Unterschied besteht allerdings: Diesmal stand den Anunnaki
eine fertige Plattform auf dem Zedernberg (bei Baalbek) zur
Verfügung, die sie bei ihrem neuen Flugverkehr benutzten
(Abb. 37).

Der zweigipflige Ararat diente, wie gesagt, wieder als nördliche Landmarke, von der Landebahn und Luftkorridor aus-
gingen. Die südliche Linie des Luftkorridors führte vom
Ararat zum Katharinenberg (Harsag), dem höchsten Berg
auf der Sinaihalbinsel, und dem etwas niedrigeren »Berg
Mose«. Die nördliche Linie des Luftkorridors erstreckte sich
vom Ararat über die Baalbek-Landeplattform bis nach
Ägypten hinein. Das dortige flache Gebiet weist keine natürlichen Merkmale auf, und bestimmt haben deswegen die
Anunnaki die großen Pyramiden von Gise als künstliche
Berge erbaut.

Wo aber sollten sie errichtet werden?

Hier nun kam eine gedachte Ost-West-Linie ins Spiel, geschickt ersonnen von den Anunnaki in ihrer Gelehrtenstube.
Sie teilten den Himmel, der die Erde umhüllte, in drei
»Wege« ein; der nördliche war »Enlils Weg«, der südliche
»Enkis Weg«, der mittlere »Anus Weg«. Sie waren getrennt
durch die Linien, die wir als dreißigste nördliche und dreißigste südliche Parallele kennen.

Die nördliche dreißigste Parallele scheint von besonderer —
»heiliger« — Bedeutung gewesen zu sein. Darauf befanden
sich Städte, die von alters her — von Ägypten bis Tibet —
heilig waren. Auf dieser Linie, am Schnittpunkt mit der Ara-
rat-Baalbek-Linie, sollten die großen Pyramiden gebaut werden, die als Orientierung für die Anflugstrecke zum Flughafen dienen würden, der genau in der Mitte zwischen der Landebahn und dem Luftkorridor auf der dreißigsten Parallele
lag.

So war die Flugstrecke beschaffen, und so entstanden die
großen Pyramiden von Gise.

Daß diese Pyramiden nicht von den Pharaonen, sondern vor
Jahrtausenden von den Anunnaki erbaut worden sind, das
widerspricht natürlich einer seit langem gültigen Theorie.
Die Theorie der Ägyptologen, daß sämtliche Pyramiden in
Ägypten von den Pharaonen als grandiose Gräber für sie
selbst errichtet worden seien, ist schon längst widerlegt worden, denn in keiner hat sich die Mumie des Pharaos gefunden, der als ihr Erbauer galt. Die größte der drei Pyramiden
von Gise wurde Chufu (griechisch Cheops) zugeschrieben,
die mittlere seinem Nachfolger Chefra (Chefren) und die
dritte, die kleinste, dem weiteren Nachfolger Menkara (My-
kerinos). Sie alle gehörten der vierten Dynastie an. Der
Sphinx mußte nach Annahme derselben Ägyptologen von
Chefren erbaut worden sein, weil er an einer Landstraße lag,
die zur zweiten Pyramide führte.
Eine Zeitlang glaubte man, den Beweis für diese Theorie erbracht zu haben. Ein gewisser Oberst Howard Vyse und
seine beiden Gehilfen behaupteten nämlich, in der kleinsten
Pyramide den Sarg und die sterblichen Überreste des Pharaos Menkara gefunden zu haben. Tatsache ist jedoch — was
die Gelehrten seit einiger Zeit wissen, aber der Öffentlichkeit
aus irgendwelchen Gründen verschwiegen haben —, daß weder der hölzerne Sarg noch das Skelett echt waren. Irgend
jemand — wahrscheinlich Vyse und seine Kumpane — hat
einen Sarg, der zweitausend Jahre nach Menkaras Tod angefertigt worden ist, und ein Skelett aus christlicher Zeit in die
Pyramide geschmuggelt und so einen unerhörten Betrug be-
gangen.
Daß die Theorie über die Erbauer der Pyramiden falsch war,
wurde durch eine weitere Entdeckung noch erhärtet: In einer
lange versiegelten Kammer der Großen Pyramide fand man
eine Hieroglyphen-Inschrift, in der der Name Chufu vorkam, was man als Hinweis auf die Identität des Erbauers be-

trachtete. Diese Entdeckung wurde 1837 von demselben Oberst Vyse und seinen Helfern gemacht, was nicht weiter beachtet wurde. In meinem Buch »Stufen zum Kosmos« habe ich den Beweis erbracht, daß diese Inschrift eine Fälschung ist, vorgenommen von den »Entdeckern«. Ende 1983 meldete sich ein Leser dieses Buches bei mir und legte mir seine Familienchronik vor, aus der hervorgeht, daß sein Urgroßvater, ein Maurer namens Humphries Brewer, den Vyse angestellt hatte, ihm beim Eindringen in die Pyramide zu helfen, Augenzeuge der Fälschung gewesen war. Da er dabei nicht mitwirken wollte, wurde er weggejagt und gezwungen, Ägypten zu verlassen!

In den »Stufen zum Kosmos« erkläre ich auch, daß Chufu nicht der Erbauer der Großen Pyramide gewesen sein kann, weil er schon zu seinen Lebzeiten in der Nähe der Pyramiden eine Stele errichtet hat, auf der er das Vorhandensein der Pyramide erwähnt. Sogar der Sphinx, dessen Erschaffung seinem Nachfolger Chefren zugeschrieben wird, kommt in dieser Inschrift vor.

Nun habe ich festgestellt, daß aus Abbildungen aus der Zeit der ersten Dynastie — also lange vor Chufu und seinen Nachfolgern — klipp und klar hervorgeht, daß diese frühen

a   b

Abb. 38

Könige die Wunderwerke in Gise bereits gesehen haben. Darauf erkennt man, daß der Sphinx sowohl bei der Reise des Königs zum Jenseits (Abb. 38 a) als auch in der Szene von der Amtseinsetzung (Abb. 38 b) in einem Boot in Ägypten ankommt.

Ein weiterer Beweis ist die sogenannte Siegestafel des ersten Pharaos, Menes, die seine gewaltsame Konsolidierung Ägyptens darstellt. Auf der einen Seite trägt er die weiße Krone von Oberägypten, schlägt die dortigen Anführer und erobert ihre Städte. Auf der anderen Seite der Tafel trägt er die rote Krone Unterägyptens und enthauptet die dortigen Anführer (Abb. 39 a). Die Hieroglyphe rechts bedeutet seinen Beinamen Narmer. Auf Abb. 39 b ist links von ihm das wichtigste Bauwerk in den neuerworbenen Gebieten zu erkennen — die Pyramide. Die Vergrößerung zeigt sie deutlich.

Alle Wissenschaftler sind sich einig, daß die Tafel auf realistische Weise die Orte, Festungen und Feinde darstellt, denen Menes auf seinem Feldzug für die Vereinigung von Ober- und Unterägypten begegnet ist; aber das Pyramidensymbol scheint ihnen bei der sonst so sorgsamen Deutung entgangen zu sein.

Den gesamten Gise-Komplex — die Pyramiden und den Sphinx — hat es also schon gegeben, als das Königtum in Ägypten seinen Anfang nahm. Folglich können die Pharaonen der sechsten Dynastie nicht die Erbauer gewesen sein.

Die anderen ägyptischen Pyramiden — kleiner und auch einfacher im Vergleich, von denen manche schon vor der Vollendung verfielen, und die jetzt allesamt langsam zerbröckeln — sind tatsächlich von verschiedenen Pharaonen geschaffen worden, allerdings weder als Grabstätten noch als königliches Ehrenmal, sondern als Nachbildung. Denn die alten Ägypter glaubten, die Pyramiden von Gise und der Sphinx hätten den Göttern den Weg zu den Stufen zum Kosmos und auch zum Flughafen auf der Sinaihalbinsel gezeigt. Die Pharaonen bauten also Pyramiden, um ins Jenseits rei-

Abb. 39 a und b

sen zu können, schmückten sie mit entsprechenden Symbolen und Abbildungen von der Reise, und in mehreren Fällen brachten sie auch Zitate aus dem Totenbuch an. Die drei Pyramiden von Gise, die in ihrer inneren und äußeren Konstruktion, in ihrer Größe und unglaublichen Dauerhaftigkeit einzigartig sind, unterscheiden sich auch dadurch von den übrigen, daß sie im Inneren keine Inschriften oder Dekorationen aufweisen. Sie sind lediglich sachliche, funktionelle Bauwerke und erheben sich auf der Ebene nicht etwa, um den Menschen als Orientierung zu dienen, sondern denen, »die vom Himmel auf die Erde kamen«.

Die kleine Pyramide wurde meiner Meinung nach zuerst erbaut, und zwar als Muster, nach dem dann die anderen beiden geschaffen wurden. Die zweite Pyramide scheint zwar ebenso hoch wie die Große zu sein, ist aber in Wirklichkeit kleiner. Es liegt daran, daß sie auf einem höheren Untergrund steht.

Die Große Pyramide ist auch insofern einzigartig, als sie im Inneren nicht nur einen abwärts führenden Gang aufweist — wie alle anderen —, sondern zudem einen aufwärts führenden, einen ebenen Korridor, zwei obere Kammern und mehrere enge Abteile (Abb. 40). Die oberste Kammer er-

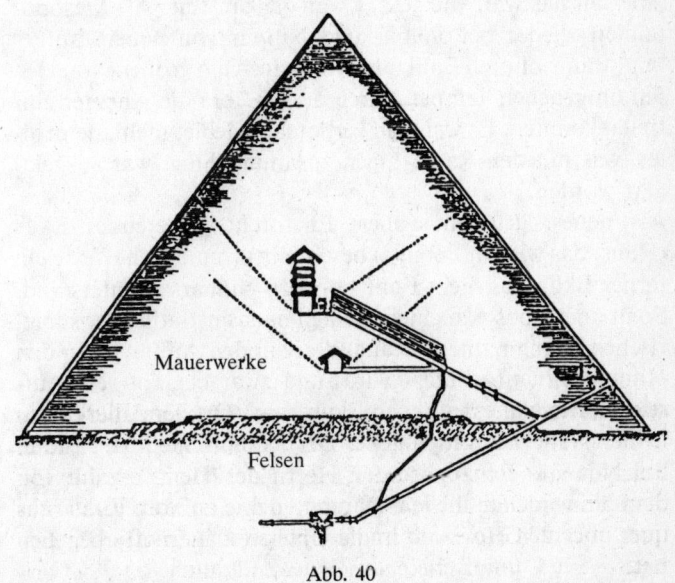

Mauerwerke

Felsen

Abb. 40

reicht man über eine gewaltige Galerie und durch ein »Vorzimmer«, das sich mit einem Ruck an einem Seil öffnen läßt. Die oberste Kammer enthält immer noch einen ungewöhnlichen ausgehöhlten Steinblock von raffinierter Technik, der als Glocke diente. Darüber sind ungewöhnliche Hohlräume, die für die Resonanz sorgen.

Was wurde mit all dem bezweckt?

Es bestehen viele Ähnlichkeiten zwischen diesen Kennzeichen der Großen Pyramide und Enlils Ekur (Haus, das wie ein Berg ist), seinen Zikkurat in Nippur. Wie die Große Pyramide erhebt es sich auf einer Ebene. In vorsintflutlicher Zeit enthielt es den Duranki (Verbindung zwischen Himmel und Erde) und diente als Kontrollzentrum, in dem die Tafel der Geschicke und Himmelskarten aufbewahrt wurden. Darin war auch der Dirga, die geheimnisvolle Kammer, deren Lichtstrahl den Raumschiffen den Weg zum Flughafen in Sippar wies.

Aber all das war, wie gesagt, vor der Sintflut. Als Mesopotamien wieder bewohnbar und Nippur von neuem aufgebaut war, wohnten Enlil und Ninlil in einem großen, von Höfen umgebenen Tempel, durch dessen Tore die Anbeter eintreten konnten. Es war kein verbotenes Gebiet mehr, denn alles, was mit den Raumflügen zusammenhing, war ausgelagert worden.

Als neues, geheimnisvolles, Ehrfurcht gebietendes Ekur (Haus, das wie ein Berg ist) beschreiben sumerische Texte ein fernes Ekur, das nicht Enlil, sondern Ninharsag unterstand. So in dem Epos von einem frühen nachsintflutlichen, sumerischen König namens Etana, der von den Anunnaki in den Himmel hinaufgebracht wird, und zwar beginnt sein Aufstieg in der Nähe des neuen Ekurs, am »Ort der Adler«, also in der Nähe des Flughafens. Der akkadische Text »Ludlul Bel Nimeqi« (Ich preise den Herrn der Tiefe) erzählt von dem »unwiderstehlichen Dämon, der sich vom Ekur aus quer über den Horizont in die Unterwelt (Afrika)« begeben hat.

Da die Wissenschaftler nichts von dem ungeheuerlichen Alter der Pyramiden und ihren Erbauern wußten, rätselten sie über diesen offensichtlichen Hinweis auf ein Ekur in Sumer. Ihrer Auffassung nach hat niemand in Mesopotamien etwas von dem Vorhandensein der ägyptischen Pyramiden gewußt, keiner der mesopotamischen Könige, die in Ägypten eindrangen, keiner der Kaufleute, die hier Handel trieben, keiner der Gesandten, die hingeschickt wurden, keiner von ihnen habe diese kolossalen Bauwerke erblickt.

Ist das möglich?

Meiner Meinung nach waren die Pyramiden von Gise in Sumer und Akkad bekannt. Meiner Ansicht nach war die Große Pyramide das nachsintflutliche Ekur, von dem mesopotamische Texte erzählen (wovon bald die Rede sein wird). Meiner Ansicht nach stellen alte mesopotamische Rollsiegel die Erbauung der Pyramiden und deren Fertigstellung dar.

Die Abbildung 24 zeigt einen Zikkurat (Stufenturm), eine mesopotamische »Pyramide«. Aber auf archaischen sumerischen Abbildungen sieht man ganz andere Strukturen, faktisch Pyramiden.

Auf den Abbildungen 41 und 42 a sieht man die quadratische Basis und die dreieckigen Seiten, auf Abbildung 42 b die vollständige Pyramide sowie das Schlangensym-

Abb. 41

a

b

Abb. 42 a und b

bol, das die Lage der Pyramide auf einem Gebiet Enkis an-
zeigt.

Hingegen ist auf der Abbildung 43 eine geflügelte Pyramide
zu sehen, was besagt, daß sie eine Funktion für die Raumfahrt hat. Diese Abbildung, von der mehrere Exemplare gefunden worden sind, weist noch andere erstaunliche Dinge
auf: Ein kauernder Sphinx blickt auf den Schilfplatz, ein anderer gegenüber auf den Schilfsee, was mit ägyptischen Texten übereinstimmt, die besagen, daß es gegenüber noch
einen Sphinx auf der Sinaihalbinsel gegeben hat. Sowohl die
Große Pyramide als auch der Sphinx befinden sich tatsächlich in der Nähe des Nils. In der unteren Abbildung fahren
die gehörnten Götter auf einem Gewässer: Wie es in den Inschriften der Ägypter heißt, kamen sie vom Süden über das
Rote Meer.

Die auffallende Ähnlichkeit zwischen dieser sumerischen
Abbildung und der ägyptischen Abbildung (38 a) beweist,

daß sowohl die Sumerer als auch die Ägypter die Pyramiden von Gise und den Sphinx gekannt haben. Sogar eine Einzelheit wie die Schräge — 52 Grad — auf der sumerischen Abbildung stimmt überein.

Abb. 43

All dies läßt die Schlußfolgerung zu, daß die Große Pyramide in Mesopotamien bekannt war, schon allein deshalb, weil sie von denselben Anunnaki erbaut worden ist wie das ursprüngliche Ekur in Nippur. Auch dies wurde von ihnen Ekur genannt, das heißt »Haus, das wie ein Berg ist«. Auch dieses Ekur, die Große Pyramide von Gise, enthielt Geheimkammern und Instrumente, mit denen den Raumschiffen der Weg zum nachsintflutlichen Flughafen auf der Halbinsel Sinai gewiesen wurde. Außerdem unterstand sie der Oberhoheit der neutralen Ninharsag.

Dieser Tatbestand erklärt einen sonst rätselhaften Text, der folgendermaßen lautet:

»Helles und dunkles Haus des Himmels und der Erde,
geschaffen für die Raketenschiffe;
Ekur, spitzes Haus der Götter,
ausgestattet für die Verbindung von Himmel und Erde.

> Haus, dessen Inneres glüht von rötlichem Himmelslicht,
> von einem pulsenden Strahl, der weit und fern reicht;
> seine Ehrwürdigkeit berührt das Fleisch.
> Hoher Berg der Berge, deine Erschaffung ist großartig,
> die Menschen können sie nicht verstehen.«

Die Funktion dieses »spitzen Hauses der Götter« wird dann erklärt: Es ist ein »Haus der ›Ausrüstung‹«, die dazu dient, die Astronauten, die »sehen und kreisen«, auf die Erde herabzuführen, ein »großes Merkmal«, für fliegende Schems (Himmelskammern) bestimmt.

> »Haus der Ausrüstung, hohes Haus der Ewigkeit;
> sein Fundament sind Steine, die bis zum Wasser reichen,
> sein großer Umfang ist aus Lehm.
> Haus, dessen Teile geschickt verwoben sind;
> Haus, das die großen Sehenden und Kreisenden zum Ausruhen
>   herabbringt,
> Haus, das ein großes Merkmal für die fliegenden Schems ist;
> Berg, von dem Utu aufsteigt.
> Haus, in dessen tiefes Innere Menschen nicht eindringen können.
> Anu hat es gepriesen.«

Der Text beschreibt dann des weiteren die verschiedenen Teile des Bauwerks, das »mit Ehrfurcht gelegte Fundament«, die Eingänge, die »sich öffnen und schließen wie ein Mund, glühend in dämmrigem, grünem Licht«, die Schwelle (»gleich dem geöffneten Maul eines Drachen«), der Türsturz (»gleich zweischneidigen Klingen eines Dolches, der Feinde abhält«), die Innenkammer (»gleich einer Vulva«), die bewacht wird von Dolchen, die aus dem Dunkel schnellen. »Sein Ausstoß ist einem Löwen gleich, den niemand anzugreifen wagt.«
Ein aufwärts führender Gang wird folgendermaßen beschrieben: »Sein Gewölbe ist einem Regenbogen gleich. Hier endet die Dunkelheit. Ehrfurcht gebietend ist er drapiert; die Wände sind wie die Klauen eines Geiers, der zupacken will.« Oben auf der Galerie ist der Zugang zur Bergspitze: »Dem Feind ist er verwehrt, nur denen, die leben, steht er offen.« Ein raffinierter dreifacher Verschluß versperrt den Weg zur

obersten Kammer, von der aus das Ekur Himmel und Erde
überwacht. Dort »ist ein Netz ausgebreitet«.

Die Genauigkeit dieser Einzelheiten ist erstaunlich, wenn
man bedenkt, was man heute vom Inneren der Großen Pyramide weiß. Der Eingang war eine Öffnung auf der Nord-
seite, verdeckt durch einen beweglichen Stein, der sich tatsächlich »wie ein Mund« öffnete und schloß (Abb. 44 a). Vor
dem Gewicht der Pyramide schützten den gähnenden Eingang zwei diagonal eingesetzte, massive Steinblöcke »gleich
zweischneidigen Klingen eines Dolches, der Feinde abhält«
(Abb. 44 b).

Von einem kurzen, abschüssigen Gang aus gelangt man zu
einem ansteigenden, der zu einer horizontalen Passage
führt, durch die man das Herz der Pyramide erreicht, die Innenkammer »gleich einer Vulva«. Der ansteigende Gang
führt auch zu einer majestätischen Galerie, deren Wände
sich beim Aufstieg immer mehr nähern, so daß man das Gefühl hat, sie seien »wie die Klauen eines Geiers, der zupacken
will« (Abb. 45). Von der Galerie aus erreicht man die oberste
Kammer, wo ein »Netz« — ein Kraftfeld — »Himmel und

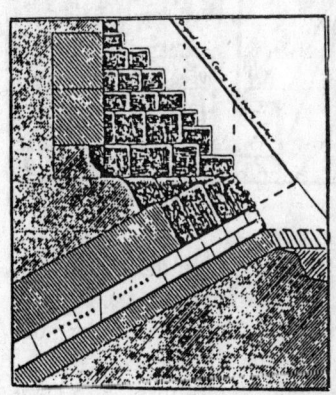

a   b

Abb. 44 a und b

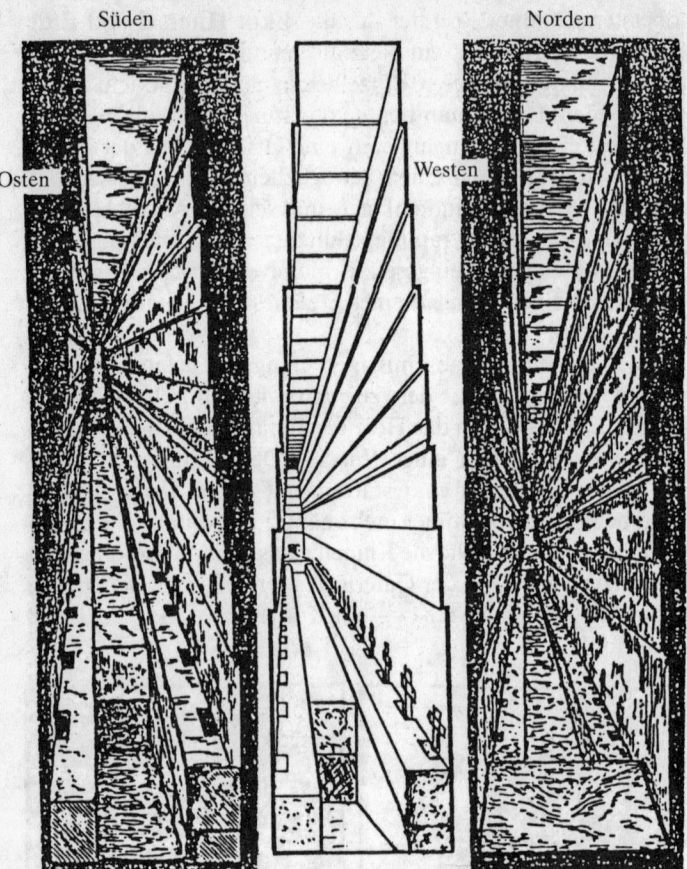

DIE GROSSE GALERIE
Perspektiven: vom unteren nördlichen Eingang (A+B)
vom oberen südlichen Ende (C).

Abb. 45

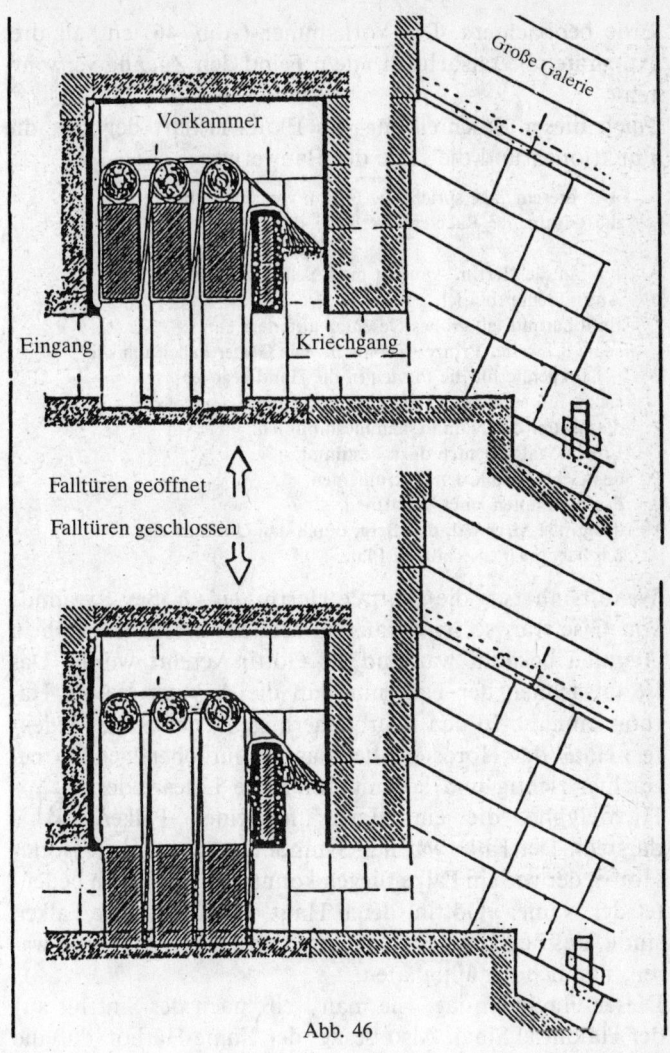

Abb. 46

Erde beobachtet«. Die Vorkammer (Abb. 46) enthält drei Apparate, die tatsächlich »dem Feind den Zugang verwehrten«.

Nach dieser Beschreibung des Ekurs erklärt der Text die Funktionen und die Lage des Bauwerks:

> »An diesem Tage spricht die Herrin von sich selbst,
> die Göttin der Raketenluftschiffe, die reine große Herrin preist
>   sich:
> Ich bin die Herrin. Anu hat mein Schicksal bestimmt,
> Anus Tochter bin ich.
> Enlil hat mir ein großes Geschick auferlegt,
> seine Schwester-Prinzessin bin ich. Die Götter haben mir die
>   Lenkgeräte für die Piloten in die Hand gegeben,
> sie zu führen zwischen Himmel und Erde;
> die Mutter der Himmelskammern bin ich.
> Ereschkigal hat mich dazu bestimmt,
> das Gebäude mit den Instrumenten,
> das die Piloten leitet, zu öffnen,
> das große Merkmal, den Berg, durch den Utu aufsteigt.
> Ich habe meinen erhöhten Platz.«

Wenn Ninharsag die neutrale Herrin der Großen Pyramide von Gise war, so ist daraus zu schließen, daß sie auch in Ägypten bekannt war und als Göttin verehrt wurde. Das ist tatsächlich der Fall, nur daß die Ägypter sie als Hathor kannten. In den Lehrbüchern steht, der Name bedeute »Haus des Horos«. Aber das ist nur oberflächlich betrachtet richtig und kommt durch die Leseart der Hieroglyphe, die ein Haus und einen Falken darstellt: Der Falke war das Symbol des ägyptischen Gottes Horos, der wie ein Falke fliegen konnte. Buchstäblich bedeutet der Name: »Göttin, deren Haus dort ist, wo die Falken sind«, das heißt, der Ort, wo die Astronauten zu Hause waren, nämlich der Flughafen.

Dieser Flughafen lag, wie man weiß, nach der Sintflut auf der Halbinsel Sinai. Also besagt der Name Hathor, daß die Göttin, die ihn trägt, die Herrin von Sinai ist. Das war sie ja auch, denn die Ägypter betrachteten die Sinaihalbinsel als Hathors Domäne. Alle Tempel und Stelen, die hier von den

Pharaonen errichtet wurden, waren ausschließlich dieser Göttin geweiht. Und wie Ninharsag in ihren späteren Jahren hatte Hathor den Beinamen Kuh und wurde mit Kuhhörnern dargestellt.

Aber war Hathor — wie Ninharsag — die Herrin der Großen Pyramide? Ja, das war sie erstaunlicherweise tatsächlich.

Den Beweis erbringt eine Inschrift des Pharaos Chufu (ungefähr 2600 v. Chr.) auf einer Stele, die er in Gise in einem der Isis geweihten Tempel errichtet hat. Die Inschrift enthält eine Bestandsaufnahme und beweist ebenfalls, daß die Große Pyramide und der Sphinx bereits vorhanden waren, als Chufu (Cheops) regierte:

> »Dem König von Ober- und Unterägypten ist Leben gegeben!
> Er gründete das Haus der Isis,
> der Herrin der Pyramide,
> neben dem Haus der Sphinx.«

Zu dieser Zeit wurde Isis (die Frau des Osiris und die Mutter des Horos) als Herrin der Pyramide betrachtet: Aber die Fortsetzung der Inschrift stellt klar, daß sie nicht die erste Herrin der Pyramide gewesen ist:

> »Dem König von Ober- und Unterägypten, Chufu,
> ist Leben gegeben!
> Für seine göttliche Mutter,
> die Herrin des westlichen Berges der Hathor,
> hat er diese Inschrift auf einer Stele angebracht.«

Die Pyramide war also nicht nur ein »Berg der Hathor« — eine Parallele zum sumerischen »Haus, das wie ein Berg ist« —, sondern auch ihr »westlicher« Berg, was bedeutet, daß sie zusätzlich noch einen östlichen hatte. Das war, wie man aus sumerischen Quellen weiß, der Harsag, der höchste Berg auf der Sinaihalbinsel.

Obwohl zwischen den beiden göttlichen Dynastien Rivalität und Mißtrauen herrschte, ist nicht daran zu zweifeln, daß die Erbauung des Flughafens und die Kontrolle über seine Funktionen in den Händen von Enki und seinen Nachkommen lagen. Ninurta erwies sich als fähig, Dämme und Bewässerungsanlagen anzulegen; Utu (Schamasch) verstand sich auf die Regelung der An- und Abflüge; aber nur Enki, der große Techniker und Ingenieur, der all dies schon früher betreut hatte, verfügte über das notwendige Wissen, das für die Planung riesiger Konstruktionen und ihre Betreuung erforderlich war.

Die sumerischen Texte, die Ninurtas und Utus Leistungen beschreiben, enthalten nicht einmal eine Andeutung, daß einer der beiden an Konstruktionen, die mit der Raumschiffahrt zusammenhingen, mitgearbeitet hat. Als Ninurta in späterer Zeit einen sumerischen König bat, ihm eine Zikkurat mit einer Einfriedung für seinen göttlichen Vogel zu bauen, wurde ein anderer Gott, der Ninurta begleitete, von dem König ersucht, ihm die architektonischen Pläne und die Bauinstruktionen zu liefern. Andererseits berichten mehrere Texte, daß Enki sein Wissen an seinen Sohn Marduk weitergegeben hat. In einem Gespräch zwischen Vater und Sohn beantwortet Enki eine schwierige Frage mit den Worten:

>»Enki erwiderte seinem Sohn Marduk:
Mein Sohn, was ist es, was du nicht weißt?
Was mehr könnte ich dir noch geben?
Marduk, was ist es, was du nicht weißt?
Was könnte ich denn hinzufügen?
Was ich weiß, das weißt auch du!«

Da die Ähnlichkeiten zwischen den Vätern Enki und Ptah und den Söhnen Marduk und Ra so auffallend sind, braucht man sich nicht darüber zu wundern, daß ägyptische Texte Ra mit Raumschiffahrt und entsprechenden Konstruktionen in Verbindung bringen. Dabei unterstützen ihn Schu, Tefnut, Geb, Nut und Thoth, die Götter des Magischen. Die Sphinx, der göttliche Führer, der den Weg gen Osten genau auf dem dreißigsten Parallelkreis angab, trug Ras Züge. Eine Stele, die in der Zeit der Pharaonen in der Nähe des Sphinx errichtet wurde, hatte eine Inschrift, die Ra als Erbauer des »geschützten Ortes in der heiligen Wüste« bezeichnet, von dem aus er aufsteigen und den Himmel überqueren konnte:

> »Du dehntest die Schnüre für den Plan aus,
> du gabst den Ländern Gestalt.
> Du machtest die Unterwelt geheim,
> du hast dir in der heiligen Wüste einen
> geschützten Ort geschaffen, dessen Name geheimgehalten wird,
> von dem du herrlich aufsteigst.
> Bei gutem Wind überquerst du den Himmel;
> du überquerst den Himmel in der himmlischen Barke.
> Der Himmel jubelt, die Erde schreit vor Freude.
> Ras Mannschaft preist jeden Tag, im Triumph kommt er daher.«

Laut ägyptischen Texten beteiligten sich Schu und Tefnut an Ras Werken, die die Raumschiffahrt betrafen, indem sie »den Himmel stützten«. Der Name ihres Sohnes Geb stammt von »gbb« ab, das heißt »aufhäufen«, weshalb man annimmt, daß er beim Bau der Pyramiden geholfen hat.

Einer ägyptischen Sage nach, die von Chufu und seinen drei Söhnen handelt, wurden die geheimen Baupläne für die Große Pyramide von Thoth bewacht, dem Gott der Astronomie, Geometrie und Landvermessung. Man bedenke nun, daß nur die Große Pyramide Aufgänge und obere Kammern aufweist. Doch da der Zugang zu diesen Gängen bei der Abzweigung von dem abwärts führenden Gang versiegelt war — wann, wie und warum das der Fall war, wird noch erklärt werden —, bauten alle Pharaonen, die die Pyramiden von Gise nachbildeten, nur unten Kammern ein, entweder weil es ihnen an architektonischem Wissen fehlte, oder weil sie von den oberen Kammern nichts wußten. Chufu aber scheint von den beiden oberen Geheimkammern in der Großen Pyramide gewußt zu haben, und einmal war er nahe daran, die Baupläne zu finden, denn er erfuhr, wo Thoth sie versteckt hatte.

Auf dem sogenannten Westcar-Papyrus, der die »Geschichten von den Magiern« wiedergibt, steht, daß Chufu, als er über das ganze Land regierte, eines Tages seine drei Söhne zu sich rief und sie bat, ihm die alten Geschichten von den Taten der Magier zu erzählen. Als erster erzählte der Königssohn Chafra eine Geschichte aus der Zeit von Chufus Urvater Nebka. Die Geschichte handelte von einem Magier, der ein totes Krokodil wieder zum Leben erweckte. Dann schilderte der Königssohn Bau-ef-Ra ein Wunder, das sich in noch früherer Zeit ereignet hatte: Ein Magier teilte das Wasser eines Sees, so daß ein Schmuckstück vom Boden heraufgeholt werden konnte. Danach bewirkte der Magier mit seinen Worten, daß sich das Wasser wieder zusammenfügte.

Nun erhob sich der dritte Sohn, Hor-De-Def, und sagte leicht spöttisch: »Wir haben von den Magiern der Vergangenheit und ihren Taten gehört, deren Wahrheit wir nicht beweisen können. Ich aber weiß von heutigen Dingen zu berichten.« Chufu wollte sie erfahren. Hor-De-Def sagte, er kenne einen Mann namens Dedi, der einen enthaupteten Kopf wieder aufsetzen und einen Löwen zähmen könne und überdies die Pdut-Zahlen von Thoths Kammern wisse.

Als Chufu das vernahm, wurde er sehr neugierig, denn er hatte schon versucht, das Geheimnis von Thoths Kammern in der Großen Pyramide (bereits zu Chufus Lebzeiten versperrt und verborgen!) herauszufinden. So befahl er, den weisen Dedi von seinem Wohnort, einer Insel vor der Sinaihalbinsel, herbeizuschaffen.

Als Dedi vor Chufu gebracht worden war, prüfte der Pharao zuerst seine magischen Kräfte, indem er ihn eine Gans, einen Vogel und einen Ochsen, denen man den Kopf abgeschnitten hatte, wieder zum Leben bringen ließ. Danach fragte Chufu: »Ist es wahr, was ich gehört habe — daß du die Pdut-Zahlen von Thoths Iput kennst?« Dedi antwortete: »Die Zahlen kenne ich nicht, o König, aber ich weiß, wo der Pdut ist.«

Die Ägyptologen sind sich darüber einig, daß Iput »Geheimkammern des Allerheiligsten« bedeutet und Pdut »Pläne mit Zahlen«.

Der Magier, der hundertzehn Jahre alt gewesen sein soll, fügte hinzu: »Ich weiß nicht, was auf dem Pdut steht, aber ich weiß, wo Thoth ihn versteckt hat. Nämlich in einer Kassette aus Wetzstein, die in der heiligen Kartenkammer in Heliopolis ist. Dort ist er.«

Aufgeregt befahl Chufu dem Magier, ihm die Kassette zu holen. Aber Dedi entgegnete, weder er noch Chufu könne sie an sich bringen, denn es sei bestimmt, daß ein zukünftiger Nachkomme von Chufu sie erhalten werde. Ja, so habe es Ra bestimmt. Chufu fügte sich dem Willen des Gottes, und es endete damit, daß er neben den Sphinx einen der Herrin der Pyramide geweihten Tempel baute.

So schließt sich der Kreis der Beweise. Sumerische und ägyptische Texte untermauern meine Schlußfolgerungen: Ein und dieselbe neutrale Göttin war die Herrin des höchsten Gipfels auf der Sinaihalbinsel und des künstlichen Berges in Ägypten, die beide dem Flugverkehr dienten.

Aber der Wunsch der Anunnaki, die Sinaihalbinsel und ihre Anlagen neutral zu halten, erfüllte sich nicht. Rivalitäten und Liebestragödien gleichermaßen setzten dem Status quo ein Ende, und die geteilte Erde wurde in die Pyramidenkriege verwickelt.

8

Die Pyramidenkriege

»Im Jahr 363 war Ra, der Heilige, der Falke des Horizonts, der Unsterbliche, der immerdar lebt, im Lande Chenn. Ihn begleiteten seine Krieger, denn die Feinde hatten sich gegen ihren Herrn verschworen. Horos, der Feldmesser, kam zu Ras Barke und sagte zu seinem Vorfahren: O Falke des Horizonts, ich habe gesehen, daß sich die Feinde gegen den Falken des Horizonts verschworen haben, um die leuchtende Krone an sich zu nehmen. Darauf sagte Ra, der Heilige, der Falke des Horizonts, zu Horos, dem Feldmesser: Geh schnell, schlage die Feinde nieder, die du gesehen hast.«

So beginnt eine Inschrift auf den Tempelmauern der alten ägyptischen Stadt Edfu. Das ist meiner Ansicht nach der Anfang des sogenannten Ersten Pyramidenkrieges, eines Krieges, der in dem endlosen Streit um die Herrschaft über die Erde und ihre Raumfahrtanlagen und in den Streitigkeiten zwischen den Großgöttern der Anunnaki, insbesondere Enki/Ptah und Ra/Marduk, wurzelt.

Nach Manetho regierte Ptah neuntausend Jahre in Ägypten, aber Ras Regentschaft fand schon nach tausend Jahren ein jähes Ende infolge der Sintflut, wie anzunehmen ist. Dann kam die siebenhundertjährige Herrschaft Schus, der Ra bei der Kontrolle des Himmels über die Erde half, und danach die fünfhundertjährige von Geb (Der die Erde aufhäuft). Zu dieser Zeit, etwa 10 000 v. Chr., wurden die Raumfahrtanlagen — der Flughafen auf der Sinaihalbinsel und die Pyramiden von Gise — gebaut.

Die Sinaihalbinsel, wo sich der Flughafen befand, und die

Pyramiden von Gise galten zwar unter Ninharsags Ägide als neutral, doch es ist zu bezweifeln, daß die Erbauer dieser Anlagen, nämlich Enki und seine Nachkommen, wirklich die Absicht hatten, auf die Herrschaft darüber zu verzichten. Ein sumerischer Text, der mit einer lyrischen Beschreibung anfängt, ist von den Wissenschaftlern »Paradiesischer Mythos« genannt worden. Der alte Name war »Enki und Ninharsag«, und tatsächlich ist es ein Bericht über ihr politisch bedingtes Liebesverhältnis. Enki und seine Halbschwester gingen es ein, um die Herrschaft über Ägypten und die Sinaihalbinsel zu erringen, also über die Pyramiden und den Flughafen.

Das geschah, nachdem die Erde geteilt worden war und Ninharsag Tilmun (die Sinaihalbinsel) und Enkis Sippe Ägypten erhalten hatten. Zu dieser Zeit überquerte Enki die Sumpfseen, die Ägypten von der Halbinsel Sinai trennten, und kam zu der einsamen Ninharsag zu einer Liebesorgie:

> »Zu der Einsamen,
> zu der Herrin über das Leben und das Land kam Enki.
> Er ließ seinen Phallus die Gräben wässern,
> er ließ seinen Phallus das Schilf überschwemmen.
> Seinen Samen ergoß er in die große Herrin der Anunnaki,
> ergoß den Samen in Ninharsags Schoß.
> Sie empfing den Samen, Enkis Samen.«

Enkis wirkliche Absicht war es, einen Sohn von Ninharsag zu bekommen; aber das Kind war eine Tochter. Enki liebte dann die Tochter, sobald sie »jung und schön« war, und dann auch seine Enkelin. Infolgedessen wurden acht Götter geboren, sechs weibliche und zwei männliche. Erbost über den Inzest benutzte Ninharsag ihr medizinisches Können dazu, Enki krank zu machen. Die Anunnaki, die von ihm waren, baten um sein Leben; aber Ninharsag blieb unerbittlich: »Bevor er tot ist, werde ich ihn nicht mit dem Auge des Lebens ansehen!«

Höchst zufrieden damit, daß Enki endlich das Handwerk gelegt worden war, kehrte Ninurta, der zu einer Inspektion

nach Tilmun gekommen war, nach Mesopotamien zurück
und schilderte bei einer Versammlung, der auch Enlil,
Nanna (Sin), Utu (Schamasch) und Inanna (Istar) beiwohn-
ten, was sich zugetragen hatte. Höchst unzufrieden befahl
Enlil seinem Sohn Ninurta, nach Tilmun zu gehen und Ninharsag herzuholen. Aber inzwischen war Ninharsag von Mitleid mit ihrem Bruder erfaßt worden und hatte sich anders
besonnen. Sie heilte nacheinander seine Leiden, worauf
Enki ihr vorschlug, sie beide sollten als Herrscher über Ägypten und die Halbinsel Sinai die acht jungen Götter mit Auf-
gaben betrauen und Ehen zwischen ihnen stiften:

> »Laß Abu den Herrn der Pflanzen sein,
> laß Nintulla den Herrn von Magan sein;
> laß Ninsutu Ninazu heiraten;
> laß Ninkaschi diejenige sein, die den Durst löscht;
> laß Nazi Nindara heiraten;
> laß Azimya Ningischzida heiraten;
> laß Nintu die Königin der Monate sein;
> laß Enschag den Herrn von Tilmun sein!«

Auch theologische Texte aus Memphis erklären, daß acht
Götter aus Herz, Zunge, Zähne, Lippen und anderen Körper-
teilen Ptahs »ins Leben gekommen« seien. Auch darin weist
Ptah diesen Göttern Gebiete und Wohnort zu: »Nachdem er
die Götter geformt hatte, machte er Städte und Distrikte und
gab den Göttern ihre heiligen Wohnstätten. Er baute ihre
Schreine und bestimmte die Opfer.« All das tat er, »um das
Herz der Herrin des Lebens zu erfreuen«.
Wenn diese Sagen eine reale Grundlage haben — was der
Fall zu sein scheint —, dann müssen die Rivalitäten, die
durch die unklare Abstammung entstanden sind, durch die
Ra zugeschriebenen, sexuellen Eskapaden noch verstärkt
worden sein. Am bedeutsamsten ist wohl die Behauptung,
daß Osiris Ras Sohn sei, nicht Gebs Sohn, Ra habe ihn gezeugt, als er heimlich mit seiner Enkeltochter schlief. Das
bildete den eigentlichen Grund des Konflikts zwischen Osiris und Seth.

Warum hat Seth, dem Geb Oberägypten zugewiesen hatte, Unterägypten haben wollen, also den Teil, den Osiris erhalten hatte? Ägyptologen haben geographische Gründe und die Fruchtbarkeit des Landes geltend gemacht. Aber es gab, wie gezeigt worden ist, noch einen Faktor, der vom Standpunkt der Götter wichtiger war als die Frage, wie viele Ernten ein Gebiet lieferte, nämlich die Große Pyramide und die übrigen Bauwerke in Gise. Wer sie kontrollierte, der herrschte auch über den Luftverkehr, über das Kommen und Gehen der Götter, über die lebenswichtige Verbindung zum zwölften Planeten.

Eine Zeitlang konnte Seth seinen Ehrgeiz befriedigen, da Osiris ausgeschaltet war. Dann aber wurde »im Jahr 363« der junge Horos der Rächer seines Vaters, indem er Krieg gegen Seth führte — den Ersten Pyramidenkrieg. Es war auch, wie wir gesehen haben, der erste Krieg, in dem die Götter die Menschen in ihre Streitigkeiten verwickelten.

Unterstützt von anderen in Afrika herrschenden Enki-Göttern, begann der Rächer mit den Feindseligkeiten in Oberägypten. Mittels der geflügelten Scheibe, die Thoth für ihn angefertigt hatte, rückte Horos unaufhaltsam nach Norden, den Pyramiden entgegen. Ein größerer Kampf fand im »Wassergebiet« statt, über der Seenkette, die Ägypten von der Sinaihalbinsel trennt; dabei wurden viele Anhänger von Seth geschlagen. Nachdem friedenstiftende Bemühungen seitens anderer Götter erfolglos geblieben waren, traten Horos und Seth zum Zweikampf wegen der Sinaihalbinsel an. Dabei büßte Seth seine Hoden ein. Daraufhin gab der Rat der Götter ganz Ägypten als »Erbe« an Horos.

Und was wurde aus Seth, einem der acht Götter, die von Ptah abstammten?

Er wurde aus Ägypten verbannt und ließ sich in östlichen asiatischen Landen nieder, zu denen ein Ort gehörte, wo er »vom Himmel herab sprechen konnte«. War er der Gott, der in der sumerischen Sage von Enki und Ninharsag den Namen Enschag trägt, und dem die beiden Tilmun (die Sinai-

halbinsel) zuweisen wollten? Wenn das stimmt, dann war er
der ägyptische (hamitische) Gott, der seine Herrschaft über
das Land Schem, später Kanaan genannt, ausdehnte.
Dieses Ergebnis des Ersten Pyramidenkrieges macht die biblischen Geschichten verständlich und ist auch die Ursache
des Zweiten Pyramidenkrieges.
Abgesehen vom Flughafen und dem Verkehrsnetz brauchte
man nach der Sintflut ein neues Kontrollzentrum in Nippur.
Die Notwendigkeit gleicher Entfernungen bedingte, daß es
auf dem Berg Moria (Berg der Direktionen) angelegt wurde, an der Stelle, wo später die Stadt Jerusalem entstehen
sollte.
Dieser Ort hatte zum Lande Schem gehört, einer Domäne
der Enliliten, war aber durch Enkis Nachkommen und die
unrechtmäßige Besetzung den Hamiten, den Nachkommen von Hams jüngstem Sohn Kanaan, in die Hände gefallen.
Im Alten Testament wird Kanaan besonders erwähnt. Ihn
verwünscht Noah, dessen entblößte Genitalien infolge seines Rausches zu sehen sind, jedoch nicht seinen Sohn Ham,
der eigentlich daran schuld gewesen ist: »Verflucht sei Kanaan, und er sei ein Knecht aller Knechte unter seinen Brüdern! Gelobt sei Jahwe, der Herr über Schem, und Kanaan
sei sein Knecht.«
Die Darstellung im ersten Buch Mose läßt viele Aspekte un-
geklärt. Warum wird Kanaan verflucht, wo doch sein Vater
unabsichtlich gegen die Sitte verstoßen hat? Warum wird er
selbst dazu verurteilt, ein Sklave des Herrn von Schem zu
sein? Und wie waren die Götter in das Verbrechen und die
Strafe verwickelt? Das »Buch der Jubiläen« enthält die Erklärung, denn das wirkliche Verbrechen war die unrechtmäßige Besetzung des Landes Schem:
»Ham ging mit seinen Söhnen in das Land, das er besetzen
wollte, das Land im Süden, das er als seinen Anteil ansah.«
Aber als Kanaan unterwegs das Land Libanon gewahrte und
sah, daß es gut war, besann er sich anders. Er ging nicht wei-

ter, sondern »blieb im Land Libanon östlich und westlich des Jordans«.

Sein Vater und seine Brüder wollten ihm diese Unbotmäßigkeit ausreden: »Und Ham, sein Vater, und seine Brüder Kusch und Mizraim sagten zu ihm: Du hast dich in einem Land niedergelassen, das nicht dir gehört und das uns nicht zugefallen ist. Tu das nicht, wenn du es tust, werden du und deine Söhne der Unbotmäßigkeit beschuldigt werden. Denn unbotmäßig habt ihr das Land in Besitz genommen, und ihr werdet für immer entwurzelt sein. Bleibe nicht in Sems Land, denn Sem und seinen Söhnen ist es zugefallen.«

Aber Kanaan hörte nicht auf sie und blieb mit seinen Söhnen im Lande Libanon. Darum wurde das Land später Kanaan genannt.

Hinter der biblischen und der pseudoepigrafischen Erzählung von der Usurpation eines Sohnes von Ham steckt eine ähnliche Usurpation, die sich ein Nachkomme des ägyptischen Gottes angemaßt hat. Man muß bedenken, daß damals die Zuteilung von Land und Territorium nicht von Menschen vorgenommen wurde, sondern von Göttern. Die Götter, nicht die Menschen, waren die Landbesitzer. Ein Volk konnte sich nur irgendwo niederlassen, wenn ihm das Land von seinem Gott zugewiesen wurde, und konnte nur ein Land besetzen, wenn sein Gott oder seine Göttin das Gebiet durch ein Abkommen oder mit Gewalt an sich gebracht hatte. Die Inbesitznahme des Gebiets zwischen dem Flughafen auf der Halbinsel Sinai und dem Landeplatz in Baalbek durch ein Abkommen Hams wäre nur möglich gewesen, wenn ein Nachkomme der hamitischen Gottheiten, also ein jüngerer ägyptischer Gott, das Gebiet an sich gerissen hätte.

Und das war tatsächlich das Ergebnis des Ersten Pyramidenkrieges.

Seths unbefugtes Eindringen in Kanaan bedeutete, daß alle mit der Raumfahrt zusammenhängenden Orte — Gise, die

Sinaihalbinsel, die Kontrollzentrale — unter die Herrschaft
der Enki-Götter geraten waren. Das konnten die Enliliten
nicht ruhig hinnehmen. Kurz danach — meiner Meinung
nach dreihundert Jahre später — entfachten sie absichtlich
einen Krieg, um die Usurpatoren zu vertreiben. Diesen Zweiten Pyramidenkrieg beschreiben mehrere Texte, sowohl in
der ursprünglichen sumerischen Sprache als auch in akkadischen und assyrischen Übersetzungen. Sie werden von den
Wissenschaftlern Kur-Mythen genannt (Kur = Gebirgsländer). In Wirklichkeit sind es poetisch verbrämte Kriegsbe-
richte, das heißt, Berichte über den Krieg, bei dem es um die
Erhebungen geht, die mit der Raumfahrt zu tun haben: Moria, Harsag (Katharinenberg auf der Sinaihalbinsel) und der
Ekur in Ägypten (Große Pyramide).

Aus den Texten geht klar hervor, daß die enlilitische Streitmacht von Ninurta, Enlils oberstem Kriegsherrn, angeführt
wurde, und daß sich das erste Treffen auf der Halbinsel
Sinai ereignete. Dabei wurden die hamitischen Götter geschlagen. Sie zogen sich zurück, um den Krieg von den afrikanischen Gebirgsländern aus fortzusetzen. Ninurta nahm
die Herausforderung an und schritt in der zweiten Phase
des Krieges zum Angriff gegen die Hochburgen des Feindes. In der letzten Phase wurde der Krieg bei der Großen
Pyramide ausgetragen, der letzten, aber uneinnehmbaren
Hochburg. Hier wurden die hamitischen Götter so lange be-
lagert, bis sie keine Nahrungsmittel und kein Wasser mehr
hatten.

Der Zweite Pyramidenkrieg wurde in vielen sumerischen
Protokollen besungen, sowohl schriftlich als auch bild-
lich.

Die Hymnen auf Ninurta schildern seine Heldentaten, die
Hymne »Wie Anu bist du geschaffen« seinen Sieg. Die
hauptsächliche Kriegschronik ist der epische Text »Lugal-e
Ud Melam-bi«, den Samuel Geller in seinem Buch »Altorientalische Texte und Untersuchungen« veröffentlicht hat. Er
beginnt folgendermaßen:

»König, die Glorie deines Tages ist herrlich;
Ninurta, Oberster, dem göttlichen Kräfte innewohnen,
der du dich mutig in die Kämpfe
in den Gebirgsländern vorgewagt hast.
Gleich einer Flut, die nicht aufzuhalten ist,
hast du das Feindesland wie mit einem Gürtel fest umschnürt.
Oberster, der du dich in die Schlacht stürzest,
Held, der in seiner Hand die göttliche glänzende Waffe trägt.
Herr, du hast das Bergland als dein Geschöpf erobert;
Ninurta, Königssohn, dem von seinem Vater Macht verliehen ward;
Held, angsterfüllt hat dir die Stadt sich ergeben.
O Mächtiger — die große Schlange, den heroischen Gott,
hast du von allen Bergen heruntergerissen.«

So preist der Text Ninurta, seine Taten, seine glänzende
Waffe, aber auch der Ort des Geschehens — die Gebirgsländer — kommt darin vor sowie sein Hauptgegner, »die große
Schlange«, der Führer der ägyptischen Gottheiten. Mehrmals wird er Azag und einmal Asar genannt; beide Bezeichnungen sind Beinamen von Marduk, woraus zu ersehen ist,
daß die Anführer im Zweiten Pyramidenkrieg einerseits Enlils Sohn Ninurta und andererseits Enkis Sohn Marduk waren.

Die zweite Tafel — im ganzen sind es dreizehn — schildert
die erste Schlacht. Ninurtas Überlegenheit wird nicht nur
seinen göttlichen Waffen zugeschrieben, sondern auch einem neuen Flugzeug, das er selbst gebaut hat, als Ersatz für
sein früheres, das infolge eines Unfalls unbrauchbar geworden war. Es wurde Imdugud genannt. Die gewöhnliche Übersetzung lautet »Göttlicher Sturmvogel«, aber in Wirklichkeit bedeutet die Bezeichnung wörtlich: »Das, was wie ein
heldenhafter Sturm läuft«. Aus verschiedenen Texten ist zu
ersehen, daß seine Flügelspannweite ungefähr zwanzig Meter betrug.

Archaische Rollsiegel stellen es als mechanisch betriebenen
»Vogel« dar, mit zwei Flügeln, die von Spanten gestützt werden. Das Untergestell hat runde Öffnungen, vielleicht für
den Ausstoß eines Strahltriebwerks (Abb. 47 a). Dieses vor
Jahrtausenden geschaffene Flugzeug ähnelt nicht nur den

Doppeldeckern des modernen Zeitalters, sondern in verblüffender Weise auch der Skizzen, die Leonardo da Vinci im Jahr 1497 gemacht hat (Abb. 47 b). So hat er sich damals ein von Menschenkraft getriebenes Flugzeug vorgestellt.

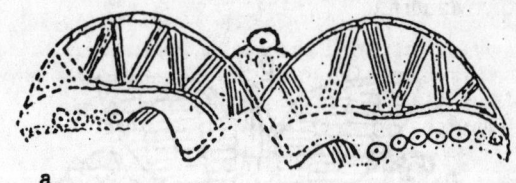

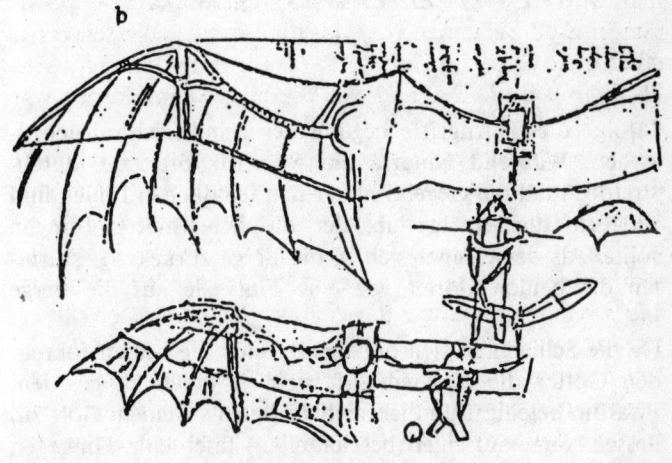

Abb. 47 a und b

Der Imdugud hatte vielleicht irgendwie mit Ninurtas Emblem zu tun, einem Adler, der auf zwei Löwen sitzt, manchmal auch auf zwei Stieren (Abb. 48).

Mit diesem Flugzeug flog Ninurta während der Kämpfe im Zweiten Pyramidenkrieg so hoch, daß seine Gefährten ihn nicht mehr zu sehen vermochten. »Dann schoß er in seinem geflügelten Vogel von oben herab auf die Befestigungen zu. Wenn sein Vogel sich dem Boden näherte, zertrümmerte Ninurta die Mauern.«

Abb. 48

Infolge dieser Angriffe begann der Feind, sich zurückzuziehen. Während Ninurta die Angriffe fortsetzte, durchstreifte Adad die Gegend hinter den feindlichen Linien und zerstörte den Nachschub, der die Lebensmittel bringen sollte. Als der Gegner sich in die Berge zurückzog, stürmten die beiden Götter wie eine Flutwelle auf die Berge los.

Da die Schlachten sich hinzogen, riefen die beiden führenden Götter die anderen auf, sich zu ihnen zu gesellen. »Warum beteiligst du dich nicht?« riefen sie einem Gott zu, dessen Name auf einer (beschädigten) Tafel fehlt. Hingegen heißt es von Istar: »Im Waffengeklirr, bei den heldenhaften Taten, hielt Istar ihren Arm nicht zurück.« Als die beiden Götter sie gewahrten, riefen sie ihr aufmunternd zu: »Komm hierher — sofort! Setz deinen Fuß fest auf die Erde! In den Bergen erwarten wir dich.«

»Die Göttin holte die Waffe, die herrlich glänzt, hervor und

machte für sie ein Horn.« (Dieses Horn diente zum Zielen.)
»Als sie sie gegen den Feind benutzte, wurde der Himmel rot
wie gefärbte Wolle. Der Strahl zerriß den Feind, so daß er
sein Herz mit der Hand umklammerte.«

Die Tafeln V—VIII sind so beschädigt, daß sich nur wenig
entziffern läßt. Es scheint, daß sich nach dem Angriff, bei
dem Istar den Göttern beistand, ein großes Gejammer im
Feindesland erhob. »Furcht vor Ninurtas Glanz ergriff das
Land, und die Bewohner mußten statt Weizen und Gerste Er-
satzmittel nehmen, um Mehl zu mahlen.«

Die feindliche Streitmacht zog sich weiter nach Süden zurück.
Jetzt nahm der Krieg wirklich häßliche Züge an. Ninurta
führte die Enliliten in Nergals afrikanische Domäne und zu
dessen Tempelstadt Meslam. Sie verbrannten die Erde und
färbten die Flüsse rot vom Blut unschuldiger Zuschauer; es waren Männer, Frauen und Kinder aus dem Ab-Zu.

Ninurta machte die Stadt dem Erdboden gleich und erwarb
sich damit den Titel »Vernichter von Meslam«. Bei diesen
Kämpfen benutzten die Angreifer sogar chemische Waffen.
»Ninurta ließ gifttragende Geschosse auf die Stadt regnen,
und das Gift zerstörte von selbst die Stadt.«

Die Überlebenden flüchteten in die umliegenden Berge.
Aber Ninurta »schlug sie mit der Waffe, die Feuer auf die
Berge wirft; die göttliche Waffe, deren Zahn bitter ist, überwältigte sie«. Auch hier scheint ein chemisches Gift angewendet worden zu sein:

> »Die Waffe, die einen der Sinne beraubt,
> ihr Zahn häutete sie.
> Zerrissenheit erstreckte er über das Land.
> Die Kanäle füllte er mit Blut,
> im Feindesland sollten die Hunde es wie Milch auflecken.«

Voller Entsetzen über die erbarmungslose Schlächterei rief
Azag seine Anhänger auf, keinen Widerstand mehr zu leisten. »Gegen den Herrn Ninurta hob Azag nicht den Arm.
Die Waffen von Kur wurden mit Erde bedeckt, sie zu verstecken. Azag holte sie nicht hervor.«

Ninurta sah in dem mangelnden Widerstand ein Zeichen des Sieges. Ein Text besagt, daß er nach der Besetzung von Harsag (Halbinsel Sinai) die Götter, die sich hinter die Mauern von Kur zurückgezogen hatten, in den Bergen schlug. Danach stimmte er ein Siegeslied an:

> »Mein Schrecken verbreitender Glanz ist mächtig
> wie der des Herrn Anus.
> Wer kann dagegen an?
> Ich bin Herr der hohen Berge,
> der Berge, die ihren Gipfel zum Himmel erheben.
> In den Bergen bin ich der Herr.«

Aber der Triumphgesang war verfrüht. Dank seiner Taktik, keinen Widerstand zu leisten, war es Azag geglückt, der Vernichtung zu entgehen. Die Hauptstadt war zwar zerstört, aber nicht die feindlichen Führer. Im Lugal-e-Text steht die nüchterne Bemerkung: »Den Skorpion von Kur hat Ninurta nicht getötet.« Der Feind zog sich nun in die Große Pyramide zurück, wo »kunstfertige Handwerker« — Enki? Thoth? — »eine Schutzmauer hochzogen, gegen die der Glanz nicht ankam«. Sie schufen auch einen Schild, den die tödlichen Strahlen nicht durchdringen konnten.

Unsere Kenntnisse von der letzten und dramatischsten Phase des Zweiten Pyramidenkrieges beruhen auf Texten, die von der »anderen Seite« stammen. Wie Ninurtas Gefolgsleute Hymnen auf ihn schrieben, so auch die Anhänger Nergals auf ihren Führer. Diese Hymnen wurden ebenfalls von Archäologen entdeckt und von J. Bollenrücher in seinem Buch »Gebete und Hymnen an Nergal« veröffentlicht. Zuerst werden Nergals Heldentaten in diesem Krieg gepriesen. Dann wird geschildert, wie die anderen Götter in Gise umzingelt waren. Aber Nergal »stahl sich nachts hinaus«, mit furchtbaren Waffen und begleitet von seinen Offizieren, und durchbrach die Umzingelung, um zur Großen Pyramide (Ekur) zu gelangen. Er erreichte sie und trat durch »die Türen, die sich von selbst öffnen«, ein. Jubelnd wurde er begrüßt:

»Göttlicher Nergal, bei Nacht stahl sich der Herr hinaus,
war erschienen zum Kampf!
Seine Peitsche knallt, seine Waffen klirren.
Er, der willkommen ist, seine Macht ist groß.
Gleich einem Traum erschien er auf der Schwelle.
Göttlicher Nergal, der willkommen ist,
bekämpfe den Feind von Ekur,
strecke nieder den Wilden von Nippur!«

Die letzten Phasen des Zweiten Pyramidenkrieges hat
George A. Barton (»Verschiedene babylonische Texte«) aus
Fragmenten eines beschriebenen Tonzylinders zusammengesetzt, die man in den Ruinen von Enlils Tempel in Nippur gefunden hat:

»Der Wasserstein, der spitze Stein . . .
der Herr Nergal verstärkte seine Kraft.
Die schützende Tür hat er . . .
Zum Himmel hob er die Augen, grub tief in das, was Leben gibt . . .
im Haus gab er ihnen Nahrung.«

Nachdem die Verteidigung der Pyramide so verstärkt worden war, änderte Ninurta seine Taktik. Er rief Utu (Schamasch) an, die Wasserzufuhr der Pyramide abzustellen, den
»Wasserstrom«, der in der Nähe des Fundaments seinen
Lauf hatte. Was darauf folgt, läßt sich nicht entziffern; aber
anscheinend erfüllte diese Taktik ihren Zweck.

In ihrer letzten Festung, abgeschnitten von Lebensmitteln
und Wasser, taten die belagerten Götter ihr Bestes, die Angreifer abzuwehren. Bis jetzt war trotz den hitzigen Kämpfen
keiner von ihnen gefallen. Nun aber schlich sich einer der
jüngeren Götter — vermutlich Horos —, als Widder verkleidet, aus der großen Pyramide. Er wurde von Ninurtas glänzender Waffe getroffen und verlor dabei das Augenlicht. Da
flehte eine Göttin, die bekannt war für ihre medizinischen
Wunder, Ninurta an, dem jungen Gott den Tod zu erspa-
ren.

In anderen sumerischen Texten ist die Rede von »einem
Sohn, der seinen Vater nicht kannte«. Diesen Beinamen trug
Horos, der nach dem Tod seines Vaters geboren wurde. In

der ägyptischen »Sage vom Widder« wird erklärt, Horos habe die Verletzung seiner Augen erlitten, als »ein Gott Feuer auf ihn blies«.

Auf den Schrei der Göttin hin beschloß Ninharsag, dem Kampf ein Ende zu machen.

Die neunte Tafel des Lugal-e-Textes beginnt damit, daß Ninharsag dem Anführer der Enliliten, ihrem Sohn Ninurta, ihren Entschluß kundtut, die Kampflinien zu überqueren und den Feindseligkeiten ein Ende zu machen:

> »Zu dem Hause, wo das Messen mit der Schnur anfängt,
> wo Asar seine Augen zu Anu erhob, will ich gehen.
> Die Schnur will ich durchschneiden
> um der kriegführenden Götter willen.«

Ihre Ziel, »das Haus, wo das Messen mit der Schnur anfängt«, das war die Große Pyramide!

Ninurta war zuerst erstaunt über ihren Entschluß, »allein das Feindesland zu betreten«, doch da er sie davon nicht abbringen konnte, versorgte er sie mit »Kleidern, die sie unerschrocken machten« (Energiestrahlung?). Als sie sich der Pyramide näherte, sprach sie Enki an: »Sie ruft ihm zu ... sie fleht ihn an ...« Der Wortwechsel fehlt auf der beschädigten Tafel; jedenfalls willigte Enki ein, ihr die Pyramide zu überlassen:

> »Das Haus, das wie ein Haufen ist,
> das ich aufgehäuft habe, seine Herrin mögest du sein.«

Allerdings wurde eine Bedingung gestellt: Die Übergabe sollte erst erfolgen, wenn »die von Schicksal bestimmte Zeit« gekommen war. Ninharsag nahm diese Bedingung an.

Viele fragmentarische Texte schildern die folgenden Ereignisse, am dramatischsten ein Text, der »Ich singe das Lied der Mutter der Götter« heißt. Als erster hat P. Dhorme ihn in seiner Studie »La Souveraine des Dieux« veröffentlicht. Es ist ein poetischer Text, in dem Ninmah (große Herrin) in ihrer Rolle als Mammi (Mutter der Götter) auf beiden Seiten der Kampflinien gepriesen wird.

Sowohl die Kriegführung und die Teilnehmer als auch die nahezu globale Ausdehnung werden kurz beschrieben. Auf der einen Seite waren es Ninmahs Erstgeborener (Ninurta) und Adad, zu denen sich bald Sin und später Inanna (Istar) gesellten. Auf der anderen Seite sind aufgezählt: Nergal, »ein mächtiger, fliegender Gott«, Ra (Marduk), »Gott der beiden großen Häuser« (der beiden großen Pyramiden von Gise) sowie Horos, der in einem Widderfell zu fliehen versucht hat.

In der Gewißheit, daß Anu ihr Tun billigte, überbrachte Ninharsag Enlil das Kapitulationsangebot Enkis. Sie traf ihn zusammen mit Adad — Ninurta war auf dem Schlachtfeld geblieben — und bat die beiden Götter, nachdem sie ihre Gedanken dargelegt hatte: »Oh, höret meine Gebete!« Adad war zuerst unnachgiebig:

> »Darauf sagte Adad: Wir erwarten den Sieg.
> Die feindliche Streitmacht ist geschlagen.
> Dem Erbeben des Landes konnte sie nicht Widerstand leisten.«

Wenn sie den Feindseligkeiten ein Ende machen wolle, fuhr Adad fort, müßten die Verhandlungen davon ausgehen, daß die Enliliten gesiegt hätten.

> »Geh und sprich mit dem Feind.
> Er soll Gespräche führen, so daß die Angriffe aufhören können.«

Enlil unterstützte den Vorschlag mit weniger schroffen Worten:

> »Enlil öffnete den Mund,
> in der Versammlung der Götter sagte er:
> Anu hat auf dem Berg die Götter versammelt,
> den Krieg zu beenden, Frieden zu bringen,
> und er hat die Mutter der Götter abgesandt, mich zu überzeugen.
> Laßt die Mutter der Götter unsere Gesandte sein.«

Zu seiner Schwester sagte er in versöhnlichem Ton:

> »Geh, beschwichtige meinen Bruder!
> Reich ihm die Hand um des Lebens willen.
> Aus seiner versperrten Tür laß ihn hervorkommen!«

Ninharsag tat, wie geheißen, und ging, den Bruder zu holen. Sie teilte ihm mit, daß seine Sicherheit und die seines Sohnes »durch die Sterne, die ihr ein Zeichen geben«, gewährleistet sei.

Als Enki zögerte, sagte sie zärtlich zu ihm: »Komm, laß mich dich hinausführen.« Daraufhin gab er ihr seine Hand.

Sie führte ihn und die anderen Verteidiger zum Harsag, wo sie wohnte. Ninurta und seine Krieger sahen die Enkiten, wie sie sich von der Großen Pyramide zurückzogen.

Und das große, uneinnehmbare Bauwerk stand unbesetzt, stumm.

Wer heute die Große Pyramide besichtigt, findet ihre Gänge und Kammern leer. Das komplizierte Innere scheint zwecklos, ja sinnlos zu sein.

So ist es, seit die ersten Menschen die Pyramide betreten haben. Aber so war es nicht, als Ninurta sie — meiner Berechnung nach ungefähr 8670 v. Chr. — betrat. »In das strahlende Gebäude, verlassen von seinen Verteidigern«, trat Ninurta ein, wie es in den sumerischen Texten heißt. Was er danach tat, das veränderte nicht nur das Innere und das Äußere der Großen Pyramide, sondern auch die Geschichte der Menschen.

Als Ninurta zum erstenmal in das »Haus, das wie ein Berg ist«, ging, muß er sich gefragt haben, was er wohl darin finden würde. Erdacht von Enki (Ptah), geplant von Ra (Marduk), erbaut von Geb, ausgestattet von Thoth, verteidigt durch Nergal — welche Geheimnisse barg diese uneinnehmbare Festung?

In der glatten, festen Nordwand befand sich ein beweglicher Stein, den massige, diagonal eingesetzte Blöcke schützten, der den Weg freigab. Ein abschüssiger Gang führte geradewegs zu den unteren Kammern, wo Ninurta sah, daß die Verteidiger auf der Suche nach unterirdischem Wasser einen Schacht gegraben hatten. Aber seine Neugier galt den oberen Gängen und Kammern: Dort reihten sich die »magischen« Steine, himmlische und irdische Mineralien und Kristalle, dergleichen er noch nie gesehen hatte. Von hier aus hatte man die pulsierenden Strahlen ausgesandt, die der Orientierung der Astronauten und der Verteidigung des Bauwerks dienten.

Neugierig besichtigte Ninurta die aufgereihten »Steine« und Apparate. Während er bei jedem stehenblieb, ergründete er seine Bestimmung. Die Tafeln X—XIII des Lugal-e-Textes schildern nicht nur diese »Bestimmungen«, sondern auch die Reihenfolge, in der Ninurta vor ihnen stehenblieb. Wenn man diesen Text richtig deutet, enthüllt sich das Geheimnis der inneren Struktur der Pyramide, ihres Zweckes und ihrer Funktion.

Als Ninurta weiterging, folgte er an der Stelle, wo die eindrucksvolle Galerie und der horizontale Gang abzweigten, zuerst dem Gang. Er erreichte eine große Kammer mit spitzem Dach, die im Ninharsag-Poem als Vulva bezeichnet wird. Die Achse dieser Kammer liegt genau auf der ost-westlichen Mittellinie der Pyramide. Ihre Ausstrahlung »die ist wie ein Löwe, den niemand anzugreifen wagt« — rührte von einem Stein her, der einer in der Ostwand ausgehöhlten Nische angepaßt war (Abb. 49). Das war der Scham (Stein des Schicksals), der in der Dunkelheit rotes Licht verbreitete. Er war das pulsierende Herz der Pyramide. Aber er war Ninurta verhaßt, weil seine Kraft während der Schlacht, als sich Ninurta in der Luft befand, »dazu benutzt worden war, mich zu töten«. Er befahl, ihn herauszureißen und zu zertrümmern, »für immer zu zerstören«.

Er kehrte zu der Abzweigung zurück, um sich in der Galerie umzusehen (Abb. 45). So sinnreich und kunstvoll die ganze Pyramide auch wirkte, dieser Anblick war atemraubend und einmalig. Im Vergleich zu den Gängen war sie riesig, etwa neun Meter hoch, in überlappenden sieben Stufen errichtet, so daß sich die Wände immer mehr verengten. Auch die Decke hatte schräge Abschnitte; war winklig in die massiven Wände eingesetzt, damit kein Druck auf den unteren Abschnitt ausgeübt wurde. Im Gegensatz zu den Gängen, wo nur »ein gedämpftes grünes Licht glühte«, glitzerte die Galerie in allen Farben. »Ihr Gewölbe ist wie ein Regenbogen;

hier endet die Dunkelheit.« Die vielfarbigen Lichter wurden von siebenundzwanzig verschiedenen Kristallpaaren ausgestrahlt, die in gleichem Abstand auf beiden Seiten der Gale-

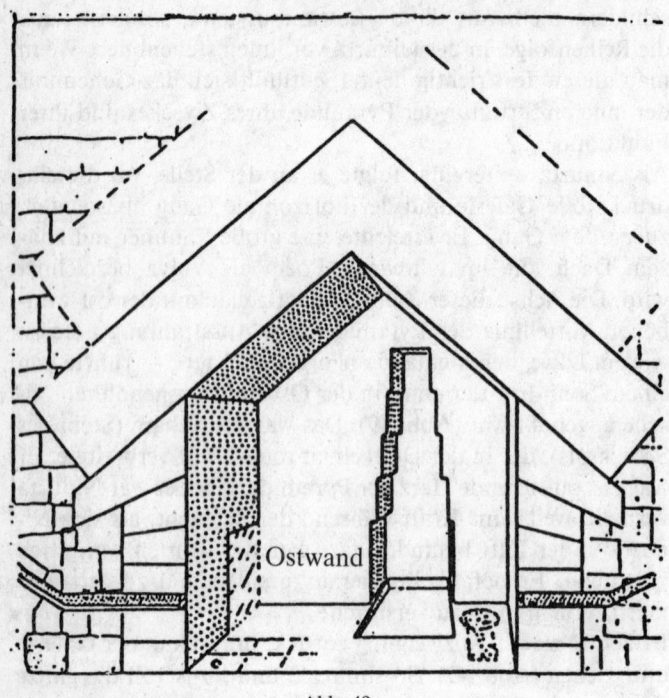

Abb. 49

rie die ganze Länge einnahmen (Abb. 50 a). Diese Steine befanden sich in Aushöhlungen unten an den Rampen, und jeder Kristall erstrahlte in einer anderen Farbe, wodurch die Regenbogenwirkung entstand. Ninurta ging an ihnen vorbei; sein Ziel war die oberste Kammer mit ihrem pulsierenden Stein (Abb. 50 b).

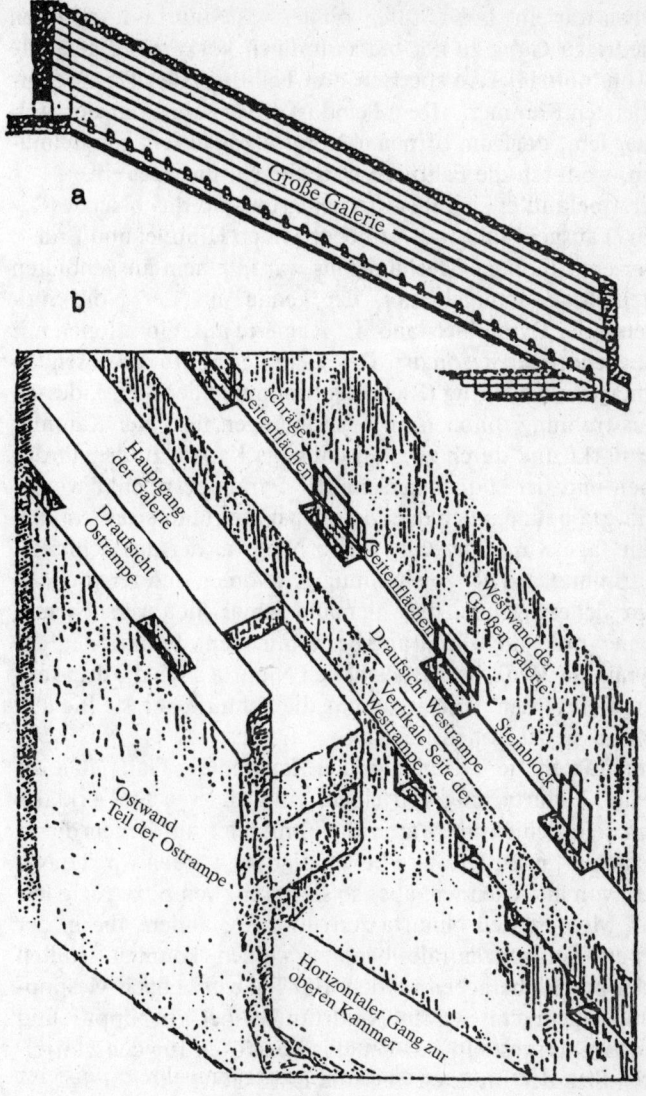

a

Große Galerie

b

Schräge Seitenflächen

Hauptgang der Galerie

Draufsicht Ostrampe

Seitenflächen

Westwand der Großen Galerie

Draufsicht Westrampe

Steinblock

Vertikale Seite der Westrampe

Ostwand Teil der Ostrampe

Horizontaler Gang zur oberen Kammer

Abb. 50 a und b

Oben war eine hohe Stufe, von der aus Ninurta durch einen niedrigen Gang zu der merkwürdigen Vorkammer gelangte (Abb. 46). Hier versperrten drei Falltüren den Zugang zur obersten Kammer: »Dem Feind ist er verwehrt, nur der, welcher lebt, darf ihn öffnen.« Ninurta zog an einigen Schnüren, wodurch die Falltüren hochgingen, und trat ein.

Jetzt befand er sich im Allerheiligsten, wo das »Netz« (Radar?) ausgespannt war, »zu beobachten Himmel und Erde«. Der empfindliche Mechanismus war in einem ausgehöhlten Steinblock untergebracht, der genau auf der Nord-Süd-Achse der Pyramide stand. Er reagierte auf Vibrationen mit glockenartiger Resonanz. Das Herz der richtungsweisenden Anlage war der Gug (Richtung bestimmender Stein), dessen Ausstrahlung durch fünf Aushöhlungen über der Kammer verstärkt und durch zwei abschüssige Kanäle zu der nördlichen und der südlichen Seite der Pyramide gelenkt wurde. Ninurta befahl, auch diesen Stein zu zertrümmern: »An diesem Tage wurde der Gug durch Ninurta, der das Schicksal bestimmte, aus der Aushöhlung genommen und zerstört.«

Um sicherzugehen, daß niemand jemals den Versuch machen würde, die »Richtung bestimmenden« Funktionen der Pyramide wiederherzustellen, ließ Ninurta auch die drei Falltüren entfernen. »Er zerschnitt die Schnüre, die sie hielten, so daß sie zu Boden fielen.«

Nun kamen die Kristalle an den Rampen der Galerie an die Reihe. Ninurta ging von einem zum anderen und erklärte ihm sein Schicksal. Wären die Tontafeln, auf denen dieser Text steht, nicht teilweise beschädigt, so würden wir die Namen von allen kennen, aber so sind nur zweiundzwanzig lesbar. Mehrere ließ Ninurta zertrümmern; andere, die in der neuen Kontrollzentrale benutzt werden konnten, sollten Schamasch übergeben werden. Ein Teil wurde nach Mesopotamien gebracht und in Ninurtas Tempel, in Nippur und sonstwo ausgestellt, um Zeugnis abzulegen für den glorreichen Sieg der Enliliten über die Enki-Götter.

All dies, so verkündete Ninurta, tat er nicht nur seinetwegen, sondern auch für zukünftige Generationen: »Möge die Furcht vor dir« — vor der Großen Pyramide — »meinen Nachkommen genommen sein, möge der Friede für sie gewährleistet sein.«

Nun blieb nur noch der Gipfelstein, der Ul (Hoher am Himmel). »Mögen die Kinder der Mutter ihn nie mehr sehen«, ordnete er an, und als der Stein herunterfiel, rief er: »Halte sich jeder fern!« Die »Steine«, die Ninurta so verhaßt waren, gab es nicht mehr.

Danach wurde Ninurta von seinen Kameraden gezwungen, das Schlachtfeld zu verlassen und heimzugehen. »Wie Anu bist du beschaffen«, priesen sie ihn. »Freue dich, daß du das strahlende Haus, bei dem die Messung mit der Schnur beginnt, betreten hast. Jetzt kehre heim zu deiner Frau und deinem Sohn, die dich erwarten. In der Stadt, die du liebst, in Nippur, möge dein Herz Ruhe finden, möge dein Herz beschwichtigt sein.«

Abb. 51

Der Zweite Pyramidenkrieg war beendet, aber seine Heftigkeit, die Heldentaten und Ninurtas Sieg bei den Pyramiden von Gise wurden noch lange danach durch Prosa und Lyrik in Erinnerung gehalten, auch durch ein Rollsiegel, das Ninurtas göttlichen Vogel, von Lorbeer umkränzt, im triumphierenden Flug über den beiden Pyramiden zeigt (Abb. 51).

Die Große Pyramide, kahl und ohne Gipfelstein, blieb als stummer Zeuge der Niederlage ihrer Verteidiger an ihrem Platz stehen.

9
Friede auf Erden

Wie endeten die Pyramidenkriege?

Sie endeten wie alle großen Kriege in historischer Zeit: mit einer Friedenskonferenz wie etwa dem Wiener Kongreß (1814/15), der die Karte von Europa nach den Napoleonischen Feldzügen veränderte, und der Friedenskonferenz in Paris am Ende des Ersten Weltkrieges, die zum Versailler Vertrag führte.

Den ersten Hinweis darauf, daß sich die streitenden Anunnaki vor 10 000 Jahren auf ähnliche Weise versammelt haben, hat die von George A. Barton gefundene Inschrift auf einem Tonzylinder gebracht. Es ist die akkadische Version eines früheren sumerischen Textes, und Barton hat daraus den Schluß gezogen, daß sie von dem akkadischen König Naram-Sin stammt, der um 2300 v. Chr. die Plattform von Enlils Tempel in Nippur wiederherstellen ließ. Beim Vergleich dieses Textes mit Inschriften von gleichzeitig herrschenden Pharaonen fiel Barton auf, daß im Mittelpunkt der ägyptischen Texte sowohl der König als auch seine Besitztümer stehen, wohingegen der mesopotamische Text hauptsächlich von der Gemeinschaft der Götter handelt, also nicht von den Bestrebungen des Königs, sondern von den Angelegenheiten der Götter.

Obwohl einzelne Teile des Textes fehlen, vor allem am Anfang, geht daraus hervor, daß sich die führenden Götter nach einem großen und erbitterten Krieg versammelt haben, und zwar auf dem Harsag, Ninharsags Bergwohnung auf der Sinaihalbinsel. Aber Ninharsag wird nicht als wirklich neutrale Persönlichkeit dargestellt, denn wiederholt bezeichnet der Text sie mit dem Beinamen Tsir (Schlange), der sie als ägyptisch (enkitische) Göttin abstempelt und sie verunglimpft.

Zu Anfang werden, wie gesagt, die letzten Phasen des Krieges beschrieben, auch die Umstände in der belagerten Pyramide sowie der »Aufschrei« der Verteidiger, der Ninharsag bewegt, sich einzumischen.

Weiter erfährt man, daß Ninharsag zuerst den Gedanken erwägt, dem Kampf ein Ende zu machen und eine Friedenskonferenz in Enlils Lager einzuberufen.

Darauf bezichtigen die Enliliten sie, mit den »Dämonen« zu paktieren und ihnen helfen zu wollen. Ninharsag bestreitet das mit den Worten: »Mein Haus ist rein.« Aber ein Gott — seine Identität ist unklar — fordert sie sarkastisch heraus: »Ist das höchste Haus« — gemeint ist die Pyramide — »das hellste von allen, auch rein?«

»Davon kann ich nicht sprechen«, entgegnet Ninharsag, »sein Glanz kränkelt.«

Nach einer teilweisen Zurücknahme der bitteren Beschuldigungen und Erklärungen wurde eine symbolische Versöhnung gefeiert. Man füllte zwei Krüge mit Wasser aus dem Euphrat und dem Tigris, und Ninharsag wurde sozusagen getauft, was bedeutete, daß man sie in Mesopotamien wieder willkommen hieß. Enlil berührte sie mit seinem »glänzenden Zepter, und die Mächtige wurde nicht entthront«.

Danach sagte Enlil zu ihr: »Geh, beschwichtige meinen Bruder.«

Ich habe bereits einen anderen Text angeführt, der erzählt, daß Ninharsag die Kampflinien überquerte, um einen Waffenstillstand zu bewirken. In diesem Text bringt sie Enki und seine Söhne in ihre Wohnung auf dem Harsag, wo die enlilitischen Götter sie bereits erwarten.

Nach der Ankündigung, daß sie Anu vertrete, »den großen Anu, den Schiedsrichter«, vollzog Ninharsag eine eigene symbolische Zeremonie. Sie zündete sieben Feuer an, eines für jeden der versammelten Götter: für Enki und seine beiden Söhne sowie für Enlil und seine drei Söhne (Ninurta, Adad und Sin). Dabei sang sie: »Ein Feueropfer für Enlil von Nippur ... für Ninurta ... für Adad ... für Enki, der aus dem Abzu gekommen ... für Nergal, aus Meslam herbeigekommen.« Am Abend war der ganze Ort hell erleuchtet, »als hätte die Göttin das große Licht der Sonne entflammt«.

Ninharsag beschwor dann die Weisheit der Götter und pries die Vorzüge des Friedens: »Mächtig sind die Früchte des weisen Gottes. Der göttliche Fluß wird zu den Pflanzen kommen; seine Überschwemmung wird das Land zu einem Garten Gottes machen.« Die Überfülle der Pflanzen und Tiere, des Getreides, der Weinreben und Früchte, die dreifach sprießende Menschheit, die anpflanzen, bauen und den Göttern dienen würde — alles, was der Friede bringen würde, das malte sie aus.

Nachdem Ninharsag ihr Friedensorakel beendet hatte, sprach Enlil als erster. Er sagte zu Enki: »Abgewendet ist das Elend vom Antlitz der Erde, die Waffen ruhen.« Er erklärte sich bereit, Enki wieder in seine Wohnung in Sumer einziehen zu lassen, und fügte hinzu: »Edin soll ein Platz für das heilige Haus werden, mit viel Land ringsum, das Früchte für den Tempel bringt, weil die Felder besät sind.«

Als Ninurta das hörte, rief er: »Laßt es nicht dazu kommen!«

Wieder meldete sich Ninharsag zu Wort. Sie erinnerte Ninurta daran, wie er sich Tag und Nacht abgeschuftet hatte, um Ackerbau und Viehhaltung zu ermöglichen, um Fundamente, Dämme und Gräben zu schaffen. Dann aber habe der Krieg alles zunichte gemacht. »Herr des Lebens, Gott der Früchte«, flehte sie ihn an, »laß das gute Bier in doppeltem Maß fließen, laß die Wolle reichlich entstehen! Willige in die Friedensbedingungen ein!«

Überwältigt gab Ninurta nach: »O meine Mutter, Glänzende! Das Weizenmehl will ich nicht zurückhalten. Im

Reich soll der Garten wiederhergestellt werden. Allem Elend
ein Ende zu machen, bin ich bereit.«
Jetzt konnten die Friedensverhandlungen vorangetrieben
werden. Im folgenden zitiere ich aus dem Text »Ich singe das
Lied von der Mutter der Götter«.
Als erster sprach Enki vor den Anwesenden:

> »Enki richtete seine Worte an Enlil.
> O du, der Erste unter den Brüdern,
> Himmelsstier, der das Schicksal der Menschheit in Händen hält,
> in meinen Landen ist Trostlosigkeit weit verbreitet;
> alle Wohnungen sind infolge deiner Angriffe von Leid erfüllt.«

Der erste Punkt der Tagesordnung war nun die Einstellung
der Feindseligkeiten, Friede sollte auf Erden herrschen, und
Enlil stimmte gern unter der Bedingung zu, daß dem Streit
um die Territorien ein Ende gemacht und die Länder, die von
Rechts wegen den Enliliten und Schems Nachkommen gehörten, von den Enkiten geräumt würden. Enki erklärte sich
dazu bereit:

> »Ich gewähre dir die Stellung des Herrschers
> in der beschränkten Zone der Götter.
> Den strahlenden Ort, deinen Händen will ich ihn anvertrauen!«

Die »beschränkte Zone« (die Sinaihalbinsel mit dem Flughafen) und der »strahlende Ort« (Sitz der Kontrollzentrale) boten Enki eine feste Position. Dafür sollte Enlil und seinen
Nachkommen die Herrschaft über den Gise-Komplex für
alle Zeiten der Enki-Sippe zugesprochen werden.
Enlil erklärte sich einverstanden, aber nicht, ohne eine Bedingung zu stellen. Enkis Söhne, die den Krieg verursacht
und die Große Pyramide zu Kampfzwecken benutzt hatten,
sollten von der Herrschaft über Gise, übrigens über ganz Unterägypten, ausgeschlossen werden.
Nach längerem Nachdenken willigte Enki ein. Dann verkündete er seine Entscheidung. Der Herr über Gise und Unterägypten sollte ein junger Sohn von ihm sein, der die Göttin
geheiratet hatte, die seinem Liebesverhältnis mit Ninharsag
entstammte. »Für das mächtige Haus, das wie ein Haufen

ist, ernannte er den Prinzen, dessen glänzende Frau seinem Verhältnis mit Ninharsag entstammte. Den Prinzen, der so stark wie ein ausgewachsener Steinbock war, ernannte er und trug ihm auf, über den Ort des Lebens zu wachen.« Dann verlieh er ihm den Titel Ningischzidda (Herr über das Artefakt des Lebens).

Wer war Ningischzidda? Altertumsforscher finden die Auskünfte über ihn dürftig und verworren. In mesopotamischen Texten wird er im Zusammenhang mit Enki, Dumuzi und Ninharsag erwähnt; auf der Götterliste steht er unter den Göttern Afrikas, die Nergal und Ereschkigal folgen. Auf Abbildungen ist er mit Enkis Emblem, den verschlungenen Schlangen, und mit dem ägyptischen Anch-Zeichen dargestellt (Abb. 52 a und b). Manche Texte deuten an, er sei der Sohn von Enlils Enkelin Ereschkigal. Nach meiner Überzeugung war er tatsächlich ein Sohn von Enki,

a   b

Abb. 52 a und b

den er auf seiner stürmischen Reise zur Unterwelt mit
Ereschkigal gezeugt hat. Insofern wäre er als Hüter der Geheimnisse der Pyramide für beide Teile annehmbar gewesen.

Eine Hymne, die Ake W. Sjöberg und E. Bergmann in ihrem
Buch »Sammlung sumerischer Tempelhymnen« veröffentlicht haben, stammt ihres Erachtens von der Tochter Sargons von Akkad, also aus dem dritten Jahrtausend v. Chr.
Darin wird Ningischziddas Pyramidenhaus gepriesen und
seine Lage in Ägypten bestätigt.

> »Fester Ort, heller Berg, kunstvoll gebaut.
> Seine verborgene dunkle Kammer ist Ehrfurcht einflößend,
> er steht auf einem Feld der weiten Aussicht.
> Niemand kann sein Wesen ergründen.
> Im Lande des Schutzschildes ist dein Postament
> feingewoben gleich einem Netz.
> Nachts siehst du den Himmel,
> deine alten Maße sind außerordentlich.
> Dein Inneres kennt den Ort,
> wo Utu aufsteigt, dessen Maß weit reicht.
> Dein Prinz ist der Prinz, der die Hand ausstreckt,
> dessen üppiges Haar über seinen Rücken fließt —
> der Herr Ningischzidda.«

Zweimal wird gesagt, wo dieses einzigartige Bauwerk steht:
im Lande des Schutzschildes. Im Akkadischen ist das der
mesopotamische Name Ägyptens, nämlich das Land Magan, und das heißt Land des Schutzschildes. In einer anderen Hymne, ebenfalls übersetzt von Sjöberg (Tafel UET 6/1),
wird Ningischzidda als Falke unter den Göttern bezeichnet.
So werden die ägyptischen Götter in ägyptischen Texten häufig genannt, in sumerischen Texten findet man die Bezeichnung jedoch nur noch einmal, und zwar in bezug auf Ninurta, den Eroberer der Pyramiden.

Wie nannten nun die Ägypter diesen Sohn von Enki (Ptah)?
Ihr »Gott der Schnur, welche die Erde mißt«, war Thoth. Er
wurde, wie es in den »Sagen von den Magiern« heißt, zum
Wächter der Pyramiden von Gise ernannt. Laut Manetho er-

setzte Thoth Horos auf dem ägyptischen Thron, und das geschah ungefähr 8670 v. Chr. — genau zu der Zeit, wo der Zweite Pyramidenkrieg beendet war.

Nachdem die Anunnaki ihre Streitigkeiten bereinigt hatten, befaßten sie sich mit den Angelegenheiten der Menschen.

Aus den alten Darstellungen ist ersichtlich, daß auf dieser Friedenskonferenz nicht nur die Einstellung der Feindseligkeiten und die Herrschaft über die einzelnen Gebiete besprochen wurden, sondern auch die Pläne, wo die Menschen angesiedelt werden sollten! Da heißt es: »Enki legte zu Enlils Füßen die Städte, die ihm zugesprochen waren, Enlil legte zu Enkis Füßen das Land Sumer.«

Man kann sich vorstellen, wie die beiden Brüder einander gegenüberstanden. Wie immer war Enki derjenige, dem das Schicksal der Menschheit am Herzen lag. Da das Friedensabkommen zustande gekommen war, kümmerte er sich nun um die Zukunft der Menschen. Nach der Sintflut waren sie Landwirte und Viehzüchter geworden, jetzt bot sich die Gelegenheit, vorauszuplanen, und er ergriff sie. Enki zeichnete auf den Boden — »zu Enlils Füßen« — den Städteplan der Ansiedlungen, worauf Enlil — »zu Enkis Füßen« — den Plan zeichnete, nach dem die vorsintflutlichen Städte in Südmesopotamien (Sumer) wiederaufgebaut werden sollten.

In bezug auf den Wiederaufbau der Städte in Mesopotamien stellte Enki eine Bedingung: ihm und seinen Söhnen sollte freier Zutritt zu Mesopotamien gewährt sein, und er selbst sollte Eridu, seine erste Erdstation, zurückerhalten. Enlil nahm die Bedingung an: »In meinem Land soll deine Wohnung für die Dauer sein. An dem Tag, an dem du zu mir kommst, wird der beladene Tisch Wohlgerüche für dich ausströmen.« Enki drückte die Hoffnung aus, als Dank für diese Gastfreundschaft Enlil dabei helfen zu können, Mesopotamien wieder zur Blüte zu bringen, »Überfülle dem Land zu bescheren, jedes Jahr seinen Reichtum zu vermehren«.

Nachdem alle diese Fragen bereinigt waren, kehrten Enki
und seine Söhne zu ihren afrikanischen Domänen zurück.

Nach ihrer Abreise besprach Enlil mit seinen Söhnen die Zukunft ihrer Territorien, der alten und der neuen. Das alte
Land wurde Ninurta als dem Höchststehenden anvertraut.
Adads Territorium im Nordwesten wurde »um eine Finger-
länge« (Libanon) vergrößert, so daß nun der Landeplatz in
Baalbek ihm gehörte. Das umstrittene Gebiet von der ägyptischen Grenze im Süden bis zu Adads Grenze im Norden —
das heutige Syrien war inbegriffen — wurde Nannar und seinen Nachkommen zugeteilt. Das Abkommen wurde aufgesetzt, besiegelt und mit einem Opfermahl gefeiert, an dem
alle enlilitischen Götter teilnahmen.
Eine dramatischere Schilderung dieses letzten Vorgangs findet sich in dem Text »Ich singe das Lied von der Mutter der
Götter«. Man ersieht daraus, daß die Rivalität zwischen Ninurta, dem rechtmäßigen Erben — da er der Sohn von Enlil
und dessen Halbschwester war —, und Nannar, Enlils Erstgeborenem von seiner offiziellen Gemahlin Ninlil, mit voller
Stärke ausbrach. Enlil erkannte Nannars Vorzüge durchaus
an: »Ein Erstgeborener von schönem Gesicht und vollkommenen Gliedern, unvergleichlich klug.« Enlil liebte ihn, weil
»er ihm die beiden höchst wichtigen Enkelkinder geschenkt
hatte«, die Zwillinge Utu (Schamasch) und Inanna (Istar).
Er nannte Nannar Su-En (Vermehrender Herr). Das war ein
liebevoller Beiname, von dem Nannars akkadischer (semitischer) Name Sin abgeleitet ist. Doch sosehr Enlil ihn auch
bevorzugte, Tatsache blieb, daß Ninurta der rechtmäßige
Erbe war, zudem Enlils oberster Krieger, der die Enliliten
zum Sieg geführt hatte.
Als Enlil nun zwischen Sin und Ninurta schwankte, rief Sin
seine Frau Ningal zu Hilfe, die sich nicht nur an Enlil
wandte, sondern auch an seine Frau Ninlil, Sins Mutter:

»Zum Ort der Entscheidung rief er Ningal.
Sin bat sie, zu kommen.
Um eine günstige Entscheidung bat sie den Vater.
Enlil wägte ihre Worte.
Zu der Mutter sprach sie flehend:
Erinnere dich der Kindheit.
Die Mutter umarmte Enlil und sagte zu ihm:
Folge deinem Herzenswunsch.«

Konnte man sich vorstellen, daß bei diesen weitreichenden Beschlüssen, die im kommenden Jahrtausend das Schicksal der Götter und Menschen beeinflußten, Frauen die entscheidende Rolle spielen würden? Es steht geschrieben, daß Ningal ihrem Mann zu Hilfe kam, und daß Ninlil ihren zögernden Sohn überzeugte. Als Enlil von Ninlil gedrängt wurde, lieber seinem Herzen als seinem Kopf zu folgen, also den Erstgeborenen dem rechtmäßigen Erben vorzuziehen, betrat noch eine andere große Göttin den Schauplatz, und ihre Worte führten eine unbeabsichtigte Entscheidung herbei. Ninharsag stellte sich mit ihrer ganzen Autorität hinter ihren Sohn Ninurta:

»Sie rief klagend ihren Bruder an,
wie eine Schwangere war sie aufgerührt, als sie sagte:
Im Ekur rufe ich meinen Bruder an,
meinen Bruder, der mich ein Kind tragen ließ,
meinen Bruder rufe ich an!«

Aber Ninharsag hatte ihre Worte schlecht gewählt. Sie wollte sich als Enlils Schwester für das Kind einsetzen, das sie ihm, Ninurta, geboren hatte, aber es klang wie ein Appell an Enki. Zornig fuhr Enlil sie an: »Wer ist dieser Bruder, auf den du dich berufst? Dieser Bruder, der dich ein Kind tragen ließ?« Und er traf die Entscheidung zugunsten von Sins Geschlecht. Seither ist das Land mit dem Flughafen als Sins Land bekannt — die Halbinsel Sinai.
Zum Schluß ernannte Enlil Sins Sohn zum Befehlshaber der Kontrollzentrale:

»Er rief Ninlils Enkelsohn Schamasch.
Er nahm ihn an der Hand und setzte ihn in Schulim ein.«

Die Stadt Schulim — Jerusalem — wurde Schamaschs Herrschaft unterstellt. Der Name Schulim bedeutet: Oberster Ort
der vier Regionen. Das sumerische Emblem der »vier Regionen« galt auch für ihn (Abb. 53a). Wahrscheinlich war es der
Vorläufer des jüdischen Glaubenssymbols, des Davidsterns
(Abb. 53 b).

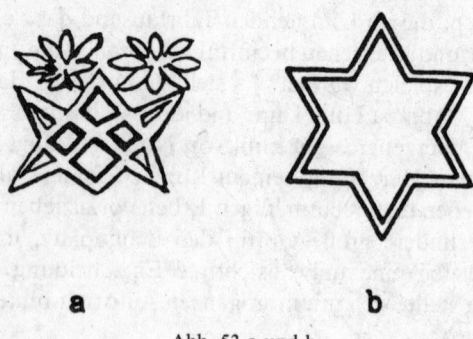

a   b

Abb. 53 a und b

Da Jerusalem die nachsintflutliche Station der Kontrollzentrale wurde, erhielt die Stadt auch den früheren Titel von
Nippur: Nabel der Erde. Er besagte, daß dieser Ort der Mittelpunkt der Verbindung zwischen Erde und Nibiru war. Sie
war von der Landeplattform in Baalbek (BK) und dem Flughafen (FH) gleich weit entfernt, und sie lag genau auf der
Luftlinie der Landebahn (Abb. 54).
Auch sonst war alles so wie beim ersten Kontrollzentrum,
mit einer Ausnahme: dem Wegweiser für die Raumschiffe.
Das künstlich geschaffene »Haus, das wie ein Berg ist« —
die Große Pyramide — war infolge der Zerstörung, die Ninurta im Inneren angerichtet hatte, nutzlos geworden. Deshalb mußte nördlich von Gise, aber auf derselben Linie, eine
neue Stadt mit Wegweiser gebaut werden. Ihre Hieroglyphe
ist ein hoher, abgeschrägter Turm mit einer pfeilähnlichen

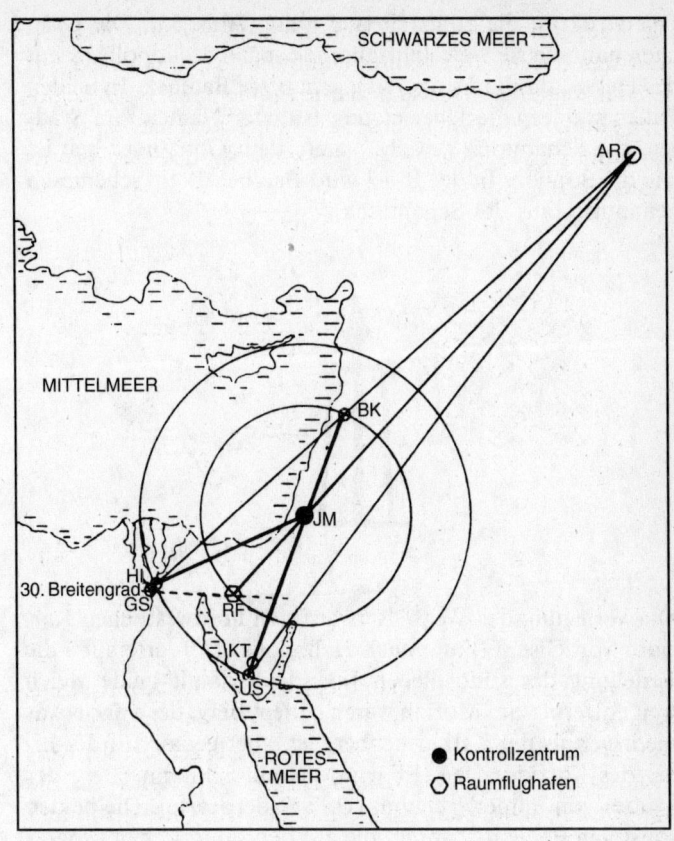

Abb. 54

Oberstruktur, die zum Himmel weist (Abb. 55). Die Griechen nannten sie viele Jahrtausende später Heliopolis (Stadt des Helios, des Sonnengottes), genau wie Baalbek. In beiden Fällen war es eine Übersetzung früherer Namen von Städten, die Schamasch geweiht waren, dem Gott, »der hell ist wie die Sonne«. In der Bibel wird Baalbek Beth-Schemesch genannt (Haus des Schamasch).

Abb. 55

Die Verlegung des Wegweisers auf den nordwestlichen Korridor von Gise (G) und nach Heliopolis erforderte auch die Verlegung des südöstlichen Korridors, damit beide gleich weit entfernt vom Moriah waren, einem Berg, der zwar etwas niedriger als der Katharinenberg ist, aber genau auf der Linie des Korridors lag. Er wurde Umm-Schumar (Berg der Mutter von Sumer) genannt (US auf der Karte). Die beiden sonstigen Berge in Tilmun, die auf den sumerischen geographischen Listen stehen, sind Ka-Harsag (Torgipfel) und Harsag-Zala-Zalag (Gipfel, der Glanz ausstrahlt).

Für den Bau, die Bemannung und die Funktion der mit der Raumfahrt zusammenhängenden Einrichtungen waren neue Straßen und Außenposten erforderlich. Der Seeweg nach Tilmun wurde durch den Bau einer Hafenstadt (Stadt Tilmun im Unterschied zum Land Tilmun) verbessert, und zwar an der Ostküste des Roten Meeres, wahrscheinlich dort, wo es die Stadt el-Tor immer noch gibt. Meines Erachtens wurde deswegen auch die Stadt Jericho (hebräisch Yeriho, d. h. »Mond«) gegründet, die Sin und seinem Himmelssymbol, dem Mond, geweiht war.

Die Frage, wann Jericho entstanden sei, hat die Altertumsforscher schon immer beschäftigt. Sie verlegen das erste Auftreten des Menschen, der sich — darin sind sie sich einig — vom Nahen Osten aus ausgebreitet hat, ins Steinzeitalter. In der Mittelsteinzeit trieb er ihres Erachtens Ackerbau und Viehzucht (etwa 11 000 v. Chr.); dreitausendsechshundert Jahre später, in der Neusteinzeit, entstanden Dörfer und Töpfereien, und wiederum dreitausendsechshundert Jahre später gab es in Sumer städtische Zivilisation. Doch hier war nun Jericho, eine urbane Ansiedlung, um 8500 v. Chr. von Unbekannt erbaut, zu einer Zeit, wo die Menschen noch nicht einmal in Dörfern gelebt hatten.

Nicht nur das Alter von Jericho gab den Forschern Rätsel auf, sondern auch die Funde, die Archäologen dort gemacht haben: Häuser auf steinernem Fundament, Türen mit hölzernem Querbalken, sorgsam vermörtelte und rotgestrichene Mauern, manche sogar mit einer Wandmalerei bedeckt. Feuerstätten und Wasserbecken waren im gepflasterten Boden eingelassen, oft wies der Boden gar ein Muster auf. Unter dem Boden waren mitunter Tote begraben worden, begraben, aber nicht vergessen: zumindest wurden zehn Schädel gefunden, die vergipst waren, um die Züge des Verstorbenen zu bewahren (Abb. 56). Diese Gesichtszüge waren nach einhelliger Meinung fortgeschrittener und feiner als die der Bewohner der Mittelmeerländer der damaligen Zeit. Die ganze Stadt war von einer massiven Schutzmauer umgeben (Jahrtausende vor Josua!). Sie erhob sich inmitten eines zehn Meter breiten und zweieinhalb Meter tiefen Grabens, den man aus Felsgestein »ohne Hilfe von Pickel oder Hacke« (James Mellart: »Früheste Zivilisationen im Nahen Osten«) herausgehauen hatte. »Es war eine explosive Entwicklung«, schreibt Mellart, »eine spektakuläre

Entwicklung, deren Ursachen uns noch immer unbekannt sind.«

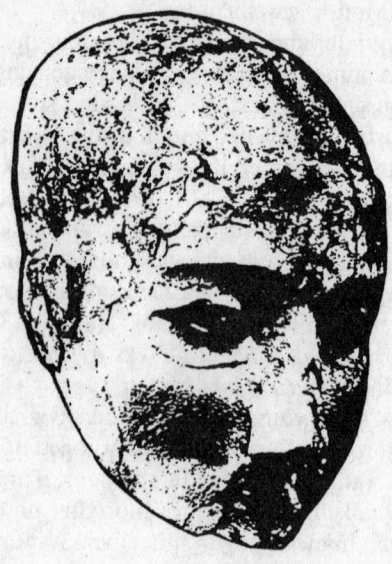

Abb. 56

Das Rätsel der prähistorischen Stadt Jericho wurde geradezu unheimlich, als man runde Getreidesilos fand, von denen einer fast unbeschädigt war. An einem unwirtlichen Ort, in einer tiefen Mulde in der Nähe des Toten Meeres, fast dreihundert Meter unter dem Meeresspiegel, wo in der Hitze gewiß nichts wachsen konnte, fand man den Beweis, daß Weizen und Gerste aufbewahrt worden waren, also Vorräte. Wer konnte diese fortschrittliche Stadt in so früher Zeit gebaut haben, wer hatte hier gelebt, und wem hatte sie als befestigte Wohnstätte gedient?
Des Rätsels Lösung ergibt sich meiner Ansicht nach nicht aus der Chronologie der Menschen, sondern derjenigen der

Götter. Es ergibt sich aus der Tatsache, daß die erste Stadt Jericho (von 8500 v. Chr. bis zum Jahr 7000) in der Zeit existiert hatte, in der Thoth in Ägypten herrschte (von ungefähr
8670 bis 7100 v. Chr.). Seine Ernennung erfolgte, wie wir aus
den mesopotamischen Texten ersehen haben, nach der ge-
schilderten Friedenskonferenz, »in Anwesenheit der Vertreter Anus« nicht zuletzt deshalb, weil er bei der Verteidigung
gegen den »Sturmwind« (Adad) und den »Wirbelwind« (Ninurta) mitgewirkt und zur Friedenskonferenz beigetragen
hatte.
Während Thoths Regierungszeit herrschte Friede unter den
Göttern. In dieser Zeit waren die Anunnaki mit dem Wiederaufbau und dem Schutz der neuen Einrichtungen beschäftigt.
Außer dem Seeweg über das Rote Meer nach Ägypten und
Tilmun mußte eine Überlandroute geschaffen werden, die
Mesopotamien mit der Kontrollzentrale und dem Raum-
hafen verband. Seit undenklichen Zeiten hatte der Landweg
stromaufwärts am Euphrat nach Harran am Balich geführt.
Dort hatte der Reisende die Wahl: entweder zog er weiterhin
nordwärts zum Mittelmeer — diese Straße wurde später von
den Römern Via Maris genannt —, oder er wählte den
ebenso berühmten Königsweg auf der Ostseite des Jordans.
Der erstgenannte Weg war die kürzeste Route nach Ägypten,
auf dem zweiten konnte man sowohl zum Golf von Eilat,
zum Roten Meer, nach Arabien und Afrika als auch zur Sinaihalbinsel gelangen. Auf diesem Wege wurde das afrikanische Gold befördert.
Die wichtigste Kreuzung, von der aus man direkt zur Kontrollzentrale in Jerusalem gelangte, war Jericho. Hier über-
querten die Israeliten den Jordan auf ihrem Weg zum Gelob-
ten Land. Hier hatten die Anunnaki Tausende von Jahren
früher die Stadt erbaut, die als Wachtposten für diese Kreuzung dienen sollte. Bevor die Menschen sie bevölkerten, war
sie ein Außenposten der Götter.
Hätten die Anunnaki etwa nur auf der Westseite des Jordans

gebaut und die viel wichtigere Ostseite, wo der Königsweg verlief, ungeschützt gelassen? Die Logik sagt uns, daß es auch auf der Ostseite des Jordans eine Siedlung gegeben haben muß. Kaum jemand, von den Archäologen abgesehen, weiß, daß in der Tat eine solche Wohnstätte gefunden worden ist. Was man dort entdeckt hat, ist noch erstaunlicher als die Funde in Jericho.

Eine archäologische Expedition, die 1929 vom päpstlichen Bibelinstitut organisiert worden ist, hat diese erstaunlichen Funde gemacht. Die Archäologen, denen Alexis Mallon vorstand, wunderten sich über die dortige Wohnkultur. Sogar die ältesten ausgegrabenen Häuser (etwa aus dem Jahr 7500 v. Chr.) hatten einen Ziegelsteinboden, und obwohl die Niederlassung vom Ende der Steinzeit bis zum Bronzezeitalter bewohnt gewesen war, stellten die Archäologen zu ihrer Verwunderung fest, daß von Anfang bis Ende dieselbe Zivilisation geherrscht hatte.

Der Ort ist nach dem Hügel benannt worden, unter dem er gefunden wurde: Tell Ghassul. Es ist klar, daß von hier aus die wichtige Überbrückung des Jordans und der zu ihr führende Weg kontrolliert wurden; diese Brücke wird heute Allenby-Brücke genannt (Abb. 57).

Die strategische Lage von Tell Ghassul fiel den Archäologen bereits auf, als sie mit den Ausgrabungen begannen: »Vom Hügel aus hat man einen interessanten Rundblick. Der Jordan im Westen ist eine dunkle Linie; im Nordwesten liegt Jericho, und dahinter sind die Berge von Judäa, darunter der Beth-El und der Olivenberg von Jerusalem. Bethlehem wird vom el-Muntar verdeckt, aber die Höhen von Tekoah und die Umgebung von Hebron kann man sehen.« (A. Mallon, R. Koeppel und R. Neuville: »Teleilat Ghassul, Compte Rendu des Fouilles de l'Institut Biblique Pontifical«) Im Norden reicht der Blick etwa fünfzig Kilometer weit, im Osten sieht man den Moab und das Vorgebirge des Nebos, im Süden, »hinter dem Spiegel des Toten Meeres, sieht man den Salzberg Sodom«.

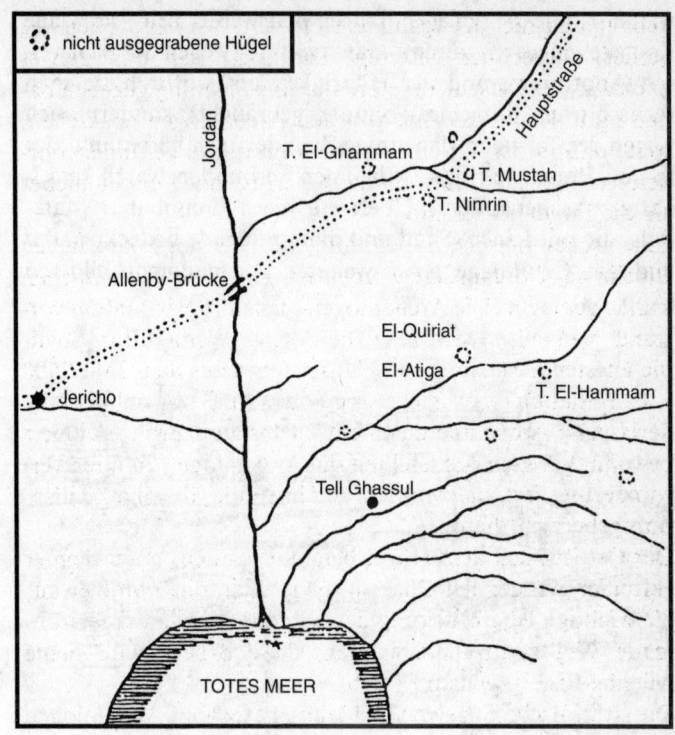

Abb. 57

Die hauptsächlichen Überreste von Tell Ghassul stammen
aus der Zeit, in der hier von ungefähr 4000 bis 2000 v. Chr.
eine hochzivilisierte Bevölkerung lebte (die den Ort plötzlich
verließ). Die Artifakte und das ausgeklügelte Bewässerungssystem überzeugten die Archäologen, daß die Bewohner aus
Mesopotamien gekommen waren.
Von den drei Hügeln, die zusammen einen großen bildeten,
schienen zwei für Wohn- und einer für Arbeitszwecke benutzt worden zu sein. Der letztgenannte war, wie sich herausstellte, in rechteckige Abschnitte unterteilt, darin eingebaut

waren runde »Löcher«, häufig paarweise. Daß sie keine Kochstellen waren, nimmt man nicht nur wegen der paarweisen Anordnung und der Häufigkeit an (wofür hätte man sechs bis acht für eine Wohnung gebraucht), sondern auch wegen der Tatsache, daß einige Zylinderform hatten und tief in den Boden reichten. Mit ihnen verbunden waren rätselhafte »Aschebänder«, Überreste eines brennbaren Materials, die mit feinem Sand und dann mit Erde bedeckt waren und die Grundlage einer weiteren Ascheschicht bildeten (Abb. 58).

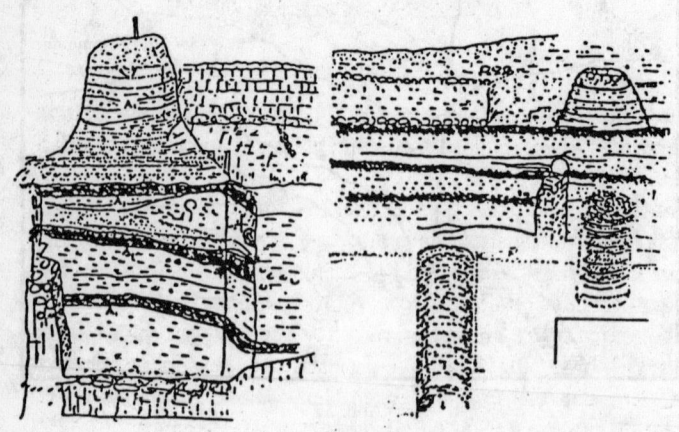

Hügel von Tell Ghassul
im Querschnitt

Abb. 58

Der Boden war mit Kieselsteinen bestreut, offenbar gewaltsam zerbröckeltes und geschwärztes Felsgestein. Unter den Gegenständen fand man ein kleines rundes Ding aus gebranntem Ton, das sorgfältig zu irgendeinem unbekannten technischen Zweck hergestellt worden war (Abb. 59).
Die Entdeckungen in den Wohngebieten waren noch rätselhafter. Die Mauern der rechteckigen Häuser schienen eingestürzt

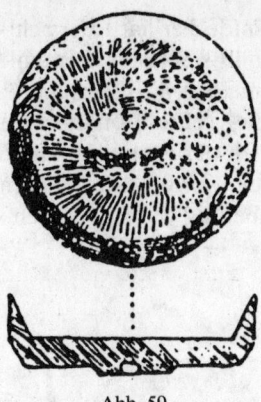

Abb. 59

zu sein, als ob sie jählings am Boden nachgegeben hätten, denn der obere Teil war sozusagen sauber nach innen gefallen.

Infolgedessen konnte man einige der immer wieder neu aufgetragenen Wandgemälde zusammensetzen. Auf dem einen rief ein käfigartiges Geflecht eine dreidimensionale Illusion hervor. In einem Haus war jede Wand mit einer nicht genau erkennbaren Szene bemalt, in einem anderen war in einer Nische ein Diwan so eingebaut, daß der Ruhende ein Gemälde sehen konnte, das die gesamte gegenüberliegende Wand bedeckte. Darauf waren Gestalten abgebildet; zwei saßen auf einem Thron und wurden offenbar von einer Person begrüßt, die soeben aus einem Gebilde heraustrat, das Strahlen aussandte.

Die Archäologen, die diese Wandgemälde 1931 bis 1933 ausgegraben hatten, vertraten die Meinung, daß das strahlende Ding ein Gegenstück zu dem strahlenden Stern sein könnte, den sie in einem anderen Haus fanden. Es war ein achteckiger Stern innerhalb eines größeren (Abb. 60). Das geometrische Muster war schwarz, rot, weiß, grau kunstvoll ausgeführt. Die chemische Analyse der Farben ergab, daß es keine natürlichen Substanzen waren, sondern zwölf bis achtzehn zusammengesetzte Mineralien.

Nach Ansicht der Entdecker hatte der achtstrahlige Stern religiöse Bedeutung und stellte das Symbol des Planeten Venus dar, Istars Himmelsstern. Aber man fand in Tell Ghassul keinerlei Kultobjekte, keine Götterstatuetten und dergleichen. Deshalb bin ich der Meinung, daß der Ort nicht von Anbetenden bewohnt worden ist, sondern von Wesen, die Gegenstand der Anbetung waren, von den »Göttern« selbst, den Anunnaki.

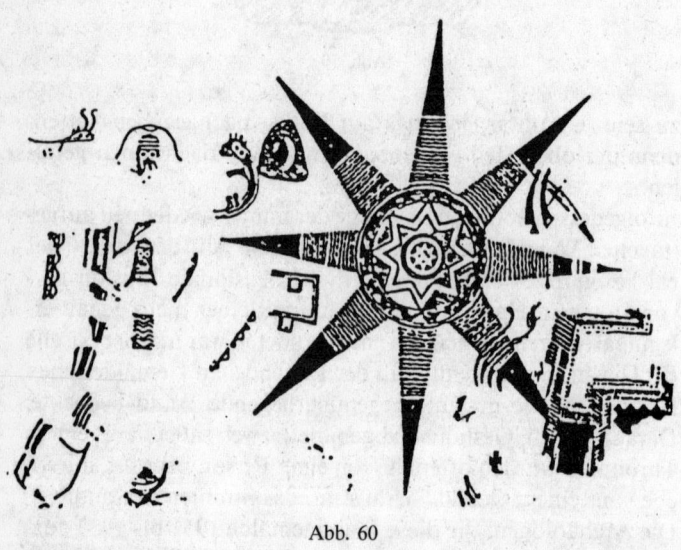

Abb. 60

In Washington ist etwas Ähnliches zu sehen, und zwar in der Halle des Hauptsitzes der National Geographic Society. Dort ist ein Bodenmosaik, das wie ein Kompaß in die vier Himmelsrichtungen und ihre Zwischenpunkte weist: Osten, Nordosten; Norden, Nordwesten; Westen, Südwesten; Süden, Südosten. Ich glaube, daß die alten Maler dasselbe im Sinn hatten: Sie wollten den Zusammenhang zwischen dem Ort und den vier Regionen der Erde darstellen.

Daß der »Stern« keine religiöse Bedeutung hatte, ergibt sich auch aus seiner Umgebung, die man als »respektlos« bezeichnen kann. Da ist allerhand Profanes zu sehen: dickwandige Mauern, Fischflossen, Vögel, Flügel, ein Schiff und sogar (wie manche meinen) ein Seedrache. Abgesehen von den bereits erwähnten Farben, kommen hier auch Gelb und Braun in verschiedenen Tönen vor.

Von besonderem Interesse ist etwas, das wie ein behelmter Kopf mit zwei Augen aussieht. Diese Darstellungen finden sich, größer und deutlicher, auch an den Wänden anderer Häuser. Sie sind rund oder oval, der obere Teil ist schichtweise schwarz und weiß. Die Mitte beherrschen zwei große »Augen«, zwei vollkommene schwarze Scheiben in weißen Kreisen. Den unteren Teil bilden zwei (oder vier?) Stützen; zwischen diesen mechanischen Beinen ist ein knollenartiges Gebilde (Abb. 61).

Abb. 61

Was könnte das sein? Sind es die »Wirbelwinde«, die in den Texten des Nahen Ostens (auch im Alten Testament) vorkommen oder die »fliegenden Untertassen« der Anunnaki? Die Wandgemälde, die runden Löcher im Boden, die Aschebänder, die verstreuten schwarzen Kieselsteine, die Lage des Ortes, all das — alles, was bisher ausgegraben worden ist — zeugt davon, daß Tell Ghassul als Depot für die Energiezufuhr der Anunnaki diente.

Die Überquerung des Jordans zwischen Tell Ghassul und Jericho spielte bei mehreren biblischen Ereignissen eine wichtige und wundersame Rolle; vermutlich hat gerade dies das Interesse des Vatikans erregt. Hier überquerte Elia den Jordan zum südlichen Ufer, um eine Verabredung mit Elisa einzuhalten (in Tell Ghassul?): »Und siehe, da kam plötzlich ein feuriger Wagen mit feurigen Rossen und trennte beide voneinander; und Elia fuhr im Wirbelwind zum Himmel empor.« In diesem Gebiet endete der Auszug der Israeliten aus Ägypten; Moses (dem der Herr das Betreten Kanaans verwehrt hatte) ging von der Steppe der Moabiter — dem Gebiet von Tell Ghassul — »auf den Berg Nebo, auf den höchsten Gipfel Jericho gegenüber. Und der Herr zeigte ihm das ganze Land Gilead bis Dan, das Land Naphtali und Manasse, das ganze Land Judäa bis zum Mittelmeer, Negeb und das Tal von Jericho, der Stadt der Dattelpalmen«. Das ist die Beschreibung des Rundblicks, den die Archäologen gehabt hatten, als sie auf dem Tell Ghassul standen.

Die Überquerung des Jordans unter Josuas Führung handelt von dem Wunder der Teilung des Wassers unter dem Einfluß der Bundeslade und ihres Inhalts: »Während sich nun Josua bei Jericho befand, begab es sich, daß er die Augen aufschlug und sich einem Mann, der ein Schwert in der Hand hatte, gegenübersah. Und Josua ging auf ihn zu und fragte: Gehörst du zu uns oder zu unseren Feinden? Da antwortete er: Nein, sondern ich bin der Oberste des Heeres des Herrn. Und Josua warf sich auf sein Angesicht und fragte: Was hat mein Herr seinem Knecht zu sagen? Und der Heeresoberste sprach: Zieh deine Schuhe aus, denn die Stätte, auf der du stehst, ist heilig.«

Der Kriegsherr Jahwes unterbreitete ihm dann seinen Plan zur Eroberung Jerichos. Er solle die Mauern der Stadt nicht mit Gewalt stürmen, riet er ihm, sondern die Bundeslade siebenmal rings um die Mauern tragen. Beim siebten Mal, als die Priester die Posaunen bliesen, erhob das Volk wie geheißen das Kriegsgeschrei, und »die Mauern von Jericho stürzten ein«.

Auch Jakob überquerte auf seiner Rückkehr von Harran nach Kanaan den Jordan und begegnete »einem Mann«, mit dem er bis zum Morgengrauen rang; erst dann merkte er, daß sein Gegner eine Gottheit war. Jakob nannte den Ort des Geschehens Peni-El (Angesicht Gottes) und sagte: »Denn ich habe Gott von Angesicht gesehen und bin doch am Leben geblieben.«

Im Alten Testament steht unzweifelhaft, daß es in der Frühzeit der Anunnaki-Ansiedlungen wichtige Zugänge zur Halbinsel Sinai und zu Jerusalem gegeben hat. Hebron, die Stadt, die den Weg zwischen Jerusalem und der Sinaihalbinsel bewachte, hieß »die Stadt Arbas, der ein großer Mann (König) unter den Anakim gewesen war«. Die Nachkommen der Anakim, heißt es weiter, wohnten hier immer noch, als die Israeliten Kanaan eroberten. Es gibt in der Bibel noch viele andere Hinweise, daß die Anakim auf der Ostseite des Jordans gelebt hatten.

Wer waren diese Anakim? Im allgemeinen wird der Name mit »Riesen« übersetzt, genau wie der biblische Name Nefilim. Ich habe jedoch bereits erwähnt, daß mit den Nefilim (Herabgekommene) des Alten Testaments das »Volk der Raketenschiffe« gemeint ist.

Die Anakim waren meiner Schlußfolgerung nach niemand anders als die Anunnaki.

Niemand hat bisher den dreitausendsechshundertfünfzig Jahren die besondere Beachtung geschenkt, die Manetho der Regierungszeit der »Halbgötter« beimißt, die zu Thoths Dynastie gehört haben. Die Zahl ist aber höchst bedeutungsvoll, denn sie unterscheidet sich nur durch fünfzig Jahre vom dreitausendsechshundertjährigen Umlauf des Nibirus, des Heimatplaneten der Anunnaki.

Es war, wie gesagt, kein Zufall, daß sich der Fortschritt der Menschheit vom Steinzeitalter zur hohen Kultur der Sumerer in dreitausendsechshundertjährigen Etappen vollzog, ungefähr im Jahr 11 000, 7400 und 3800 v. Chr. Es war — wie ich in meinem Buch »Der zwölfte Planet« geschrieben habe —, als hätte eine geheimnisvolle Hand den Menschen jeweils aus seinem Niedergang auf eine nächsthöhere Stufe der Zivilisation, der Kultur und des Wissens erhoben. Jedesmal fiel der Zeitpunkt mit der Phase zusammen, in der die Anunnaki zwischen Nibiru und Erde kommen und gehen konnten.

Diese Fortschritte breiteten sich vom Kern Mesopotamiens über die antike Welt aus, und das ägyptische »Zeitalter der Halbgötter« (Nachkommen der Verbindung von Göttern und Menschen) vor etwa 7100 bis 3450 v. Chr. (laut Manetho) fiel zweifellos mit der Jungsteinzeit zusammen.

Wir können annehmen, daß in all diesen Etappen das Geschick der Beziehungen zwischen den Großen Göttern und den Menschen von den Anunnaki besprochen wurde (den sieben, welche die Geschicke bestimmten). Gewiß ist, daß eine solche Erwägung vor dem plötzlichen und bisher unerklärlichen Aufblühen der sumerischen Kultur stattgefunden hat, denn die Sumerer haben Schilderungen derartiger Diskussionen hinterlassen!

Beim Beginn des Wiederaufbaus von Sumer wurden die Städte zwar an ihrem alten Platz errichtet, aber diesmal nicht mehr als ausschließliche Wohnorte der Götter, sondern auch für die Menschen; denn sie sollten die umliegenden Felder bestellen, Obstgärten anlegen und betreuen, Viehzucht treiben, alles für die Götter, sollten ihnen sowohl als Bäcker, Köche, Handwerker und Schneider dienen wie auch als Priester, Musikanten, Unterhalter und Tempeldirnen.

Als erstes wurde Eridu wiederaufgebaut. Da der Ort Enkis erste Niederlassung auf der Erde gewesen war, wurde er ihm aufs neue für immer unterstellt. Sein Tempel (Abb. 62) — ein architektonisches Wunderwerk in dieser Zeit — wurde als Wohnung ausgebaut und E-En-Gurra (Haus des Herrn, der im Triumph zurückgekehrt ist) genannt. Er war mit Gold, Silber und anderem Edelmetall aus der Unterwelt geschmückt und geschützt durch das »Himmelsstier«.

Abb. 62

Für Enlil und Ninlil wurde Nippur wiederaufgebaut, mit einem neuen Ekur (Berghaus, Abb. 63), das diesmal nicht als Kontrollzentrale eingerichtet wurde, sondern Ehrfurcht gebietende Waffen enthielt: das »erhobene Auge, welches das Land abtastet«, und den »hohen Strahl, der alles durchdringt«. Das geheiligte Areal beherbergte auch Enlils »schnellen Vogel, dessen Zugriff niemand entgehen kann«.

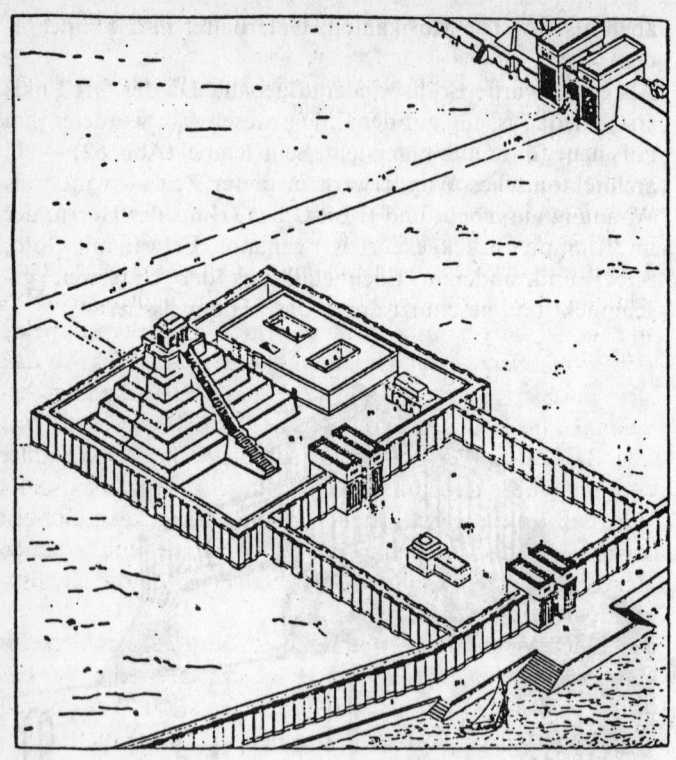

Abb. 63

Eine »Hymne auf Eridu« beschreibt, wie Enki zu einer
Versammlung der Großen Götter reist. Der Anlaß war ein
Besuch Anus auf der Erde, der zu einer der Besprechungen
der Großen Götter kam, die alle dreitausendsechshundert
Jahre das Geschick der Götter und Menschen auf der Erde
bestimmten. Nach einer Feier, bei der die Götter ein be-
rauschendes Getränk genossen hatten, wurde es Zeit für
ernste Geschäfte. »Anu ließ sich auf dem Ehrenthron nieder, neben ihm saß Enlil; Ninharsag saß in einem Lehn-
stuhl.«

Anu rief zur Ordnung auf und sprach zu den Anunnaki:

> »Große Götter, die ihr hierher gekommen,
> Anunna-Götter, die ihr zum Versammlungshof gekommen seid!
> Mein Sohn hat sich ein Haus gebaut;
> der Herr Enki hat Eridu gleich einem Berg auf Erden errichtet.
> Sein Haus hat er in einer schönen Stadt gebaut.
> Die Stadt Eridu darf niemand ungebeten betreten.
> In ihrem Heiligtum verwahrt Enki
> die göttlichen Formeln aus dem Ab-Zu.«

Das führte die Verhandlungen zum Hauptpunkt der Tagesordnung: Enlils Beschwerde, daß Enki die »göttlichen Formeln« — die Kenntnisse über mehr als hundert Aspekte
der Zivilisation — den anderen Göttern vorenthielt, so daß
der Fortschritt auf Eridu und seine Bevölkerung beschränkt blieb. (Es ist eine archäologisch bewiesene Tatsache,
daß Eridu die erste nachsintflutliche Stadt von Sumer
war, die Quelle der sumerischen Kultur.) Es wurde entschieden, daß Enki die göttlichen Formeln den anderen Göttern
zugänglich machen mußte, so daß auch sie ihre urbanen
Zentren errichten konnten: ganz Sumer sollte die Zivilisation garantiert werden.

Nach den Verhandlungen boten die Götter auf der Erde ihren himmlischen Besuchern eine Überraschung: In der
Mitte zwischen Eridu und Nippur hatten sie zu Anus Ehren
ein Heiligtum gebaut, das Eanna (Anus Haus) hieß.

Bevor Anu und Antu zu ihrem Heimatplaneten zurückkehrten, übernachteten sie in ihrem irdischen Tempel, ein Anlaß, der mit großem Pomp gefeiert wurde. Die Götter begleiteten das Paar in einer Prozession zu der neuen Stadt Uruk
(die biblische Stadt Erech). Während ein üppiges Mahl zu-
bereitet wurde, saß Anu auf einem Thron und unterhielt
sich mit den männlichen Göttern. Antu zog sich, begleitet
von den Göttinnen, inzwischen in dem Raum um, der
»Haus des goldenen Bettes« genannt wurde.

Priester und andere Tempeldiener boten Wein an und
schlachteten zwei Opfertiere, einen Stier und einen Hammel, für die Götter. Das Bankett fand erst statt, als es dun-

kel genug war, damit man Jupiter, Venus, Merkur, Saturn, Mars und den Mond sehen konnte, und alle in einem zeremoniellen Akt sich die Hände gewaschen hatten.

Danach kam der Höhepunkt des Abends. Während ein Priesterchor die Hymne »Kakkab Anu etellu schamame« (Anus Planet geht am Himmel auf) sang, ging ein Priester zur »obersten Stufe des Tempelturmes« hinauf, um das Auftauchen von Anus Planeten, dem Nibiru, zu beobachten. Im berechneten Augenblick wurde der Planet an der vorbestimmten Stelle gesichtet. Darauf sangen die Priester »Auf den, der hell glänzt, der himmlische Planet des Anu« und »Das Bild des Schöpfers ist aufgegangen«. Ein Freudenfeuer gab das Signal, und als sich die Botschaft von einem Beobachtungsposten zum anderen verbreitet hatte, wurden nacheinander überall Freudenfeuer angezündet. Bevor der Morgen kam, war das ganze Land hell erleuchtet.

Am Morgen wurden in der Kapelle des Tempels Dankesgebete gesprochen, und in einem zeremoniellen und symbolischen Ablauf brachen die himmlischen Besucher auf. »Anu geht«, sangen die Priester, »Anu, großer König des Himmels und der Erde, wir bitten um deinen Segen.« Nachdem Anu den erbetenen Segen erteilt hatte, begab sich die Prozession auf dem »Weg der Götter« hinab zum »Ort der Barke Anus«. In einer Kapelle wurde die Hymne »Erbaue Leben auf Erden« angestimmt. Jetzt kam der Augenblick für die Zurückbleibenden, das göttliche Paar zu segnen und die folgenden Verse zu sprechen:

> »Großer Anu, mögen Himmel und Erde dich segnen!
> Mögen die Götter Enlil, Ea und Ninmah dich segnen!
> Mögen die Götter Sin und Schamasch dich segnen!
> Mögen die Götter Nergal und Ninurta dich segnen!
> Mögen die Igigi, die im Himmel sind,
> und die Anunnaki, die auf der Erde sind, dich segnen!
> Mögen die Götter des Ab-Zus und
> die Götter des heiligen Landes dich segnen!«

Dann reisten Anu und Antu zum Flughafen ab. Es war der

siebzehnte Tag ihres Besuchs auf Erden, wie eine in den Archiven von Uruk gefundene Tontafel besagt. Der folgenschwere Besuch war vorbei.

Die Vereinbarungen gaben den Weg frei für die Gründung neuer Städte, abgesehen vom Wiederaufbau der alten. Die erste war Kisch, die Ninurta unterstellt wurde. Er machte sie zur ersten administrativen Hauptstadt von Sumer. Für Nannar (Sin), Enlils Erstgeborenen auf Erden, wurde das urbane Zentrum Ur (Großstadt) geschaffen, das der wirtschaftliche Kern von Sumer werden sollte.

Es gab noch weitere Entscheidungen in bezug auf die neue Ära, die Fortschritt für die Menschheit und für ihre Beziehungen zu den Anunnaki brachte. In den diesbezüglichen sumerischen Texten steht, daß die großen Anunnaki, die das Geschick bestimmen, »zu erhaben für die Menschen« gewesen seien. Das akkadische Wort »elu« bedeutet buchstäblich »erhaben«; von ihm leitet sich das babylonische, assyrische, hebräische und ugaritische Wort »El« ab, dem die Griechen die Bedeutung »Gott« verliehen haben.

Unter anderem hatten die Anunnaki entschieden, daß den Menschen ein »Königtum« als Vermittlung zwischen ihnen selbst und der Menschheit gegeben werden sollte. Alle sumerischen Berichte bestätigen, daß diese bedeutungsvolle Entscheidung während Anus Besuch auf einer Versammlung der Götter getroffen worden ist. Die akkadische »Fabel von der Tamariske und der Dattelpalme« besagt, daß die Versammlung vor langer, langer Zeit stattgefunden hat:

> »Die Götter des Landes, Anu, Enlil und Enki, kamen zusammen.
> Enlil und die Götter berieten sich.
> Unter ihnen saß Schamasch, unter ihnen saß Ninma.«

Damals »gab es noch kein Königtum im Lande, die Herrschaft hatten die Götter in Händen«. Aber der Großrat beschloß, der Menschheit das Königtum zu geben. Alle sumerischen Texte stimmen darin überein, daß Kisch die erste Königsstadt war. Die von Enlil zu Königen ernannten Menschen wurden »Lugal« (mächtiger Mann) genannt. Wir finden die Bestätigung im Alten Testament (Genesis 10):

> »Kisch zeugte Nimrod;
> er war der erste mächtige Mann im Lande...
> Den Anfang seines Reiches bildeten Babel, Erech, Akkad
> und alle im Lande Sinear [Sumer].«

Im Gegensatz zum biblischen Text, der Kisch, Babel und Erech als die ersten drei Hauptstädte angibt, besagen die sumerischen Königslisten, daß sich das Reich von Kisch nach Erech und dann nach Ur ausdehnte; und Babylon wird darin nicht erwähnt. Die vermeintliche Diskrepanz hatte einen Grund: sie hatte sicher mit dem Turm von Babel zu tun, dessen Geschichte im Alten Testament ausgiebig geschildert wird. Dieser Vorfall dürfte mit Marduks Eigensinn zusammenhängen, denn er wollte unbedingt, daß nicht Nannar, sondern er selbst die nächste Hauptstadt von Sumer besitzen würde. Das war zu der Zeit, wo im Lande Sumer (in der Bibel Sinear) neue urbane Zentren gebaut wurden:

> »Als sie nun gen Osten zogen, fanden sie
> eine Tiefebene im Lande Sinear und siedelten sich dort an.
> Und sie sagten zueinander:
> Laßt uns Ziegel machen und sie im Feuer hart brennen.
> Die Ziegel dienten ihnen als Mauersteine,
> und das Erdpech diente ihnen als Mörtel.«

Dieser Vorschlag wuchs sich zu einem größeren Plan aus, den ein ungenannter Initiator machte: »Auf! Wir wollen eine Stadt bauen und einen Turm, dessen Spitze bis zum Himmel reichen soll.«
»Da fuhr Jahwe herab, um sich den Turm anzusehen, an welchem die Menschen bauten.« Und Jahwe sagte zu seinen ungenannten Begleitern: »Kommt, wir wollen hinabfahren und ihre Sprache verwirren, so daß einer des anderen Sprache nicht mehr verstehen kann.‹ Dann zerstreute Jahwe sie von dort über die ganze Erde, so daß sie den Bau der Stadt aufgeben mußten.«
Vorher hatten alle Menschen dieselbe Sprache gesprochen.

So heißt es nicht nur im Alten Testament, sondern auch in den sumerischen historischen Erinnerungen. Auch sie besagen, daß die Sprachverwirrung und die Zerstreuung der Menschen absichtlich von den Göttern bewirkt wurden. Der Geschichtsschreiber Berossus, Priester des Bel in Babylon, berichtet: »Die Götter führten unter den Menschen, die bisher allesamt eine Sprache gesprochen hatten, Verschiedenheiten herbei.« Er verbindet die Sprachverwirrung und die Zerstreuung der Menschheit ebenfalls mit dem Turmbau zu Babel: »Als alle Menschen in derselben Sprache redeten, unternahmen es einige von ihnen, einen großen, hohen Turm zu bauen. Aber der Herr sandte einen Wirbelwind, verfluchte ihr Tun und gab jedem Stamm eine eigene Sprache.«

Die Gleichförmigkeit der Berichte legt den Gedanken nahe, daß sowohl die Verfasser des Alten Testament als auch Berossus ihr Wissen aus einer gemeinsamen, älteren Quelle bezogen haben. Obwohl allgemein angenommen wird, solch ein Urtext sei noch nicht gefunden worden, ist es tatsächlich so, daß der Assyriologe George Smith in seiner ersten Publikation 1876 davon spricht, daß er in Aschurbanipals Bibliothek in Ninive »einen beschädigten Teil der Geschichte von dem Turm« entdeckt habe. Die Geschichte sei ursprünglich auf zwei Tafeln niedergeschrieben worden. Diejenige, die er gefunden hatte (K-3657), bestehe aus sechs Reihen in Keilschrift; er habe jedoch nur die Fragmente von vier Reihen zusammensetzen können. Das ist zweifellos die akkadische Version der sumerischen Geschichte vom Turmbau zu Babel, aus der deutlich hervorgeht, daß der Vorfall nicht von der Menschheit, sondern von den Göttern selbst bewirkt worden ist. Die Menschen waren in dem Kampf nur Schachfiguren.

Den von George Smith zusammengesetzten Text hat W. S. C. Boscawen übersetzt und in »Transactions of the Society of Biblical Archaeology« (Band V) veröffentlicht. Die Geschichte beginnt mit dem Anstifter, aber sein Name ist unleserlich. »Die Gedanken im Herzen dieses Gottes waren böse; gegen den Vater der Götter [Enlil] war er niederträchtig.« Um seinen schlechten Zweck zu erreichen, »verführte er das Volk von Babylon zur Sünde und brachte klein und groß dazu, sich auf dem Berg zu vermischen«. Als das sündige Werk dem »Herrn des reinen Berges« — so wurde Enlil schon in der Geschichte von Ackerbau und Viehzucht genannt — zu Ohren kam, »sprach er im Himmel und auf der Erde. Er bat den Herrn der Götter, seinen Vater Anu, um den Befehl, nach dem sein Herz verlangte. Er sprach auch mit Damkina.« Da sie Marduks Mutter war, weist alles auf ihn als den Anstifter hin. Aber Damkina ergriff seine Partei. »Mit meinem Sohn erhebe ich . . .« Aus dem weiteren, unvollständigen Text ergibt sich, daß seine Nummer (sein numerischer Rang?) auf dem Spiele stand.

Der lesbare Teil der dritten Reihe handelt von Enlils Bemühungen, der aufsässigen Gruppe ihre Pläne auszureden. In einem Wirbelwind auffahrend, »sprach er vom Himmel aus zur Erde; aber sie folgten ihm nicht, sie wandten sich gegen ihn. Als er das sah, fuhr er zur Erde herab.« Selbst seine Anwesenheit an Ort und Stelle bewirkte nichts. Da blieb ihm keine andere Wahl, als zur Gewalt zu greifen:

> »In der Nacht machte er ihrem starken Turm ein Ende.
> In seinem Zorn sprach er das Urteil.
> Sie zu zerstreuen, war sein Beschluß.
> Er gab den Befehl, ihre Beratungen zu verwirren . . .
> ihren Lauf hielt er auf.«

Der alte mesopotamische Schreiber beendet die Geschichte vom Turm zu Babel mit einer bitteren Erinnerung: Weil sie sich gegen die Götter heftig aufgelehnt hatten, »weinten sie heftig um Babylon, sie weinten sehr«.

Auch in der biblischen Darstellung wird Babel (hebräisch für Babylon) als Ort des Geschehens genannt. Der Name ist bedeutungsvoll, denn der ursprüngliche akkadische Name Bab-Ili bedeutet »Tor der Götter«. Es ist also der Ort, wo die Götter Sumer betraten und verließen.

Abb. 64

Hier wollten die Verschwörer »einen Turm bauen, dessen Spitze bis zum Himmel reicht«. Ebenso wurde die Zikkurat, die siebenstufige Pyramide (Abb. 64), genannt, die gewissermaßen das Wahrzeichen des alten Babylons war: Esagila (Haus, dessen Spitze hoch aufragt).

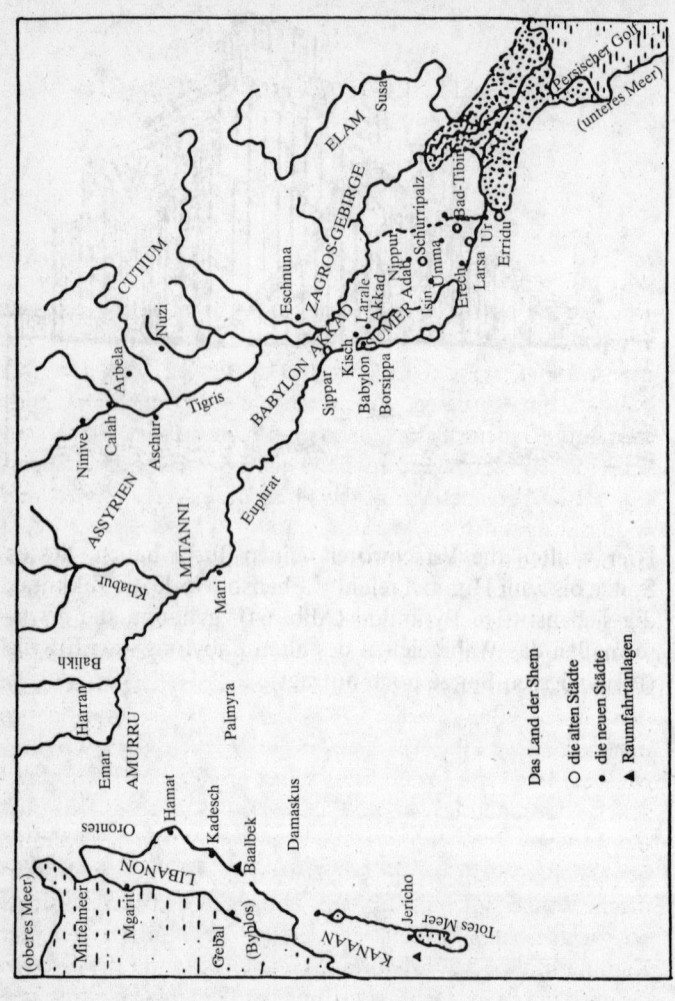

Das Land der Shem

○ die alten Städte
● die neuen Städte
▲ Raumfahrtanlagen

10
Der Gefangene in der Pyramide

Der Vorfall mit dem Turm von Babel machte der längsten Friedenszeit auf Erden, deren man sich erinnern kann, ein unerwartetes Ende. Die Kette der Ereignisse, die ausgelöst wurden, hingen meines Erachtens mit der Großen Pyramide und ihren Geheimnissen zusammen. Um diese zu lüften, beschreibe ich hier meine eigene Theorie, wie dieses einzigartige Bauwerk geplant und errichtet, dann verschlossen und wieder aufgebrochen wurde.
Zu den vielen Rätseln in bezug auf den Bau und den Zweck der Großen Pyramide von Gise kamen nach ihrer Vollendung noch zwei weitere hinzu. Alle die Theorien, die auf der Annahme beruhten, sie hätte als Königsgrab gedient, haben sich als falsch herausgestellt. Die Antworten sind nicht in den Geschichten von den Pharaonen zu finden, sondern in denen von den Göttern.
Mehrere Hinweise in den klassischen griechischen und römischen Chroniken zeigen, daß die Verfasser zu ihrer Zeit über den Eingang der Pyramide, den bereits mehrmals erwähnten beweglichen Stein, den abschüssigen Gang und die unterirdische Grube Bescheid wußten. Hingegen wußte man nichts von dem oberen System der Gänge, der Galerie und der Kammern, weil der aufwärts führende Gang mit drei großen Granitblöcken verschlossen und außerdem durch einen dreieckigen Stein verdeckt war, so daß niemand etwas davon ahnen konnte, daß es auch noch einen aufwärts führenden Gang gab (Abb. 65).
In den vielen folgenden Jahrhunderten geriet sogar der ur-

sprüngliche Eingang in Vergessenheit, so daß der Kalif Al
Mamun im Jahr 820 n. Chr. beschloß, sich den Zutritt zu er-
zwingen, indem er seinen Leuten befahl, das Mauerwerk
aufs Geratewohl zu durchbohren. Erst als sie drinnen einen
Stein zu Boden fallen hörten, schlugen sie diese Richtung ein
und gelangten zu dem abschüssigen Gang. Der herunterge-

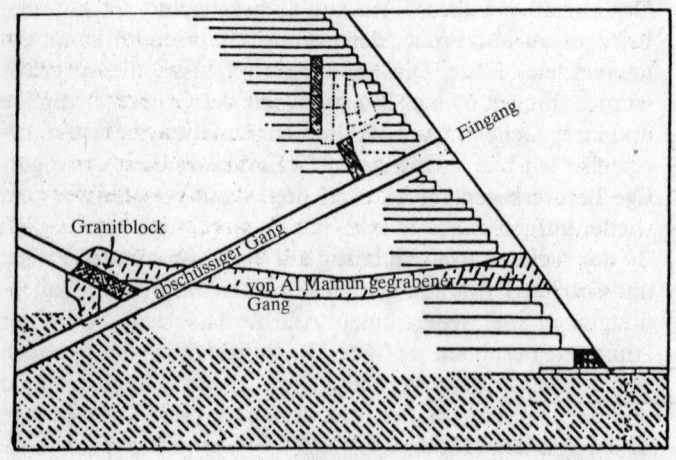

Abb. 65

fallene Stein war der dreieckige, der die Verbindung mit dem
aufsteigenden Gang verdeckt hatte, so daß jetzt die Granit-
versperrung zu sehen war. Da sich der Granit nicht zer-
hacken ließ, machten die Männer einen Umweg um ihn
herum durch das Kalksteingemäuer, bis sie den aufwärts führenden Gang und die oberen inneren Bereiche der Pyramide
entdeckten. Wie die arabischen Historiker anmerken, fanden sie nichts als eine große Leere. Sie säuberten den Gang
vom Geröll, das sich irgendwie angesammelt hatte, und kro-

chen weiter hinauf. Schließlich konnten sie stehen, denn sie waren an der Stelle angekommen, wo sich der steile Gang, der horizontale Gang und die Galerie trafen (Abb. 66). Sie folgten dem horizontalen Gang und erreichten an seinem Ende die gewölbte Kammer, die von späteren Forschern Königinnenkammer getauft wurde. Sie war leer, ebenso die rätselhafte Nische (Abb. 49). Sie kehrten zum Knotenpunkt der drei Gänge zurück und erklommen die Galerie (Abb. 45), die nur noch leere Löcher und Nischen aufwies, und hatten Mühe, nicht auf dem weißen Staub auszurutschen, der den Boden und die Rampen bedeckte. Sie kletterten über die hohe Stufe am Ende der Galerie und gelangten in die leere Vorkammer (Abb. 67). Auch die gewölbte obere Kammer,

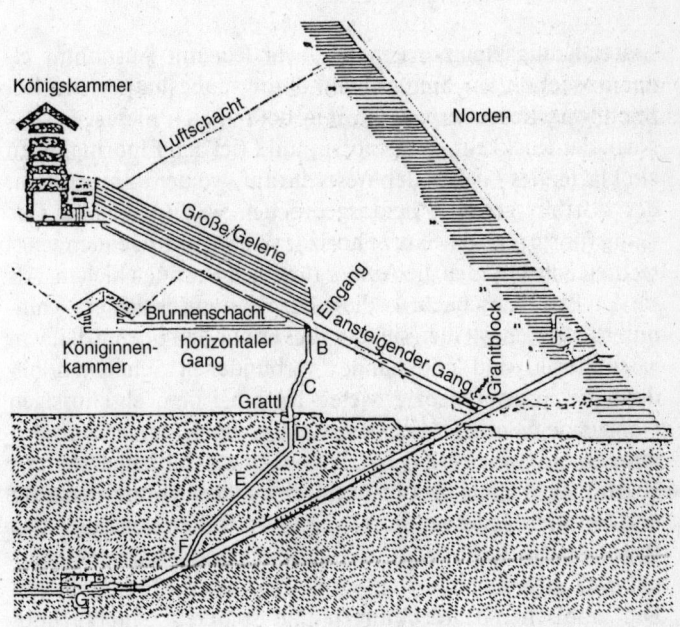

Abb. 66

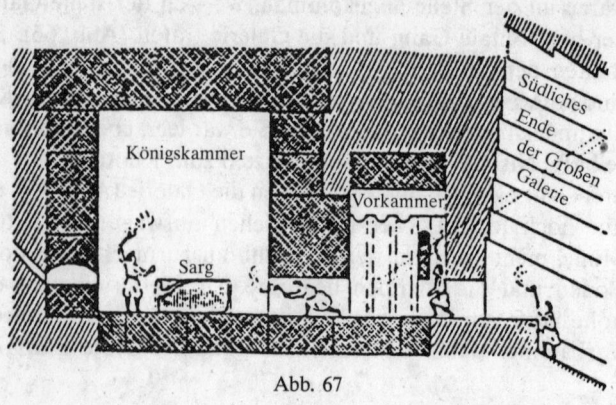

Königskammer

Südliches
Ende
der Großen
Galerie

Vorkammer

Sarg

Abb. 67

später Königskammer genannt, war leer mit Ausnahme eines ausgehöhlten Steines, der dann spaßeshalber die Bezeichnung Koffer erhielt; in ihm befand sich nichts.

Nach der Rückkehr zum Knotenpunkt fiel den Eindringlingen ein klaffendes Loch in der Westseite auf, wo der Rampenstein, der dorthin gehörte, herausgebrochen war (Abb. 68). Der Gang führte über eine kurze horizontale Strecke zu einem senkrechten Schacht, den die Araber für einen Brunnen hielten. Als sie den Brunnenschacht — diese Bezeichnung erhielt er — hinunterkletterten, stellten sie fest, daß er nur den oberen Teil von gewundenen und miteinander verbundenen Schächten bildete, die in etwa siebzig Meter Tiefe bei dem abschüssigen Gang endeten und so die oberen Gänge und Kammern mit den unteren verbanden (Abb. 66). Demnach war für jeden, der den abschüssigen Gang benutzt hatte, die untere Öffnung versteckt und blockiert gewesen, bis Al Manuns Gehilfen sich durch den Brunnenschacht hinunterließen, die untere Öffnung entdeckten und aufbrachen.

Die arabischen Entdeckungen und späteren Untersuchungen haben viele Fragen offengelassen. Warum, wann und

von wem war der Zugang verschlossen worden? Warum,
wann und von wem war der »Brunnenschacht« geschaffen
worden?

Die erste und beständigste Theorie beantwortete scheinbar
beide Fragen. Da man annahm, die Pyramide sei als Grab

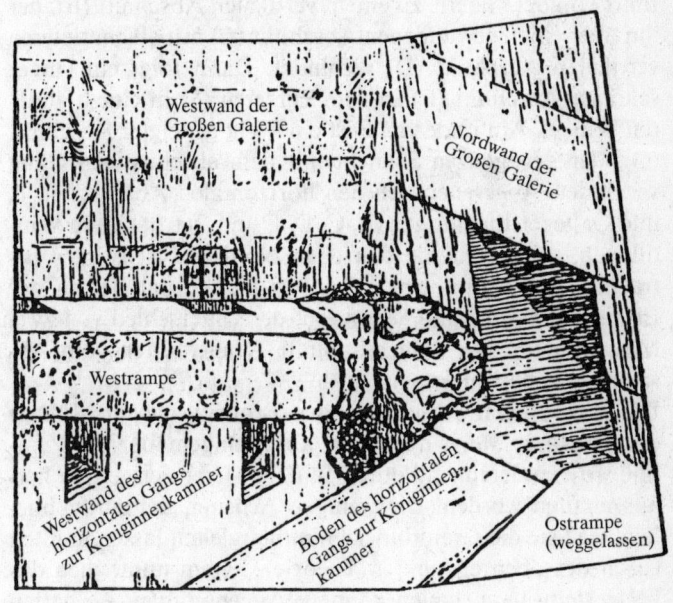

Abb. 68

für Pharao Chufu (Cheops) gebaut worden, meinte man, die
Mumie sei in der »Königskammer« in den »Koffer« gelegt
worden; dann hätten Arbeiter die Granitblöcke von der
Galerie aus den abschüssigen Gang hinabgleiten lassen, um
das Grab zu verschließen. Auf diese Weise seien die Arbeiter
in der Galerie lebendig begraben worden. Aber sie hätten
den Priestern ein Schnippchen geschlagen, indem sie den
Endstein der Rampe entfernten, den Brunnenschacht ausho-

ben und sich über den abschüssigen Gang ins Freie retteten.

Diese Theorie hält jedoch einer kritischen Betrachtung nicht
stand.

Der Brunnenschacht besteht aus sieben Abschnitten (Abb.
66). Er beginnt beim oberen horizontalen Abschnitt (A),
führt von der Galerie zu einem vertikalen Abschnitt (B), der
ihn über einen gewundenen Abschnitt (C) mit einem tieferen
vertikalen Abschnitt (D) verbindet. Dann folgt ein langer
schräger Abschnitt (E) zu dem kürzeren (F) in einem anderen Winkel. Am Ende von F ist ein leicht geneigter Abschnitt
(G), der den ganzen Schacht mit dem abschüssigen Gang
verbindet. Abgesehen von den horizontalen Abschnitten A
und G, liegen die übrigen (B, C, D, E und F) trotz ihren Win-
dungen, wenn man sie von einer Nord-Süd-Achse aus betrachtet, genau auf einer Ost-West-Ebene, parallel zu der
Ebene der Gänge und Kammern; der Unterschied von zwei
Metern wird oben vom Abschnitt A und unten vom Abschnitt G überbrückt.

Die drei oberen Abschnitte des Brunnenschachts führen
etwa zwanzig Meter durch das Kalksteingemäuer der Pyramide, die anderen sind durch fünfzig Meter Felsgestein herausgehauen worden. Die wenigen Arbeiter, die zurückblieben, weil sie die Granitblöcke hinuntergleiten lassen mußten
(nach der oben erwähnten Theorie), hätten unmöglich das
Felsgestein heraushauen können. Angenommen, sie hätten
von oben gearbeitet, wo ist denn dann das Geröll geblieben,
das sie nur hinausschaffen konnten, wenn sie von unten
gearbeitet hätten? Übrigens hätte das Bohrloch, dessen
Durchmesser zweieinhalb Meter beträgt, an die hundert Ku-
bikmeter Geröll ergeben.

In Anbetracht dieser Unwahrscheinlichkeiten verfiel man
auf die Theorie, die Arbeiter hätten tatsächlich von unten gearbeitet (und dann das Geröll über den abschüssigen Gang
hinausgeschafft). Aber warum? Die Antwort lautet: wegen
eines Erdbebens. Als der Pharao beigesetzt wurde, habe ein

Erdbeben die Pyramide so erschüttert, daß der Granitblock sich vorzeitig gelockert hätte. Infolgedessen seien nicht nur Arbeiter, sondern auch Mitglieder der königlichen Familie und Hohepriester lebendig begraben worden. Da die Baupläne noch vorhanden gewesen seien, habe eine Rettungsmannschaft den Weg zur Galerie freigelegt und die Würdenträger gerettet.

Dieser Spekulation — wie auch der längst aufgegebenen, daß Grabräuber sich einen Weg nach oben gebahnt hätten — mangelt es unter anderem an Genauigkeit. Mit Ausnahme des Abschnitts C, der auf grobe und unregelmäßige Weise durch das Mauerwerk herausgearbeitet worden ist, und des Abschnitts G, bei dem zwei Seiten rauh geblieben sind, sind alle anderen sorgfältig glatt geschliffen und verlaufen in ihrer gesamten Länge gerade. Warum hätten Rettungsmannschaften (oder Grabräuber) Zeit damit verlieren sollen, die Schachtwände zu glätten, zumal dies das Klettern erschwert?

Als sich die Beweise häuften, daß kein Pharao in der Großen Pyramide beigesetzt worden ist, kam man mit einer neuen Theorie: Der Brunnenschacht sei geschaffen worden, damit es möglich war, zu überprüfen, ob sich infolge eines Erdbebens Risse im Gestein ergeben hätten. Die glühendsten Verfechter dieser Theorie waren die Brüder John und Morton Edgar (»Die Gänge und Kammern der Großen Pyramide«), die in religiösem Eifer in der Pyramide einen Ausdruck biblischer Prophezeiungen sahen und jeden bekannten Teil säuberten, untersuchten, maßen und fotografierten. Sie bewiesen, daß sowohl der obere kurze, horizontale Gang zum Abschnitt A des Brunnenschachts als auch der oberste vertikale Abschnitt B wesentlicher Bestandteil der ursprünglichen Konstruktion der Pyramide waren (Abb. 69). Außerdem stellten sie fest, daß der untere Abschnitt D durch eine Aushöhlung, Grotte genannt, verläuft und sorgfältig ins Felsgestein eingesetztes Mauerwerk enthält (Abb. 70). Diese Konstruktion sei nur möglich gewesen, als das Felsgestein noch bloß-

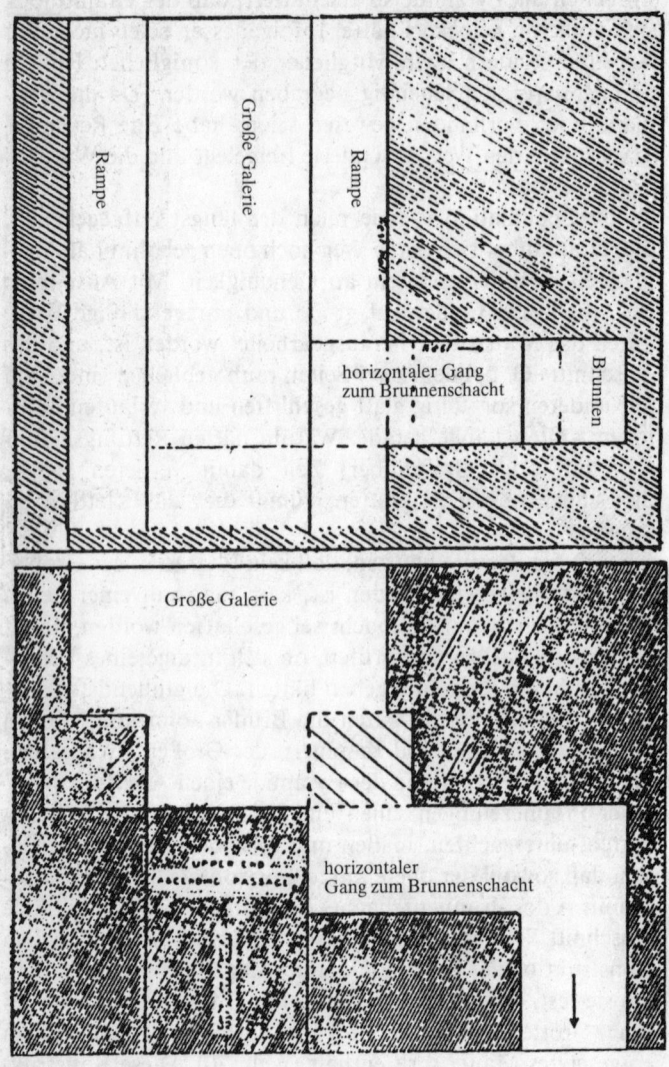

Abb. 69

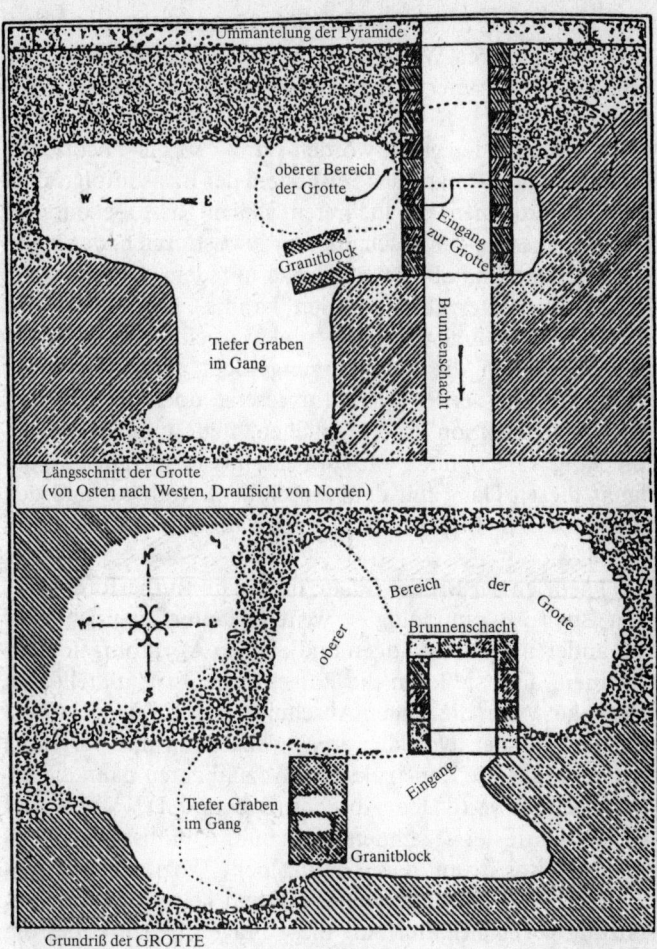

Abb. 70

lag, also bevor die Pyramide ihre Ummantelung erhalten habe. Mit anderen Worten, auch dieser Abschnitt müsse ein Teil, ein sehr früher Teil der ursprünglichen Konstruktion sein.

Als die Pyramide gebaut worden war — so die Theorie der Brüder Edgar —, habe das Felsgestein der Basis infolge eines heftigen Erdbebens an mehreren Stellen Risse bekommen. Um das Ausmaß der Beschädigung zu bestimmen, das heißt, um festzustellen, ob die Pyramide auf dem gesprungenen Felsgestein weitergebaut werden könnte, wurden die Abschnitte E und F gewissermaßen als Inspektionsschacht angelegt. Da sich die Beschädigung nicht als ernst erwies, wurde der Bau der Pyramide fortgesetzt, doch um eine wiederholte Inspektion zu ermöglichen, fügte man einen kurzen Gang (G) ein, und zwar vom abschüssigen Gang aus, der damit diesen Gang mit dem Abschnitt F verband und den Zugang — zur Inspektion — zu den unteren Schächten erlaubte.

Die Theorien der Brüder Edgar, die Adam Rutherford in seinem Buch »Pyramidologie« weiter erläutert, wurden zwar von anderen Pyramidologen und einigen Ägyptologen übernommen, aber sie lösen die Rätsel nicht. Erneut stellt sich die Frage: Wenn die langen Abschnitte E und F Inspektionsschächte für den Notfall waren, wozu dann ihre sorgsame und zeitraubende Konstruktion? Wozu dienten dann die ursprünglichen vertikalen Abschnitte B und D? Wann und warum wurde der gewundene Abschnitt C mühsam geschaffen? Und was ist mit dem Granitblock? Wozu wurde er gebraucht, wenn es keine Beisetzung und keine feierliche Bestattung gegeben hatte? Auf diese Fragen haben weder die Pyramidologen noch die Ägyptologen eine befriedigende Antwort geben können.

Dennoch enthalten die wiederholten eifrigen Untersuchungen und Messungen beider Gruppen den Schlüssel zu den Antworten. Meiner Ansicht nach wurden die wesentlichen Abschnitte des Brunnenschachts tatsächlich von den ursprünglichen Erbauern geschaffen, aber nicht wegen eines Unglücksfalles. Sie waren eher das Ergebnis der Vorausplanung: Sie dienten als architektonische Leitlinien beim Bau der Pyramide.

Viel ist im Lauf der Jahrhunderte über die wundervollen Proportionen und die bemerkenswerten geometrischen Verhältnisse der Großen Pyramide geschrieben worden. Doch da alle anderen Pyramiden im Inneren nur untere Gänge und Kammern aufweisen, hat sich die Tendenz erhalten, das gesamte obere System der Großen Pyramide als spätere Entwicklung zu betrachten. Infolgedessen hat man bestimmten Ausrichtungen zwischen den oberen und unteren Merkmalen wenig Aufmerksamkeit geschenkt. Sie lassen sich nur erklären, wenn man davon ausgeht, daß beide Teile zu ein und derselben Zeit geplant und ausgeführt worden sind. Zum Beispiel liegen die Stelle, wo der Boden der Galerie plötzlich eine hohe Stufe aufweist, die Mittellinie der Königinnenkammer und eine Vertiefung im kurzen horizontalen Gang allesamt auf derselben Ebene, nämlich auf der Mittelachse der Pyramide. Außerdem sind die rätselhafte, abwärts führende Stufe im oberen horizontalen Gang und das Ende des abschüssigen Ganges in gerader Linie ausgerichtet. Es gibt noch mehr derartige Ausrichtungen, wie das Diagramm auf Seite 251 zeigt.

Waren alle diese Ausrichtungen reiner Zufall, architektonische Spielereien oder das Ergebnis sorgfältiger Planung und Berechnung? Wie man gleich sehen wird, beruhten alle diese und andere, bisher unbeachtete Ausrichtungen auf einem genialen und doch einfachen Bauplan. Ich werde auch beweisen, daß die ursprünglichen Abschnitte des Brunnenschachts nicht nur integrale Elemente bei der Ausführung waren, sondern ebenfalls auf Planung beruhten.

Ich beginne mit dem Abschnitt D, weil ich glaube, daß er der erste war. Man ist jetzt allgemein der Ansicht, daß die Felsenkuppe, auf der die Pyramide errichtet worden ist, stufenweise abgeflacht wurde. Die unterste Stufe, die von außen zu

sehen ist, bildete die Grundlinie. Auch die unterste Schicht
des Mauerwerks ist sichtbar. Da der Abschnitt D des Brunnenschachts unter diesem Mauerwerk liegt, mußte er durch
die Grotte und das Felsgestein geführt werden, bevor irgend
etwas darüber gebaut werden konnte, in diesem Falle die Abschnitte A, B und C. Weil man den Felsen nur von oben nach
unten ausbohren konnte, ließ sich der Abschnitt E, der nach
unten genau am Ende von D liegt, erst in Angriff nehmen,
nachdem der Abschnitt D vollendet war; dann folgte F und
zuletzt G.

Mit anderen Worten, D mußte mit großer Sorgfalt durch die
Grotte und das Felsgestein gebohrt werden, ehe die anderen
Abschnitte des Brunnenschachts an die Reihe kamen (Abb.
70). Aber warum gerade an der Stelle, wo er sich befindet,
warum verläuft er vertikal, warum ist er so lang? Warum bildet Abschnitt E — eine Tatsache, die vollkommen übersehen
worden ist — mit D und der Grundlinie einen exakten Winkel von 45 Grad? Wenn E als Verbindungsschacht dienen
sollte, warum wurde dann dieser Abschnitt nicht einfach bis
zu dem abschüssigen Gang fortgesetzt? Statt dessen aber bildet er einen Winkel, um zu Abschnitt F zu werden. Und
warum — auch das ist unbeachtet geblieben — bildet F mit
dem Gang einen exakten Winkel von 90 Grad?

Um diese Fragen beantworten zu können, habe ich mir folgendes überlegt: Zu welchem Zweck und wie haben die Erbauer der Großen Pyramide diese Symmetrie, diese vollkommenen Ausrichtungen und bemerkenswerten geometrischen Kongruenzen angestrebt? Die Antwort darauf liefert
am besten ein Diagramm (Abb. 71). Es ist der Bauplan vom
Inneren der Pyramide, den die Erbauer aufgestellt haben
könnten, ein an sich einfacher, aber gedanklich genialer Bauplan, der mit Hilfe einiger Linien und dreier Kreise die eindrucksvolle Symmetrie, die Ausrichtungen und die Voll-
kommenheit wiedergibt.

Der Bau der Pyramide begann mit der Nivellierung des Felsens, auf dem sie errichtet werden sollte. Um dem Bauwerk

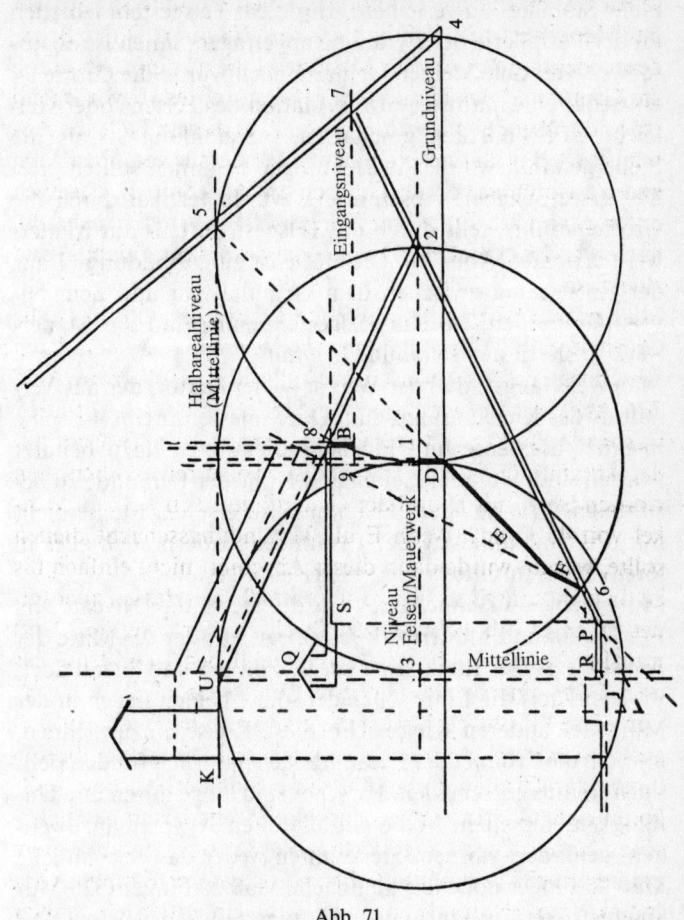

Abb. 71

mehr Stabilität zu verleihen, wurde das Felsgestein lediglich an der Peripherie der Pyramide abgetragen; innen ist es stufenweise erhöht. Meiner Meinung nach wurde die Grotte — entweder eine natürliche Deformation des Felsens oder vielleicht eine künstlich geschaffene Aushöhlung — als die Stelle gewählt, wo die Ausrichtungen beginnen sollten.

Der erste Schacht, Abschnitt D, wurde vertikal durch die Grotte geführt, teils durch das Felsgestein, teils aus Mauerwerk errichtet (Abb. 70). Die Höhe ist auf Abbildung 71 aus der Entfernung zwischen dem Grundniveau und dem Niveau zu ersehen, wo das Felsgestein endet und das Mauerwerk im Kern der Pyramide beginnt.

Man weiß längst, daß der Wert π — der Faktor, der das Verhältnis des Kreisumfangs zum Durchmesser angibt —, seine linearen Elemente und Flächenprojektionen dazu benutzt worden sind, Umfang, Seiten und Höhe der Pyramide zu bestimmen. Wie aus dem Diagramm zu ersehen ist, ist nicht nur die Ummantelung der Pyramide, sondern auch alles in ihrem Inneren mittels dreier Kreise dargestellt.

Mit einem Winkelmeßgerät wurde zuerst das Niveau von Felsgestein und Mauerwerk festgelegt, auf der die Mitte der Kreise liegt. Der Punkt 1 ist bei D, Punkt 2 und 3 sind dort, wo sein Kreis die Linie schneidet, diese beiden liegen in der Mitte der anderen Kreise. Um diese Kreise einzuzeichnen, mußten die Erbauer der Pyramide sich natürlich für den richtigen Radius entscheiden. Forscher sind lange durch ihre Unfähigkeit, dieselben Maße wie die alten Ägypter anzuwenden, gehindert worden. Sie kannten weder das gewöhnliche Maß 24 Finger noch das königliche Maß 28 Finger (525 Millimeter). Vor drei Jahrhunderten folgerte Isaac Newton, daß das geheimnisvolle heilige Längenmaß sowohl beim Bau der Pyramiden als auch beim Bau der Arche Noah und des Tempels in Jerusalem angewendet worden ist. Heute lassen die Ägyptologen und Pyramidologen dies gelten, soweit es die Pyramide betrifft. Meinen Berechnungen nach hat der Halbmesser der drei Kreise sechzig solche heiligen Maße, wobei die Zahl Sechzig nicht als Zufall zu gelten hat, ist sie doch die Grundzahl des sexagesischen sumerischen Rechensystems. Das Längenmaß sechzig herrscht sowohl bei Länge und Höhe der Pyramide und bei ihrer inneren Struktur als auch bei den Dimensionen der Basis.

Nach der Festsetzung des Halbmessers wurden die drei Kreise eingezeichnet, und jetzt begann die Pyramide Form anzunehmen: beim Schnittpunkt des zweiten Kreises mit der Grundlinie (Punkt 4) mußte die Seite der Pyramide einen Winkel von 52 Grad bilden, einen vollkommenen Winkel, denn das ist der einzige, welcher der Zahl π im Inneren der Pyramide entspricht.

Von Schacht D aus wurde dann Schacht E im exakten Winkel von 45 Grad angesetzt. Das Licht des Winkelmeßgeräts strahlte von E aufwärts und schnitt Kreis zwei bei Punkt 5, mit Rücksicht auf die schräge Fassade der Pyramide und zur Markierung des Niveaus des Halbareals, wo die Königskammer und die Vorkammer eingebaut werden sollten (Linie 5 — U — K) und die Galerie enden sollte. Abwärts bestimmte der schräge Abschnitt E den Punkt P, wo der abschüssige Gang enden sollte, und die vertikale Linie von P bestimmte die abwärts führende Stufe (S) zum oberen, horizontalen Gang.

Beim dritten Kreis gibt Punkt 3 die Mitte an, die von der senkrechten Mittellinie der Pyramide durchschnitten wird. Wo sie die Linie der Halbfläche trifft, befindet sich die hohe Stufe (U), die das Ende der Galerie und den Anfang des Bodens der Königskammer (K) bildet. Sie bestimmt auch die Lage der Königinnenkammer (Q) auf der Mittellinie. Wenn man Punkt 2 mit der hohen Stufe verbindet, trifft man auf die Bodenlinie des aufsteigenden Ganges und der Galerie.

Schacht F schneidet die Linie 2 — U in einem Winkel von 90 Grad. Von ihrem Schnittpunkt mit dem ersten Kreis führt eine Linie von Punkt 6 über 2 zu Punkt 7, zu der Seite der Pyramide, und hier befindet sich der Eingang der Pyramide.

Die Schächte D, E und F sowie die drei Kreise bilden also die wesentlichen Anlagen der Pyramide. Unbestimmt bleiben aber noch die Punkte, wo der aufwärts führende Gang endet und die Galerie beginnt, also wo die Ebene des horizontalen Ganges zur Königinnenkammer sein würde. Hier dürfte der Schacht B ins Spiel kommen. Noch nie hat jemand darauf hingewiesen, daß er genauso lang ist wie D und die Entfernung zwischen dem Niveau des Eingangs und dem des hori-

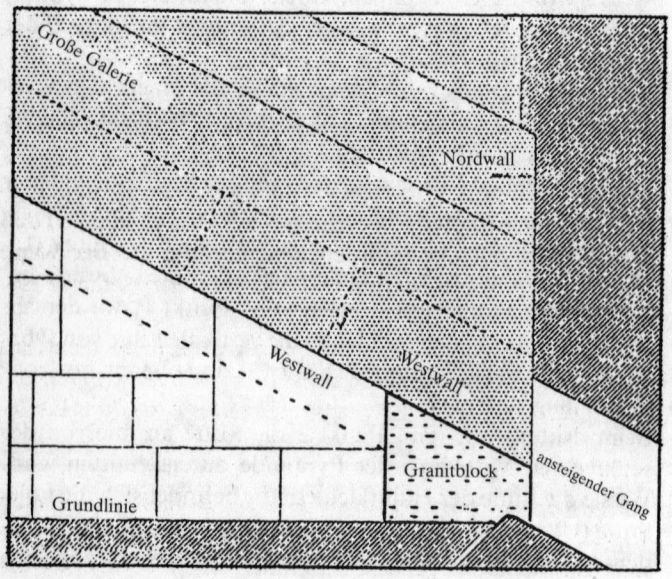

Abb. 72

zontalen Ganges abgrenzt. Schacht B führte dorthin, wo der aufwärts führende Gang den zweiten Kreis bei Punkt 8 schneidet. Seine Länge bezeichnet den Aufstieg der Galerie; es ist die Entfernung zwischen Punkt 8 und 9. Dank dem Abschnitt B konnten die Erbauer das Innere der Pyramide vollenden. Danach brauchten sie die Abschnitte des Brunnen-

schachts nicht mehr, und der Zugang wurde mit einem gutsitzenden, keilförmigen Rampenstein verschlossen (Abb. 72).

Die Abschnitte D, E und F verschwanden und waren nicht
mehr zu sehen, als sich das Mauerwerk über dem Felsen-
boden erhob. Vielleicht trat jetzt der weniger präzise gearbei-
tete Abschnitt G in Funktion, denn er ermöglichte es, die
lichtspendenden Winkelmeßgeräte aus den Abschnitten D,
E und F wegzuschaffen oder noch eine letzte Inspektion vor-
zunehmen. Bei der Verbindung des abschüssigen Ganges mit
dem Abschnitt G wurde der Zugang mit einem gutsitzenden
Stein versperrt, und so verschwanden auch die unteren Abschnitte aus dem Blickfeld.

Ja, nun war alles in Ordnung. Oder doch nicht? Ein Abschnitt blieb ja noch übrig, nämlich der ganz aus der Rolle
fallende Abschnitt C, der sich im Gegensatz zu den anderen
windet und rauhe Wände hat. Außerdem war er unsachge-
mäß, anscheinend sehr flüchtig, ausgehauen worden, so daß
viele Kalksteinblöcke zerbrochen waren oder aus der Wand
hervorragten. Wann, warum und wie war der rätselhafte Abschnitt C entstanden?

Diesen Abschnitt gab es meines Erachtens noch nicht, als
der Bau der Pyramide vollendet war. Er wurde, wie sich zeigen wird, hastig und gewaltsam geschaffen, als Marduk lebendig in der Pyramide begraben wurde.

Daß Marduk lebendig im »Berggrab« gefangengehalten
wurde, daran ist nicht zu zweifeln; das bezeugen Texte, die
man gefunden hat. Andere mesopotamische Texte erklären,
inwiefern er sich schuldig gemacht hat. Alle zusammen ermöglichen es, die Ereignisse nachzuvollziehen.

Da Marduk aus Babylonien und Mesopotamien ausgewie-
sen worden war, kehrte er nach Ägypten zurück. Er ließ sich
in Heliopolis nieder, betrachtete die Stadt als sein Kulturzentrum und brachte seine himmlischen Andenken in einem besonderen Schrein unter, zu dem die Ägypter noch lange Zeit
danach pilgerten.

Als er seine Oberherrschaft in Ägypten zurückgewinnen wollte, stellte er fest, daß sich hier seit seinem Staatsstreich in Mesopotamien vieles verändert hatte. Thoth schien zwar keinen Machtkampf zu wollen, und Nergal und Gibil waren weit weg, aber ein neuer Rivale war inzwischen aufgetaucht: Dumuzi, Enkis jüngster Sohn. Seine Domäne grenzte an Oberägypten, und er stellte Ansprüche auf den ägyptischen Thron.

Hinter seinem Ehrgeiz steckte niemand anderes als seine Frau Inanna (Istar), eine weitere Ursache für Marduks Mißtrauen und Mißfallen.

Die Geschichte von Dumuzi und Inanna — er ein Sohn Enkis, sie Enlils Enkeltochter — liest sich wie eine alte Romeo-und-Julia-Sage. Wie Shakespeares Drama endet auch sie tragisch — mit Tod und Rache. Zum erstenmal wird Inannas Anwesenheit in Ägypten in dem Edfu-Epos erwähnt, das vom Ersten Pyramidenkrieg handelt. Dort kommt sie unter ihrem kanaanitischen Namen Astoreth vor, und es heißt, sie sei mit Horos' vorrückenden Heerscharen auf dem Schlachtfeld erschienen. Ihre damalige Anwesenheit in Ägypten ließe sich vielleicht damit erklären, daß sie Dumuzi (Hirt) besuchen wollte, auf dessen Gebiet Kämpfe stattfanden. Aus sumerischen Texten geht hervor, daß sie ihn tatsächlich in seinem fernen ländlichen Gebiet besucht hat. Diese Texte schildern, wie Dumuzi sie erwartet und sie über ihre Furcht vor einer Zukunft in fremden Landen hinwegtröstet:

> »Der junge Bursche stand wartend da.
> Dumuzi öffnete die Tür. Wie ein Mondstrahl kam sie auf ihn zu.
> Er sah sie an, er erfreute sich an ihr,
> nahm sie in die Arme und küßte sie.
> Der Hirt legte seine Arme um das Mädchen und sagte:
> Ich habe dich nicht in Sklaverei entführt.
> Dein Tisch wird ein herrlicher Tisch sein,
> der herrliche Tisch, an dem ich selbst sitze und esse.«

Damals hatte Inanna den Segen ihrer Eltern, Nannar (Sin) und Ningal, erhalten, auch den ihres Bruders Utu (Scha-

masch), zu der Liebesheirat zwischen einer Enkelin Enlils
und einem Sohn Enkis. Zudem hatten Dumuzis Brüder und
Enki selbst ihre Einwilligung gegeben. Sie schenkten Inanna
Lapislazuli-Schmuck, die kostbaren blauen Steine, die sie besonders liebte. Als Überraschung versteckten sie Perlen unter einem Berg von Datteln, die sie ebenfalls von allen Früchten am liebsten aß. In ihrem Schlafzimmer fand sie »ein Bett
aus Gold, geschmückt mit Lapislazuli-Steinen, die Gibil im
Ab-Zu für sie veredelt hatte«.

Dann aber brach der Krieg aus, und Bruder kämpfte gegen
Bruder. Solange sich nur Enkis Nachkommen bekämpften,
fand niemand etwas daran, eine Enkeltochter Enlils um sich
zu haben. Doch nachdem Horos gesiegt hatte und Seth Länder besetzte, die ihm nicht gehörten, änderte sich die Lage
schlagartig: im Zweiten Pyramidenkrieg waren Enlils Söhne
und Enkel die Feinde der Nachkommen Enkis. »Julia«
mußte sich von ihrem »Romeo« trennen.

Als die Liebenden nach dem Krieg wieder vereint waren und
sie geheiratet hatten, verbrachten sie viele Tage und Nächte
in Wonne und Ekstase — sie wurden Gegenstand zahlreicher
Liebeslieder. In der Umarmung flüsterte Inanna Dumuzi
aufreizende Worte zu:

> »Süß wie dein Mund sind deine Glieder,
> sie ziemen sich für einen königlichen Stand!
> Unterdrück das aufsässige Land, laß das Volk sich vermehren.
> Ich will das Land rechtmäßig lenken!«

Ein andermal gestand sie ihm ihre Vision:

> »Ich hatte die Vision von einem großen Volk,
> Dumuzi hat es sich auserwählt als Gott seines Landes.
> Denn ich habe Dumuzi erhöht, ich gab ihm einen hohen Rang.«

Dennoch wurde es keine glückliche Ehe, denn sie brachte
keinen Erben hervor — offenbar eine wichtige Bedingung,
wenn es galt, göttlichen Ehrgeiz zu befriedigen. Um nun zu
einem männlichen Erben zu kommen, befleißigte sich Dumuzi einer Taktik, die auch sein Vater vor langer Zeit befolgt

hatte: er versuchte seine Schwester zu verführen. Aber im Gegensatz zu Ninharsag, die sich Enki willig hingegeben hatte, verweigerte sich Gestinanna ihrem Bruder. In seiner Verzweiflung verging sich Dumuzi gegen ein sexuelles Tabu: er vergewaltigte seine Schwester.

Die tragische Geschichte erzählt eine Tafel, die von den Altertumsforschern unter CT 15.28-29 im Katalog eingetragen worden ist. Der Text schildert, wie Dumuzi sich von Inanna verabschiedet, um angeblich in der Ebene nach seiner Herde zu sehen. Dort saß wie verabredet »seine liederkundige Schwester in dem Glauben, sie sei zu einem Essen im Freien eingeladen worden«. Sie genossen »die reine Nahrung, die von Honig und Butter tropfte, tranken das wohlriechende göttliche Bier und verbrachten die Zeit in heiterer Stimmung«. Dumuzi schritt dann zur Tat. Um seine Schwester vorzubereiten, paarte er einen jungen Hammel mit dessen Mutter, dann einen anderen mit dessen Schwester. Als die Tiere Inzest begingen, berührte er Gestinanna, »aber die verstand ihn noch immer nicht«. Er wurde zudringlicher. »Sie schrie und schrie abwehrend, aber er bestieg sie, und sein Same floß in ihren Schoß.« Sie rief: »Laß ab! Es ist eine Schande!«

»Danach sprach der furchtlose, schamlose Hirt mit seiner Schwester.« Was er gesagt hat, läßt sich nicht entziffern; doch vermutlich hat er ihr die Gründe für seine Handlungsweise auseinandergesetzt. Daß er vorsätzlich handelte, geht aus dem Text klar hervor, auch daß Inanna in den Plan eingeweiht war, denn sie hatte ihm zuvor Ratschläge für sein Verhalten gegeben.

Vergewaltigung war nach dem moralischen Kodex der Anunnaki ein schweres Verbrechen. In früher Zeit, als die ersten Astronauten auf der Erde lebten, war ihr oberster Anführer Enlil verbannt worden, weil er eine junge Krankenschwester vergewaltigt hatte (die er später heiratete). Das alles wußte Dumuzi sicherlich; entweder hatte er erwartet, daß Gestinanna einwilligen würde, oder er sah sich gezwungen, das

Verbot zu übertreten. Inannas Einverständnis erinnert an die biblische Geschichte von Abraham und seiner unfruchtbaren Frau Sara, die ihm ihre Magd überlassen hat, damit er einen männlichen Erben zeugen konnte.

Dumuzi war sich seines Verbrechens bewußt und ahnte, daß er dafür mit dem Tod büßen mußte, denn in dem sumerischen Text steht: »Sein Herz war von Tränen erfüllt.« Er fällt in Schlaf und hat einen schrecklichen Traum: Alle seine Rangabzeichen und seine Besitztümer werden ihm weggenommen, Stück für Stück, von einem königlichen Vogel und einem Falken. Der Alptraum endet damit, daß er sich tot inmitten seiner Schafherde liegen sieht.

Nach dem Erwachen bittet er Gestinanna, ihm den Traum zu deuten. »Mein Bruder, dein Traum ist ungünstig, seine Bedeutung ist mir klar. Er sagt voraus, daß Banditen dich aus dem Hinterhalt überfallen werden. Deine Hände sind gefesselt, deine Arme sind gefesselt.« Kaum hat sie so gesprochen, da stürzen die Bösen hinter einem Hügel hervor und ergreifen Dumuzi.

Der gefesselte Dumuzi ruft Utu (Schamasch) an und fleht: »O Utu, du bist mein Schwager, ich bin der Mann deiner Schwester. Verwandle meine Hände in die Hände einer Gazelle, verwandle meine Füße in die Füße einer Gazelle, laß mich den Bösen entrinnen!« Utu erhört ihn und verhilft ihm zur Flucht. Nach einigen Abenteuern versteckt sich Dumuzi im Haus des alten Belili, eines zweifelhaften Mannes, der eine Doppelrolle spielt. Dumuzi wird immer wieder gefangengenommen. Zum Schluß versteckt er sich inmitten seiner Schafe. Ein heftiger Wind erhebt sich, die Becher fallen um; die Bösen umzingeln ihn, und sein Traum bewahrheitet sich:

> »Die Becher waren umgekippt. Dumuzi war tot.
> Die Schafe wurden vom Wind zerstreut.«

Der Schauplatz dieser Ereignisse ist eine wüstenähnliche Ebene in der Nähe eines Flusses. Ein anderer Text, »Der bit-

terste Schrei« genannt, erzählt die Geschichte in Form einer
Klage Inannas und ist in geographischer Hinsicht deutlicher.
Darin erscheinen sieben Gesandte aus Kur in dem Pferch
und wecken den schlafenden Dumuzi. Im Gegensatz zur ersten Version, in der die Häscher einfach als »Böse« bezeichnet werden, ist es hier klar, daß sie auf höheren Befehl gekommen sind, denn der Oberste sagt: »Mein Herr hat uns zu
dir geschickt.« Sie nehmen Dumuzi die göttlichen Attribute
weg:

> »Gib deinen Kopfschmuck her, steh barhäuptig auf.
> Zieh dein königliches Gewand aus, stell dich nackt hin.
> Leg beiseite den göttlichen Stab in deiner Hand,
> mit leeren Händen sollst du stehen.
> Zieh die heiligen Sandalen aus, barfüßig sollst du sein!«

Es gelingt Dumuzi, zu fliehen und den Fluß zu erreichen,
»den großen Kanal in der Wüste Emusch [Heimat der
Schlangen]«. Es gibt in Ägypten nur einen Ort in der Wüste,
wo ein Fluß mit einem großen Kanal zusammentrifft: beim
ersten Wasserfall des Nils, wo sich heute der große Damm
von Assuan befindet.

Aber die wirbelnden tiefen Wasser lassen Dumuzi das andere Ufer nicht erreichen, wo seine Mutter und Inanna stehen, um ihm Schutz zu bieten. Statt dessen trägt ihn der
Fluß nach Kur.

Aus diesen und anderen Texten geht hervor, daß die Häscher
Dumuzi auf Befehl eines höheren Gottes, des Herrn von
Kur, ergreifen, der »das Urteil fällte«. Die Vollversammlung
der Götter kann das Urteil nicht gefällt haben, weil ja die enlilitischen Götter Utu (Schamasch) und Inanna Dumuzi bei
der Flucht geholfen haben. Die Verurteilung war also einsei-
tig, ausgeführt vom Herrn der Häscher. Das war kein anderer als Marduk, der ältere Bruder von Dumuzi und Gestinanna.

Das geht aus dem »Mythos von Inanna und Bilulu« hervor.
Darin entpuppt sich der fragwürdige alte Belili als der ver-
kleidete En-Bilulu, nämlich als der Gott, der die Strafexpe-

dition gegen Dumuzi leitete. Akkadische Texte erklären, daß
En-Bilulu »der Gott Marduk war, der gesündigt hatte«.
Darin wird er auch als »Gott, der Inanna Leid brachte« be-
zeichnet.

Marduk, der Dumuzis und Inannas Liebesheirat von Anfang an mißbilligt hatte, war nach dem Zweiten Pyramidenkrieg zweifellos noch mehr dagegen. Dumuzis politisch mo-
tivierte Vergewaltigung seiner Schwester Gestinanna war für
Marduk eine willkommene Gelegenheit, Inannas Pläne in
bezug auf Ägypten zu unterbinden, indem er Dumuzi gefan-
gennahm. Hatte er die Absicht, Dumuzi umzubringen?
Wahrscheinlich nicht. Die übliche Strafe war Verbannung.
Dumuzis Tod, dessen Umstände unklar sind, dürfte zufällig
geschehen sein.

Doch ob zufällig oder nicht, das war für Inanna belanglos.
Was sie betraf, so hatte Marduk den Tod ihres geliebten
Mannes verursacht. Sie sann auf Rache, wie die Texte bezeu-
gen:

> »Was bewegt Inannas Herz? Töten!
> Den Herrn Bilulu töten.«

Aus den Fragmenten der Sammlungen mesopotamischer
Tontafeln, die sich in verschiedenen Museen befinden, haben die Altertumsforscher einen Text zusammengestellt,
dem Samuel N. Kramer in seinem Buch »Sumerische Mythologie« den Titel »Inanna und Ebih« gegeben hat. Seiner Ansicht nach gehört er zu dem Zyklus »Sagen von der Vernichtung des Drachen«, denn er handelt von Inannas Kampf gegen einen bösen Gott »im Berg«.

Dieser Text schilderte, wie Inanna sich bewaffnet, um den
Gott in seinem Schlupfwinkel anzugreifen. Obwohl die
anderen Götter versucht haben, es ihr auszureden, begibt
sie sich zuversichtlich zu dem Berg, der Ebih (Wohnung
der sorgenvollen Anrufung) heißt. Anmaßend rief sie ihn
an:

»Berg, du bist so hoch, du erhebst dich über alle anderen,
mit deiner Spitze berührst du den Himmel.
Doch ich werde dich zerstören,
bis zum Boden werde ich dich fällen,
in deinem Herzen will ich Leid dir bringen.«

Daß dieser Berg die Große Pyramide war, daß die Herausforderung in Ägypten stattfand, in Gise, geht nicht nur aus
dem Text hervor, sondern auch aus der Abbildung eines sumerischen Rollsiegels (Abb. 73). Darauf ist Inanna in ihrer

Abb. 73

bekannten verführerischen Pose halbnackt vor einem Gott
zu sehen, der auf drei Pyramiden steht. Die Pyramiden
haben dieselbe Anordnung wie in Gise; das ägyptische
Anch-Zeichen, die Kopfbedeckung des ägyptischen Priesters und die verschlungenen Schlangen, alles weist auf die
Örtlichkeit hin: Ägypten.
Daß Marduk, der sich in dem mächtigen Bauwerk versteckte, Inannas Drohungen nicht beachtete, erzürnte sie
noch mehr. Sie trat näher und verkündete: »Mein Großvater

hat mir erlaubt, in den Berg einzutreten!« Mit ihren Waffen drohend, fuhr sie fort: »Ins Herz des Berges werde ich eindringen. Drinnen im Berg werde ich siegen!« Da sie keine Antwort erhielt, ging sie zum Angriff über:

> »Unaufhörlich schlug sie auf die Seiten des Ebih
> und auf alle seine Ecken, sogar auf seine vielen
> aufgehäuften Steine. Aber drinnen spuckte unaufhörlich
> die große Schlange, die hineingegangen war, ihr Gift aus.«

Da mischte sich Anu persönlich ein. Er warnte sie, Marduk verfüge über schreckliche Waffen. »Ihr Ausbruch ist furchtbar, sie werden deinen Eintritt verhindern.« Er riet ihr, lieber Gerechtigkeit zu suchen und Marduk zu verklagen.
Den Bericht über die Gerichtsverhandlung und Marduks Verurteilung liefert ein fragmentarischer Text, den die babylonische Abteilung des Museums der Universität von Pennsylvania herausgegeben hat. Die vorhandenen Zeilen beginnen an der Stelle, wo die Götter den Ekur umzingelt haben und der als Sprecher gewählte Gott »den Bösen« beschwört. Marduk war von seinen Worten gerührt: »Trotz dem Zorn in seinem Herzen traten ihm Tränen in die Augen. Er willigte ein, hervorzukommen und sich dem Gericht zu stellen.«
Die Gerichtsverhandlung fand in Sichtweite der Pyramiden statt, in einem Tempel am Flußufer:

> »Zu dem ehrwürdigen Ort am Fluß
> wurde der Angeklagte geführt.
> Gerechtigkeit sollte geübt werden.«

Bei der Verhandlung war Dumuzis geheimnisvoller Tod ein Problem. Daß Marduk an seinem Tod schuld war, daran zweifelte niemand. Aber war er vorsätzlich herbeigeführt worden, oder hatte er sich zufällig ereignet? Marduk verdiente die Todesstrafe, aber was, wenn er kein eigentlicher Mörder war?
Da fand Inanna angesichts der Pyramide eine Lösung:

> »An diesem Tage äußerte die Herrin, welche
> die Wahrheit spricht, die Anklägerin, die große Prinzessin,
> ein kluges Urteil.«

Es war eine Möglichkeit, Marduk zum Tod zu verurteilen, ohne ihn hinzurichten: Er sollte in der Großen Pyramide lebendig begraben werden! Er sollte in einem großen Umschlag versiegelt werden.

>In einem großen Umschlag, der versiegelt ist,
wo niemand ihm Nahrung bringt,
wo er allein leidet,
wo die Wasserquelle abgeschnitten ist.«

Die göttlichen Richter stimmten dem Vorschlag zu: »Die Herrin bist du! Das Schicksal bestimmst du: So soll es sein.« In der Annahme, daß Anu mit dem Urteil einverstanden sein würde, wurde es vollstreckt. Der Ekur, die Große Pyramide, war ein Gefängnis geworden, und Inanna erhielt einen neuen Beinamen: Herrin des Gefängnisses.

Auf diese Weise wurde die Große Pyramide meiner Ansicht nach endgültig versiegelt. Man ließ Marduk allein in der Königskammer zurück und versperrte den Weg zum aufwärts führenden Gang mit dem Granitblock, so daß es keinen Zugang zu den oberen Gängen und Kammern mehr gab.

Durch die Kanäle, die von der Königskammer zur Nord- und Südfassade der Pyramide führten, bekam Marduk Luft zum Atmen, aber er hatte weder Nahrung noch Wasser. Er war lebendig begraben, dazu verdammt, elend zu sterben.

Den diesbezüglichen Bericht enthalten die Tontafeln, die man in den Ruinen von Asur und Ninive, den alten assyrischen Hauptstädten, gefunden hat. Laut den Asur-Texten soll er als Vorlage für ein Neujahrs-Mysterienspiel in Babylon gedient haben, das Marduks Leiden und seine vermeintliche Begnadigung darstellt. Aber weder die ursprüngliche babylonische Version noch der historische, sumerische Text, auf dem das Stück beruht, ist bisher gefunden worden.

Heinrich Zimmern, der den Asur-Text ins Deutsche übersetzt hat, rief in theologischen Kreisen einige Aufregung hervor, als er im September 1921 seine Deutung in einem Vortrag darstellte. Er interpretierte diesen Text nämlich als ein vorchristliches Mysterienspiel, das vom Tod und von der Auferstehung eines Gottes handelt und deswegen eine frühe Christusgeschichte sei. Als Stephen Langdon 1923 die englische Übersetzung in seinem Buch über mesopotamische Neujahrs-Mysterientexte veröffentlichte, nannte er sie »Bel-Marduks Tod und Wiederauferstehung« und wies auf die Parallelen mit der neutestamentlichen Darstellung von Jesu Tod und Auferstehung hin.

Aber von Marduks Tod kann keine Rede sein, denn er wurde ja lebendig begraben.

Der alte Text beginnt mit einer Einführung der handelnden Personen. Die erste ist Bel (Herr, ein Beiname Marduks), der im »Berg« eingesperrt worden ist. Dann tritt ein Bote auf, der Marduks Sohn Nabu diese Nachricht bringt. Voller Entsetzen fährt Nabu in seinem Streitwagen zu dem Berg. Er kommt bei dem Bauwerk an, und es wird erklärt: »Das ist das Haus an der Ecke des Berges, wo er verhört wurde.« Den Wächtern wird auf ihre Frage, wer denn dieser aufgeregte Gott sei, geantwortet: »Es ist Nabu, der aus Borsippa gekommen ist und wissen will, wie es seinem gefangenen Vater geht.«

Nun treten Schauspieler auf und rennen auf der Bühne herum. Die Erklärung lautet: »Das sind Leute, die in Borsippa auf der Straße herumlaufen, Bel suchen und fragen: Wo wird er gefangengehalten?« Nach Bels Verschwinden hat sich nämlich in der Stadt ein Tumult erhoben, und seinetwegen ist Streit ausgebrochen. Eine Göttin erscheint; es ist Sarpanit, Bels Frau. Ein Bote kommt zu ihr und erzählt weinend: »In den Berg haben sie ihn eingesperrt.« Er zeigt ihr blutbefleckte Kleider und sagt: »Das haben sie ihm ausgezogen.« Er berichtet, statt dessen habe er das Gewand eines Gefangenen getragen. Den Zuschauern werden Leichentücher gezeigt; das bedeutet: Er ist in einem Sarg. Marduk ist begraben worden!

Sarpanit geht zu einem Gebäude, das Marduks Grab versinnbildlicht. Sie sieht Trauernde. Der Text erklärt:

> »Das sind diejenigen, die klagen,
> nachdem die Götter ihn eingesperrt
> und von den Lebenden getrennt haben.
> Im Haus der Gefangenschaft, fern von Sonne und Licht.
> Sie haben ihn ins Gefängnis gesteckt.«

Das Drama hat seinen unheilvollen Höhepunkt erreicht: Marduk ist tot.

Aber abwarten — Marduk ist noch nicht verloren! Sarpanit betet zu den beiden Göttern, die mit Inanna über Marduks Einkerkerung sprechen können, ihr Vater Sin und ihr Bruder Utu (Schamasch). Sie betet zu Sin und Schamasch: »Gebt Marduk das Leben zurück!«

Priester, Sterngucker und Boten treten in einer Prozession auf und murmeln Gebete und Beschwörungen. Inanna werden Opfer gebracht, »auf daß sie ihre Barmherzigkeit zeige«. Der Hohepriester fleht Sin und Schamasch an, Bel das Leben zurückzugeben.

Jetzt nimmt das Drama eine neue Wendung. Plötzlich erscheint der Schauspieler, der Marduk gespielt hat, in blutbefleckten Leichentüchern und ruft: »Ich bin kein Sünder! Ich darf nicht bestraft werden!« Er verkündet, daß der oberste Gott seinen Fall wiederaufgenommen und ihn für unschuldig befunden hat.

Wer war der Mörder? Die Aufmerksamkeit der Zuschauer wird auf einen Türpfosten gelenkt: »Das ist Sarpanits Türpfosten in Babylon.« Sie erfahren, daß der wahrhaft schuldige Gott gefangen worden ist. Sie sehen seinen Kopf durch die Tür. »Das ist der Kopf des Übeltäters, der büßen muß.«

Nabu ist von Borsippa zurückgekehrt: »Er kommt zurück aus Borsippa, er steht bei dem Übeltäter und betrachtet ihn.« Man erfährt nicht, wer der Übeltäter ist; es wird nur gesagt, Nabu habe ihn zusammen mit Marduk gesehen. »Das ist der Sünder«, sagt er und besiegelt damit das Schicksal des Gefangenen.

Die Priester packen den Übeltäter und erschlagen ihn. Er

wird in einem Sarg davongetragen. Dumuzis Mörder hat die Untat mit seinem Leben bezahlt.

Aber ist Marduks Sünde — die indirekte Ursache von Dumuzis Tod — damit gesühnt? Sarpanit tritt wieder auf, diesmal im Büßergewand. Symbolisch wischt sie das vergossene Blut weg. Mit sauberem Wasser wäscht sie sich die Hände. »Es ist Wasser zum Händewaschen, nachdem der Übeltäter fortgeschafft worden ist.« An Bels geheiligten Stätten werden Fackeln angezündet. Wieder wird zum obersten Gott gebetet. Ninurtas Oberhoheit wird wiederhergestellt, um die Furcht zu bannen, der freigesprochene Marduk könne sie fordern. Die Gebete werden erhört: Anu schickt seinen Boten Nusku, um allen Göttern die gute Nachricht zu überbringen.

Als Geste des guten Willens übergibt Gula (Ninurtas Frau) Sarpanit neue Kleider und Sandalen für Marduk. Aber Sarpanit ist verblüfft. Sie kann nicht verstehen, wie Marduk freigekommen ist. Er war doch gefangen in einem Grab, das »nicht zu öffnen ist«. »Wie kann er frei sein, er, der nicht hinauskommen konnte?«

Nusku, der göttliche Bote, erklärt es ihr:

> *Dalat biri sha iqabuni ilani*
> Einen Türschacht haben die Götter gebohrt.
> *Shunu itasrushu ina biti etarba*
> Den Stein haben sie entfernt
> um seine Wohnung betreten zu können.
> *Dalta ina panishu etedili*
> Die Tür zu öffnen, die ihnen den Weg versperrte.
> *Shunu hurrate ina libbi dalti uptalishu*
> Beim Stein vor der Öffnung haben sie
> einen gewundenen Weg gebohrt.
> *Qarabu ina libbi uppushu*
> Sie kommen der Mitte immer näher und
> werden durchbrechen.

Die Beschreibung von Marduks Befreiung mußte den Altertumsforschern unverständlich bleiben, ja sinnlos erscheinen. Wir aber können uns denken, wie es sich zugetragen

hat, denn die Bedeutung dieser Worte ist klar. Man erinnere
sich, daß es den gewundenen, unregelmäßigen Abschnitt des
Brunnenschachts in der Großen Pyramide noch nicht gab,
als die Pyramide bereits vollendet war und Marduk darin
eingesperrt wurde. Das war nämlich genau der »Türschacht,
den die Götter gebohrt« hatten, um Marduk zu retten.

Die Anunnaki waren immer noch vertraut mit dem Inneren der
Pyramide und wußten, daß sich ihnen der kürzeste und schnell-
ste Weg zu dem hungernden und dürstenden Marduk bot, wenn
sie einen Verbindungsschacht zwischen Abschnitt B und D her-
stellen würden. Es war nicht etwa eine Sache von Tagen, sondern nur von Stunden, durch die verhältnismäßig weichen Kalksteinblöcke einen zehn Meter langen Tunnel herauszuhacken.

Die Rettungsmannschaft entfernte den Stein, der den Zugang von dem abschüssigen Gang aus zum Brunnenschacht
versperrte, und kletterten zu den Abschnitten F und E hinauf. An der Stelle, wo E mit D verbunden war, versperrte ein
Granitblock den Eingang zur Grotte. Er wurde beiseitegesto-
ßen und liegt immer noch in der Grotte, wie Abbildung 70
zeigt. Die Retter kletterten den kurzen Abschnitt D hinauf
und sahen sich einer Mauer gegenüber.

Zehn Meter über ihnen befanden sich der Boden des vertikalen
Abschnitts B und der Weg zur Galerie. Wer aber konnte wissen,
daß man dorthin einen Verbindungsschacht — C — bohren
mußte, außer denjenigen, die die Pyramide gebaut hatten, und
sie kannten auch die Verhältnisse weiter oben.

Marduks Retter benutzten also ihr Werkzeug zum Durch-
brechen der Kalksteinblöcke und »bohrten den gewundenen
Weg«, die Verbindung zwischen D und B. Nur die Anunnaki,
die den Bauplan kannten, konnten wissen, daß der horizontale
Gang zur Königinnenkammer führte und daß weiter oben die
riesige Galerie war; nur sie kannten die Gänge und die Lage der
Kammern. Jeder andere hätte das Unternehmen an dieser Stelle
aufgegeben. Um weiter nach oben zu gelangen, machten sich
die Retter daran, den keilförmigen Rampenstein zu entfernen
(Abb. 72). Aber er saß zu fest und konnte nicht bewegt werden.

Wäre der Rampenstein entfernt worden, so würde er in der Galerie liegen. Statt dessen ist dort ein gähnendes Loch (Abb. 68), und alle, die es untersucht haben, benutzen das Wort »Sprengung«, um das zu beschreiben, was zu sehen ist. Die Sprengung erfolgte nicht von der Galerie aus, sondern — wie sich leicht feststellen läßt — vom Brunnenschacht aus: »Das Loch sieht aus, als ob es mit ungeheurer Gewalt von ihnen aufgeplatzt wäre.« (A. Rutherford: »Pyramidologie«)

Wieder bieten die mesopotamischen Berichte eine Lösung des Rätsels an. Der Rampenstein wurde tatsächlich von dem horizontalen Gang aus entfernt, denn von dort waren die Retter auch gekommen. Und das Loch entstand tatsächlich »mit ungeheurer Gewalt«. Wie es in dem alten Text heißt: »Sie sind durchgebrochen.« Die Trümmer des Blocks rollten vom Eingang aus den aufsteigenden Gang hinunter, ganz hinunter bis zum Granitstöpsel, wo Al Mamun sie gefunden hat. Infolge der Explosion wurde der Boden der Galerie mit dem feinen weißen Staub bedeckt — Beweis der Explosion und des Loches, das sie hinterlassen hat.

Nachdem die Retter in die Galerie durchgebrochen waren, holten sie Marduk aus der Königskammer und führten ihn auf dem Weg, den sie gekommen waren, hinaus. Der Zugang von dem abschüssigen Gang aus wurde wieder versperrt, so wie Al Mamun ihn gefunden hat. Der Granitblock blieb an seinem Platz, auch der dreieckige Stein, der ihn verbarg — jahrtausendelang. Innerhalb der Pyramide waren nun die ursprünglichen oberen und unteren Teile des Brunnenschachts für immer durch einen gewundenen, grob herausgehauenen Abschnitt miteinander verbunden.

Und was wurde aus dem Gefangenen in der Pyramide?

Mesopotamische Texte berichten, daß er verbannt worden war.

In Ägypten erhielt Ra den Beinamen Amen (der Verborgene).

Etwa im Jahr 2000 v. Chr. tauchte er wieder auf, um abermals die Oberherrschaft zu fordern; das mußte die Menschheit bitter bezahlen.

11
»Eine Königin bin ich!«

Die Geschichte der Göttin Inanna (Istar) ist die Geschichte einer aus eigener Kraft aufgestiegenen Königin. Obwohl sie weder den Urgöttern, der Gruppe der Astronauten, die vom zwölften Planeten auf die Erde gekommen waren, angehörte, noch die erstgeborene Tochter einer dieser Götter war, stieg sie zu den höchsten Rängen auf und wurde schließlich ein Mitglied des Zwölfer-Pantheons. Diesen Aufstieg erreichte sie, indem sie ihre Klugheit und Schönheit mit Rücksichtslosigkeit verband — eine Göttin des Krieges und der Liebe, die zu ihren Liebhabern sowohl Götter als auch Menschen zählte. Sie war es auch, in deren Leben ein echter Fall von Tod und Auferstehung vorkam.

In Anbetracht der Tatsache, daß Dumuzis Tod auf Inannas Wunsch, Königin zu werden, zurückzuführen war, bedeuteten Marduks Gefangenschaft und Verbannung keine Befriedigung ihres Ehrgeizes. Nachdem sie einen höheren Gott aus dem Felde geschlagen hatte, wollte sie nicht länger ohne eigene Domäne sein.

Dumuzis Beisetzung, von der unter anderem in dem Text »Inannas Abstieg in die Unterwelt« erzählt wird, fand im Land der Bergwerke in Südafrika statt. Hier herrschten Inannas Schwester Ereschkigal und deren Gemahl Nergal. Enlil und Nannar, auch Enki, rieten Inanna, nicht hinzugehen; aber für sie war es beschlossene Sache: »Vom großen Oben wollte sie zum großen Unten.« Und als sie am Tor der Hauptstadt ihrer Schwester ankam, sagte sie zu dem Torhüter: »Richte meiner Schwester Ereschkigal aus, daß ich gekommen bin, um am Begräbnisritual teilzunehmen.«

Man sollte meinen, daß die Begegnung der Schwestern herzlich verlaufen würde, erfüllt von Mitgefühl für die trauernde Inanna. Statt dessen wurde Inanna, die unaufgefordert gekommen war, mit unverhohlenem Mißtrauen empfangen. Bevor sie durch die sieben Tore der Stadt, die zu Ereschkigals Palast führten, geleitet wurde, mußte sie ihre Embleme und die Abzeichen ihres königlichen Standes abgeben. Ihre Schwester saß auf einem Thron, umgeben von sieben Vertretern der Gerichtsbarkeit. »Sie richteten die Augen auf sie, tödliche Augen.« Zornig sprachen sie Worte, »die den Geist quälen«. Anstatt willkommen geheißen zu werden, wurde Inanna dazu verurteilt, als Leichnam an einem Pfosten zu hängen. Nur dank Enkis Einspruch blieb ihr dieses Los erspart.

Die Texte erklären nicht die Gründe für diese unsanfte Behandlung, ebensowenig geben sie die »quälenden Worte« wieder, die ihre Ankläger äußerten. Aber aus dem Anfang eines Textes ist zu ersehen, daß Inanna vor ihrer Abreise ihren Boten gesandt hatte, mit dem Auftrag: »Erfülle den Himmel mit meinen Klagen, in der Versammlung der Götter rufe um Hilfe für mich.« Die Teilnahme an den Begräbnisfeierlichkeiten war nur ein Vorwand; sie wollte die Götter zwingen, einer Beschwerde Genüge zu tun, die sie dramatisierte.

Bereits am ersten Tor drohte Inanna mit Gewalttätigkeit, wenn man sie nicht einließe. Als Ereschkigal von Inannas Ankunft benachrichtigt wurde, »erblaßte sie, und ihre Lippen wurden dunkel«. Sie wollte wissen, was der wahre Zweck des Besuchs war. Als die beiden sich gegenüberstanden, »erzürnte sich Ereschkigal wegen ihres Kommens, und Inanna fuhr auf sie los«. Inannas Absicht schien eine Gefahr für Ereschkigal zu bedeuten.

Es wurde bereits angeführt, daß viele biblische Ehe- und Erbfolgegesetze den Gesetzen der Anunnaki gleichen; die Regeln in bezug auf die Halbschwester sind nur ein Beispiel.

Inannas wahre Absicht kann man aus dem fünften Buch Mose ersehen. Das 25. Kapitel (Vers 5—10) handelt von dem Fall, was zu geschehen hat, wenn ein verheirateter Mann stirbt, ohne einen Sohn zu hinterlassen. Wenn dieser Mann einen Bruder hatte, durfte die Witwe nicht irgendeinen anderen Mann heiraten, sondern es war die Pflicht des Bruders, auch des verheirateten, seine verwitwete Schwägerin zu ehelichen und Kinder mit ihr zu haben. Der erstgeborene Sohn erhielt dann den Namen des verstorbenen Bruders, »damit dessen Name nicht vertilget werde«.

Meiner Meinung nach war dies der Grund für Inannas gewagte Reise. Denn Ereschkigal war mit Nergal verheiratet, einem Bruder Dumuzis: Inanna war gekommen, um sich diese Regel zunutze zu machen. Es war Brauch, diese Pflicht dem ältesten Bruder aufzuerlegen, in diesem Falle Enkis Sohn Marduk. Aber Marduk war für schuldig befunden worden, Dumuzis Tod indirekt verursacht zu haben, war verurteilt und verbannt worden. Hatte Inanna nun das Recht, von dem Zweitältesten zu fordern, daß er sie zu seiner Frau machte, damit sie einen männlichen Erben haben würde?

Man kann sich gut vorstellen, was für Probleme durch Inannas Absicht in Ereschkigals Vorstellung aufgeworfen wurden. Würde Inanna sich damit begnügen, Nergals Nebenfrau zu sein, würde sie nicht vielmehr darauf abzielen, über die afrikanische Domäne als Königin zu herrschen? Wahrscheinlich wollte Ereschkigal es nicht darauf ankommen lassen. Vermutlich wurde Inanna deshalb nach einem barschen Wortwechsel zwischen den Schwestern von einem hastig zusammengerufenen Gericht der Verletzung der Regeln für schuldig befunden und zu einem langsamen Tod am Strang verurteilt. Sie überlebte nur, weil Enki, als er davon hörte, eiligst zwei Gesandte schickte, um sie zu retten. »Auf den Leichnam richteten sie das, was pulst, und das, was strahlt; sie flößten ihr das Wasser des Lebens ein und gaben ihr die Nahrung des Lebens, und Inanna erstand wieder.«

Nach Sumer zurückgekehrt, verbrachte Inanna, gebrochenen Herzens und einsam, ihre Zeit damit, am Ufer des Euphrats einen wildgewachsenen Baum zu hegen und ihrem Kummer Ausdruck zu verleihen:

> »Wann endlich werde ich einen Thron haben,
> auf dem ich sitzen kann?
> Wann endlich werde ich ein heiliges Bett haben,
> auf dem ich liegen kann?
> So sprach Inanna.
> Sie, die ihr Haar fallen läßt, hat ein wundes Herz,
> die reine Inanna. Oh, wie sie weint!«

Einer, der Mitleid mit ihr hatte und auch eine Vorliebe für sie hegte, war ihr Urgroßvater Anu. Aus sumerischen Texten ist bekannt, daß Inanna, die auf der Erde geboren worden war, mindestens einmal »zum Himmel hinaufging«; außerdem hatte Anu ja mehrmals der Erde einen Besuch abgestattet. Wann und wo genau Anu sie als seine Anunitum (Geliebte Anus) umarmt hat, ist nicht klar, aber es ist wohl nicht nur sumerischer Klatsch, wenn Texte andeuten, die Beziehung zwischen Anu und seiner Urenkelin sei nicht nur rein platonisch gewesen.

Da Inanna dieser Sympathie auf höchster Ebene sicher sein konnte, brachte sie ihr Verlangen nach einer Domäne, nach einem Land, über das sie herrschen würde, zur Sprache. Aber über welches?

Es war klar, daß eine Domäne in Afrika nicht in Frage kam. Ihr Gatte Dumuzi war tot, infolgedessen konnte sie keinen Anspruch auf ein Reich in den Ländern der Nachkommen Enkis erheben. Wenn sie wirklich berechtigt war, zu herrschen, dann mußte es woanders sein. Aber auch Mesopotamien und die angrenzenden Gebiete waren bereits vergeben. Wo konnte Inanna eine Domäne erhalten? Die Götter schauten sich um und fanden eine Lösung.

In den Texten, die von Dumuzis Tod und Marduks Gefangenschaft handeln, werden sumerische Städte und ihre Bevölkerung erwähnt. Folglich müssen die Ereignisse nach der urbanen sumerischen Zivilisation, die etwa im Jahr 3800 v. Chr.

begonnen hat, stattgefunden haben. Andererseits findet sich in den ägyptischen Geschichten kein Hinweis auf städtische Niederlassungen, sondern es wird eine ländliche Szenerie beschrieben, die der Zeit vor 3100 v. Chr. entspricht, wo die ägyptische Zivilisation ihren Anfang genommen hat. Laut Manetho ist dem Königtum in Menes eine dreihundertjährige, chaotische Periode vorangegangen. Diese Periode zwischen 3450 und 3100 v. Chr. scheint die Zeit der von Marduk ausgelösten Schwierigkeiten gewesen zu sein: der Vorfall mit dem Turm von Babel, die Affäre Dumuzi, bei der ein ägyptischer Gott gefangengenommen und getötet und der größte Gott von Ägypten ins Gefängnis gesteckt und verbannt wurde.

Danach haben die Anunnaki meines Erachtens ihre Aufmerksamkeit auf die dritte Region, das Indus-Tal, gerichtet, denn kurz darauf begann hier die Zivilisation.

Im Gegensatz zur mesopotamischen und ägyptischen Zivilisation, die Jahrtausende überdauerte und sich durch die Nachkommen fortsetzte, dauerte die Zivilisation in der dritten Region nur ein Jahrtausend. Danach setzte der Niedergang ein, und um 1600 v. Chr. war sie vollständig zerfallen; die Städte lagen in Trümmern, waren nur noch Ruinen, die Menschen geflüchtet. Plünderungen und natürliche Einwirkungen machten alles zunichte; mit der Zeit geriet die Zivilisation in Vergessenheit. Erst in den zwanziger Jahren unseres Jahrhunderts gruben Archäologen unter der Leitung von Mortimer Wheeler zwei große Städte und zahlreiche Ortschaften längs des Indus und seiner Nebenflüsse aus. Das Ausgrabungsgebiet erstreckte sich über sechshundert Kilometer von der Küste des Indischen Ozeans nordwärts.

Die beiden großen Städte, Mohenjo-Daro im Süden und Harappa im Norden, hatten einen Umfang von sieben Kilometer. Hohe Mauern umschlossen sie und fanden sich auch im Innern, und alle Mauern, sowohl die der öffentlichen als auch die der privaten Gebäude, bestanden aus Ziegelsteinen. So viele waren es, daß sie trotz der Diebstähle und ihrer Verwendung zum Bau der Eisenbahnlinie von Lahore nach Multan immer noch erkennen lassen, wie die Städte ursprünglich angelegt waren.

Beide wurden von einer Akropolis beherrscht, einem Hügel mit Zitadellen und Tempeln. Ihre Strukturen haben gleiche Maße und stehen genau auf einer Nord-Süd-Achse, was beweist, daß die Erbauer bei der Errichtung der Tempel strenge Regeln befolgt haben. In beiden Städten standen in der Nähe des Flußufers riesige Getreidesilos von beeindruckender Funktionstüchtigkeit. Das deutet darauf hin, daß Getreide nicht nur als hauptsächliches Nahrungsmittel diente, sondern auch ausgeführt wurde.

Die Gegenstände, die man in den Ruinen gefunden hat — Öfen, Urnen, Tongefäße, Kupferperlen, Silberschüsseln und Schmuckstücke —, lassen darauf schließen, daß die hohe Kultur, die sich hier zeigt, von irgendwoher in diesen Bereich gebracht worden ist. Die beiden ältesten Bauwerke in Mohenjo-Daro — der Getreidesilo und ein Festungsturm — sind mit Holzbalken verstärkt worden, eine Methode, die sich für das hier herrschende Klima absolut nicht eignet. Man hat sie offenbar auch bald aufgegeben, denn bei allen nachfolgenden Bauwerken ist keine Holzverstärkung zu sehen. Daraus haben die Archäologen die Schlußfolgerung gezogen, daß die Erbauer Landesfremde waren, die sich anfangs an ihren eigenen klimatischen Verhältnissen orientiert haben.

Die Wissenschaftler erkannten sehr bald, daß der Einfluß der sumerischen Kultur nicht zu übersehen ist. Trotz Verschiedenheiten, wie etwa die bisher unentzifferte Bildschrift, macht sich die Ähnlichkeit mit Mesopotamien überall bemerkbar. Die Verwendung der Ziegel, die Anordnung der Straßen, die Kanalisation, die Chemikalien, die zur Herstellung von Ätzlaugen, Glasierungen und Kupferperlen benutzt worden sind, Formen und Muster der Metalldolche und der Krüge, alles hat frappierende Ähnlichkeit mit den Dingen, die in Ur, Kisch und anderen mesopotamischen

Abb. 74 a und b

Städten ausgegraben worden sind. Bezeichnenderweise war auch das mesopotamische Kreuz, das Symbol Nibirus, des Heimatplaneten der Anunnaki, allenthalben zu sehen.

Welche Götter betete das Volk im Indus-Tal an? Auf den wenigen Abbildungen, die man gefunden hat, tragen sie alle die mesopotamische göttliche Kopfbedeckung. Die häufigeren Tonfiguren weisen darauf hin, daß die Hauptgottheit eine meistens nackte oder barbusige Göttin war (Abb. 74 a), oder sie wurde mit vielen Perlen und Ketten als einziger Bekleidung dargestellt (Abb. 74 b). Das sind wohlbekannte Darstellungen der Göttin Inanna, die man in Mesopotamien und im Nahen Osten gefunden hat.

Meiner Ansicht nach haben die Anunnaki auf ihrer Suche nach einem Reich für Inanna beschlossen, die dritte Region zu ihrer Domäne zu machen.

Es herrscht zwar allgemein die Ansicht vor, die Beweise dafür, daß die Indus-Zivilisation mesopotamischen Ursprungs sei und Kontakt zwischen Sumer und dem Indus-Tal bestanden hätte, beschränkten sich nur auf wenige archäologische Gegenstände, aber es gibt auch Texte, die diese Verbindungen beweisen. Von besonderer Bedeutung ist ein langer Text, dem die Archäologen den Titel »Enmerkar und der Herr von Aratta« gegeben haben, der von der Macht der Stadt Uruk (das biblische Erech) und von Inanna handelt.

In diesem Text wird Aratta als Hauptstadt eines Landes beschrieben, das hinter einer Bergkette und hinter Anschan, das heißt hinter dem südöstlichen Iran lag. Genau dort war das Indus-Tal. Der Altertumsforscher J. van Dijk erklärt in seinem Buch »Orientalia« (39, 1970), daß die Stadt Aratta auf der iranischen Hochebene oder am Indus gelegen haben mußte. Verblüffend ist die Tatsache, daß Aratta über Getreidesilos verfügte. »In dieser Gegend wuchsen Weizen und Bohnen von selbst. Für den Export füllten sie das Getreide in Säcke und beluden damit Esel, die an den Seiten Tragkörbe hatten.«

Die geographische Lage und die Tatsache, daß der Ort für seine Vorratsgebäude berühmt war, zeigen auffallende Ähnlichkeit mit der Indus-Zivilisation. Man fragt sich, ob Aratta nicht das heutige Harappa oder Arappa ist.

Die alte Geschichte spielt zu Beginn des Königtums in Erech, wo ein Halbgott (der Sohn von Utu (Schamach) und einer Menschenfrau) sowohl Hoherpriester als auch König war, und zwar in dem heiligen Gebiet, aus dem die Stadt sich entwickeln sollte. Ungefähr im Jahr 2900 v. Chr. folgte ihm sein Sohn Enmerkar (der Uruk baute) gemäß der sumerischen Königsliste. Enmerkar machte aus der ursprünglichen Wohnung eines abwesenden Gottes (Anu) ein größeres Zentrum, das einer herrschenden Gottheit unterstand. Das erreichte er, indem er Inanna überredete, Erech als Hauptsitz ihrer Macht zu wählen, und für sie den Tempel Eanna (Anus Haus) errichtete.

Laut dem alten Text forderte Enmerkar von Aratta einen Beitrag von »kostbaren Steinen, Bronze, Blei, Lapislazuliplatten sowie kunstvoll verarbeitetem Silber und Gold«, so daß der heilige Berg für die Göttin Inanna wertvoll sein würde.

Doch kaum war dies geschehen, da wurde Enmerkars Herz hochmütig. Aratta war von einer Dürre heimgesucht worden, und nun forderte Enmerkar nicht nur Materialien, sondern auch Gehorsam. »Aratta soll sich Erech unterwerfen!« befahl er. Um seinen Zweck zu erreichen, schickte er zwei Gesandte hin, die das anzettelten, was S. N. Kramer in seinem Buch »Die Geschichte beginnt in Sumer« den »ersten Nervenkrieg« nennt. Mit Lobreden auf den König und seine Macht überbrachten sie seine Drohung, Elend über die Stadt zu bringen und ihre Bevölkerung zu zerstreuen. Der Regent von Aratta begegnete diesem Nervenkrieg mit einer List. Er berief sich auf die Sprachverwirrung nach dem Turmbau von Babel und behauptete, die in sumerischer Sprache vorgebrachte Botschaft nicht verstanden zu haben.

Daraufhin schickte Enmerkar eine neue Botschaft, diesmal auf Tontafeln in arattischer Sprache geschrieben; dazu hatte ihm Nidaba, die Göttin des Schreibens, verholfen. Abgesehen von Drohungen erklärte er, die Dürre, durch die die Ernte vernichtet worden war, sei ein Zeichen, daß Inanna selbst wünschte, daß Aratta »in den schützenden Schatten von Erech kommt«.

»Der Herr von Aratta nahm die Tontafel entgegen, der Herr von Aratta, und prüfte sie.« Sie war in Keilschrift geschrieben: »Das gesprochene Wort sah nagelähnlich aus.« Sollte er nachgeben oder Widerstand leisten? In diesem Augenblick »brach ein Sturm gleich einem angreifenden Löwen aus«. Die Dürre wurde plötzlich von einem Gewitter abgelöst, welches das ganze Land erzittern, die Berge erbeben ließ, und Aratta wurde wieder ein Gebiet üppig sprießenden Getreides.

Es bestand keine Notwendigkeit mehr, sich Erech zu unterwerfen, und der Herr von Aratta sagte zu dem Boten: »Inanna, die Königin der Länder, hat ihr Haus in Aratta nicht verlassen, sie hat Aratta nicht an Erech abgetreten.«

In Aratta herrschte zwar Freude, aber die Erwartung, daß Inanna ihren Wohnsitz nicht aufgeben würde, erfüllte sich nicht. Entzückt von der Aussicht, in Anus sumerischer Stadt in einem großen Tempel zu residieren, wurde sie eine pendelnde Göttin, die zwar im fernen Aratta arbeitete, aber in der Metropole Erech wohnte.

Sie reiste in ihrem Himmelsboot hin und her. Infolgedessen ist sie häufig als Astronautin abgebildet (Abb. 75); laut vielen Inschriften saß sie selbst am Steuer. Auf den schwierigeren Flügen wurde sie von einem Navigator begleitet. In den Vedas ist die Rede von Piloten der Götter: »Puschan führte Indra durch die gesprenkelten Wolken in dem goldenen Schiff, das im mittleren Gebiet der Luft fährt.« Genauso weisen die frühen sumerischen Texte auf die Abgals hin, welche die Götter über den Himmel führten. Inannas Navigator war Nungal, von dem gesagt wird, daß er sie zu Anus Haus in Erech brachte:

> »Zu der Zeit, wo Enmerkar in Uruk herrschte,
> war Nungal, der Löwenherzige, der Pilot,
> der Istar vom Himmel herab zum Eanna brachte.«

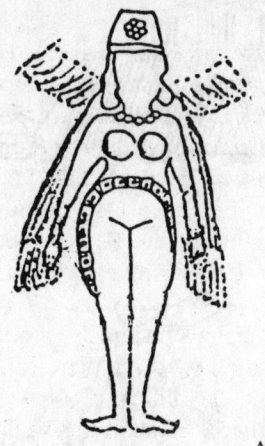 

Abb. 75

Laut der sumerischen Königsliste begann das Königtum
nach der Sintflut in Kisch. Dann »wurde es zum Eanna gebracht«. Wie Archäologen bestätigt haben, war Erech tatsächlich zuerst eine Tempelstadt; hier wurde Anus erster be-
scheidener Schrein, Weißer Tempel genannt, auf einer hohen
Plattform errichtet (Abb. 76). Er blieb der Kern der Stadt,
als Erech sich immer mehr ausbreitete und die Tempel immer größer wurden, wie die Ruinen und die Mauern zeigen
(Abb. 77).
Man hat die Überreste eines prachtvollen Inanna-Tempels gefunden, der aus dem dritten Jahrtausend v. Chr. stammt;
möglicherweise ist es derjenige, den Enmerkar gebaut hat.
Er ist von einzigartiger Bauart, mit dekorierten, hohen Säu-
len (Abb. 78).
In einer Hymne wird er folgendermaßen gepriesen:

> »Mit Lapislazuli war er geschmückt,
> von Ninagals Hand verziert. Am leuchtenden Ort
> wurde Inannas Wohnung, Anus Lyra, erbaut.«

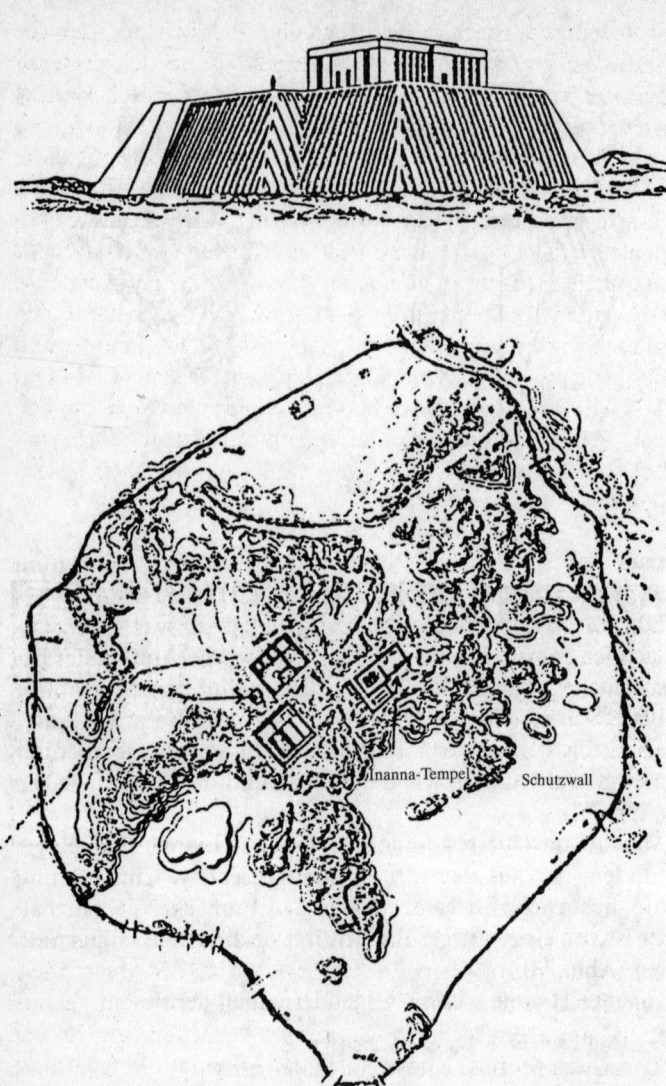

Abb. 76 und 77

Trotzdem war Erech immer noch eine Provinzstadt, der der
Status anderer sumerischer Städte fehlte, die sich dadurch
auszeichneten, daß sie am selben Ort wie vor der Sintflut
wiederaufgebaut worden waren. Erech fehlte der Rang, der
vom Besitz der »göttlichen Mes« stammte. Obwohl diese
»Mes« in den Texten häufig vorkommen, ist den Altertumsforschern nicht recht klar, was das Wort »Me« eigentlich bedeutet. Einige übersetzen es mit »göttlichen Geboten« oder
»göttlicher Macht«, andere mit »mythischen Tugenden«.
Aber nach der Beschreibung ist der Me ein Gegenstand, den
man aufheben und tragen oder sogar anziehen konnte, und
der geheimes Wissen und Daten enthielt. Vielleicht ist es etwas Ähnliches wie unsere heutigen Computerchips, die Daten, Programmierungen und Informationsmaterial enthalten. In diesem Fall hätten sie wohl die wesentlichen Fakten
der Zivilisation enthalten.

Abb. 78

Die Mes waren im Besitz von Enki, dem Hauptingenieur
der Anunnaki. Er benutzte sie zum Wohle der Menschheit,
und für Erech war die Zeit anscheinend noch nicht gekommen, die Höhe der Zivilisation zu erreichen, als Inanna
dort ihren Wohnsitz nahm. In ihrer Ungeduld beschloß sie,
ihre weiblichen Reize anzuwenden, um die Lage zu verbes-
sern.

Ein Text, dem S. N. Kramer in seiner »Sumerischen Mythologie« den Titel »Inanna und Enki« gegeben hat, dessen ur-
sprünglicher, poetischerer Titel jedoch nicht bekannt ist, beschreibt, wie Inanna in ihrem »Himmelsboot« zum Ab-Zu
reiste, wo Enki die Mes verwahrte. Hocherfreut über ihren
Besuch — »Ganz allein hatte das Mädchen ihre Schritte zum
Ab-Zu gelenkt« —, befahl Enki seinem Kämmerer, ein üppiges Mahl zuzubereiten und viel Dattelwein aufzutragen.
Nachdem die beiden sich an Speise und Trank gelabt hatten
und Enkis Herz vom Wein fröhlich geworden war, brachte
Inanna die Rede auf die Mes, und der angeheiterte Enki, von
Großmut bewegt, schenkte ihr einen Me, der sich auf »Herrschaft, Gottestum, erhabene Tiara und den Königsthron«
bezog, »und die listige Inanna nahm ihn entgegen«. Sie be-
törte ihren ältlichen Gastgeber weiterhin mit ihren Reizen,
worauf Enki ihr noch einen Me schenkte, der mit »Zepter
und Stab, dem erhabenen Schrein und rechtmäßiger Herrschaft« zu tun hatte, und auch ihn »nahm die listige Inanna
entgegen«.

Während das Fest weiterging, trennte sich Enki noch von
mehreren Mes, die alles mögliche betrafen — Funktionen
und Attribute einer göttlichen Herrin, ihre Tempel und Ri-
tuale, Priester, Eunuchen und Huren, Kriegführung und
Waffen, Musik und bildende Künste, Mauerwerk, Handwerk und Metallarbeiten, Lederarbeiten und Weben, Schrift-
gelehrtentum und Mathematik und so weiter.

Mit allen Daten für diese Attribute einer hohen Kultur versehen, entschlüpfte Inanna und flog nach Erech zurück. Als
Enki, wieder nüchtern, erwachte und merkte, daß Inanna
mit diesen Mes fort war, erinnerte ihn der leicht verwirrte
Kämmerer daran, daß er selbst, Enki, die Mes Inanna zum
Geschenk gemacht hatte. Außer sich vor Wut befahl Enki
ihm, Inanna in seiner »großen Himmelskammer« zu verfol-
gen und die Mes zurückzubringen. Der Kämmerer holte sie
bei ihrer ersten Zwischenlandung ein und setzte ihr Enkis Befehl auseinander. Aber Inanna weigerte sich und entgegnete:

»Wieso hat Enki sein mir gegebenes Wort geändert?« Nachdem der Kämmerer Enki davon in Kenntnis gesetzt hatte, wurde ihm befohlen, Inannas Boot zwangsweise nach Eridu zu dirigieren und sie selbst dort freizulassen, aber ohne die Mes. Doch in Eridu befahl Inanna ihrem vertrauenswürdigen Piloten Nungal, »ihr Himmelsboot und die ihr geschenkten Mes zu retten«. Während Inanna das Streitgespräch mit dem Kämmerer fortsetzte, entschlüpfte Nungal in ihrer Barke mitsamt den unschätzbaren Mes.

Eine Hymne auf Inanna, die von der Bevölkerung Erechs gesungen wurde, gibt die Gefühle des Volkes wieder:

> »Herrin der Mes, glänzende Königin, rechtmäßig strahlend Gekleidete,
> geliebt von Himmel und Erde, Tempeldienerin Anus,
> du trägst den herrlichen Schmuck,
> dir gebührt die Tiara des hohen Priesterstandes,
> die sieben Mes hast du errungen und hältst sie in deiner Hand,
> Herrin der wertvollen Mes, du bist ihre Hüterin.«

Abb. 79

Damals wurde Inanna in den Zwölfer-Pantheon aufgenommen und anstelle von Ninharsag dem Planeten Venus (Mul-Dilbat) als ihrem himmlischen Gegenstück und dem Sternbild Jungfrau (Ab-Sin) als ihrem Haus zugeordnet. Die sumerische Darstellung des Sternbilds Jungfrau zeigt die Abbildung 79.

Allen, den Göttern wie den Menschen, verkündete Inanna:
»Eine Königin bin ich!«
In Hymnen wurde ihr neuer Status unter den Göttern aner-
kannt:

> »Der, die vom Himmel auf die Erde kommt,
> der, die vom Himmel kommt, sagen wir Heil!
> Erhabenheit, Großartigkeit, Zuverlässigkeit zeichnen sie aus,
> wenn sie am Abend strahlend erscheint,
> eine heilige Fackel, die den Himmel erhellt.
> Im Himmel ist sie sicher, Anus gute wilde Kuh,
> auf Erden ist sie eine feste Herrin der Länder.
> Im Ab-Zu erhielt sie die Mes, ihr Gottvater Enki gab sie ihr,
> Herrschaft und Königtum legte er in ihre Hand.
> Mit Anu nimmt sie ihren Sitz auf dem Thron ein,
> mit Enlil bestimmt sie die Geschicke in ihrem Land.«

Nach der Lobpreisung ihrer hohen Stellung unter den Göttern befaßt sich die Hymne mit den Sumerern, den
»Schwarzköpfigen«, die sie anbeten:

> »Im ganzen Land versammeln sich die Schwarzköpfigen,
> wenn die Überfülle in die Vorratshäuser von Sumer eingebracht ist.
> Sie kommen mit Beschwerden zu ihr.
> Sie verurteilt die Bösen und vernichtet die Schlechten.
> Sie bevorzugt die Rechtschaffenen und bestimmt ihnen ein gutes Los.
> Die gütige Herrin, die Freude Anus, eine Heldin ist sie.
> Sicherlich kommt sie vom Himmel herab.
> Sie ist mächtig, vertrauenswürdig, großartig.
> Sie erstrahlt in Jugendlichkeit.«

Die Einwohner von Erech hatten wirklich allen Grund,
Inanna dankbar zu sein; denn unter ihrer Regentschaft war
Erech ein blühendes Zentrum der sumerischen Kultur geworden. Beim Lobpreisen ihrer Klugheit und Entschlossen-
heit unterließen sie es nicht, auch ihre Schönheit und ihre
Reize zu rühmen. Ungefähr zu dieser Zeit führte Inanna den
Brauch der geheiligten Hochzeit ein, nämlich sexuelle Riten,
bei denen der Königspriester ihr Gatte wurde — aber nur für
eine Nacht. Ein Text, der einem König namens Iddin-Dagan
gilt, beschreibt diesen Aspekt von Inannas Tempelleben, wo

es mit Musik, männlichen Prostituierten und allen möglichen Unterhaltern lustig zuging:

> »Die männlichen Prostituierten kämmen sich die Haare,
> schmücken mit bunten Bändern den Hals.
> Sie tragen auf der rechten Seite Frauenkleidung,
> während sie vor der reinen Inanna wandeln.
> Auf der linken Seite tragen sie Frauenkleidung,
> während sie vor der reinen Inanna wandeln.
> Mit Sprungseilen und bunten Kordeln wetteifern sie vor ihr.
> Die Priesterinnen wandeln vor Inanna;
> sie bereiten ein Bett für die Herrin,
> sie reinigen Rüschen mit süßduftendem Zedernöl.
> Für Inanna und für den König machen sie das Bett.
> Der König nähert sich stolz Inannas reinem Schoß,
> stolz nähert er sich Inannas Schoß.
> Er liebkost ihren reinen Schoß.
> Sie streckt sich auf dem Bett aus, liebt ihn auf ihrem Bett.
> Sie sagt zu Iddin-Dagan: Gewiß, du bist mein Geliebter.«

Diese Gewohnheit der Göttin Inanna könnte mit Enmerkar angefangen haben; danach folgte die sexuelle Vereinigung mit dem nächsten Herrscher von Uruk, einem Halbgott, der »göttlicher Lugalbanda, rechtmäßiger Aufseher« genannt wurde. Wie von Enmerkar handeln auch von ihm mehrere aufgefundene Epen. Inanna wünschte, daß er sie in Aratta vertreten sollte, aber Lugalbanda war eine rastlose Abenteurernatur und ließ sich nicht an einen Ort binden. Ein Epos beschreibt seine »gefährliche Reise zum Ehrfurcht gebietenden Ort der Erde«, die der Suche nach dem Göttlichen Schwarzen Vogel galt. Es trägt den Titel »Lugalbanda und der Berg Harum«. Er gelangte zu dem verbotenen Berg, den »die Anunnaki, die Götter des Berges, wie Termiten durchhöhlt hatten«. In seiner Sehnsucht, mit dem Himmelsvogel zu fliegen, verhandelte Lugalbanda mit den Wächtern; seine Worte verleihen dem Wunsch des Menschen, fliegen zu können, lebhaften Ausdruck:

> »Wie Utu laßt mich gehen,
> wie Inanna, wie Ischkurs sieben Stürmer
> laßt mich in einer Flamme aufschießen und davondonnern!

> Laßt mich gehen, so weit meine Augen reichen;
> wohin es mich zieht, laßt mich meinen Fuß setzen,
> wohin mein Herz gelangen möchte, laßt mich dorthin!«

Ein Wächter des Hurums, »dessen Vorderseite Enlil wie ein großes Tor verschlossen hatte«, sagte zu ihm: »Wenn du ein Gott bist, will ich ein Wort der Freundschaft äußern, das dich eintreten läßt. Wenn du ein Mensch bist, werde ich dein Schicksal bestimmen.«

> »Lugalbanda, der von geliebtem Samen,
> streckte hierauf die Hand aus und sagte:
> Wie der göttliche Schara bin ich, der geliebte Sohn Inannas.«

Aber die Wächter des geheiligten Berges wiesen ihn mit einem Orakel ab: Ja, er werde ferne Länder erreichen und sich und Erech berühmt machen, aber das werde zu Fuß geschehen.

Eine andere Erzählung, die von den Altertumsforschern zuerst »Lugalbanda und Enmerkar«, dann aber »Das Lugalbanda-Epos« genannt wurde, bestätigt seine halbgöttliche Herkunft, erwähnt jedoch nicht seinen Vater. Es ist auf Grund der Umstände und der nachfolgenden Ereignisse anzunehmen, daß Enmerkar der Vater war; denn Enmerkar war der erste in einer langen Reihe von Herrschern, die — ob mit oder ohne symbolische Trauung — die Ehre hatten, mit Inanna das Bett zu teilen.

Eine solche Verbindung kommt auch in dem bekannten Gilgamesch-Epos vor. Gilgamesch, der fünfte Herrscher von Erech, wollte dem Schicksal der Sterblichen entgehen, da er als Sohn der Göttin Ninsun und des Hohenpriesters vom Kullab zu zwei Dritteln ein Gott war. Auf seiner Suche nach Unsterblichkeit (die ich in meinem Buch »Stufen zum Kosmos« ausführlich geschildert habe) begab er sich als erstes zum Landeplatz beim Zedernberg, daß heißt, zu der alten Landeplattform im Gebirge von Libanon, wohin Lugalbanda offenbar auch gegangen war. Hier kämpfte er mit dem mechanischen Ungeheuer, das die Peripherie des verbotenen Gebiets bewachte, wobei er und sein Gefährte beinahe das Leben eingebüßt hätten, wenn Utu ihnen nicht zu Hilfe gekommen wäre. Erschöpft entledigte sich Gilgamesch seiner durchnäßten Kleider, um sich zu waschen und auszuruhen. Da wurde Inanna (Istar), die dem Kampf vom Himmel aus zugeschaut hatte, vom Verlangen nach Gilgamesch ergriffen:

> »Er wusch sich die verfilzten Haare,
> rieb seine Waffen blank, die geflochtenen Haare
> warf er auf den Rücken,
> er zog seine schmutzigen Kleider aus, legte saubere an,
> hüllte sich in einen mit Fransen besetzten Mantel
> und umgürtete ihn. Als Gilgamesch seine Tiara aufsetzte,
> warf Istar ein Auge auf seine Schönheit.
> Komm, Gilgamesch, sei du mein Geliebter!
> Schenk mir deine Frucht. Du sollst mein Gatte sein,
> ich dein Weib.«

Sie verstärkte ihre Aufforderung mit der Verheißung eines glorreichen, wenn auch nicht ewigen Lebens, falls Gilgamesch ihr Folge leistete. Aber er warf ihr die lange Liste ihrer Liebhaber vor; dabei habe sie doch Jahr für Jahr um Tammuz (Dumuzi), den Geliebten ihrer Jugend, getrauert. Trotz dieser Trauer habe sie sich Liebhaber genommen und weggeworfen »wie einen Schuh, der den Fuß drückt, wie eine Tür, die den Wind nicht abhält«. Er fragte sie: »Welchen hast du immerdar geliebt? Wenn ich dir zu Willen wäre, würdest du mich genauso behandeln.« Die gekränkte Inanna erhielt daraufhin von Anu die Erlaubnis, das Himmelstier auf Gilgamesch loszulassen, vor dem er im letzten Augenblick am Tor von Erech gerettet wurde.

Das goldene Zeitalter von Erech sollte nicht ewig währen. Sieben andere Könige folgten Gilgamesch auf dem Thron. Dann »wurde Uruk mit Waffengewalt niedergemacht, sein Königtum nach Ur verlegt«. Thorkild Jacobsen, dessen Abhandlung »Die sumerische Königsliste« die gründlichste diesbezügliche Arbeit ist, nimmt an, daß sich die Verlegung des Königtums von Erech nach Ur ungefähr 2850 v. Chr. zugetragen hat; andere Forscher geben das Jahr 2650 v. Chr. an.

Die Regierungszeit der verschiedenen Herrscher wurde immer kürzer, während der Sitz des Königtums zwischen den sumerischen Hauptstädten hin und her verlegt wurde: von Ur nach Awan, dann wieder zurück nach Kisch, von Kisch zu einer Stadt namens Hamazi, dann erneut zurück nach Erech und Ur, nach Adab und Mari, abermals nach Kisch, Aksak und wieder nach Kisch und schließlich nochmals nach Erech. Im Verlauf von nur 220 Jahren gab es also drei Dynastien in Kisch und Erech, zwei in Ur und fünf andere in verschiedenen Städten. Das war offensichtlich eine turbulente Zeit, auch eine Zeit zunehmender Streitigkeiten zwischen den Städten; meistens ging es dabei um Wasserrechte und Bewässerungskanäle, was sich einerseits durch Dürreperioden und andererseits durch die wachsende Bevölkerung erklären läßt. In allen Fällen wurde die unterlegene Stadt »mit Waffengewalt niedergeschlagen«. Die Menschen hatten angefangen, ihre eigenen Kriege zu führen!

Es wurde üblich, zu den Waffen zu greifen, um örtliche Zwistigkeiten beizulegen. Inschriften aus jener Zeit besagen, daß die geplagten Bewohner der Städte darin wetteiferten, durch Opfer und vermehrte Dienste die Gunst der Götter zu erringen; immer mehr zogen die kriegführenden Stadtstaaten ihre Schutzgötter in ihre kleinlichen Streitigkeiten mit hinein. Laut einem Text mußte Ninurta einmal entscheiden, ob ein Kanal die Grenze einer anderen Stadt verletzte. Auch Enlil sah sich gezwungen, die streitenden Parteien zur Ordnung zu rufen. Dieser fortwährende Hader und der Mangel an Stabilität hatten bald einen Punkt erreicht, an dem die Götter die Geduld verloren. Schon einmal zürnte Enlil den Menschen so sehr, daß er beschloß, sie durch die Sintflut ein für allemal aus der Welt zu schaffen. Danach ordnete er bei dem Turmbau zu Babel ihre Zerstreuung sowie die Sprachverwirrung an. Jetzt wuchs erneut sein Abscheu über die Menschen.

Der geschichtliche Hintergrund der folgenden Ereignisse war
der letzte Versuch der Götter, die ursprüngliche Hauptstadt
Kisch wieder zum Mittelpunkt des Königtums zu machen.
Zum viertenmal wurde es dorthin verlegt; die Dynastie begann
mit Herrschern, deren Namen andeuten, daß sie Anhänger
von Sin, Istar und Schamasch waren. Doch zwei von ihnen tragen Namen, die kundtun, daß sie Ninurta und seiner Frau na-
hestanden — ein Beweis für die neuerliche Rivalität zwischen
Sins Haus und Ninurtas Haus. Es endete damit, daß ein ganz
unbedeutender Mensch, ein Steinmetz namens Nannia, den
Thron innehatte. Er regierte kurze sieben Jahre.

Unter diesen unklaren Umständen war es Inanna möglich,
das Königtum abermals nach Erech zu verlegen. Der Mann,
der für diese Aufgabe ausersehen wurde, ein gewisser Lugal-zagesi, genoß fünfundzwanzig Jahre lang die Gunst der
Götter; dann aber, als er Kisch angriff, um die Stadt für immer zu vernichten, erregte er damit nur Enlils Zorn, und immer mehr setzte sich der Gedanke durch, daß eine starke
Hand das Steuer des menschlichen Königtums führen
müsse. Man brauchte einen Mann, der nicht in all diese Streitigkeiten verwickelt war, eine Führerpersönlichkeit, die der
Rolle als Vermittler zwischen den Göttern und den Menschen gerecht wurde.

Es war Inanna, die diesen Mann auf einer ihrer Flugreisen
fand.

Ihre Begegnung mit ihm, ungefähr im Jahr 2400 v. Chr., ließ
ein neues Zeitalter entstehen. Nachdem er in Mittelmesopotamien die Zügel ergriffen hatte, weitete er bald seine Herrschaft nicht nur über ganz Sumer aus, sondern auch über die
Nachbarländer und weiter bis in ferne Lande. Der Name dieses ersten Reichsgründers lautete Scharru-Kin (Rechtmäßiger Herrscher); moderne Lehrbücher nennen ihn Sargon I.
oder Sargon den Großen (Abb. 80). Er baute sich unweit von
Babylon eine neue Hauptstadt und nannte sie Agade (Vereinigt); wir kennen sie als Akkad; das ist das Stammwort des
Akkadischen, der ersten semitischen Sprache.

Abb. 80

Ein Text, der den Titel »Die Sage von Sargon« trägt, beschreibt mit seinen eigenen Worten seine merkwürdige Lebensgeschichte:

»Sargon, der mächtige König von Agada bin ich.
Meine Mutter war eine Hohepriesterin;
meinen Vater habe ich nie gekannt.
Meine Mutter, die Hohepriesterin, die mich empfing,
gebar mich im geheimen. Sie legte mich in einen Binsenkorb,
mit Erdpech versiegelte sie den Deckel.
Sie warf mich in den Fluß; ich ertrank nicht.
Der Fluß trug mich fort, er trug mich zu dem Bewässerer Akki.
Der Bewässerer Akki fischte mich heraus, als er Wasser holte.
Der Bewässerer Akki, zu seinem Sohn machte er mich
und zog mich auf. Der Bewässerer Akki ernannte mich zu seinem
  Gärtner.«

In dieser Geschichte, die an Moses erinnert (geschrieben über tausend Jahre vor der Zeit von Moses!), wird dann die naheliegende Frage beantwortet: Wie konnte ein Mann von unbekannter Vaterschaft, ein einfacher Gärtner, ein mächtiger König werden? Sargon beantwortet die Frage folgendermaßen:

»Als ich Gärtner war, schenkte mir Istar ihre Liebe,
und vierundfünfzig Jahre lang war ich König;
über die Schwarzköpfigen herrschte ich.«

Die lakonische Bemerkung wird in einem anderen Text mehr ausgeschmückt. Die Begegnung zwischen dem Arbeiter Sargon und der lieblichen Göttin war reiner Zufall, verlief aber keineswegs harmlos:

»Eines Tages,
nachdem meine Königin Himmel und Erde durchquert hatte,
Inanna ... Nachdem sie Himmel und Erde durchquert hatte,
nachdem sie Elam und Schubur durchquert hatte,
war die Tempeldienerin müde und fiel in Schlaf.
Ich sah sie am Rande meines Gartens,
ich küßte sie und vereinigte mich mit ihr.«

Inanna — inzwischen erwacht, wie anzunehmen ist — fand in Sargon einen Mann nach ihrem Geschmack, einen Mann, der sie nicht nur körperlich befriedigen konnte, sondern auch in ihrem politischen Ehrgeiz. In dem »Sargon-Chronik« genannten Text steht, daß »Sargon in Istars Zeitalter zur Macht aufstieg und König von Agade wurde. Er hatte weder Rivalen noch Gegner. Er verbreitete seinen Schrecken einflößenden Glanz über alle Länder. Er überquerte im Osten das Meer, er eroberte im Westen das ganze Land.«

Der Ausdruck »Istars Zeitalter« hat den Altertumsforschern Rätsel aufgegeben. Er kann aber nur bedeuten, was er besagt: Zu dieser Zeit konnte Istar aus irgendwelchen Gründen einen Mann ihrer Wahl auf den Thron setzen, damit er für sie ein Reich aufbaute. »Er schlug Uruk und riß die Mauern der Stadt ein. Er siegte im Kampf gegen die Bewohner von

Ur. Er eroberte das ganze Gebiet von Lagasch, bis zum Meer.« Seine Eroberungen gingen also weit über die alten Grenzen von Sumer hinaus. »Mari und Elam gehorchten Sargon.«

Sargon und Inanna waren ebenbürtig, und dies fand seinen Ausdruck im Bau der neuen Hauptstadt Agade und in Inannas dortigem Tempel Ulmasch (Glitzernder, Luxuriöser). »In jener Zeit«, heißt es in einem sumerischen historiographischen Text, »waren die Wohnungen in Agade mit Gold gefüllt, die hellschimmernden Häuser waren mit Silber gefüllt. In den Vorratsgebäuden häuften sich Kupfer, Blei und Lapislazuliplatten; die Getreidesilos beulten sich an den Seiten. Die alten Männer waren weise, die alten Frauen beredsam; die jungen Männer führten kraftvoll die Waffen, die Kinder waren fröhlichen Herzens. Die Stadt war erfüllt von Musik.«

In dieser schönen und glücklichen Stadt »errichtete Inanna ihren Tempel, ihre vornehme Wohnung, im Ulmasch stellte sie einen Thron auf«. Es war der herrlichste Tempel von all ihren Schreinen in den sumerischen Metropolen. Sie zählte sie selbst auf: »In Erech der Eanna ist mein; in Nippur, Ur, Girsu, Adab, Kisch, Der, Akschak und Umma habe ich einen Tempel.« Nun kam der Ulmasch in Agade hinzu. »Gibt es einen Gott, der es mit mir aufnehmen kann?«

Allerdings wäre Sargons Aufstieg zum König über Sumer und Nordbabylonien, jetzt Akkad genannt, ohne Anus und Enlils Einwilligung nicht möglich gewesen. Eine zweisprachige Inschrift — auf sumerisch und akkadisch —, ursprünglich zu einer Statue Sargons gehörend, die in Enlils Tempel vor ihm stand, diese Inschrift besagt, daß Sargon nicht nur als oberster Aufseher in Inannas Diensten stand, sondern auch ein von Anu gesalbter Priester und ein von Enlil eingesetzter Herrscher war. Letztlich hatte Enlil ihn zum König gemacht.

In den Berichten über Sargons Eroberungen steht, Inanna habe zwar an den Schlachten teilgenommen, aber Enlil habe die Entscheidung getroffen, welche Gebiete erobert werden sollten. »Enlil ließ es nicht zu, daß sich jemand Sargon, dem König des Landes, widersetzte. Vom Oberen Meer bis zum Unteren Meer gab Enlil ihm alles.« Auf all seinen Inschriften führt Sargon zum Schluß Ana, Enlil, Inanna und Utu (Schamasch) als »Zeugen« an.

Wenn man dieses große Reich betrachtet, das sich vom Oberen Meer (Mittelmeer) bis zum Unteren Meer (Persischer Golf) erstreckte, wird es klar, daß die Eroberungen sich zuerst auf die Domänen von Sin und seinen Kindern Inanna und Utu beschränkten und sich auch später innerhalb der enlilitischen Territorien hielten. Sargon erreichte Lagasch, Ninurtas Stadt, und eroberte das Gebiet südlich von Lagasch, aber nicht die Stadt selbst. Ebensowenig breitete er sich im Nordosten von Sumer aus, wo Ninurta das Zepter führte. Er überschritt die Grenzen Sumers im Südosten und unterwarf das Land Elam, das von früher her Inannas Einfluß unterstand. Bevor Sargon in die westlich gelegenen Länder zwischen dem mittleren Euphrat und dem Mittelmeer, die Adad unterstanden, eindrang, »warf er sich in den Staub und betete zu dem Gott, und Adad überließ ihm den oberen Teil, Mari, Jarmuli und Ebla, weit bis zum Zedernwald und dem Silberberg«.

Aus Sargons Inschriften geht deutlich hervor, daß er die folgenden Bereiche nicht erhielt: Tilmun, die vierte Region der Götter; Magan (in Ägypten); Meluhha (in Äthiopien), alles Gebiete von Enkis Nachkommen; mit diesen Ländern unterhielt er nur friedliche Handelsbeziehungen. In Sumer selbst blieb er dem von Ninurta beherrschten Gebiet und der Gegend um Babylon, die Marduk beansprucht hatte, fern. Dann aber machte Sargon »im Alter« einen Fehler.

> »Er nahm sich vom Boden, auf dem Babylon gestanden hatte, und erbaute darauf neben Agade ein zweites Babylon.«

Um die Schwere dieser Untat zu verstehen, muß man bedenken, daß der Name Babylon (Bab-Ili) »Tor zu den Göttern«

bedeutet. Es war also geheiligter Boden. Jetzt aber hatte sich
Sargon, ermutigt von Inanna und getrieben von deren Ehrgeiz, diesen geheiligten Boden angeeignet, um ihn als Fundament für sein neues Bab-Ili zu benutzen, weil er darauf ab-
zielte, den Titel und die Funktion auf Agade zu übertragen.

Das war, wie sich herausstellte, eine Gelegenheit für Marduk, der sich so lange nicht mehr hatte blicken lassen, sich
wieder zu behaupten.

> »Wegen des Sakrilegs, das Sargon begangen,
> wurde der große Herr Marduk wütend
> und vernichtete die Menschen durch eine Hungersnot.
> Von Osten bis Westen machte er sie Sargon abspenstig,
> und ihm erlegte er eine Strafe auf, daß er nicht zur Ruhe kam.«

Verzweifelt versuchte Sargon die Aufstände zu unterdrücken; »er kam nicht zur Ruhe« und starb, elend und in
Verruf geraten, nachdem er vierundfünfzig Jahre lang regiert hatte.

12
Der Auftakt zur Katastrophe

Die letzten Jahre der Ära von Istar sind in etlichen Texten festgehalten. Aus der Zusammensetzung ergibt sich eine dramatische Geschichte unglaublicher Ereignisse: der Machtkampf einer Göttin auf Erden, die Entweihung von Enlils Allerheiligstem in Nippur, das Eindringen der Menschen in die vierte Region, eine Invasion in Ägypten, das Erscheinen afrikanischer Götter in den asiatischen Gebieten — bisher undenkbare Vorfälle —, Aufruhr unter den Göttern, der dazu führt, daß erbarmungslos Blut vergossen wurde.

Als ihr alter Gegner wieder auftauchte, brachte Inanna es einfach nicht über sich, klein beizugeben, koste es, was es wolle. Nacheinander berief sie zwei Söhne Sargons auf den Thron und ließ die Vasallenkönige an ihren Feldzügen in den östlichen Gebirgsländern teilnehmen. Wie eine Löwin kämpfte sie um ihr verfallendes Reich, »ließ Flammen über das Land regnen, griff an, gleich einem rasenden Sturm«.

»Du bist bekannt für deine Zerstörung aufsässiger Länder«, klagt eine Tochter Sargons auf einer Tafel, »du bist bekannt dafür, daß du ein Blutbad unter der Bevölkerung anrichtest. Du wendest dich gegen die Stadt, die sagt, das Land gehöre dir nicht, und färbst die Flüsse mit Blut.«

Über zwei Jahre lang zerstörte Inanna alles ringsum, bis die Götter keinen anderen Ausweg mehr wußten, als Marduk abermals zu verbannen, um dem Gemetzel ein Ende zu machen. Marduk war nach Babylon zurückgekehrt, nachdem Sargon den geheiligten Boden geschändet hatte. Er hatte die Stadt befestigt und die unterirdische Kanalisation vergrößert, so daß Babylon kaum einzunehmen war. Da die Anunnaki ihn nicht mit Gewalt entfernen konnten oder wollten, wandten sie sich an seinen Bruder Nergal und baten ihn, Marduk zu entthronen.

Dies alles geht aus einem Text hervor, dem die Altertumsforscher den Titel »Erra-Epos« gegeben haben, weil Nergal in der alten Chronik unter dem Namen Erra auftritt, einem etwas herabsetzenden Beinamen, der »Ras Knecht« bedeutet. Man hätte diesen Text gut »Die Geschichte von Nergals Sünden« nennen können, denn Nergal ist schuld an einer Kette von katastrophal endenden Ereignissen. Immerhin ist der Text von unschätzbarem Wert, ohne ihn wüßten wir nichts von diesem Vorspiel einer Katastrophe.

Nergal (Erra) nahm den Auftrag an und reiste nach Mesopotamien, um mit Marduk persönlich zu sprechen. Er machte zuerst halt in Erech, »der Stadt Anus, des Königs aller Götter«, wo er mit Inanna (Istar) verhandelte. In Babylon »betrat er den Esagil, den Tempel des Himmels und der Erde, und stand vor Marduk«. Die Begegnung ist von damaligen Künstlern festgehalten worden (Abb. 81); beide Göt-

Abb. 81

ter sind bewaffnet, aber Marduk, der erhöht steht, streckt seinem Bruder ein Willkommenssymbol entgegen.

Um nicht mit Vorwürfen zu beginnen, lobt Erra zuerst die Wunderwerke, die Marduk für Babylon geschaffen habe, vor allem die Kanalisation, die Marduk den Ruf »eines am Himmel strahlenden Sternes« eingetragen habe, obwohl andere Städte dadurch ihres Wassers beraubt worden seien. »Aber während du dich in Babylon gekrönt und diesen Ort erhellt hast, hat sich Anus Wohnsitz verdunkelt, und die anderen Götter zürnen dir.« Marduk könne nicht weiterhin gegen den Willen der Götter handeln, gewiß nicht gegen Anus Willen.

Aber Marduk verweist auf die Veränderungen, die sich nach der Sintflut auf der Erde ergeben haben, und erklärt, er müsse die Situation in seine eigenen Hände nehmen:

> »Nach der Sintflut ist alles falsch gemacht worden.
> Die Städte der Götter auf der weiten Erde wurden willkürlich
>   gewechselt,
> sie wurden nicht an ihrem Ort gelassen.
> Wenn ich sie sehe, empfinde ich Abscheu.
> Kehren sie nicht an ihren Ort zurück,
> so ist das Leben der Menschheit gefährdet.
> Wiederaufbauen muß ich meine Residenz,
> die von der Sintflut weggeschwemmt worden ist,
> ihren Namen muß ich erneuern.«

Unter anderem ärgerte es Marduk, daß bestimmte göttliche Gegenstände infolge der Sintflut verschwunden waren, nicht zuletzt durch Nergals Schuld. »Das Instrument, das Befehle erteilt, das Orakel der Götter, das Zeichen des Königtums, das heilige Zepter, das der Herrschaft Glanz verleiht. Und wo ist der strahlende Stein, der alles auflöst?« fragt Marduk. Wenn er gezwungen würde, fortzugehen, dann »wird an dem Tage, wo ich meinen Thron verlasse, das Wasser nicht mehr aus dem Brunnen aufsteigen, wird der helle Tag dunkel werden, Verwirrung wird herrschen, der Wind der Dürre wird heulen, Krankheiten werden sich ausbreiten«.

Nach weiterem Wortwechsel erbietet sich Nergal (Erra),
Marduk »die Gegenstände des Himmels und der Erde« zurückzugeben, wenn Marduk sie persönlich aus der Unterwelt holen würde. Und was die »Werke« in Babylon anbe-
lange, so brauche sich Marduk deswegen keine Sorgen zu
machen; er selbst werde Marduks Haus nur betreten, um
»Anus und Enlils Stiere am Tor zu errichten« (Statuen der
geflügelten Stiere, die man tatsächlich auf dem Gelände des
Tempels gefunden hat), aber er würde nichts tun, was das
Wasserwerk beeinträchtigen könnte.

> »Marduk hörte dies; Erras Versprechen fand seine Gunst.
> So gab er seinen Wohnsitz auf,
> und zum Land der Bergwerke lenkte er seine Schritte.«

Damit hatte sich Marduk einverstanden erklärt, Babylon zu
verlassen. Doch kaum war er fort, da wurde Nergal wortbrüchig. Er konnte seiner Neugier nicht widerstehen und wagte
sich in den »Gigunu« vor, in die geheimnisvolle unterirdische Kammer. Ihren »Glanz« (eine ausstrahlende Energie-
quelle) ließ er entfernen. Daraufhin geschah das, wovor
Marduk gewarnt hatte: der Tag verwandelte sich in Nacht,
das Wasser stieg nicht mehr auf, und bald »war das Land
eine Wüste, die Menschen darbten«.
Ganz Mesopotamien war davon betroffen, und Enki, Sin
und Schamasch, jeder in seiner Stadt, waren beunruhigt und
zürnten Nergal. Die Menschen brachten Anu und Istar Opfer dar, aber vergebens: Die Wasserquellen trockneten aus.
Enki, Nergals Vater, machte ihm Vorwürfe: »Was hast du angerichtet?« Er ordnete an, Nergals Statue, die im Esagil
hätte aufgestellt werden sollen, zu vernichten. »Geh weg!«
befahl er ihm. »Geh dorthin, wo kein Gott jemals hin-
geht!«
»Erra verlor seine Stimme«, aber nur für einen Augenblick,
dann entgegnete er unverschämte Worte. Wütend zerstörte
er Marduks Wohnsitz, setzte die Tore in Brand. Bevor er
ging, verkündete er trotzig, seine Anhänger und seine Krieger würden zurückbleiben. So geschah es, daß Nergal zwar

nach Kutha zurückkehrte, jedoch die Männer, die mit ihm gekommen waren, zurückblieben und dafür sorgten, daß Nergal nicht vergessen wurde. In der Nähe von Babylon bildeten sie eine Kolonie. Das waren die Leute, die in biblischen Zeiten in Samaria »die Kutheaner, die Nergal anbeten«, genannt wurden. Auch in Elam wurde er weiterhin verehrt, wie eine dort gefundene ungewöhnliche Bronzeskulptur beweist, die zwei Anbetende mit unmißverständlich afrikanischen Zügen zeigt; im Vorhof eines Tempels vollführen sie eine kultische Zeremonie (Abb. 82).

Abb. 82

Mit Marduks Fortgang aus Babylon endete sein Konflikt mit Inanna, und durch die Entfremdung zwischen Marduk und Nergal entstand ein Bündnis zwischen Inanna und Nergal.

Abb. 83

Die Kette tragischer Geschehnisse, die niemand hätte voraus-
sagen können und die sicher niemand gewünscht hatte, die
also schicksalsbedingt waren, führten schließlich zu der Katastrophe, von der die Götter und die Menschen gleichermaßen betroffen wurden.
Als Inannas Autorität wiederhergestellt war, erneuerte sie
das Königtum in Agade und setzte Naram-Sin (Sins Liebling), einen Enkel Sargons, auf den Thron. Sie sah in ihm
Sargons wahren Nachfolger und ermunterte ihn, nach
Größe zu streben. Nach einer kurzen Periode des Friedens
und des Wachstums ermutigte sie ihn, das frühere Reich wie-
derzugewinnen. Bald drang Inanna ihrerseits in die Gebiete
anderer Götter ein, doch sie wollten nicht mit ihr kämpfen.

In einer Hymne auf Inanna heißt es: »Die großen Anunnaki flohen vor dir gleich flatternden Fledermäusen; sie konnten dir nicht ins Furcht einflößende Antlitz sehen, konnten dein zorniges Herz nicht beschwichtigen.« Steinmetzarbeiten stellen Inanna als die ruchlose Eroberin dar, die sie geworden war (Abb. 83).

Zu Beginn ihrer Feldzüge war Inanna immer noch »Enlils Geliebte« und die, »die Anus Anweisungen befolgt« genannt worden. Dann aber wandelte sich ihr Wesen, und aus der Unterdrückerin von Aufsässigen wurde nun eine Ränkeschmiedin, die nichts anderes als Gewinnung der Macht plante.

Zwei Texte — der eine handelt von der Göttin, der andere von ihrem Vertreter, dem König Naram-Sin — schildern die Ereignisse dieser Zeit. Beide besagen, daß Inannas erstes auswärtiges Ziel der Landeplatz im Zedernwald war. Als fliegende Göttin kannte sie ihn gut. Sie »brannte die großen Tore nieder«, und nach einer kurzen Belagerung ergaben sich die Truppen, die ihn bewachten: »Sie lösten sich willig auf.«

Laut den Naram-Sin-Inschriften bewegte sich Inanna dann südwärts am Mittelmeer entlang, eine Stadt nach der anderen unterwerfend. Die Eroberung Jerusalems — der Kontrollzentrale — wird nicht erwähnt; aber Inanna muß dort gewesen sein, denn es ist verzeichnet, daß sie »weiterzog, um Jericho zu erobern«. Diese Stadt, Sin geweiht und an der strategischen Jordan-Überquerung und gegenüber der Festung Tell Ghassul gelegen, hatte ebenfalls rebelliert: »Sie hatte ihr feierliches Wort gegeben, aber es nicht gehalten.« Das Alte Testament ist voll von Warnungen vor »fremden Göttern«; der sumerische Text sieht diesen Vorfall ebenso als Wortbruch an. Die Bevölkerung von Jericho hatte das feierliche Versprechen abgelegt, Sin anzubeten, Inannas Vater, war aber zu einem anderen, einem fremden Gott übergetreten. Die Auslieferung der Stadt der Dattelpalmen an die bewaffnete Inanna ist auf einem Rollsiegel abgebildet (Abb. 84).

Nach der Eroberung von Südkanaan stand Inanna vor den Toren der vierten Region, dem Gebiet des Flughafens. Sargon hatte es nicht gewagt, diese Grenze zu überschreiten. Aber Naram-Sin, von Inanna ermutigt, tat es.

Eine mesopotamische Königschronik verzeichnet, daß Naram-Sin nicht nur die Halbinsel Sinai betrat, sondern auch weiterzog, um ins Land Magan (Ägypten) einzudringen:

Abb. 84

»Naram-Sin, Sargons Nachkomme,
marschierte auf die Stadt Apischal zu,
schlug eine Bresche in ihre Mauer und eroberte sie.
Er selbst nahm Risch-Adad, den König von Apischal,
und den Wesir von Apischal gefangen.
Dann zog er weiter nach Magan und nahm selbst Mannu-Dannu,
den König von Magan, gefangen.«

Da sich die Genauigkeit dieser babylonischen Königschronik, sogar in Einzelheiten, immer wieder erwiesen hat, besteht kein Grund, diesen Teil zu bezweifeln, mag es auch unglaublich klingen, wenn erzählt wird, daß Menschenwesen, ein König und sein Heer, durch die Halbinsel Sinai, die vierte Region der Götter, gezogen sind. Seit Urzeiten hat es einen Handelsweg zwischen Asien und Afrika gegeben, der sich an der

Mittelmeerküste entlanggezogen hat. Die Ägypter versahen diese Strecke des Weges später mit Wasserstationen, und die Römer nannten sie ihre lebenswichtige Via Maris. Die alten Benutzer hielten sich wohlweislich von der Zentralebene fern, wo der Flughafen lag. Aber daß Naram-Sin, an der Spitze seines Heeres, nur auf dem Küstenweg durchmarschiert war, das dürfte fraglich sein. In Mesopotamien und in Elam haben Archäologen Alabastervasen mit ägyptischem Muster gefunden, auf denen der Name des einstigen Besitzers steht: »Naram-Sin, König der vier Regionen; Vase der glänzenden Krone des Landes Magan.« Daß Naram-Sin sich selbst »König der vier Regionen« nannte, bestätigt nicht nur die Eroberung Ägyptens, sondern läßt auch die Schlußfolgerung zu, daß die Sinaihalbinsel im Bereich seines Einflusses lag. Vermutlich ist Inanna ebenfalls nicht »bloß durchgezogen«.

Aus ägyptischen Berichten geht hervor, daß in diesem Land, ungefähr zu Naram-Sins Zeit, eine Invasion stattgefunden hat. Sie beschreiben eine chaotische Periode. Auf einer Papyrusrolle, die die Ägyptologen »Ipuwers Ermahnungen« nennen, stehen Worte wie: »Fremde sind nach Ägypten gekommen... Die Hochgeborenen klagen laut.« Zu dieser Zeit wurde das Zentrum der Gottesverehrung und des Königtums von Memphis (Heliopolis) im Norden nach Theben im Süden verlegt. Die Wissenschaftler nennen dieses Jahrhundert der Verwirrung die erste Zwischenperiode; ihr folgte der Zusammenbruch der sechsten pharaonischen Dynastie.

Wie konnte Inanna mit anscheinender Immunität in die Sinaihalbinsel eindringen und Ägypten überfallen, ohne daß die Götter Ägyptens sie daran hinderten?

Die Antwort gibt ein Hinweis der Naram-Sin-Inschriften, der den Wissenschaftlern rätselhaft erschien: nämlich die Ehrfurcht, die dieser mesopotamische König offenbar für den afrikanischen Gott Nergal empfand. Das mag sinnlos erscheinen, aber Tatsache ist, daß in dem langen Text, der »Die kutheanische Sage von Naram-Sin« oder »Der König von Kutha« genannt wird, bestätigt wird, daß Naram-Sin nach Kutha ging und dort eine Stele errichtete, an der er eine Elfenbeintafel anbrachte mit der Inschrift, daß er diesen ungewöhnlichen Besuch zu Nergals Ehren gemacht habe.

Naram-Sin wußte, daß Nergals Macht und Einfluß weit über Afrika hinausreichten, denn in allen Verträgen, die er mit den Provinzherrschern in Elam abgeschlossen hatte, rief er unter anderen Nergal als göttlichen Zeugen an. In einer Inschrift, die von Naram-Sins Marsch zum Zedernberg in Libanon handelt, betont der König, daß Nergal — nicht etwa Ischkur (Adad) — das Unternehmen ermöglicht habe:

> »Seit die Menschen Herrscher geworden sind,
> hat nie ein König Aman und Ebla zerstört.
> Jetzt aber hat Gott Nergal dem mächtigen Naram-Sin
> den Weg geöffnet.
> Nergal gab ihm Aman und Ebla, schenkte ihm Amanus,
> den Zedernberg und das Obere Meer.«

Dieses rätselhafte Auftauchen Nergals als einflußreiche asiatische Gottheit, der kühne Marsch von Inannas Vertreter Naram-Sin nach Ägypten — lauter Verletzungen des Status quo der vier Regionen, der seit den Pyramidenkriegen bestanden hatte —, für all das gibt es nur eine Erklärung: während sich Marduk mit Babylon beschäftigte, brachte dies Nergal dazu, in Ägypten eine dominierende Rolle zu spielen. Nachdem er dann Marduk überredet hatte, Mesopotamien zu verlassen, brach zwischen den Brüdern erbitterte Feindschaft aus.

Das führte zu einem Bündnis zwischen Nergal und Inanna; aber bald wurden alle anderen Götter ihre Gegner. Sie versammelten sich in Nippur, um über die schlimmen Folgen von Inannas Eroberungen zu beraten; sogar Enki fand, sie sei zu weit gegangen. Enlil erließ das Verdikt, um sie zu verhaften und vor Gericht zu stellen.

Das alles erfährt man aus einer Chronik, die »Der Fluch von Agade« genannt wird. Nach der Übereinkunft wurde »das

Wort des Ekurs« (Enlils geheiligter Sitz in Nippur) gegen sie erlassen. Aber Inanna wartete nicht ab, bis sie ergriffen und vor Gericht gestellt wurde: sie gab ihren Tempel auf und flüchtete aus Agade.

> »Das Wort des Ekurs lag über Agade wie tödliche Stille.
> Agade zitterte, der Ulmasch-Tempel war ganz Entsetzen.
> Sie, die dort lebte, verließ die Stadt.
> Sie verließ ihre Kammer,
> die heilige Inanna verließ ihren Schrein in Agade.«

Als Abgeordnete der großen Götter nach Agade kamen, fanden sie einen leeren Tempel. Sie konnten dem Ort nur noch seine Machtattribute nehmen:

> »Nicht in fünf Tagen,
> nicht in zehn Tagen brachte Ninurta das Kronband der Herrschaft,
> die Tiara des Königtums, den Thron in seinen Tempel hinüber.
> Utu nahm der Stadt die Beredsamkeit,
> Enki nahm der Stadt die Weisheit.
> Die Ehrfurcht, die bis zum Himmel reichen konnte,
> nahm Anu zu sich in des Himmels Mitte.«

»Das Königtum von Agade war dahin, seine Zukunft sah sehr unglücklich aus.« Dann hatte Naram-Sin eine Vision, eine Nachricht von seiner Göttin Inanna. »Er behielt sie für sich, faßte sie nicht in Worte, sprach mit niemandem darüber ... Sieben Jahre wartete Naram-Sin ab.«
Kam Inanna während ihrer siebenjährigen Abwesenheit von Agade mit Naram-Sin zusammen? Darüber geben die Texte keine Auskunft, aber meiner Ansicht nach gab es nur einen rettenden Hafen für sie, weit entfernt von Enlils Zorn. Die folgenden Ereignisse legen die Überlegungen nahe, daß sie den Schutz mindestens eines mächtigen Gottes genoß, und das kann nur Nergal gewesen sein. Daß Inanna sich in Afrika bei Nergal versteckte, scheint mir eine einleuchtende Annahme zu sein.
Sprachen die beiden miteinander über die Lage, überblickten sie rückschauend vergangene Geschehnisse, stellten sie Be-

trachtungen über die Zukunft an, in der Hoffnung, dank dem neuen Bündnis die göttlichen Domänen wiederbekommen zu können? Eine neue Ordnung war durchaus denkbar, denn Inanna hatte die alte göttliche Ordnung auf der Erde zunichte gemacht. Ein alter Text, der von jeher »Königin aller Mes« hieß, besagt, daß Inanna in der Tat beschlossen hatte, Anus und Enlils Autorität zu untergraben, ihre Regeln und Anordnungen umzustoßen und sich zur obersten Gottheit, zur »großen Königin der Königinnen«, zu erklären. Mit der Verkündigung, sie sei »größer geworden als ihre Mutter, die sie geboren hat, größer als Anu«, ließ sie ihren Worten Taten folgen und bemächtigte sie des Eannas (Anus Haus) in Erech, um das Symbol von Anus Oberherrschaft einzureißen:

> »Des himmlischen Königtums hat sich eine Frau bemächtigt.
> Sie änderte alle Anordnungen Anus, fürchtete den großen Anu nicht.
> Sie riß Anus Eanna an sich,
> das Haus von unwiderstehlichem Reiz und dauernder Schönheit,
> über dieses Haus brachte sie Zerstörung.
> Inanna greift seine Bewohner an, nimmt sie gefangen.«

Der Staatsstreich gegen Anu wurde begleitet von einem Angriff auf Enlils Sitz und die Symbole seiner Autorität. Diese Aufgabe wurde Naram-Sin von Inanna zugewiesen. Sein Angriff auf den Ekur in Nippur und der Niedergang von Agade, der sich daraus ergab, wird in dem Text »Der Fluch von Agade« ausführlich geschildert. Darin steht, daß Naram-Sin nach siebenjähriger Wartezeit wieder ein Orakel empfing und daraufhin seine Angriffslinie korrigierte, sobald er seine Befehle erhalten hatte:

> »Er schlug Enlils Wort in den Wind, zermalmte diejenigen,
> die Enlil gedient hatten, rief seine Truppen zu den Waffen,
> und wie ein Held, der Willkür und Anmaßung gewohnt ist,
> eignete er sich den Ekur an.«

Er überrumpelte die offenbar unverteidigte Stadt und »wie ein Bandit plünderte er sie.« Dann begab er sich zu dem Ekur im geheiligten Bezirk und »legte eine große Leiter an das Haus«. So brach er ein und betrat das Allerheiligste. »Die Leute sahen jetzt die heilige Cella, eine Kammer, die kein Licht kannte; die Akkadier erblickten die heiligen Gefäße des Gottes. Naram-Sin warf sie ins Feuer. Am Kai in der Nähe von Enlils Haus ließ er große Barken anlegen und trug die Besitztümer der Stadt fort.« Das schreckliche Sakrileg war vollbracht.

Enlil — dessen Aufenthaltsort nicht angegeben ist, aber sicher hielt er sich fern von Nippur auf — »hob die Augen« und gewahrte die Zerstörung von Nippur und die Schändung des Ekurs. »Weil sein geliebter Ekur angegriffen worden war«, befahl er den Horden von Gutium — einem Bergland im Nordosten von Mesopotamien, Akkad anzugreifen und dem Erdboden gleichzumachen. »In großer Zahl fielen sie wie Heuschrecken über Akkad und seine Städte her. Wer auf dem Dach schlief, der starb auf dem Dach; wer im Haus schlief, der wurde nicht begraben. Köpfe wurden zerschmettert, Münder wurden zerschmettert. Das Blut der Verräter floß über das Blut der Getreuen.«

Zweimal setzten die anderen Götter sich mit Enlil in Verbindung und sagten: »Beleg' Agade mit einem furchtbaren Fluch, aber verschone die anderen Städte und das Ackerland.« Als Enlil endlich einwilligte, taten sich acht Großgötter mit ihm zusammen, und gemeinsam belegten sie Agade mit einem Fluch. »Und so geschah es — Agade ist nicht mehr!« Die Götter fällten das Urteil, daß Agade vom Antlitz der Erde verschwinden müsse, und im Gegensatz zu anderen zerstörten Städten, die wiederaufgebaut worden sind, ist Agade für immer verschwunden.

Was Inanna betrifft, so wurde ihr Herz, wie es im Text heißt, schließlich von ihren Eltern beschwichtigt. Wie sich das zugetragen hat, wird nicht gesagt, nur daß ihr Vater Nannar herbeikam und sie nach Sumer zurückbrachte, während »ihre Mutter Ningal für sie betete und sie auf der Schwelle des Tempels begrüßte«.

»Genug, mehr als genug der Neuerungen, o große Königin!« flehten die Menschen sie an. »Und die oberste Königin, in ihrer Versammlung, erhörte das Gebet.«

Die Ära Istar war vorbei.

Laut den Texten waren Enlil und Ninurta fern von Mesopotamien, als Naram-Sin den Ekur angriff. Aber die Horden aus dem Bergland, die über Akkad herfielen, waren Enlils Horden, und sie wurden höchstwahrscheinlich von Ninurta in die große mesopotamische Ebene geführt.

In der Königsliste wird das Land, aus dem sie kamen, Gutium genannt, in der Sage von Naram-Sin ist die Rede von Umman-Manda, möglicherweise »Horden aus der Ferne« oder »starke Brüder«, die von »Lagern am Wohnsitz Enlils kamen, aus dem Bergland, dessen Städte die Götter gebaut haben«. Dem Text nach waren es Nachkommen von Kriegern, die Enmerkar begleitet hatten, ihn ermordeten und zur Strafe von Utu (Schamasch) verbannt wurden. Diese Abkömmlinge nun, zahlreiche Stämme, wurden von sieben Brüdern angeführt, die von Enlil den Befehl erhielten, Mesopotamien mit Krieg zu überziehen und »sich auf die Menschen zu stürzen, die in Nippur getötet hatten«.

Eine Zeitlang versuchten weniger starke Nachfolger von Naram-Sin, Widerstand zu leisten, als die Horden eine Stadt nach der anderen zerstörten. Die verworrene Lage beschreibt die sumerische Königsliste folgendermaßen: »Wer war König? Wer war nicht König? War Irgigi König? War Nanum König? War Imi König? War Elulu König?« Zum Schluß hatten die Gutianer ganz Sumer und Akkad in ihrer Gewalt. »Das Königtum wurde von den Horden aus Gutium hinweggerafft.«

Einundneunzig Jahre und vierzig Tage hielten die Gutianer in Mesopotamien das Zepter in Händen. Keine neue Hauptstadt ist nach ihnen benannt. Anscheinend diente ihnen Lagasch, die einzige sumerische Stadt, die von den Eindringlingen nicht zerstört worden war, als Hauptquartier. Von seinem Wohnsitz in Lagasch aus machte sich Ninurta an die mühselige Arbeit, nicht nur die Landwirtschaft, sondern vor allem das Bewässerungssystem wiederherzustellen, das nach dem Marduk-Erra-Konflikt zusammengebrochen war.

Dieses Kapitel in der sumerischen Geschichte könnte man als die Ära Ninurta bezeichnen.

Der Mittelpunkt dieser Ära war Lagasch, denn diese Stadt war anfangs der Girsu, der heilige Ort, für Ninurta und seinen Göttlichen Schwarzen Vogel. Doch als der Tumult durch göttlichen und menschlichen Ehrgeiz immer schlimmer wurde, beschloß Ninurta, sie zu einem sumerischen Zentrum zu machen, zum Hauptwohnsitz für sich und seine Gattin Bau (Gula) (Abb. 85), wo seine Vorstellungen von Gesetz und Ordnung und seine Ideale von Moral und Gerechtigkeit verwirklicht werden sollten. Als Gehilfen bei dieser Aufgabe ernannte er menschliche Vizekönige und vertraute ihnen Verwaltung und Verteidigung des Stadtstaates an.

Abb. 85

Die Geschichte von Lagasch (heute Tello im südlichen Mesopotamien) dokumentiert eine Dynastie, die drei Jahrhunderte vor Sargons Aufstieg begonnen und ein halbes Jahrtausend gedauert hat. Lagasch war gewissermaßen eine Insel von bewaffneter Stabilität inmitten einer zunehmend turbulent werdenden Umgebung. Im Gegensatz zu Sumer, wo religiöse Feiertage von Nippur herstammten, feierte man in Lagasch die überlieferten Feste nach einem landwirtschaftlichen Kalender, zum Beispiel das Fest der ersten Früchte. Die Schriftgelehrten vervollkommneten die sumerische Sprache, und die Herrscher, denen Ninurta den Titel »Rechtmäßiger Statthalter« verliehen hatte, wurden auf einen Kodex der Gerechtigkeit und Moral eingeschworen.

Abb. 86

Unter den ersten Herrschern der lang andauernden Dynastie von Lagasch ragt Ur-Nansche (ungefähr 2600 v. Chr.) hervor. Über fünfzig Inschriften hat man von ihm in den Ruinen von Lagasch gefunden; sie schildern die Herbeischaffung von Baumaterial für den Girsu, besonders von Holz aus Tilmun für die Innenausstattung des Tempels, die

Erstellung ausgedehnter Bewässerungsanlagen, den Bau von Kanälen und Dämmen. Auf einer Tafel ist Ur-Nansche als Leiter einer Baumannschaft abgebildet; er hat es offenbar nicht unter seiner Würde gefunden, selbst Hand anzulegen (Abb. 86). Die vierzig bekannten Vizekönige, die ihm folgten, haben Berichte von Errungenschaften hinterlassen, die Landwirtschaft, Bauten, soziale Gesetzgebung und ethische Reformen betreffen; es sind materielle und moralische Leistungen, auf die jede Regierung stolz sein würde.

Lagasch ist jedoch von den Verwüstungen zur Zeit von Sargon und Naram-Sin nicht nur deshalb verschont geblieben, weil es Ninurtas »Kulturzentrum« war, sondern auch — und hauptsächlich — wegen seiner militärischen Stärke. Ninurta vergewisserte sich stets, daß der von ihm eingesetzte Statthalter ein tüchtiger Militarist war. Einer von ihnen namens Eannatum, dessen Inschriften und Stelen gefunden worden sind, war ein meisterhafter Taktiker und ein siegreicher General. Die Stelen zeigen ihn in seinem Streitwagen — einem militärischen Gefährt, dessen Einführung allgemein einer späteren Zeit zugeschrieben wird —, und sie zeigen auch seine behelmte Truppe in geschlossener Formation (Abb. 87).

Maurice Lambert äußert sich dazu in seinem Buch »La période présargonique« (Die vorsargonische Periode) folgendermaßen: »Diese Infanterie von Speerträgern, die von Schildträgern geschützt wurden, gaben der Armee von Lagasch die Möglichkeit einer höchst soliden Verteidigung und eines sehr schnellen und wendigen Angriffs.« Eannatums Siege beeindruckten sogar Inanna so sehr, daß sie sich in ihn verliebte, und »weil sie Eannatum liebte, machte sie ihn, neben seinem Statthalteramt in Lagasch, zum König von Kisch«. Damit wurde dieser Eannatum ein Lu-Gal von Sumer, ein »großer Mann«. Da er die Stadt in militärischem Griff hielt, sorgte er auch für Gesetz und Ordnung.

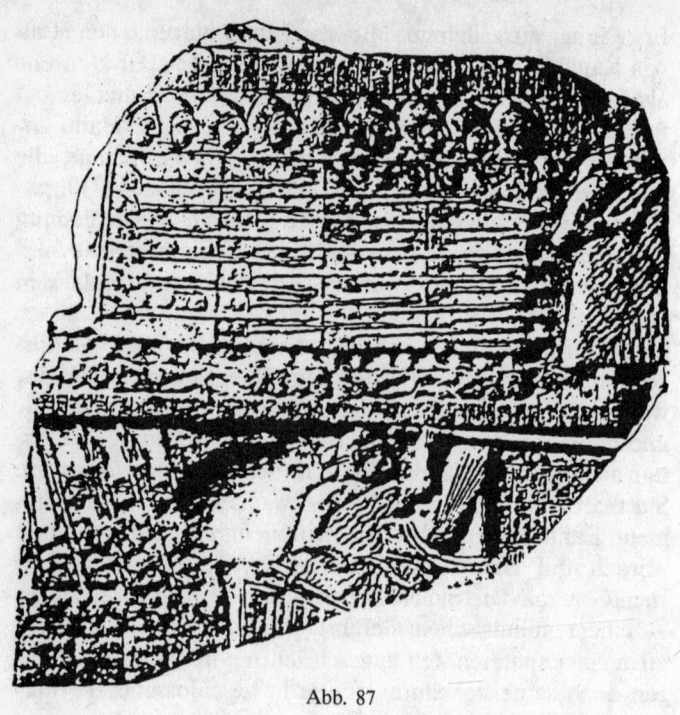

Abb. 87

Die Ironie des Schicksals wollte es, daß es in der chaotischen Periode, die der Zeit Sargons vorausging, in Lagasch keinen militärischen Führer gab, sondern einen Sozialreformer mit dem Namen Urukagina. Er widmete sich ganz dem Wiederaufbau der Moral und der Einführung von Gesetzen, die auf Gerechtigkeit und Anstand beruhten, weniger auf dem Konzept: ein Verbrecher muß bestraft werden. Unter ihm erwies sich Lagasch als zu schwach, für Gesetz und Ordnung zu sorgen. Diese Schwäche machte sich Inanna zunutze, indem sie den ehrgeizigen Lugal-zagesi von Umma nach Erech versetzte; er sollte ihr die frühere große Domäne zurückgewinnen. Er versagte jedoch, und sein Sturz wurde durch Inannas neuen Günstling, nämlich Sargon, herbeigeführt.

Während der Zeit, wo Agade den Vorrang innehatte, ging in Lagasch weiterhin alles gut; sogar der große Sargon verschonte den Stadtstaat und ließ ihn unbehelligt. Er entging auch der Zerstörung oder Besetzung während der Naram-Sin-Umwälzung, zumal Lagasch als uneinnehmbare Festung galt, die immer wieder verstärkt wurde, um Widerstand leisten zu können. Eine Inschrift von Ur-Bau, dem Vizekönig zu Naram-Sins Zeiten, besagt, daß er von Ninurta angewiesen wurde, die Mauern des Girsus und die Einfriedung der Plattform für die Imdugud-Flugzeuge, zu verstärken. »Ur-Bau machte die Erde so hart wie Stein, den Ton so feuerfest wie Metall. Den alten Boden des Imduguds ersetzte er durch einen neuen, der verstärkt wurde durch Holz und Steine aus weiter Ferne.«

Nachdem die Gutianer Mesopotamien verlassen hatten — etwa 2160 v. Chr. —, blühte Lagasch auf und brachte einige der erleuchtetsten und beliebtesten Herrscher hervor. Der berühmteste von ihnen — berühmt durch seine langen Inschriften und durch viele Statuen — ist Gudea, der im 22. Jahrhundert v. Chr. regiert hat. Zu seiner Zeit ging es friedlich und gedeihlich zu. Seine Berichte sprechen nicht von Krieg und Heerscharen, sondern von Handel und Wiederaufbau. Er krönte seine Unternehmungen mit dem Bau eines prachtvollen Tempels für Ninurta in einem vergrößerten Girsu. Laut einer seiner Inschriften hatte er eine Vision: Der Herr des Girsus erschien ihm, neben seinem Göttlichen Schwarzen Vogel stehend. Der Gott drückte seinen Wunsch aus: Gudea sollte ein neues E-Ninnu (Haus der Fünfzig) — das war Ninurbas numerischer Rang — bauen. Von zwei Gottheiten erhielt Gudea Anweisungen. Die erste war eine Göttin, die in der einen Hand »die Tafel der göttlichen Himmelssterne« hielt und in der anderen einen Griffel, mit dem sie Gudea den günstigen Planeten zeigte, nach dem der Tempel ausgerichtet werden sollte. Die zweite Gottheit war ein Gott, den

Gudea nicht kannte, und der, wie sich herausstellte, Ningischzidda war, ein Sohn Enkis. Er reichte Gudea eine Tafel
aus kostbarem Gestein, die den Plan für einen Tempel aufwies. Eine von Gudeas Statuen gibt ihn mit dieser Tafel
auf dem Schoß wieder; daneben liegt der göttliche Griffel
(Abb. 88).

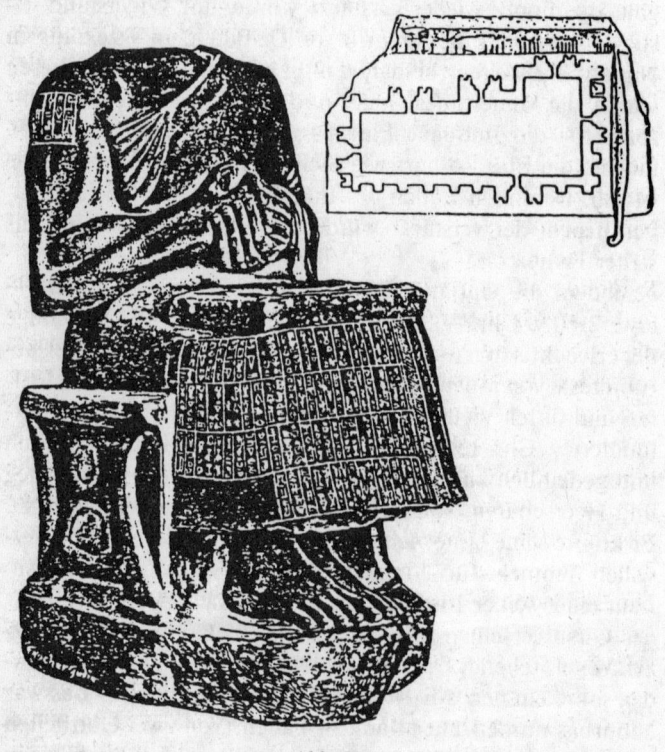

Abb. 88

Gudea gibt zu, daß er die Hilfe von Gelehrten benötigte, um
den Tempelplan zu verstehen. Es war, wie Forscher heraus-

gefunden haben, eine genial ersonnene, siebenstöckige Zikkurat. Dazu gehörte eine stabile Plattform für die Landung von Ninurtas Flugzeug.

Ningischziddas Teilnahme an dem Tempelbau hatte eine Bedeutung, die weit über architektonischen Rat hinausging, was daraus zu ersehen ist, daß der Girsu einen besonderen Schrein für diesen Gott enthielt. Ihm wurden heilende und magische Kräfte zugeschrieben, und in sumerischen Inschriften steht, er habe gewußt, wie das Fundament eines Tempels zu sichern war; sein Beiname lautete: »Der große Gott, der über die Pläne verfügt«. Wie schon erwähnt wurde: Ningischzidda war niemand anderes als Thoth, der ägyptische Gott der magischen Kräfte und Wächter der Geheimpläne der Pyramiden von Gise.

Ninurta hatte ja — man wird sich erinnern — am Ende der Pyramidenkriege einige von den »Steinen« in der Großen Pyramide an sich genommen. Nachdem sich erst Inanna und dann Marduk vergebens bemüht hatten, die Herrschaft über Götter und Menschen zu erringen, wollte nun Ninurta seinen »Rang der Fünfzig« zurückgewinnen, und deswegen errichtete er in Lagasch eine eigene Stufenpyramide, die als das »Haus der Fünfzig« bekannt ist. Darum lud Ninurta Ningischzidda (Thoth) nach Mesopotamien ein und bat ihn um den Bauplan für eine Pyramide, nicht aus massiven Steinblöcken wie die in Ägypten, sondern aus den bescheidenen mesopotamischen Tonziegeln.

Ningischziddas Aufenthalt in Sumer und seine dortige Zusammenarbeit mit Ninurta wurden nicht nur in Schreinen verewigt, sondern auch in zahlreichen Abbildungen, die in den sechziger Jahren unseres Jahrhunderts von Archäologen in Tello ausgegraben worden sind. Eine davon verbindet Ninurtas Göttlichen Schwarzen Vogel, sein Emblem, mit Ningischziddas Schlangen (Abb. 89 a). Eine andere stellt Ninurta als ägyptischen Sphinx dar (Abb. 89 b).

Gudeas Zeit und die von Ninurtas Zusammenarbeit mit Ningischzidda fallen in die sogenannte Zwischenperiode in

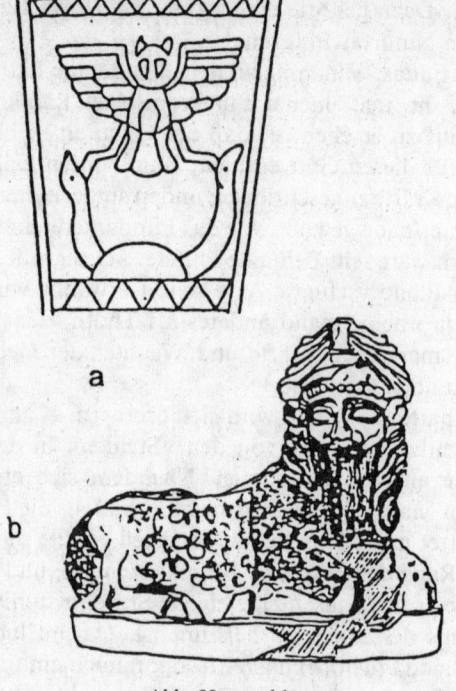

Abb. 89 a und b

Ägypten, wo die Pharaonen der IX. und X. Dynastie (2160
bis 2040 v. Chr.) aufhörten, Osiris und Horos anzubeten und
die Hauptstadt von Memphis an einen Ort verlegten, den die
Griechen später Heradeopolis nannten. Vermutlich hatte
Thoths Fortgehen von Ägypten mit den dortigen Umwälzun-
gen zu tun, ebenso sein späteres Verschwinden aus Sumer.
E. D. van Buren schreibt in ihrem Buch »Der Gott Ningischzidda«: »Er war ein Gott, der zu Gudeas Zeit aus der Dunkelheit herausgerufen wurde, nur um ein Phantomgott und
eine bloße Erinnerung in späterer Zeit zu werden.«

Die Ära Ninurta in Sumer, die während der Invasion der Gutianer und in der anschließenden Periode des Wiederaufbaus andauerte, war bloß ein Zwischenspiel. Im Grund war Ninurta ein Bergbewohner, und bald begann er, wieder in seinem Göttlichen Schwarzen Vogel umherzufliegen, um sich seine felsigen Gebiete im Nordosten und noch weiter entfernte Bezirke anzusehen. Immerzu vervollkommnete er die Kriegskunst seiner Untertanen, der Gebirgler, und er verlieh ihnen mehr Beweglichkeit, indem er die Kavallerie einführte, so daß sie ihre Reichweite um Hunderte, ja Tausende von Kilometern ausdehnen konnten.

Er war nach Mesopotamien zurückgekehrt, weil Enlil ihn aufgerufen hatte, den von Naram-Sin begangenen Freveltaten und den durch Inanna verursachten Unruhen ein Ende zu machen. Als Friede und Wohlstand wieder gesichert waren, verließ Ninurta Sumer, worauf Inanna, die nie aufgab, sich seine Abwesenheit zunutze machte, das Königtum für Erech zurückzugewinnen.

Der Versuch dauerte nur ein paar Jahre, denn Anu und Enlil duldeten ihr Tun nicht. Die Geschichte (in einem rätselhaften Text auf einer teilweise zerbrochenen Tontafel verfaßt, unter Aschur-13955 katalogisiert) ist faszinierend; sie liest sich wie die Sage von Excalibur (dem magischen Schwert des Königs Artus, das in einem Felsen stak und nur von demjenigen herausgezogen werden konnte, der als König ausersehen war), und sie wirft ein bezeichnendes Licht auf vorausgegangene Ereignisse, zum Beispiel auf das Vorkommnis, mit dem Sargon Marduk beleidigt hatte.

Wir erfahren folgendes: Als das »Königtum vom Himmel auf die Erde« gebracht wurde und in Kisch begann, errichteten Anu und Enlil hier ein »Himmelszelt«. Im Fundament versenkten sie für alle kommenden Tage den Schuhadaku, einen Gegenstand aus einer Legierung, dessen Bezeichnung »Oberste starke helle Waffe« bedeutet. Dieser göttliche Gegenstand gelangte nach Erech, als das Königtum dorthin verlegt wurde, und wanderte in der Folge hin und her, je nach dem Ort des Königtums, aber nur, wenn die Großgötter dies anordneten.

Diesem Brauch gemäß brachte Sargon den Gegenstand nach Agade. Aber Marduk verwehrte sich dagegen, weil Agade eine ganz neue Stadt war, von den Großgöttern nicht dazu ausersehen, eine königliche Hauptstadt zu werden. Die Götter, die Agade ausgewählt hatten, Inanna und ihre Anhänger, waren nach Marduks Meinung »Aufrührer, Götter, die schmutzige Kleider trugen«.

Um Abhilfe zu schaffen, ging Sargon nach Babylon, und zwar zu der Stelle, wo »heiliger Boden« war. Er wollte einen Teil der Erde nach Agade schaffen und die »Göttliche Waffe« darin vergraben, um so ihr Vorhandensein in Agade zu rechtfertigen. Zur Strafe initiierte Marduk eine Rebellion gegen Sargon und belegte ihn auch mit »Unruhe« (einige Forscher gebrauchen den Ausdruck »Schlaflosigkeit«), die seinen Tod bewirkte.

Ferner steht folgendes in dem rätselhaften Text: während der Besetzung durch die Gutianer, die auf Naram-Sins Herrschaft folgte, lag der Schuhadaku unberührt »neben den Dammwerken für das Wasser, weil sie nicht wußten, welche Regeln für den göttlichen Gegenstand galten«. Marduk hatte verfügt, daß er an seinem Platz bleiben mußte, »nicht geöffnet und keinem Gott geopfert werden durfte, bis die Götter, welche die Zerstörung bewirkt, Ersatz geleistet haben«. Aber als Inanna die Gelegenheit ergriff, das Königtum erneut in Erech zu errichten, nahm Utu-Hegal, ihr erwählter König, den Schuhadaku von seinem Ruheplatz: »In seine Hände nahm er ihn, obwohl die Genugtuung noch nicht erfolgt war. Unbefugt erhob er die Waffen gegen die Stadt, die er belagerte. Sobald er dies getan hatte, fiel er tot um. Der Fluß trug ihn fort.«

Ninurtas Abwesenheit von Sumer und Inannas vergeblicher Versuch, das Königtum wieder für Erech zu gewinnen, zeigten Enlil, daß die Frage der göttlichen Herrschaft in Sumer nicht länger ungelöst bleiben konnte, und der geeignetste Kandidat für die Lösung war Nannar (Sin).

Während der turbulenten Zeiten hatte er im Schatten aggressiverer Kämpfer um die Oberhoheit gestanden, sogar in dem seiner eigenen Tochter Inanna. Jetzt bot sich endlich die Möglichkeit, ihm den Status zu verleihen, der Enlils erstgeborenem Sohn (auf der Erde) gebührte. Die folgende Ära — nennen wir sie die Ära Nannars — gehörte zu den glorreichsten in den Annalen von Sumer; sie war auch Sumers letzter Triumph.

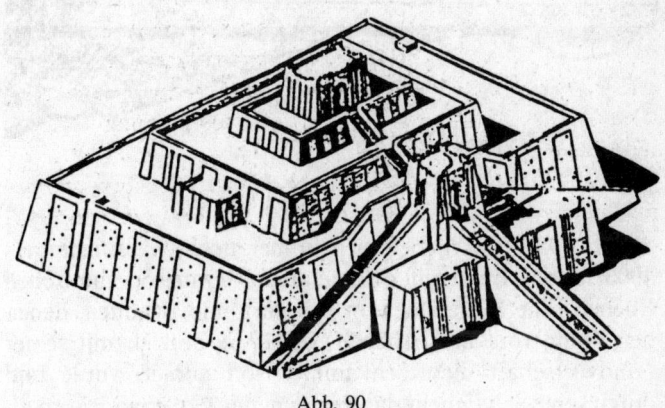

Abb. 90

Als erstes schuf er seine Stadt, nämlich Ur, eine große Metropole und die Hauptstadt eines ausgedehnten Reiches. Er ernannte eine neue Folge von Herrschern, die Gelehrten der Dritten Dynastie von Ur genannt, und so erreichte er, daß diese Hauptstadt und die gesamte sumerische Zivilisation auf den Gipfel der materiellen und kulturellen Entwicklung gelangte. Von einer ungeheuren Zikkurat aus, die die befestigte Stadt überragte (Abb. 90) nahmen Nannar und seine Gattin Ningal aktiv an den Staatsgeschäften teil. (Die Ruinen

Abb. 91

dieser Zikkurat erheben sich immer noch, nach mehr als 4000 Jahren, Ehrfurcht gebietend auf der mesopotamischen Ebene.) Eine Hierarchie von Priestern und Beamten, denen der König vorstand (Abb. 91) bewirkte, daß Ur mit seiner Landwirtschaft die Kornkammer von Sumer wurde und durch seine Schafzucht das Zentrum des Wollehandels im alten Nahen Osten.

Es entwickelte sich ein Außenhandel zu Lande und zu Wasser, der unvergessen blieb. Um diesen blühenden Handel und die weitverzweigten Verbindungen zu erleichtern, wurden die Stadtmauern mit einem schiffbaren Kanal umgeben, der zwei Häfen hatte, einen im Westen und einen im Norden; ein Innenkanal teilte die Stadt in zwei Bereiche, so daß die Heiligtümer, der Palast und die administrativen Gebäude vom Wohn- und Geschäftsviertel getrennt waren (Abb. 92).

Die weißen Häuser, viele von ihnen mehrstöckig (Abb. 93),

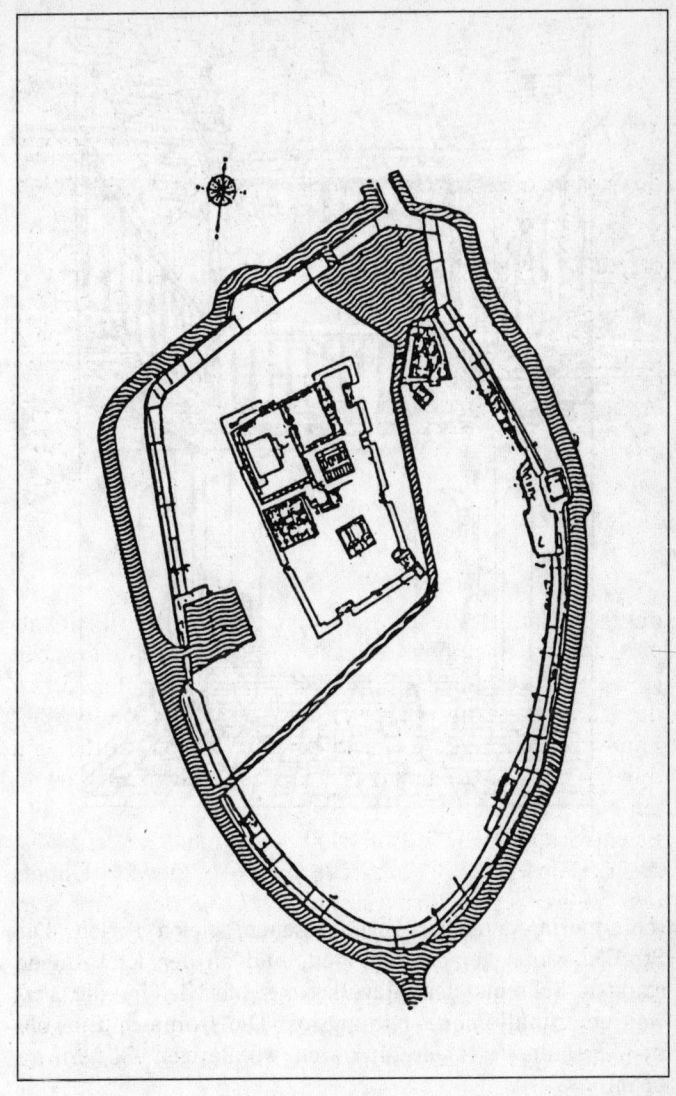

Abb. 92

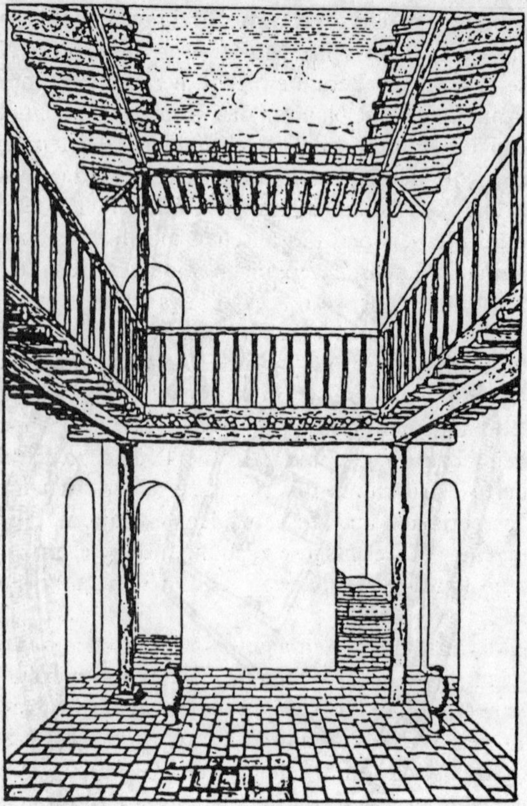

Abb. 93

schimmerten, aus der Ferne gesehen, gleich Perlen. Die
Straßen waren gerade und breit, und an den Kreuzungen
standen Schreine. Die Bevölkerung war fleißig, die Verwaltung funktionierte reibungslos. Die frommen Einwohner versäumten es nie, zu ihren wohltätigen Göttern zu
beten.

Der erste Herrscher der Dritten Dynastie von Ur, Ur-Nam-

mu (Freude von Ur), war kein Sterblicher mehr, sondern
ein Halbgott, denn seine Mutter war die Göttin Ninsun.
Aus seinen vielen Berichten geht hervor, daß ihm, »sobald Anu und Enlil Nannar das Königtum in Ur übergeben und Ur-Nammu zum ›Rechtmäßigen Hirten‹ ernannt
hatten«, von den Göttern aufgetragen worden war, eine
moralische Aufrüstung in Gang zu bringen. Die drei Jahrhunderte, die seit der moralischen Wiederbelebung unter
Urukagina in Lagasch vergangen waren, waren Zeuge des
Aufstiegs und Falls von Akkad, des Widerstands gegen
Anus Autorität und der Schändung von Enlils Ekur. Ungerechtigkeit, Unterdrückung und Unmoral waren das übliche Verhalten geworden. In Ur, unter Ur-Nammu, machte
Enlil abermals den Versuch, die Menschheit vom »schlechten Weg abzubringen und auf die Rechtschaffenheit zu-
zusteuern«. Ur-Nammu verkündete einen neuen Kodex
der Gerechtigkeit und des sozialen Verhaltens. »Er sorgte für eine Billigkeitsgesetzgebung, ächtete üble Nach-
rede und machte der Gewalt und den Streitigkeiten ein
Ende.«

Da Enlil von diesem Neubeginn soviel erwartete, vertraute
er — zum erstenmal — Nannar die Vormundschaft über
Nippur an und gab Ur-Nammu die notwendigen Anweisun-
gen für den Wiederaufbau des Ekurs (den Naram-Sin zer-
stört hatte). Ur-Nammu stellte zum Gedenken eine Stele
auf, die ihn mit dem Werkzeug eines Baumeisters zeigt
(Abb. 94). Als das Werk vollendet war, kehrten Enlil und
Ninlil nach Nippur zurück, um in ihrem neuerbauten
Wohnsitz zu residieren. Eine sumerische Inschrift lautet:
»Enlil und Ninlil waren dort glücklich.«

Die Rückkehr zum Weg der Rechtschaffenheit bedingte
nicht nur soziale Gerechtigkeit unter dem Volk, sondern
auch angemessene Anbetung der Götter. Deshalb befaßte
sich Ur-Nammu, zusätzlich zu seinen großen Werken in
Ur, auch damit, die Anu und Inanna geweihten Gebäude
in Erech wiederherzustellen, zu vergrößern und in Ur neue

zu schaffen für Ninsun, seine Mutter, in Larsa für Utu sowie in Adab für Ninharsag. Außerdem leistete er Wiederaufbauarbeit in Enkis Stadt Eridu. Es ist auffällig, daß Ninurtas Lagasch und Marduks Babylon auf der Liste fehlen.

Abb. 94

Ur-Nammus soziale Reformen und das Aufblühen von Handel und Industrie in Ur veranlaßten die Altertumsforscher, die Dritte Dynastie nicht nur als eine Periode des Gedeihens zu betrachten, sondern auch als eine Zeit des Friedens. So war es für sie eine Überraschung, als in den Ruinen von Ur zwei ganz verschiedene Abbildungen gefunden wurden, die die Tätigkeit der Einwohner von Ur darstellen: Die eine zeigt sie bei friedlichen Verrichtungen, die andere — und das eben war die Überraschung — als Krieger. Die Vorstellung, daß Ur von ausgebildeten Kriegern bevölkert gewesen sein könnte, schien abwegig, ja absurd zu sein (Abb. 95).

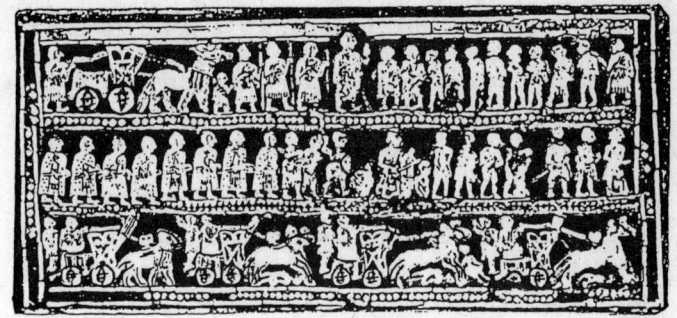

Abb. 95

Doch die Tatsachen, von denen Bewaffnung, militärische Kleidung und Streitwagen auf der Abbildung sowie zahlreiche Inschriften sprechen, widerlegen die Vorstellung vom Pazifismus. Ja, eine der ersten Handlungen Ur-Nammus bestand darin, Lagasch zu unterdrücken, den Statthalter zu töten und außerdem noch sieben andere Städte zu besetzen.

Die Notwendigkeit militärischer Maßnahmen beschränkte sich nicht auf die anfänglichen Phasen des Aufstiegs von Nannar und Ur. Inschriften besagen folgendes: Nachdem Ur und Sumer »die Tage des Gedeihens genossen und sich an Ur-Nammu sehr erfreut hatten« und Ur-Nammu den Ekur in Nippur wiederaufgebaut hatte, fand Enlil ihn würdig, »die göttliche Waffe zu übernehmen und die üblen Städte in fremden Landen zu unterwerfen«:

> »Die göttliche Waffe,
> die in feindlichen Landen die Rebellen zu Haufen auftürmt,
> sie hat er, der Herr Enlil, Ur-Nammu dem Hirten gegeben,
> wie ein Stier das fremde Land zu zerstampfen,
> wie ein Löwe es zu hetzen, die üblen Städte zu zerstören,
> sie zu reinigen von der Auflehnung gegen den Erhabenen.«

Diese Worte erinnern an die biblischen Prophezeiungen von der Erregung göttlichen Zorns durch sterbliche Könige, eines Zorns über schlechte Städte und sündiges Volk. Sie enthüllen, daß unter dem Mantel des Wachstums ein neuer Krieg zwischen den Göttern lauerte, ein Kampf um die Untertanenpflicht der Menschen.

Traurige Tatsache ist es, daß Ur-Nammu, selbst ein gewaltiger Krieger, einen tragischen Tod auf dem Schlachtfeld fand. »Das Land hatte sich aufgelehnt, das Land handelte feindlich.« In diesem ungenannten feindlichen Land blieb Ur-Nammus Streitwagen während eines Kampfes im Lehm stecken, und Ur-Nammu stürzte zu Boden. »Wie ein Sturm raste der Wagen weiter, Ur-Nammu blieb zurück, verlassen auf dem Schlachtfeld gleich einem zermalmten Krug.« Die Tragödie fand ihr Ende damit, daß die Barke, die den Leichnam nach Sumer bringen sollte, »an einem unbekannten Ort kenterte, die Wellen versenkten sie und mit ihr Ur-Nammu«.

Als die Nachricht nach Ur gelangte, erhob sich hier ein großes Klagegeschrei. Die Leute verstanden nicht, wie dieser gerechte Hirte, einer, der nur für das Volk dagewesen war und den Göttern treu gedient hatte, ein so unwürdiges Ende gefunden haben konnte. Sie verstanden nicht, wieso »der Herr Nannar ihn nicht an der Hand gehalten, warum Inanna, die Himmelsherrin, ihren edlen Arm nicht um seinen Kopf gelegt, warum der tapfere Utu ihm nicht beigestanden hatte«. Warum waren diese Götter »beiseite getreten«, als Ur-Nammus bitteres Schicksal beschlossen wurde? Es war ein Verrat der großen Götter gewesen:

> »Wie ist das Schicksal des Helden geändert worden!
> Anu ist seinem heiligen Wort abtrünnig geworden.
> Enlil hat hinterlistig
> seine Schicksalsbestimmung abgewandelt.«

Die Art von Ur-Nammus Tod (2096 v. Chr.) mag das Verhalten seines Nachfolgers bestimmt haben, auf den man die biblischen Worte anwenden kann: Er war ein König, »der sich verkaufte, nur Übles zu tun«. Er hieß Schulgi und war unter göttlicher Schirmherrschaft geboren: Nannar selbst hatte es so eingerichtet, daß das Kind in Enlils Schrein in Nippur empfangen wurde, durch eine Vereinigung Ur-Nammus mit Enlils Hoherpriesterin, damit ein geeigneter Thronerbe geboren wurde.

Der neue König begann seine lange Regierungszeit damit, daß er sein ausgedehntes Reich durch friedliche Mittel und religiöse Versöhnung zusammenhielt. Gleich nach der Thronbesteigung machte er sich daran, in Nippur einen Tempel für Ninurta zu bauen, so daß er imstande war, Ur und Nippur zu Schwesterstädten zu erklären. Danach baute er ein Schiff, das er nach Ninlil benannte, und fuhr zum »Land des Lebens«. Inschriften verraten, daß er sich für einen zweiten Gilgamesch hielt. So folgte er auch den Fußstapfen des früheren Königs zum »Land des Lebens«, zur Sinaihalbinsel, und ging am »Ort der Rampe« an Land.

Hier baute Schulgi einen Altar für Nannar. Dann setzte er seine Reise an Land fort und gelangte zu dem Ort, der Bad-Gal-Dingir (auf akkadisch Dur-Mah-Ili), Großer befestigter Ort der Götter, hieß. Damit eiferte er Gilgamesch nach, denn auch er hatte, vom Toten Meer kommend, hier haltgemacht und den Göttern an diesem Torweg zwischen Negev und der Halbinsel Sinai unter Gebeten Opfer dargebracht. Hier baute Schulgi einen Tempel zu Ehren des »Gottes, der Gericht hält«.

Im achten Jahr seiner Regierungszeit trat er die Rückreise an. In Kanaan baute er einen Altar am »Ort der glänzenden Orakel«, im Libanon am »Schneebedeckten Ort«. Er bewegte sich absichtlich langsam vorwärts, weil er die Bande mit den entfernten Provinzen seines Reichs verstärken wollte. Infolgedessen baute er ein Netzwerk von Straßen, die das Reich politisch und militärisch zusammenhielten und auch dem Handel nützten. Er machte sich persönlich mit den örtlichen Würdenträgern bekannt und knüpfte neue Bande, indem er seine Töchter mit ihnen verheiratete.

Schulgi kehrte nach Sumer zurück und prahlte damit, daß er

vier Fremdsprachen gelernt hatte. Er befand sich auf dem Höhepunkt seines Ansehens. Aus Dankbarkeit baute er im geheiligten Gebiet von Nippur einen Schrein für Nannar (Sin). Als Entgelt wurden ihm die Titel »Anus Hoherpriester, Nannars Priester« verliehen. Die beiden Zeremonien ließ er auf Rollsiegeln festhalten (Abb. 96 und 97).

Doch im Laufe der Zeit zog Schulgi das luxuriöse Dasein in Ur den Strapazen in den Provinzen vor und überließ das Regieren seinen Emissären. Er verbrachte seine Zeit damit, lobende Hymnen auf sich selbst zu verfassen, und fühlte sich

Abb. 96 und 97

als Halbgott. Schließlich kam sein Größenwahn der Verführerin Inanna zu Ohren. Sie ahnte eine Gelegenheit für sich und lud Schulgi nach Erech ein. Sie machte ihn zu »einem

für Inannas Schoß erwählten Mann« und vereinigte sich mit ihm ausgerechnet in dem Anu geweihten Tempel.
Hier seien Schulgis eigene Worte zitiert:

> »Mit dem tapferen Utu, einem Freund und einem Bruder,
> genoß ich starke Getränke in dem von Anu gegründeten Tempel.
> Meine Spielleute sangen für mich die sieben Liebeslieder.
> Inanna, die Königin, die Vulva von Himmel und Erde,
> saß neben mir und tat sich gütlich im Tempel.«

Als die unvermeidliche Unruhe in Ur und außerhalb zunahm, suchte Schulgi militärische Unterstützung seitens der südöstlichen Provinz Elam. Er vermählte eine seiner Töchter mit dem Vizekönig von Elam und gab ihm als ihre Mitgift die Stadt Larsa. Als Entgelt schickte der Vizekönig elamitische Truppen nach Sumer, um Schulgi als Fremdenlegion zu dienen. Aber statt Frieden führten die elamitischen Truppen zu vermehrten Kämpfen, und die jährlichen Berichte über Schulgis Regierung sprechen von wiederholten Zerstörungen in den nördlichen Provinzen. Schulgi bemühte sich, seine Herrschaft über die westlichen Provinzen mit friedlichen Mitteln aufrechtzuerhalten, und sein 37. Regierungsjahr verzeichnet einen Vertrag mit einem örtlichen König namens Puzur-Isch-Dagan — ein Name, der deutlich kanaanitischen (philistinischen) Beiklang hat. Der Vertrag ermöglichte es Schulgi, sich den Titel »König der vier Regionen« anzumaßen.
Aber der Friede im Westen währte nicht lange. In seinem 41. Regierungsjahr (2055 v. Chr.) erhielt Schulgi von Nannar (Sin) Orakelsprüche, worauf er eine militärische Expedition gegen die kanaanitischen Provinzen unternahm. Binnen zwei Jahren konnte er abermals verkünden, er sei »ein Held, König von Ur und Herrscher der vier Regionen«.
Alles deutet darauf hin, daß bei diesem Feldzug elamitische Truppen eingesetzt wurden, um die Provinzen zu unterdrücken, und daß diese auswärtigen Truppen bis zum Torweg nach der Sinaihalbinsel vorgerückt sind. Ihr Befehlshaber nannte sich »Liebling der Götter, die Gericht halten, Ge-

liebter Inannas, Besetzer von Dur-Ilu«. Aber kaum hatten sich die Besetzertruppen zurückgezogen, da begannen die Unruhen von neuem. Im Jahr 2049 v. Chr. ordnete Schulgi den Bau der »Westmauer« zum Schutz Mesopotamiens an.

Noch ein Jahr hielt er sich auf seinem Thron. Schulgi bezeichnete sich zwar bis zum Ende seiner Regierungszeit als »von Nannar geliebt«, aber ein »Erwählter« Anus und Enlils war er längst nicht mehr. Ihrer Ansicht nach hielt er die göttlichen Regeln nicht ein, »seine Rechtschaffenheit beschmutzte er«. Darum verfügten sie für ihn den »Tod eines Sünders«. Das war im Jahr 2048 v. Chr.

Schulgis Nachfolger auf dem Thron von Ur war sein Sohn Amar-Sin. Die ersten zwei Jahre seiner Regierungszeit waren noch von Kriegen gezeichnet, dann folgten drei Jahre des Friedens. Aber im sechsten Jahr mußte im nördlichen Bezirk von Asur ein Aufstand unterdrückt werden, und im siebenten Jahr — 2041 v. Chr. — war ein größerer Feldzug nötig, um vier westliche Örtlichkeiten und ihre Ländereien zu unterwerfen.

Anscheinend verlief dieser Feldzug nicht allzu erfolgreich, denn ihm folgte nicht Nannars übliche Titelverleihung für den König. Statt dessen richtete Amar-Sin seine Aufmerksamkeit auf Eridu — Enkis Stadt! —, errichtete hier eine königliche Residenz und übernahm priesterliche Funktionen. Zu dieser religiösen Wendung veranlaßte ihn wahrscheinlich der praktische Wunsch, die Schiffswerften von Eridu zu beherrschen; denn im folgenden (neunten) Jahr fuhr er wie Schulgi zum »Ort der Rampe«. Aber weiter kam er nicht. Er starb am Stich eines Skorpions (oder an einem Schlangenbiß).

Nach ihm nahm sein Bruder Schu-Sin den Thron ein. Seine neunjährige Regierungszeit umfaßt zwar zwei Feldzüge gegen nördliche Ortschaften, zeichnet sich aber mehr durch reine Verteidigungsmaßnahmen aus. Dazu gehörten die Verstärkung der Westmauer gegen die Amoriter und der Bau der beiden Schiffe »Großes Schiff« und »Schiff des Abzus«.

Es sieht ganz so aus, als hätte sich Schu-Sin auf eine Flucht übers Meer vorbereitet.

Nachdem der nächste (und letzte) König von Ur, Ibbi-Sin, den Thron bestiegen hatte, stießen die Angreifer aus dem Norden mit den Söldnertruppen in Mesopotamien aufeinander. Bald befand sich das sumerische Kernland unter Belagerung; die Einwohner von Ur und Nippur drängten sich hinter Schutzmauern zusammen, und Nannars Einfluß beschränkte sich auf eine kleine Enklave.

In den Kulissen wartete wie schon einmal Marduk. Da er glaubte, daß seine Zeit der Herrschaft endlich gekommen sei, verließ er sein Exil und kehrte mit seinen Anhängern nach Babylon zurück.

Nun wurden die »Ehrfurcht gebietenden Waffen« eingesetzt, es kam zu einer Katastrophe, schlimmer als irgendeine, die seit der Sintflut der Menschheit zugestoßen ist.

13

Abraham — Die verhängnisvollen Jahre

»Und es begab sich
zu der Zeit des Königs Amraphel von Sinear,
des Königs Arjoch von Ellasar,
des Königs Kedor-Laomer von Elam
und Tidal, des Königs der Heiden,
daß sie Krieg führten gegen Bera, den König von Sodom,
und gegen Birscha, den König von Gomorra,
und gegen Schinab, den König von Adma,
und gegen Schemeber, den König von Zebi'im,
und gegen den König von Bela, das ist Zoar.«

So beginnt das 14. Kapitel des ersten Buches Mose, die Geschichte von einem Krieg in alter Zeit, den vier vereinigte Könige des Ostens gegen fünf Könige in Kanaan führten.
Wie schön wäre es, so haben viele Forscher gedacht, wenn man die verschiedenen Könige identifizieren und die genaue Lebenszeit Abrahams bestimmen könnte! Zwar kannte man Elam, und man wußte auch, daß Sinear Sumer ist, aber wer waren die aufgezählten Könige des Ostens, welche Länder waren gemeint? Kritiker, die die Wahrheit der biblischen Geschichte bezweifeln, fragten: Warum werden die Namen Kedor-Laomer, Amraphel, Arjoch und Tidal in den mesopotamischen Inschriften nicht erwähnt? Und wenn es sie gar nicht gegeben, wenn ein solcher Krieg überhaupt nicht stattgefunden hat, wie glaubhaft ist dann die übrige Geschichte von Abraham?
Viele Jahrzehnte lang schienen die Kritiker mit ihren Zweifeln am Alten Testament recht zu haben, dann aber, als das neunzehnte Jahrhundert zu Ende ging, entdeckte man zur

Verwunderung der Bibelforscher, daß babylonische Tontafeln eine Geschichte erzählen, die der biblischen ähnelt, und in der die Namen Kedor-Laomer, Arjoch und Tidal vorkommen.

Diese Entdeckung verkündete Theophilus Pinches in einem Vortrag, den er 1897 im Londoner Victoria Institute hielt. Nachdem er mehrere Tafeln, die zur Spartoli-Sammlung im Britischen Museum gehören, untersucht hatte, gelangte er zu der Feststellung, daß sie einen ausgedehnten Krieg beschrieben, in dem ein König von Elam namens Kudur-Laghamar eine Allianz von Herrschern anführte, zu denen ein König Eri-Aku und einer namens Tud-ghula gehörten — Namen, die im Hebräischen Kedor-Laomer, Arjoch und Tidal lauten. Der Vortrag wurde samt einer sorgfältigen Übersetzung der Keilschrift veröffentlicht. Theophilus Pinches konnte nachweisen, daß die biblische Erzählung einer mesopotamischen Quelle entstammte.

Mit begreiflicher Aufregung stimmten die damaligen Assyriologen mit Pinches' Übersetzung der Keilschrift-Namen überein. Auf den Tafeln ist die Rede von »Kudur-Laghamar, König des Landes Elam«, und das ist der biblische König Kedor-Laomer von Elam; denn Kudur (Diener oder Knecht) nannten sich viele elamitische Könige, und Laghamar war der elamitische Beiname eines bestimmten Gottes. Der zweite Name, in Keilschrift Eri-e-a-ku, entspricht dem sumerischen Eri-Aku, das heißt »Knecht des Gottes Aku«, und Aku wurde Nannar (Sin) unter anderem genannt. Aus zahlreichen Inschriften ist bekannt, daß elamitische Könige von Larsa sich »Sins Diener« nannten, und so ließ sich ohne weiteres folgern, daß die Stadt des Königs Arjoch, in der Bibel Ellasar, ganz einfach Larsa war. Einstimmig waren die Bibelforscher überzeugt, daß der im babylonischen Text vorkommende Tud-ghula mit »Tidal, dem Gott der Heiden«, identisch ist, und daß mit den Heiden die Horden gemeint sind, die auf den Keilschrifttafeln als Verbündete des Königs Kedor-Laomer auftreten.

Hier haben wir also den bis dahin fehlenden Beweis, daß die Bibel recht hat: Abraham hat nicht nur gelebt, sondern er war auch in ein internationales Ereignis verstrickt!

Aber die Freude darüber legte sich bald. »Unglücklicherweise« — um einen Ausdruck zu gebrauchen, den A. H. Sayce elf Jahre später in einem Vortrag vor der Society of Biblical Archaeology anwendete — führte eine weitere Entdeckung dazu, daß Pinches' Erklärungen beiseitegeschoben und sogar in Zweifel gezogen wurden.

Die zweite Entdeckung verkündete der katholische Pfarrer Vincent Scheil, der unter den Tontafeln im Museum von Konstantinopel einen Brief des wohlbekannten babylonischen Königs Hammurabi gefunden hatte, in dem ausgerechnet der Name Kudur-Laghamar vorkommt! Aus der Tatsache, daß der Brief an einen König von Larsa gerichtet war, schloß Vincent Scheil, daß die drei Zeitgenossen gewesen sein müssen und so zu den vier biblischen Königen des Ostens gehörten — Hammurabi sei kein anderer als Amraphel, König von Sinear.

Eine Zeitlang schien es, als wären alle Teile des Puzzles an ihrem Platz; es gibt immer noch Lehrbücher und Bibelkommentare, in denen Amraphel und Hammurabi ein und dieselbe Person sind. Die sich daraus ergebende Annahme, daß Abraham ein Zeitgenosse dieses Königs gewesen sei, schien einleuchtend zu sein, weil man damals glaubte, Hammurabi habe von 2067 bis 2025 v. Chr. regiert, so daß Abraham, der Krieg der Könige und die folgende Vernichtung von Sodom und Gomorra ans Ende des dritten Jahrtausends v. Chr. verlegt wurden.

Doch als weitere Forschungen unbestreitbar ergaben, daß Hammurabi viel später, nämlich von 1792 bis 1750 v. Chr., regiert hat, war Scheils Theorie der Gleichzeitigkeit widerlegt, und das gesamte Verhältnis der entdeckten Inschriften — auch derjenigen, auf die Pinches sich berufen hatte — wurde in Zweifel gezogen. Pinches' Erklärungen wurden nicht beachtet; umsonst machte er darauf aufmerksam, daß es keine Rolle spiele, wie die Namen der drei Könige identifiziert würden, daß selbst dann, wenn Kedor-Laomer, Arjoch und Tidal — die in den Keilschrifttexten genannten Könige — keine Zeitgenossen von Hammurabi gewesen wären, die Geschichte auf der Tontafel mit ihren drei Namen dennoch »eine merkwürdige historische Übereinstimmung zeigt, die als solche anerkannt werden muß«. Im Jahr 1917 versuchte Alfred Jeremias mit seiner Abhandlung »Die sogenannten Kedor-Laomer-Texte« das Interesse neu zu wecken, aber die Gesamtheit der Gelehrten zog es vor, die Spartoli-Tafeln zu vergessen.

Sie lagen ein halbes Jahrhundert unbeachtet im Keller des Britischen Museums, dann aber nahm M. C. Astour von der Universität Brandeis das Thema in seiner Abhandlung »Politischer und kosmischer Symbolismus in der Genesis, 14. Kapitel« wieder auf. Davon ausgehend, daß beide Texte, sowohl der babylonische als auch der biblische, auf derselben mesopotamischen Quelle beruhen, identifizierte er die vier Könige des Ostens als bekannte Herrscher: erstens von Babylon im achten Jahrhundert v. Chr., zweitens von Assyrien im 13. Jahrhundert, drittens als einen Hethiter im 16. Jahrhundert und viertens als einen Herrscher von Elam im 12. Jahrhundert v. Chr. Da sie keine Zeitgenossen waren, auch keiner von ihnen ein Zeitgenosse Abrahams, kam er auf den genialen Gedanken, in dem Text kein historisches Werk zu sehen, sondern ein religiös-philosophisches, dessen Inhalt, die vier verschiedenen geschichtlichen Ereignisse, der Moral galt, dargestellt am Schicksal böser Könige. Auf die Unwahrscheinlichkeit dieser Annahme wurde in anderen Veröffentlichungen hingewiesen, und damit war das Interesse an den Kedor-Loamer-Texten wieder erloschen.

Aber die übereinstimmende Meinung, daß die biblische Geschichte und die babylonischen Texte auf einer viel früheren gemeinsamen Quelle fußen, führt uns zu Pinches und seinem Hauptargument zurück: Wie kann man Keilschrift-

texte, die den biblischen Hintergrund eines großen Krieges
bestätigen, mißachten? Sollte das Beweismaterial, das dem
Verständnis für verhängnisvolle Jahre dient — für entscheidende Jahre, wie man noch sehen wird —, einfach abgetan
werden, nur weil Amraphel nicht Hammurabi war?

Nein, Hammurabis Brief, den Scheil gefunden hat, hätte
nicht mit Pinches' Entdeckung in Zusammenhang gebracht
werden dürfen, denn Scheil hat den Brief mißverstanden.
Seines Erachtens verspricht Hammurabi Sin-Idinna, dem
König von Larsa, eine Belohnung für seinen »Heroismus in
den Tagen von Kedor-Laomer«. Das deutet an, daß die beiden Verbündete waren in einem Krieg gegen Kedor-Laomer,
also Zeitgenossen dieses Königs von Elam. In diesem Punkt
wurde Scheil nicht geglaubt, denn das widerspricht sowohl
der biblischen Aussage, die drei Könige seien Verbündete gewesen, als auch bekannten geschichtlichen Tatsachen: Hammurabi behandelte den König von Larsa nicht als Verbündeten, sondern als Gegner; er rühmte sich, Larsa besiegt zu haben; er habe seinen heiligen Bezirk mit der gewaltigen Waffe
angegriffen, welche die Götter ihm gegeben hätten.

Bei genauer Prüfung des Inhalts von Hammurabis Brief
zeigt es sich, daß Scheil in seinem Eifer, Hammurabi und
Amraphel als ein und dieselbe Person bezeichnen zu können, den Wortlaut verdreht hat. Hammurabi erbot sich
nicht, als Belohnung bestimmte Göttinnen dem heiligen Bezirk von Larsa, dem Emutbal, zurückzugeben, sondern er
forderte ihre Rückkehr von Larsa nach Babylon:

> »Mit Sin-Idinna spricht Hammurabi über die Göttinnen,
> die seit den Tagen des Kudur-Laghamar
> im Emutbal hinter verschlossenen Türen sitzen,
> in Sackleinen gekleidet.
> Wenn meine Leute sie von dir zurückfordern, übergib sie ihnen.
> Die Männer werden die Göttinnen an der Hand nehmen,
> an ihren Wohnort werden sie sie bringen.«

Die Entführung der Göttinnen hat sich demnach früher zugetragen. Sie wurden »seit Kedor-Laomers Tagen« im Emut-

bal gefangengehalten. Jetzt verlangte Hammurabi ihre
Rückkehr nach Babylon, wo Kedor-Laomer sie gefangenge-
nommen hatte. Das kann nur bedeuten, daß Kedor-Laomers
Tage lange vor Hammurabis Zeit liegen.

Meine Deutung des Briefes von Hammurabi, den Pfarrer
Scheil im Museum von Konstantinopel gefunden hat, wird
unterstützt durch die Tatsache, daß Hammurabi die Forderung der Rückkehr der Göttinnen in einem noch strengeren
Brief wiederholt. Diesmal läßt er das Schreiben von hohen
Offizieren überbringen. Dieser zweite Brief liegt im Britischen Museum unter der Katalognummer 23, 131; er wurde
von L. W. King in seinem Buch »Briefe und Inschriften von
Hammurabi« veröffentlicht:

> »Zu Sin-Idinna spricht Hammurabi:
> Ich schicke jetzt Zikir-ilischu, den Transportoffizier,
> und Hammurabi-bani, den Frontoffizier,
> damit sie die Göttinnen holen, die im Emutbal sind.«

Der Brief enthält genaue Anweisungen, wie die Beförderung
von Larsa nach Babylon vor sich gehen soll:

> »Du sollst die Göttinnen in einer Prozessionsbarke wie in
> einem Schrein reisen lassen, daß sie nach Babylon kommen mögen.
> Die Tempelfrauen sollen sie begleiten.
> Für die Ernährung der Göttinnen sollst du die Barke
> mit dem Allerbesten und mit Getreide beladen.
> Schafe und Vorräte sollst du sie mitnehmen lassen,
> damit sie auf der Reise nach Babylon genug zu essen haben.
> Und du sollst Männer anstellen, die das Boot
> ins Schlepptau nehmen, sowie auserwählte Krieger,
> die die Göttinnen sicher nach Babylon bringen.
> Halte sie nicht auf, laß sie schnell nach Babylon gelangen.«

Aus diesen Briefen geht klar hervor, daß Hammurabi — ein
Feind von Larsa, kein Verbündeter — Entschädigung verlangte für Geschehnisse, die sich lange vor seiner Zeit zugetragen hatten, nämlich in den Tagen von Kudur-Laghamar,
dem elamitischen Regenten von Larsa. Der Inhalt der Briefe
bestätigt also, daß Kedor-Laomer sich in Larsa aufgehalten
hat, und daß die Stadt Larsa (Ellasar) unter elamitischer

Herrschaft stand: das sind Schlüsselelemente der biblischen Geschichte.

In welche Periode passen diese Schlüsselelemente?

Man erinnere sich, daß Schulgi im 28. Jahr seiner Regentschaft, 2068 v. Chr., eine seiner Töchter mit einem elamitischen Würdenträger vermählte und ihm als Mitgift die Stadt Larsa gab. Als Entgelt stellten die Elamiten Schulgi eine »Fremdenlegion« elamitischer Truppen zur Verfügung. Diese Truppen benutzte Schulgi dazu, die westlichen Provinzen zu unterwerfen, darunter Kanaan. Folglich sind die letzten Jahre von Schulgis Regierungszeit und die Zeit, in der Ur immer noch die königliche Hauptstadt unter seinem unmittelbaren Nachfolger Amar-Sin war, die Periode, die mit den biblischen und mesopotamischen Berichten in vollkommenem Einklang stehen.

In dieser Zeit ist der historische Abraham meiner Meinung nach zu suchen; denn Abrahams Geschichte ist, wie sich zeigen wird, verwoben mit der Geschichte von Ur, mit dem Fall dieser Stadt, und seine Tage waren die letzten Tage von Sumer.

Dadurch, daß man sich von der Amraphel-Hammurabi-These lossagte, wurden die Forschungen über das Zeitalter Abrahams allen zugänglich. Manche sahen in dem ersten Patriarchen einen Nachkommen der letzten Könige von Israel. Aber die genauen Daten seiner Zeit und der Ereignisse, die sie brachte, bedürfen keiner Rätselraterei: die Bibel selbst liefert die Fakten; wir brauchen ihre Wahrheit nur gelten zu lassen.

Die chronologischen Berechnungen sind ganz einfach. Wir beginnen mit dem Jahr 963 v. Chr., in dem, wie man annimmt, Salomo seine Regierungszeit in Jerusalem antrat. Im Alten Testament heißt es, daß er mit dem Bau von Jahwes Tempel in Jerusalem in seinem vierten Regierungsjahr anfing und ihn im elften Jahr vollendete. Im ersten Buch der Könige steht: »Im vierhundertachtzigsten Jahr nach dem

Auszug der Kinder Israel aus Ägypten, im vierten Jahr des Königreichs Salomos über Israel ... begann er Jahwes Haus zu bauen.« Diese Aussage wird (mit einem kleinen Unterschied) durch die priesterliche Überlieferung bekräftigt, daß es zwischen dem Exodus und der Zeit, wo Azaria das Priesteramt in dem von Salomo in Jerusalem erbauten Tempel ausübte, zwölf Priestergenerationen zu je vierzig Jahren gab.

Beide Quellen stimmen darin überein, daß seit dem Exodus 480 Jahre vergangen waren, mit einem Unterschied: in dem einen Fall beginnt die Zählung mit Beginn des Tempelbaus (960 v. Chr.), im anderen zum Zeitpunkt der Vollendung (953 v. Chr.), als die Priester ihres Amtes walten konnten. Demnach begann der Exodus entweder 1440 oder 1433 v. Chr.; das letztgenannte Datum läßt bessere Synchronisation mit anderen Ereignissen zu.

Nach diesen Berechnungen, die am Anfang unseres Jahrhunderts angestellt wurden, einigten sich die Ägyptologen und Bibelforscher darauf, daß der Exodus in der Mitte des 15. Jahrhunderts v. Chr. stattgefunden habe. Dann aber änderten sie ihre Meinung und setzten das 13. Jahrhundert ein, weil es besser zu den archäologischen Daten aus verschiedenen kanaanitischen Ortschaften zu passen schien, auch zu dem biblischen Bericht von der Eroberung Kanaans durch die Israeliten.

Doch dieses neue Datum fand keine einhellige Zustimmung. Die bekannteste eroberte Stadt war Jericho, und K. M. Kenyon, ein hervorragender Archäologe, schloß aus den dortigen Funden, daß die Stadt ums Jahr 1560 v. Chr. erbaut worden sein müsse, also lange vor den biblischen Ereignissen. Andererseits erklärte sein Kollege J. Garstang (»Die Geschichte von Jericho«), daß die Eroberung zwischen 1400 und 1385 v. Chr. stattgefunden habe. Rechnet man die vierzig Jahre dazu, in denen die Israeliten nach der Flucht aus Ägypten die Wüste durchwandert haben, so ergibt sich für den Exodus der Zeitpunkt zwischen 1440 und 1425 v. Chr. —

ein Datum, das mit dem von mir ausgerechneten — 1433 v.
Chr. — übereinstimmt.

Über ein Jahrhundert lang haben die Forscher also nach
Hinweisen auf das Datum des Exodus gesucht. Die einzigen
stichhaltigen Fakten sind in Manethos Schriften zu finden.
Josephus zitiert den ägyptischen Priester in seiner Schrift
»Gegen Apion«, demnach hat Manetho folgendes gesagt:
»Nachdem Gottes Zorn über Ägypten ausgebrochen war«,
habe ein Pharao namens Toumosis mit dem Hirtenvolk ver-
handelt, »mit dem Volk aus dem Osten, Ägypten zu verlas-
sen und unbehelligt zu gehen, wohin sie wollten«. Darauf
gingen sie und durchquerten die Wüste und »bauten eine
Stadt in einem Lande, das jetzt Judäa heißt, und nannten sie
Jerusalem«.

Hat Josephus Manethos Schriften nun der biblischen Geschichte angepaßt, oder haben sich die Ereignisse, die
schlechte Behandlung während des Aufenthalts in Ägypten
und der Auszug der Israeliten, wirklich zu der Zeit zugetragen, als einer der bekannten Pharaonen namens Thothmes
regierte?

In einem Kapitel, das von den Pharaonen der 18. Dynastie
handelt, erwähnt Manetho »den König, der das Hirtenvolk
aus Ägypten auswies«. Die Ägyptologen sehen es heute als
historische Tatsache an, daß die Hyksos (die asiatischen Hir-
tenkönige) im Jahr 1567 v. Chr. vom Gründer der 18. Dynastie, dem Pharao Ahmosis, aus Ägypten vertrieben wurden.
Diese Dynastie, die das neue Königtum in Ägypten errichtete, könnte durchaus die neue Dynastie des Pharaos gewesen sein, »der von Joseph nichts mehr wußte«, wie es im
zweiten Buch Mose heißt.

Auch Theophilus, Bischof von Antiochia im zweiten Jahrhundert, bezog sich in seinen Büchern auf Manetho und
schrieb, die Hebräer seien vom König Tothmosis versklavt
worden; für ihn »bauten sie starke Städte, Peitho und Ra-
meses und On, das Heliopolis ist«. Dann hätten sie Ägypten
unter dem Pharao, »dessen Name Amasis ist«, verlassen.

Nach diesen alten Quellen scheint es, daß die Schwierigkeiten der Israeliten unter einem Pharao Thothmes begannen und daß ihr Auszug unter einem Nachfolger namens Amasis erfolgte. Welche historischen Tatsachen haben wir heute?

Nachdem Ahmosis die Hyksos vertrieben hatte, unternahmen seine Nachfolger — von denen mehrere wirklich Thothmes hießen, wie die Altertumsforscher festgestellt haben — Feldzüge gegen Kanaan, wobei sie den Seeweg als Invasionsroute benutzten. Thothmes I. (1525—1512 v. Chr.), ein Militarist, rüstete Ägypten zu einem kriegsfähigen Land auf und dehnte seine militärischen Expeditionen bis nach Asien hinein, zum Euphrat, aus. Meiner Überzeugung nach war er derjenige, der die Stärke der Israeliten fürchtete und sagte: »Seht, das Volk der Israeliten ist zahlreicher und stärker als wir. Wir wollen klug gegen sie zu Werke gehen, damit ihrer nicht noch mehr werden und sie sich, wenn ein Krieg ausbrechen sollte, nicht zu unseren Feinden schlagen.« Darum befahl er, alle neugeborenen Knaben der Israeliten zu töten. Nach meinen Berechnungen wurde Moses 1513 v. Chr. geboren, ein Jahr vor dem Tod des Pharaos Thothmes I.

Viele Bibelforscher haben sich gefragt, ob wohl »die Tochter des Pharaos«, die den drei Monate alten Moses aus dem Nil fischen ließ und ihn dann im Königspalast aufzog, Hatschepsut gewesen sein könnte, die älteste Tochter des Pharaos Thothmes I. von seiner offiziellen Gemahlin und somit die einzige, die damals den Titel Königstochter tragen durfte. Meines Erachtens war sie es tatsächlich. Sie »nahm ihn als Sohn an«, was sich dadurch erklären läßt, daß sie nach der Vermählung mit dem nachfolgenden Pharao, ihrem Halbbruder Thothmes II., ihm keinen Sohn schenken konnte.

Thothmes II. starb nach kurzer Regierungszeit. Sein Nachfolger, Thothmes III. — dessen Mutter eine Nebenfrau war —, war Ägyptens größter Kriegskönig, nach Ansicht mancher Forscher ein Napoleon des Altertums. Von seinen siebzehn Feldzügen, die ihm dazu dienten, Tribute einzutreiben und Gefangene als Arbeiter für seine Bauwerke zu ma-

chen, spielten sich die meisten in Kanaan und Libanon ab, er
drang aber auch bis zum Euphrat vor. Ich teile die Ansicht
von T. E. Peet (»Ägypten und das Alte Testament«) und anderen, früheren Altertumsforschern, daß Thothmes III. derjenige Pharao gewesen war, der die Israeliten versklavte;
denn er drang nordwärts bis Naharin vor, und das ist der
ägyptische Name für das Gebiet am oberen Euphrat, das in
der Bibel Aram-Naharim heißt. Hier waren die Verwandten
der hebräischen Patriarchen geblieben; sie hätten sich »zu
den Feinden Ägyptens schlagen« können. Thothmes III.
verhängte höchstwahrscheinlich das Todesurteil über Moses, was diesen bewog, in die Wildnis der Sinaihalbinsel zu
fliehen, nachdem er erfahren hatte, daß er hebräischer Abstammung war und öffentlich für sein Volk eingetreten
war.
Thothmes III. starb 1450 v. Chr.; ihm folgte Amenophis II.
(den Theophilus nach dem Beispiel Manethos als Amasis
aufführt). Es war in der Tat »nach langer Zeit, daß der König von Ägypten starb«, wie es im Alten Testament heißt,
daß Moses nach Ägypten zurückzukehren wagte, um von
dem Nachfolger — meiner Ansicht nach Amenophis II. —
zu fordern, »mein Volk ziehen zu lassen«. Die Regierungszeit des Pharaos Amenophis II. dauerte von 1450 bis 1425 v.
Chr., woraus ich den Schluß ziehe, daß der Exodus im Jahr
1433 v. Chr. erfolgte, als Moses achtzig Jahre alt war.
Wenn wir rückwärts rechnen, können wir den Zeitpunkt ermitteln, an dem die Israeliten in Ägypten angekommen sind.
Nach hebräischer Überlieferung hielten sie sich dort vierhundert Jahre auf. Im Alten Testament steht denn auch:
»Dort werden sie dienen müssen, und man wird sie be-
drücken vierhundert Jahre lang.« (Das sagt der Herr im ersten Buch Mose zu Abraham.) In der Apostelgeschichte des
Neuen Testaments wird diese Zahl wiederholt. Aber im zweiten Buch Mose steht: »Der Aufenthalt der Kinder Israels,
die in Ägypten wohnten, betrug 430 Jahre.« Die Wortwahl
»Aufenthalt« und »wohnten« sollte vielleicht den Unter-

schied zwischen den Josephiten (die in Ägypten gewohnt hatten) und den neuangekommenen Familien von Josephs Brüdern, die sich hier nur aufhielten, betonen. Wenn dem so ist, dann läßt sich die Differenz von dreißig Jahren damit erklären, daß Joseph dreißig Jahre alt war, als er zum höchsten Rat von Ägypten ernannt wurde. Dann würde die Zahl vierhundert stimmen; es wären die Jahre des Aufenthalts der Israeliten (nicht der Josephiten) in Ägypten, und das Ereignis hätte dann 1833 v. Chr. stattgefunden (1433 + 400).

Den nächsten Hinweis findet man ebenfalls im ersten Buch Mose (47, 8—9): »Joseph brachte auch seinen Vater Jakob hinein und stellte ihn vor den Pharao... Und der Pharao fragte Jakob: Wie alt bist du? Jakob sagte zu ihm: Die Zeit meiner Jahre ist hundertdreißig.« Demnach wurde Jakob 1963 v. Chr. geboren.

Isaak war sechzig Jahre alt, als ihm Jakob geboren wurde, Isaak wurde von seinem Vater Abraham geboren, als Abraham hundert Jahre alt war. Also war Abraham hundertsechzig Jahre alt, als sein Enkel Jakob zur Welt kam. Demzufolge ist Abraham 2123 v. Chr. geboren worden.

Abrahams Jahrhundert — die hundert Jahre von seiner Geburt bis zur Geburt seines Sohnes und Nachfolgers Jakob — war das Jahrhundert, das Zeuge vom Aufstieg und Niedergang der dritten Dynastie von Ur wurde. Unsere biblische Chronologie stellt Abraham mitten in die folgenschweren Geschehnisse jener Zeit — nicht bloß als Beobachter, sondern als aktiven Teilnehmer. Viele Bibelkritiker behaupten, mit Abrahams Geschichte verliere die Bibel ihr Interesse an der allgemeinen Historie der Menschheit und dem Nahen Osten und befasse sich lediglich mit der »Stammesgeschichte« eines einzelnen Volkes; aber in Wirklichkeit berichtet sie weiterhin (wie bei der Geschichte von der Sintflut und des Turmbaus zu Babel) über Ereignisse, die die Menschheit und ihre Zivilisation betreffen: von einem Krieg mit unerhörten Aspekten, von einer einzigartigen Katastrophe, von Geschehnissen, bei denen die hebräischen Patriarchen eine bedeutende Rolle spielten. Es ist die Geschichte von der Bewahrung des sumerischen Vermächtnisses, als Sumer selbst verloren war.

Obwohl sich zahlreiche Altertumsforscher mit Abraham befaßt haben, wissen wir über ihn nur das, was in der Bibel steht. Abraham, Abram genannt, gehörte einer Familie an, die ihren Stammbaum bis zu Sem zurückverfolgen konnte. Er war der Sohn Teras, seine Brüder waren Harran und Nahor. Als Harran in frühen Jahren starb, lebte die Familie in Ur in Chaldäa. Hier heiratete Abram Sarai (später Sara genannt).

»Da nahm Tera seinen Sohn Abram und seinen Enkel Lot, den Sohn Harrans, und seine Schwiegertochter Sarai, die Frau seines Sohnes Abram, und zog mit ihnen aus Ur in Chaldäa weg, um sich ins Land Kanaan zu begeben; als sie bis Harran gekommen war, blieben sie daselbst wohnen.«

Archäologen haben Harran (Die Karawanserei) gefunden. Der Ort lag im Nordwesten von Mesopotamien auf dem Vorhügel des Taurus. Er war im Altertum eine wichtige Straßenkreuzung. Wie Mari der südliche Torweg von Mesopotamien zu den Ländern am Mittelmeer war, so beherrschte Harran den Torweg der nördlichen Route zu den westasiatischen Ländern. Zur Zeit der Dritten Dynastie von Ur bezeichnete er die Grenze von Nannars Domäne, wo sie an Adads Kleinasien angrenzte. Die Archäologen haben festgestellt, daß Harran in seiner gesamten Anlage ein Spiegelbild von Ur war und daß auch hier Nannar (Sin) angebetet wurde.

In der Bibel ist weder der Zeitpunkt noch der Grund für die Auswanderung angegeben, aber wir finden die Antwort auf die Fragen, wenn wir den Umzug mit den Ereignissen in Mesopotamien im allgemeinen und in Ur im besonderen in Beziehung bringen.

Wir wissen, daß Abraham fünfundsiebzig Jahre alt war, als er von Harran nach Kanaan ging. Der Verlauf der biblischen Erzählung läßt darauf schließen, daß Abraham jung verheiratet war, als er nach Harran kam, und daß er lange dort geblieben war. Wenn Abraham, wie wir ausgerechnet haben, 2123 v. Chr. geboren worden war, war er ein Kind von zehn Jahren gewesen, als Ur-Nammu den Thron von Ur bestiegen hatte und Nannar zum erstenmal die Herrschaft über Nippur anvertraut wurde. Er war siebenundzwanzig Jahre alt, als Ur-Nammu bei Anu und Enlil in Ungnade gefallen war und auf einem fernen Schlachtfeld den Tod fand. Dies hatte eine traumatische Wirkung auf das mesopotamische Volk; sein Glaube an Nannars Allmacht und an die Vertrauenswürdigkeit von Enlils Wort war erschüttert worden.

Ur-Nammus Sturz ereignete sich im Jahr 2096 v. Chr. Könnte das nicht das Jahr gewesen sein, in dem Tera aus diesem Grund mit seiner Familie Ur verließ, um weit wegzugehen? Die folgenden Jahre, während des Niedergangs von Ur und Schulgis Ruchlosigkeit, blieb die Familie in Harran. Dann trat der Herr plötzlich wieder in Aktion:

> »Und Jahwe sprach zu Abram:
> Verlaß dein Land und deinen Geburtsort und deines Vaters Haus
> und zieh in das Land, das ich dir zeigen will ...
> Und Abram machte sich auf den Weg, wie Jahwe ihm geboten hatte,
> und Lot ging mit ihm. Abram war fünfundsiebzig Jahre alt,
> als er Harran verließ.«

Wieder wird kein Grund für die entscheidende Auswanderung angegeben. Aber die Chronologie besagt: als Abraham fünfundsiebzig Jahre alt war, zählte man das Jahr 2048 v. Chr. — das Jahr von Schulgis Tod!

Weil Abrahams Familie dem Geschlecht Sem angehörte, wurde er von den Altertumsforschern als Semit betrachtet, als einer, dessen Hintergrund, kulturelles Erbe und Muttersprache semitisch seien, im Unterschied zu den nichtsemitischen Sumerern und den späteren Indo-Europäern. Aber in ursprünglich biblischem Sinne stammten alle Völker Mesopotamiens von Sem ab, »Semiten« und »Sumerer« gleichermaßen.

Nichts deutet in der Bibel darauf hin, daß Abraham und

seine Familie Amoriter, das heißt Westsemiten, waren (was
manche Bibelforscher annehmen), die als Auswanderer
nach Sumer gekommen waren und später an ihren eigentlichen Wohnort zurückkehrten. Im Gegenteil, man muß sich
eine Familie vorstellen, die ihre Wurzeln von frühestem Anfang an in Sumer hatte, hastig ihre Heimat verließ und geheißen wurde, in ein fremdes Land zu ziehen.

Die Übereinstimmung zweier biblischer Geschehnisse mit
den Daten zweier einschneidender Ereignisse in Sumer muß
als Hinweis auf eine direkte Verbindung zwischen ihnen allen gelten. Abraham taucht nicht als Sohn fremdländischer
Einwanderer auf, sondern als der Nachkomme einer Familie, die in sumerische Staatsgeschäfte verwickelt ist!

Auf ihrer Suche nach der Antwort auf die Frage »Wer war
Abraham?« befaßten sich die Bibelforscher eifrig mit der
Ähnlichkeit zwischen seiner Benennung »Hebräer« (Ibri)
und der Bezeichnung »Hapiru« (die im Nahen Osten in
»Habiru« abgewandelt worden sein könnte), die von Assy-
rern und Babyloniern im achtzehnten und siebzehnten Jahrhundert v. Chr. für die westsemitischen Räuberbanden gebraucht wurde. Am Ende des 15. Jahrhunderts v. Chr. bat
der Befehlshaber einer ägyptischen Garnison in Jerusalem
seinen König um Verstärkung gegen die nahenden Hapiru.
All das wurde von den Bibelforschern als Beweis für ihre Ansicht gedeutet, Abraham sei ein Westsemit gewesen.

Andere bezweifeln allerdings, daß der Ausdruck überhaupt
für eine ethnische Gruppe gelten kann, und fragen sich, ob
er nicht einfach »Räuber« oder »plündernder Eindringling«
bedeutet. Die Ansicht, Ibri und Hapiru seien ein und dasselbe, wirft wesentliche philologische und etymologische
Fragen auf. Es bestehen auch schwerwiegende chronologi-
sche Unvereinbarkeiten, die allesamt ernsthafte Einwände
gegen diese Lösung der Identitätsfrage Abrahams aufkom-
men lassen, besonders wenn man die biblischen Daten mit
der Gleichsetzung von Bandit und der Bezeichnung Hapiru
in Betracht zieht. So berichtet die biblische Erzählung von

Vorfällen, die Brunnen betreffen; sie zeigen, daß Abraham auf seiner Reise durch Kanaan sehr darauf bedacht war, Konflikte mit den Ansässigen zu vermeiden. Als er in den Krieg der Könige verwickelt wurde, lehnte er seinen Anteil an der Beute ab. So verhält sich kein räuberischer Barbar, sondern eher ein Mensch, der weiß, wie man sich zu benehmen hat. Als Abraham und Sara nach Ägypten gekommen waren, wurden sie zum Hof des Pharaos gebracht; in Kanaan schloß Abraham Verträge mit den örtlichen Herrschern. So stellt man sich einen Nomaden, der Niederlassungen überfällt, gewiß nicht vor; es ist vielmehr das Bild eines Mannes von hohem Stand, der sich auf Verhandlungen und Diplomatie versteht.

Aus solchen Überlegungen heraus schrieb Alfred Jeremias, ein führender Assyriologe und Professor für Religionsgeschichte an der Universität Leipzig, in seinem 1930 erschienenen Meisterwerk »Das Alte Testament im Lichte des alten Orients«: seinem intellektuellen Wesen nach sei Abraham ein Sumerer gewesen. Er präzisierte diese Erkenntnis 1932 in seiner Abhandlung »Der Kosmos von Sumer«: »Abraham war kein semitischer Babylonier, sondern ein Sumerer.« Abraham habe die Gläubigen angeführt, die mit ihrer Reform die sumerische Gesellschaft auf eine höhere religiöse Ebene heben wollten.

Das waren kühne Ideen in einem Deutschland, das gerade den Aufstieg des Nationalsozialismus mit seiner Rassentheorie erlebte. Kurz nach Hitlers Machtergreifung wurden Jeremias' ketzerische Thesen von Nikolaus Schneider in einer Entgegnung mit dem Titel »War Abraham Sumerer?« niedergemacht. Abraham sei weder ein Sumerer noch von reiner Abstammung gewesen, schrieb er, und er schloß mit den Worten: »Seit der Regierungszeit des akkadischen Königs Sargon in Ur, Abrahams Geburtsort, hat es dort nie eine reine, ungemischte sumerische Bevölkerung und keine homogene sumerische Kultur gegeben.«

Die politischen Verhältnisse und der Zweite Weltkrieg ließen

keine weiteren Debatten zu. Leider wurde Jeremias' Theorie
nie wieder aufgenommen. Doch alle biblischen und mesopotamischen Hinweise besagen, daß Abraham tatsächlich Sumerer gewesen war.

Aus dem Alten Testament erfahren wir, wann und wie Abraham von einem sumerischen Edelmann in einen westsemitischen Machthaber verwandelt wurde, nämlich durch ein
Bündnis mit seinem Gott. In einem Beschneidungsritual
wurde sein sumerischer Name Abram (Vom Vater geliebt) in
den akkadisch-semitischen Namen Abraham (Vater einer
großen Menge) geändert und der seiner Frau Sarai (Prinzessin) in den ebenfalls semitischen Namen Sara.

Erst als Abraham neunundneunzig Jahre alt war, wurde er
ein »Semit«.

Wenn wir das uralte Rätsel von Abrahams Identität und seiner Mission in Kanaan lösen wollen, müssen wir uns mit der
Geschichte, den Sitten und der Sprache Sumers befassen.

Ist es nicht naiv, anzunehmen, der Herr hätte für diesen Auftrag aufs Geratewohl irgend jemanden auserwählt, irgendeinen Mann auf den Straßen von Ur aufgelesen? Die Frau,
die Abraham geheiratet hatte, trug den bezeichnenden Namen Prinzessin. Da sie Abrahams Halbschwester war (»Gewiß ist sie meine Schwester, die Tochter meines Vaters, aber
nicht die Tochter meiner Mutter«), haben wir die Gewähr,
daß entweder Abrahams Vater oder Saras Mutter königlicher Abstammung gewesen war. Doch da auch die Frau Harrans, des Bruders von Abraham, einen königlichen Namen
hatte — Milcha (Königliche) —, ist es klar, daß Abrahams
Vater von einem König abstammte. Wir haben es also mit einer Familie von höchstem sumerischem Rang zu tun, die bereits durch ihre noble Haltung und ihre Kleidung als solche
erkennbar war, wie verschiedene sumerische Statuen kundtun (Abb. 98).

Es war eine Familie, die sich nicht nur einfach auf ihre Abstammung von Sem berufen konnte, sondern die sogar eine

Abb. 98

Art Stammbaum führte, auf dem die erstgeborenen Söhne eingetragen waren: Arpachsad, Schelach, Eber, Peleg, Reu, Serug, Nahor, Tera und Abraham — nicht weniger als drei Jahrhunderte zurück (Erstes Buch Mose, 11, Stammbaum Sems bis Abraham). Was bedeuten diese Namen? Da Schelach (Schwert) 258 Jahre vor Abraham geboren worden war, war er 2381 v. Chr. zur Welt gekommen. Das war die Zeit des Haders, der Sargon auf den Thron der neuen Hauptstadt Agade (Vereinigt) gebracht hatte, der Beginn einer neuen Ära, in der die Länder vereinigt waren. Vierundsechzig Jahre später nannte die Familie ihren erstgeborenen Sohn Peleg (Teilung), denn jetzt war das Land geteilt. Es war die Zeit, in der Sumer und Akkad zerrissen waren, nachdem Sar-

gon versucht hatte, den geheiligten Boden von Babylon fort-
zuschaffen, und in der Folge starb.

Von größter Bedeutung aber ist der Name Eber, vor allem
der Grund, warum der Erstgeborene im Jahr 2351 v. Chr. so
genannt wurde. Davon stammt die biblische Bezeichnung
»Ibri« (Hebräer) ab. Die ursprüngliche Bedeutung ist »kreuzen«. Die besten Forscher fanden dafür keine andere Erklärung als die Habiru-Hapiru-Verbindung, die, wie bereits gesagt, ein Irrtum ist. Die falsche Deutung rührt davon her,
daß man den Ursprung in Westasien gesucht hat. Statt dessen findet er sich in der sumerischen Sprache Abrahams und
der seiner Vorfahren. Wenn man die Erklärung dort sucht,
ist die Antwort auf die Frage verblüffend einfach.

Das Wort Ibri (Hebräer) hat seine Wurzel in »kreuzen«, wie
schon erwähnt wurde. Anstatt nun die Bedeutung des Namens Eber bei Hapiru oder in Westafrika zu suchen, muß
man sich mit der sumerischen Sprache beschäftigen.

Das biblische Suffix »i« bedeutete, wenn es einem Personen-
namen angehängt wurde, »beheimatet in«. Gileadi war also
in Gilead beheimatet, um nur ein Beispiel zu nennen. Dem-
entsprechend war ein Ibri ein Einwohner eines Ortes, der
»Kreuzung« hieß, und genau das war die sumerische Bezeichnung für Nippur: Ni-Ib-Ru war der Ort, wo sich die vorsintflutlichen Wege kreuzten, der ursprüngliche Nabel der
Erde, die alte Kontrollzentrale.

Bei Übersetzungen vom Sumerischen ins Akkadisch-Hebräi-
sche kam es häufig vor, daß man das »N« wegließ. Wenn es
in der (hebräischen) Bibel heißt, Abraham sei ein Ibri, so bedeutet das ganz einfach, er sei ein Ni-ib-ri, ein Mann, der aus
Nippur stammte!

Die Tatsache, daß Abrahams Familie von Ur nach Harran
auswanderte, wurde von den Altertumsforschern schlicht-
weg so ausgelegt, daß Ur sein Geburtsort sei; aber das steht
nirgends in der Bibel. Im Gegenteil, in dem Gebot, nach Kanaan zu gehen, kommen folgende geographische Anweisungen vor: seines Vaters Haus (das damals Harran war), sein

Land (der Stadtstaat Ur) und sein Geburtsort (der nicht genannt wird). Wenn man weiß, daß ein Ibri aus Nippur
stammt, ist die Frage, wo Abraham geboren wurde, beantwortet.

Der Name Eber weist darauf hin, daß zu dieser Zeit — Mitte
des 24. Jahrhunderts v. Chr. — der Zusammenhang zwischen der Familie und Nippur angefangen hat. Nippur war
nie eine Königsstadt gewesen, sondern ein geheiligter Ort,
Sumers religiöses Zentrum, wie die Gelehrten ihn nennen. An
diesem Ort war das astronomische Wissen den Hohenpriestern vorbehalten, und hier hatte der Kalender — die Beziehung zwischen Sonne, Erde und Mond — seinen Ursprung.
Man hat erkannt, daß unser heutiger Kalender von dem ursprünglichen nippurischen Kalender herrührt. Alles weist
darauf hin, daß der nippurische Kalender etwa um 4000 v.
Chr. seinen Anfang nahm, im Zeitalter des Stiers. Darin finden wir eine weitere Bestätigung für die Nabelschnur, die die
Hebräer mit Nippur verbindet. Der jüdische Kalender zählt
die Jahre immer noch von 3760 v. Chr. an (so daß 1990 das
jüdische Jahr 5750 war). Man hat angenommen, die Zählung beginne »am Anfang der Welt«, aber die jüdischen Gelehrten meinen, dies sei die Anzahl der Jahre, die vergangen
sind, seit man mit der Zählung begonnen hat. Meiner Ansicht nach sind es die Jahre, die seit der Einführung des nippurischen Kalenders vergangen sind.

Im Stammbaum Abrahams finden wir also eine Priester-
familie königlichen Geblüts. Das Familienoberhaupt war ein
nippurischer Hoherpriester, dem als einzigem der Zutritt
zu der Tempelkammer gestattet war, wo er das Gotteswort
vernahm, das er dann dem König und dem Volk übermittelte.

In dieser Hinsicht ist auch der Name von Abrahams Vater,
Tera, höchst interessant. Da die Bibelforscher nur in der semitischen Umgebung nach Hinweisen suchen, betrachten
sie den Namen, wie etwa Harran und Nahor, lediglich als To-
ponymen (Namen, die sich auf Orte beziehen) und nehmen

an, daß es in Mittel- und Nordmesopotamien derartige
Städtenamen gegeben hat. Assyriologen, die sich mit der
akkadischen Terminologie beschäftigten (da dies die erste
semitische Sprache war), konnten lediglich herausfinden,
daß »Tirhu« die Bezeichnung für »einen Gegenstand oder
ein Gefäß für magische Zwecke« war. Aber wenn wir uns mit
der sumerischen Sprache befassen, zeigt sich, daß das Keil-
schriftzeichen »Tirhu« ein Objekt bedeutet, das im Sumerischen Dug-Namtar heißt, und das ist wörtlich ein »Schick-
salsprecher«, also ein Instrument, das Orakel verkündet!

Tera war demnach ein Orakelpriester, dazu ausersehen, sich
dem »flüsternden Stein« zu nähern, um die Worte der Gottheit zu vernehmen, und sie — mit oder ohne Deutung — zu
verkünden. Diese Funktion wurde später von den israeliti-
schen Hohenpriestern übernommen, die allein das Allerheiligste betreten und sich dem Dvir (Sprecher) nähern durften,
um »die Stimme des Herrn zu vernehmen, welche unter der
Decke hervor, die auf der Bundeslade lag, zu ihm sprach«.
Während des Auszugs der Kinder Israels aus Ägypten verkündete der Herr vom Berg Sinai aus, er habe seinen Bund
mit Abrahams Nachkommen geschlossen, »auf daß sie ein
Königreich von Priestern würden«. Das spiegelt den Status
von Abrahams Herkunft: königliche Priesterschaft.

Diese Schlußfolgerungen mögen weit hergeholt sein, aber
sie stimmen mit den sumerischen Praktiken vollkommen
überein: die Könige pflegten ihre Söhne und Töchter, oft
auch sich selbst, zu Hohenpriestern zu ernennen, so daß sich
königliche und priesterliche Linien mischten. In Nippur gefundene Inschriften (darunter diejenigen, die Archäologen
der Universität von Pennsylvania entdeckt haben) bestätigen, daß die Könige von Ur sich »fromme Hirten von Nippur« nannten und dort priesterliche Funktionen ausübten
und daß der Statthalter von Nippur gleichzeitig Ur-Enlil (Enlils oberster Diener) war.

Einige Namen dieser Priesterkönige ähnelten Abrahams sumerischem Namen Ab-Ram; auch sie begannen mit dem

Wort Ab, das Vater oder Erzeuger bedeutet; zum Beispiel
hieß ein Statthalter von Nippur während Schulgis Regierungszeit Ab-Ba-Mu.

Familien, die mit Nippur eng verknüpft waren, nannte man
Nippurianer — das heißt Hebräer —; trotzdem nahmen sie in
Ur hohe Stellungen ein. Das paßte durchaus zu den damaligen,
im Sumer herrschenden Verhältnissen; denn damals, zur Zeit
der dritten Dynastie in Ur, verwaltete nicht nur Nannar Nippur, sondern zum erstenmal auch der König von Ur, so daß die
religiösen und weltlichen Angelegenheiten gleichwertig behandelt wurden. Folglich könnte Tera, als Ur-Nammu König
von Ur wurde, mit seiner Familie von Nippur nach Ur gezogen
sein, vielleicht um als Verbindungsglied zwischen dem Tempel
in Nippur und dem Palast in Ur zu dienen. Sie wären dann während Ur-Nammus gesamter Regierungszeit in Ur geblieben;
denn in seinem Todesjahr wanderten sie nach Harran aus.

Was die Familie in Harran getan hat, steht nirgends geschrieben; aber in Anbetracht ihres königlichen Geschlechts und
ihres priesterlichen Standes müssen Tera und seine Angehö-
rigen der Hierarchie von Harran angehört haben. Die Unge-
zwungenheit, mit der Abraham später mit verschiedenen
Königen Kontakt pflegte, läßt darauf schließen, daß er in
Harran mit ausländischen Angelegenheiten zu tun gehabt
hat. Seine besondere Freundschaft mit den Hethitern in Kanaan, die für ihre militärische Erfahrung bekannt waren,
wirft ein Licht auf die Frage, wo Abraham wohl seine militärischen Kenntnisse und seine Tüchtigkeit erworben hat,
die er so erfolgreich im Krieg der Könige einsetzte.

Nach alter Überlieferung soll Abraham auch in der Astronomie sehr bewandert gewesen sein, ein Wissen, das damals,
als man sich nur nach den Gestirnen richtete, auf langen Reisen unschätzbar war. Laut Josephus hat Berossus in einem
Bericht an einen ungenannten Empfänger Abraham gemeint, als er vom »Aufstieg eines rechtschaffenen und großen Mannes« schrieb, der bei den Astronomen sehr angese-

hen sei. Wenn der babylonische Historiker Berossus wirklich Abraham gemeint hat, müssen Abrahams astronomische Kenntnisse das übliche Maß weit überstiegen haben.

Während der unheilvollen Jahre unter Schulgis Herrschaft blieb Teras Familie in Harran. Nach Schulgis Tod wurde die göttliche Ordnung nach Kanaan verlegt. Da war Tera schon ziemlich alt, und sein Sohn Nahor mußte bei ihm in Harran bleiben. Der für die Mission ausersehene Abraham war ein reifer Mann von fünfundsiebzig Jahren. Es war das Jahr 2048 v. Chr., der Beginn von vierundzwanzig verhängnisvollen Jahren: achtzehn Jahre umfaßten die von Krieg bestimmte Regierungszeit der unmittelbaren Nachfolger Schulgis (Amar-Sin und Schu-Sin), sechs Jahre diejenige von Ibbi-Sin, dem letzten souveränen König von Ur.

Zweifellos war es kein Zufall, daß Schulgis Tod sowohl das Signal für Abrahams Auswanderung als auch für eine Neuordnung unter den Göttern im Nahen Osten bedeutete. Gerade als Abraham, begleitet von einer militärischen Elitetruppe, Harran, den Torweg zu den hethitischen Ländern, verließ, geschah es, daß der verbannte und umherziehende Marduk im »Hatti-Land« erschien. Und Marduk blieb dort während der vierundzwanzig verhängnisvollen Jahre, die mit der großen Katastrophe ihren Höhepunkt erreichten.

Den Beweis für Marduks Tun erbringt eine Tafel (Abb. 99) aus der Bibliothek in Asurbanipal, auf der Marduk folgendes berichtet:

> »O große Götter, erfahrt mein Geheimnis.
> Während ich mich gürte, erinnere ich mich:
> Ich bin der göttliche Marduk, ein großer Gott.
> Wegen meiner Sünden wurde ich verstoßen,
> in die Berge bin ich gegangen.
> In meinen Ländern war ich ein Wanderer.
> Von dort, wo die Sonne aufgeht, ging ich dorthin,
> wo sie untergeht. Zu den Höhen des Hatti-Landes wanderte ich.
> Im Hatti-Land befragte ich ein Orakel über meinen Thron
> und meine Herrschaft. Und ich fragte: Bis wann?
> Vierundzwanzig Jahre lang nistete ich.«

Anscheinend war Marduks Auftauchen in Kleinasien, wo er unerwarteterweise ein Bündnis mit Adad schloß, ebenfalls ein Grund für Abrahams eiligen Aufbruch nach Kanaan.

Abb. 99

Aus dem übrigen Text ist zu ersehen, daß Marduk von seinem neuen Exil aus (über Harran) Boten und Versorgungsgüter an seine Anhänger in Babylon sandte sowie Händler

nach Mari, womit er sich Übergriffe auf die beiden Torwege
erlaubte, von denen der eine Nannar (Sin) und der andere
Inanna (Istar) unterstand.

Wie auf ein Signal hin geriet nach Schulgis Tod die gesamte
alte Welt in Bewegung. Nannars Haus hatte einen schlechten
Ruf bekommen und der alternde Marduk sah auch die
Stunde für sein Haus gekommen. Während er sich selbst
immer noch von Mesopotamien fernhielt, machte sich sein
erstgeborener Sohn Nabu für die Sache seines Vaters stark.
Seine Operationsbasis war sein eigenes »Kultzentrum« Borsippa, aber seine Bemühungen umfaßten alle Länder, auch
Kanaan. Soweit hatten sich die Dinge schnell entwickelt, als
Abraham den Befehl erhielt, nach Kanaan zu gehen. Das
Alte Testament schweigt sich zwar über seinen Auftrag aus,
aber es sagt deutlich, daß der Bestimmungsort das Land Kanaan war und daß Abraham seine Frau Sara, seinen Neffen
Lot, alle Habe und das Gesinde mitnehmen sollte. Sie zogen
schnell südwärts. In Sechem machten sie halt, und hier erschien der Herr Abraham. »Dann zog er weiter nach dem
Bergland und schlug sein Zelt östlich von Beth-El auf. Hier
erbaute er Jahwe einen Altar und rief den Namen Jahwes
an.« Beth-El (Gottes Haus) — hierher kam Abraham immer
wieder — lag in der Nähe von Jerusalem, und sein heiliger
Berg Moria (Berg der Richtung) war der Platz, wo die Bundeslade stand, als Salomo Jahwes Tempel in Jerusalem erbaute.

Abrahams Ziel war der Negev, das Tafelland mit wüstenhaf-
tem Charakter, wo Kanaan und die Sinaihalbinsel verschmel-
zen. Jahwe hatte ihm den Bach von Ägypten (heute Wadi
El-Arisch) als südliche Grenze und die Oase Kadesch-
Barnea als südlichsten Außenposten angewiesen (s. Land-
karte S. 365). Was sollte Abraham im Negev tun, dessen
Name (Trockenheit) allein schon auf seine Unfruchtbarkeit
hinwies? Was gab es hier, um dessentwillen sich die lange
Reise von Harran gelohnt hätte, und was erforderte seine
Anwesenheit in dieser dürren Gegend?

Die Bedeutung des Berges Moria, der Abraham zu einem
Zwischenaufenthalt veranlaßt hatte, ist darin zu sehen,
daß der Moria in jener Zeit, zusammen mit dem Zophim
(Berg der Beobachter) und dem Zion (Berg des Signals) der
Sitz des Kontrollzentrums der Anunnaki war. Und die
Bedeutung des Negevs? Seine einzige Bedeutung: es war
der Torweg zum Raumschiffflughafen auf der Sinaihalb-
insel.

Abraham hatte hier militärische Verbündete, darunter eine
Elitetruppe von mehreren hundert Kriegern. In der Bibel
heißen sie Naar, was verschiedentlich als »Gefolgsleute«
oder ganz einfach als »junge Männer« übersetzt worden ist.
Aber es waren in Wirklichkeit Reiter. Auf mesopotamischen
Listen werden sie als Lu-Nar (Nar-Leute) aufgeführt, die als
schnelle Reiter dienten. Wir finden diesen Ausdruck auch im
ersten Buch Samuel (30, 17):

»Bei Davids Angriff auf ein Lager der Amalekiter entkommt keiner außer vierhundert Isch-Nar [wörtlich Nar-
Männer, also die sumerischen Lu-Nar], die auf Kamelen
reiten.«

Auch Abrahams Nar-Männer hatten höchstwahrscheinlich
keine Pferde, sondern Kamele. Abraham hatte die Verwendung von schnellen Reitern sicherlich von den Hethitern
übernommen, an deren Grenze Harran lag, aber für den Negev und die Halbinsel Sinai eigneten sich Kamele entschieden besser als Pferde.

Das Bild eines Abrahams, der kein Nomadenschäfer war,
sondern ein erfindungsreicher militärischer Befehlshaber
königlicher Abstammung, paßt nicht so recht zu der üblichen Vorstellung von diesem hebräischen Urvater, aber es
stimmt mit alten Beschreibungen überein. So schrieb Josephus (im ersten Jahrhundert n. Chr.) über ihn: »Abraham
herrschte in Damaskus, wo er ein Fremder war. Er war mit
einem Heer aus dem Land über Babylonien gekommen.
Nach langer Zeit scheuchte der Herr ihn auf und versetzte
ihn aus diesem Land, zusammen mit seinen Kriegern, und er

ging in das Land, das damals Kanaan hieß, jetzt aber Judäa heißt.«

Abraham hatte einen militärischen Auftrag erhalten: Er sollte die Anlagen der Anunnaki schützen, das Kontrollzentrum und den Flughafen!

Nach kurzem Aufenthalt im Negev durchquerte Abraham die Sinaihalbinsel und gelangte nach Ägypten. Offensichtlich waren Abraham und Sara keine gewöhnlichen Nomaden, denn sie wurden sofort in den Königspalast geführt. Nach meiner Zeitberechnung war dies im Jahr 2047 v. Chr., als die Pharaonen, die nicht Amen (dem »versteckten Gott« Marduk/Ra) anhingen, in Unterägypten (Nordägypten) herrschten und von den Herrschern über Theben, wo Amen die höchste Gottheit war, angegriffen worden waren. Wir können nur Vermutungen darüber anstellen, was für Angelegenheiten — Bündnisse, vereinte Verteidigung, göttliche Befehle — zwischen dem belagerten Pharao und dem Ibri, dem nippurischen Befehlshaber, besprochen wurden. Auch darüber schweigt sich die Bibel aus, ebenso über die Dauer des Aufenthalts. (Im »Buch der Jubiläen« steht, Abraham sei fünf Jahre lang in Ägypten geblieben.) Als für Abraham die Zeit kam, nach dem Negev zurückzukehren, begleitete ihn eine große Kriegerschar des Pharaos.

»Und Abraham zog mit seiner Frau und Lot zum Negev. Er war reich an Schaf- und Viehherden für Nahrung und Bekleidung, auch an Eseln und Kamelen für seine schnellen Reiter.« Wieder machte er einen Zwischenhalt in Beth-El, um Jahwe anzurufen und sich Anweisungen geben zu lassen. Es folgte eine Trennung von Lot, der mit seinen eigenen Herden im fruchtbaren Jordantal bleiben wollte, das »bewässert war wie der Garten des Herrn, ehe er Sodom und Gomorra zerstörte«. Abraham zog weiter zum Bergland, wo er auf dem höchsten Gipfel in der Nähe von Hebron stand und in alle Richtungen blicken konnte; Jahwe sprach zu ihm: »Mach dich auf und durchziehe das Land in seiner Länge und Breite, denn dir will ich es geben.«

Kurz darauf, »zu der Zeit, als Amraphel König von Sinear war«, erfolgte die militärische Expedition der östlichen Allianz.

»Zwölf Jahre lang waren sie (die kanaanitischen Könige) dem Kedor-Laomer untertan gewesen, aber im dreizehnten Jahr lehnten sie sich auf, und im vierzehnten Jahr kamen Kedor-Laomer und die Könige, die mit ihm verbündet waren« (Erstes Buch Mose 14, 4 und 5).

Die Forscher haben in den archäologischen Berichten lange nach den in der Bibel beschriebenen Ereignissen gesucht, aber vergebens, weil sie Abraham im falschen Zeitalter suchten. Wenn aber meine Chronologie stimmt, ist die Lösung des »Amraphel«-Problems möglich. Sie ist zwar neuartig, beruht jedoch auf Annahmen, die bereits vor einem Jahrhundert vorgebracht und nicht beachtet worden sind.

Im Jahr 1875 verglich F. Lenormant (»La langue primitive de la Chaldée«) die überlieferte Schreibweise des Namens mit den frühen biblischen Übersetzungen und meinte, die richtige Schreibweise sei »Amar-pal«, weil das der Phonetik entspricht; so sei der Name auch in der Septuaginta geschrieben worden (der von siebzig Gelehrten angefertigten Übersetzung des Alten Testaments aus dem ursprünglichen Hebräischen ins Griechische). Zwei Jahre später gebrauchte auch D. H. Haigh in einem Aufsatz in der »Zeitschrift für ägyptische Sprache und Altertumskunde« die Schreibweise »Amar-pal« und erklärte, »die zweite Silbe des Königsnamen ist der Name des Mondgottes (Sin).« Er fuhr fort: »Ich bin seit langem überzeugt, daß Amar-pal einer der Könige von Ur war.«

Im Jahr 1916 schrieb Franz M. Böhl in seinem Buch »Die Könige von Genesis 14« ebenfalls — und auch er erfolglos —, Amar-pal bedeute »vom Sohn gesehen«; es sei ein Königsname wie andere im Nahen Osten, zum Beispiel der ägyptische Name Thothmes (»Gesehen von Thoth«). (Aus irgendeinem Grund haben Böhl und andere die nicht weniger wichtige Tatsache unerwähnt gelassen, daß der in der Septuaginta Khodologomar geschriebene Name —

Kedor-Laomer — große Ähnlichkeit mit dem Kudur-Laghamar der Spartoli-Tontafeln hat.)

Das Suffix »pal« (Sohn) war in Mesopotamien bei Königsnamen gebräuchlich; es bezog sich auf die Gottheit, die als der bevorzugte göttliche Sohn betrachtet wurde. Da in Ur der Lieblingssohn Nannar (Sin) war, waren dort meiner Ansicht nach Amar-Sin und Amar-Pal derselbe Name.

Meine Ansicht, daß der Amaraphel der Genesis 14 niemand anders als Amar-Sin war, nämlich der dritte König der dritten Dynastie in Ur, stimmt sowohl mit der biblischen als auch mit der sumerischen Chronologie überein. Laut der biblischen Erzählung fand der Krieg der Könige kurz nach Abrahams Rückkehr von Ägypten nach dem Negev, aber 10 Jahre vor seiner Ankunft in Kanaan statt, das heißt zwischen 2042 und 2039 v. Chr. Amar-Sin (Amar-Pal) regierte von 2047 bis 2039 v. Chr.; folglich hat der Krieg in den letzten Jahren seiner Regierungszeit stattgefunden.

Im siebenten Jahr seiner Regierungszeit — 2041 v. Chr. — hat er eine größere militärische Expedition in die westlichen Provinzen unternommen. Im obigen Zitat aus der Genesis wird gesagt, daß dies im vierzehnten Jahr geschehen war, nachdem die Elamiten unter Kedor-Laomer die kanaanitischen Könige unterjocht hatten. Vierzehn Jahre vor 2041 wurde Schulgi tatsächlich Nannars Orakel mitgeteilt, und im Jahr 2055 hat er die von Elamiten angeführte militärische Expedition nach Kanaan unternommen.

Der Zusammenhang und die Übereinstimmung der sumerischen Ereignisse und Daten mit der biblischen Darstellung ergeben den folgenden Ablauf, der alle zeitlichen Faktoren in der Bibel berücksichtigt:

2123 v. Chr.: Abraham wird in Nippur seinem Vater Tera geboren.

2113 v. Chr.: Ur-Nammu besteigt in Ur den Thron und wird Statthalter von Nippur. — Tera und seine Familie ziehen nach Ur um.

2095 v. Chr.: Nach Ur-Nammus Tod wird Schulgi König von Ur. — Tera und seine Familie wandern von Ur nach Harran aus.

2055 v. Chr.: Schulgi erfährt Nannars Orakel und entsendet elamitische Truppen nach Kanaan.

2048 v. Chr.: Nach Schulgis Tod erhält der 75jährige Abraham den Befehl, Harran zu verlassen und nach Kanaan zu ziehen.

2047 v. Chr.: Amar-Sin (Amar-Pal) besteigt den Thron von Ur. — Abraham verläßt den Negev und begibt sich nach Ägypten.

2042 v. Chr.: Kanaanitische Könige verbünden sich mit »anderen Göttern« — Abraham kehrt mit einer Elitetruppe aus Ägypten zurück.

2041 v. Chr.: Amar-Sin beginnt den Krieg der Könige.

Wer waren die »anderen Götter«, mit denen sich kanaanitische Städte verbündeten? Das waren Marduk, der in seinem nahe gelegenen Exil Ränke schmiedete, und sein Sohn Nabu, der im östlichen Kanaan die Vorherrschaft und auch Anhänger gewann. Wie biblische Ortsnamen beweisen, war das gesamte Land Moab unter Nabus Einfluß geraten. Dieses Land war auch als Nabus Land bekannt, Örtlichkeiten erhielten ihm zu Ehren ihren Namen, zum Beispiel der höchste Gipfel, der Berg Nebo, den man heute Neba nennt.

Das ist der historische Rahmen, in den die im Alten Testament dargestellte Invasion von Osten her paßt. Aber auch wenn man es vom biblischen Standpunkt aus betrachtet, der die mesopotamischen Erzählungen in eine monotheistische Form brachte, war es ein ungewöhnlicher Krieg: der offensichtliche Zweck — die Unterdrückung einer Rebellion — entpuppt sich als zweitrangiger Aspekt; das eigentliche Ziel, eine Kreuzungsoase in einer Einöde, wurde nie erreicht.

Die Eindringlinge schlugen den südlichen Weg von Mesopotamien nach Kanaan ein, zogen auch in Transjordanien südwärts über die Königsstraße und griffen nacheinander die

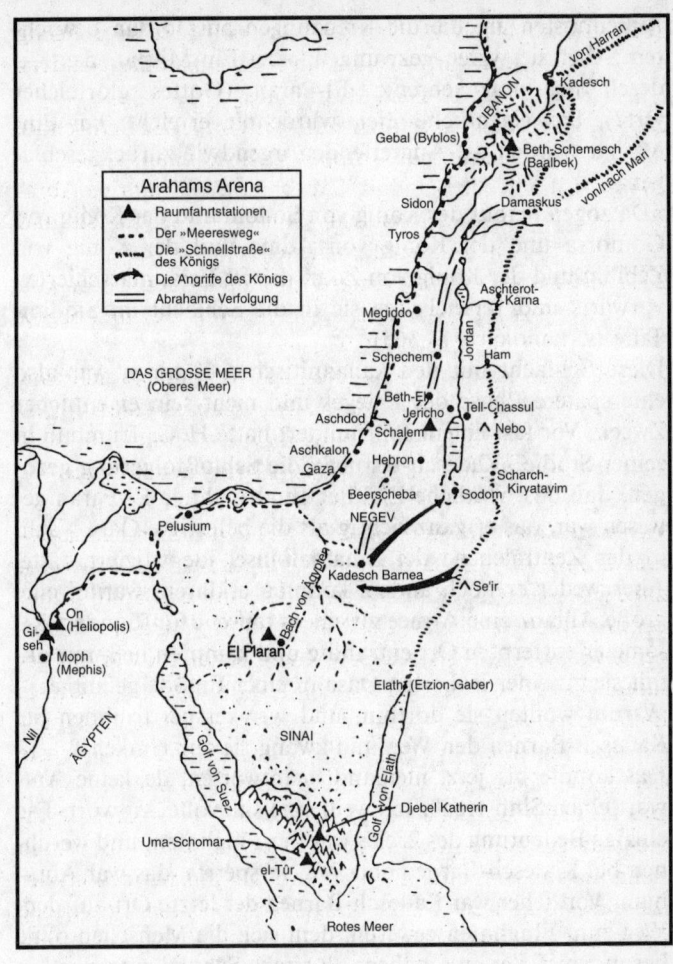

Arahams Arena

▲ Raumfahrtstationen
- - - Der »Meeresweg«
═══ Die »Schnellstraße«
   des Königs
➤ Die Angriffe des Königs
— Abrahams Verfolgung

Außenposten an, die die Kreuzungen am Jordan bewachten. Aber sie waren gezwungen, »bei Ein-Mispat, das Kadesch ist, umzukehren«. El-Paran (Gottes glorreicher Ort?), das eigentliche Ziel, wurde nie erreicht; bei Ein-Mispat wurden die Angreifenden irgendwie zurückgeschlagen.

»Da zogen herauf der König von Sodom und der König von Gomorra und der König von Adma und der König von Zebi'im und der König von Zoar, das ist Bela, marschierten vorwärts und verwickelten sie in die Schlacht im Siddim-Tal.« (s. Landkarte S. 365)

Diese Schlacht mit den kanaanitischen Königen war also eine spätere Phase des Krieges und nicht sein eigentlicher Zweck. Vor fast einem Jahrhundert hatte H. C. Trumbull in seiner Studie »Kadesch-Barnea« die Schlußfolgerung gezogen, daß das wirkliche Ziel der Eindringlinge El-Paran gewesen war, das er ganz richtig als die befestigte Oase Nachl in der Zentralebene der Sinaihalbinsel identifiziert hatte. Aber weder er noch andere konnten erklären, warum eine große Allianz eine Armee zu einem tausendfünfhundert Kilometer entfernten Ort entsandte und kämpfen ließ, nur damit sie zu einer isolierten Oase in einer Einöde gelangte.

Warum wollten sie dorthin, und wer versperrte ihnen bei Kadesch-Barnea den Weg und zwang sie zur Umkehr?

Das konnte bis jetzt niemand beantworten, da keine Antwort einen Sinn ergab. Ich weiß eine sinnvolle Antwort: Die einzige Bedeutung des Zieles war der Flughafen, und wer ihnen bei Kadesch-Barnea den Weg versperrte, das war Abraham. Von jeher war Kadesch-Barnea der letzte Ort auf dem Weg zum Flughafen gewesen, dem sich die Menschen ohne besondere Erlaubnis nähern durften. Schulgi war dorthin gegangen, um zu beten und dem Gott, der Gericht hält, zu opfern, und fast tausend Jahre zuvor hatte der sumerische König Gilgamesch hier haltgemacht, um sich eine besondere Erlaubnis zu verschaffen. Diesen Ort nannten die Sumerer Bad-Gal-Dingir, und Sargon von Akkad nannte ihn Dur-

Mah-Ilani, wie aus seinen Inschriften in Tilmun (Halbinsel Sinai) deutlich hervorgeht.

Das war meiner Ansicht nach der Ort, der in der Bibel Kadesch-Barnea genannt wird, und hier stand Abraham mit seiner Elitetruppe und versperrte den Eindringlingen den Weg zum Flughafen.

Die Andeutungen im Alten Testament bilden in den Kedor-Laomer-Texten eine ganze Erzählung, die erläutert, daß der Krieg dazu dienen sollte, Marduks Rückkehr zu verhindern und Nabus Anstrengungen, Zugang zum Raumschiffflughafen zu erlangen, zunichte zu machen. In diesen Texten kommen nicht nur dieselben Könige wie in der Bibel vor, sondern auch das Detail aus der Bibel, daß sich das Bündnis »im dreizehnten Jahr« änderte!

Wenn wir uns mit den Kedor-Laomer-Texten befassen, um die Details für die Darstellung in der Bibel zu finden, müssen wir bedenken, daß diese Texte von einem babylonischen Historiker geschrieben worden sind, der Marduks Wunsch, Babylon zum »himmelwärts gerichteten Nabel der vier Regionen« zu machen, unterstützte. Um das zu verhindern, befahlen die gegen Marduk eingestellten Götter Kedor-Laomer, sich Babylon anzueignen und die Stadt zu entweihen:

> »Die Götter befahlen Kudur-Laghamer, dem König von Elam:
> Geh dorthin!
> Von Babylon, Marduks kostbarer Stadt, ergriff er Besitz.
> In Babylon, der Stadt des Königs der Götter, Marduk,
> stürzte er das Königtum;
> aus dem Tempel machte er eine Hundehütte;
> laut krächzende, fliegende Raben beschmutzten ihn mit ihrem Kot.«

Diese Besudelung war erst der Anfang. Nachdem die »bösen Taten« dort vollbracht waren, ging Utu (Schamasch) gegen Nabu vor, der (wie er anklagend sagte) das Bündnis seines Vaters Nannar (Sin) mit einem gewissen König untergraben hatte. Das geschah laut den Kedor-Laomer-Texten im »dreizehnten Jahr« (wie es auch im ersten Buch Mose, 14, angegeben ist):

> »An diesem Tage klagte Schamasch der Glänzende,
> der Sohn seines Vaters, vor den Göttern Marduk,
> den Herrn der Herren, an:
> Die Treuepflicht meinem Vater gegenüber hat er verraten,
> im dreizehnten Jahr hat er gegen meinen Vater einen Ausfall gemacht,
> dem König hat er nicht mehr die Treue gehalten.
> Das alles hat Nabu veranlaßt.«

Die versammelten Götter, jetzt darüber unterrichtet, was für eine Rolle Nabu bei den um sich greifenden Aufständen gespielt hatte, bildeten eine Koalition treuer Könige und ernannten den Elamiten Kudur-Laghamar zu ihrem militärischen Befehlshaber. Der erste Befehl lautete: »Borsippa, Nabus Festung, ist einzunehmen und zu verwüsten.« Kudur-Laghamar befolgte die Anordnung: »Mit bösen Gedanken gegen Marduk steckte er zuerst den Schrein von Borsippa in Brand, dann tötete er seine Söhne mit einem Schwert.« Hierauf wurde die Expedition gegen die rebellischen Könige angeordnet. Die babylonischen Texte zählen die anzugreifenden Ziele und die Namen der Angreifer auf; die biblischen Bezeichnungen sind leicht zu erkennen: Eriaku (Arjoch) sollte Schebu (Beer-Scheba) angreifen, und Tud-Gula (Tidal) sollte »mit einem Schwert die Söhne von Gaza erschlagen«.

Gemäß einem Orakel Istars kam das von den Königen des Ostens zusammengestellte Heer in Transjordanien an. Zuerst wurde eine Festung im »Hochland«, damals Rabattum, angegriffen. Von dort zog das Heer südwärts um das Tote Meer herum. Dur-Mah-Ilani und die kanaanitischen Städte sollten eingenommen, Gaza und Beer-Scheba im Negev bestraft werden. Aber in Dur-Mah-Ilani stand ihm, laut dem babylonischen Text, »des Priesters Sohn, den die Götter gesalbt hatten, im Wege und verhinderte die Zerstörung«.

Ist es möglich, daß dies von Abraham, dem Sohn des Priesters Tera, vollbracht wurde? Ja, es ist durchaus möglich, denn in den mesopotamischen und biblischen Texten kommt dieselbe Geschichte mit gleichen Ortsnamen und gleichem Ende vor. Ich habe aber noch einen wichtigen Hinweis ge-

funden: Bei der Datierung von Amar-Sins Regierungszeit
wird sein siebtes Jahr — das verhängnisvolle Jahr der militärischen Expedition 2041 v. Chr. — so angegeben: Mu Ne
Ib-Ru-Um Ba-Hul (Abb. 100), und das heißt: »Jahr, in dem
die Schäferwohnung von Ibruum angegriffen wurde.«

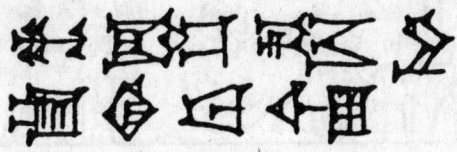

Abb. 100

Kann das, genau im zutreffenden Jahr, etwas anderes gewesen sein als Abrahams Schäferwohnung?

Die Invasion ist aber auch auf einem sumerischen Rollsiegel
verewigt worden (Abb. 101). Man hat die Szene für eine Illu-
stration der Reise gehalten, die Etana, ein früher König von
Kisch, zum »geflügelten Torweg« unternommen hat, wo ihn
ein »Adler« in solche Höhe davontrug, daß die Erde außer
Sicht geriet. Aber auf dem Siegel ist ein gekrönter Held zu
Pferde zu sehen — zu früh für Etanas Zeit —, und hinter ihm
befinden sich zwei verschiedene Gruppen. Einer der vier bewaffneten Männer der unteren Gruppe ist ebenfalls zu
Pferde. Sie bewegen sich auf ein bepflanztes Feld auf der
Sinaihalbinsel zu, dargestellt durch das Symbol von Sins
Mondsichel, auf der Weizen sprießt. Die andere Gruppe
bedeuten fünf Könige, die in die entgegengesetzte Richtung blicken. Die Abbildung enthält also alle Elemente einer
Darstellung des Krieges der Könige und der Rolle, die der
»Sohn des Priesters« dabei gespielt hat, keineswegs Vor-
gänge, die mit Etanas Reise zum Flughafen zu tun haben
könnten. Der Held zu Pferde wäre demnach eher Abraham
als Etana.

Nachdem Abraham seinen Auftrag, den Raumschiffahrt-
flughafen zu beschützen, ausgeführt hatte, kehrte er zu sei-

Abb. 101

nem Wohnsitz bei Hebron zurück. Ermutigt durch seinen Erfolg, wollten die kanaanitischen Könige dem Feind den
Rückzug von Osten her abschneiden. Aber sie wurden geschlagen, und die Eindringlinge eroberten Sodom und Gomorra und plünderten die beiden Städte aus. Sie nahmen alles mit, auch eine kostbare Geisel: »Sie nahmen Lot mit, den
Neffen Abrahams, der damals in Sodom wohnte.«
Als Abraham das vernahm, ließ er seine besten Reiter aus-
rücken und verfolgte die fliehenden Räuber. Er holte sie in
der Nähe von Damaskus ein, befreite Lot und brachte ihn
samt der Beute zurück. Im Tal des Salem (Jerusalem) wurde
er als Sieger begrüßt:

> »Malkizedek, der König von Salem, brachte Brot und Wein,
> denn er war ein Priester des höchsten Gottes.
> Und er segnete ihn, indem er sagte:
> Gesegnet sei Abraham vom höchsten Gott,
> dem Besitzer des Himmels und der Erde.
> Und gepriesen sei der höchste Gott,
> der dir deine Feinde ausgeliefert hat.«

Bald kamen auch die kanaanitischen Könige herbei, um ihm
zu danken, und sie boten ihm alle ihre Besitztümer als Beloh-

nung an. Aber Abraham sagte, nur seine Reiter sollten einen
Anteil erhalten, für sich selbst wolle er nicht einmal einen
Schuhriemen. Er habe weder aus Freundschaft mit den kanaanitischen Königen gehandelt noch aus Feindschaft gegen
die östliche Allianz; auch was den Krieg zwischen Nannars
Haus und Marduks Haus angehe, sei er neutral. »Für Jahwe,
den allerhöchsten Gott, Besitzer des Himmels und der Erde,
habe ich meine Hände erhoben«, schloß er.

Das Mißlingen der Invasion hielt die nächsten folgenschweren Begebenheiten nicht auf. Ein Jahr später, 2040 v. Chr.,
bekämpfte Mentuhotep II., der Anführer der Prinzen von
Theben, die nördlichen Pharaonen, besiegte sie und dehnte
seinen Herrschaftsbereich über Theben (und dessen Götter)
bis zu den westlichen Zugängen zur Halbinsel Sinai aus. Im
folgenden Jahre versuchte Amar-Sin die Halbinsel auf dem
Seeweg zu erreichen, aber er fand seinen Tod durch ein gif-
tiges Tier.
Die Angriffe auf den Flughafen wurden zwar abgewehrt,
doch seine Gefährdung konnte nicht vermindert werden,
und Marduks Bemühungen, die Oberherrschaft zu erringen,
vergrößerten sogar die Gefahr. Fünfzehn Jahre später gingen Sodom und Gomorra in Flammen auf, da Ninurta und
Nergal von den absolut tödlichen Waffen Gebrauch gemacht hatten.

14
Der atomare Holocaust

Der Tag des Jüngsten Gerichts kam im vierundzwanzigsten Jahr. Da wohnte Abraham in der Nähe von Hebron und war neunundneunzig Jahre alt.

»Und der Herr erschien ihm im Ölbaumhain von Mamre, als er am Eingang des Zeltes saß in der Mittagshitze. Er hob die Augen, und siehe, drei Männer standen vor ihm. Als er sie erblickte, lief er vom Eingang des Zeltes auf sie zu und verneigte sich bis zum Boden.«

Es ist eine typische mittelöstliche Szene, in der ein Potentat im Schatten seines Zeltes sitzt und sich plötzlich mit göttlichen Wesen konfrontiert sieht. Obwohl Abraham umherblickte, bemerkte er nicht, daß sie sich näherten; sie standen plötzlich vor ihm. Und obwohl sie nur »Männer« waren, erkannte er ihre wahre Identität und verbeugte sich tief vor ihnen. Er nannte sie »meine Herren« und bat sie, nicht an ihrem »Knecht« vorbeizugehen, ehe er die Möglichkeit gehabt hatte, für sie ein üppiges Mahl zuzubereiten.

Es dunkelte bereits, als die göttlichen Besucher mit dem Essen fertig waren und ausruhten. Sie fragten nach Sara, und ihr Sprecher sagte zu Abraham: »Übers Jahr komme ich zur selben Zeit wieder zu dir, da wird deine Frau Sara einen Sohn haben.«

Die Zusicherung, daß Abraham und Sara in ihrem Alter noch einen rechtmäßigen Erben bekommen würden, war nicht der Grund für den Besuch.

>»Und die Männer erhoben sich und blickten auf Sodom hinab.
>Abraham war mit ihnen gegangen, um sie zu geleiten,
>und der Herr sagte: Kann ich vor Abraham geheimhalten,
>was ich zu tun gedenke?«

Darauf berief sich der Herr auf Abrahams Verdienste und die ihm verheißene Zukunft und enthüllte ihm den wahren Grund der Reise der Götter, die den Klagen über Sodom und Gomorra galt: »Das Geschrei über Sodom und Gomorra ist groß geworden, und die Anklagen sind ernst«, sagte der Herr. Deshalb habe er beschlossen, hinzugehen und sich selbst davon zu überzeugen. Wenn die Klagen berechtigt seien, werde er die Menschen vernichten; er wolle es erkunden.

Die nachfolgende Zerstörung von Sodom und Gomorra gehört zu den biblischen Geschichten, die am häufigsten ausgemalt und in Predigten erwähnt werden. Die Orthodoxen und die Fundamentalisten haben nie daran gezweifelt, daß Gott wirklich Schwefel und Feuer vom Himmel hat regnen lassen, um die sündigen Städte von der Erde zu vertilgen. Die Naturwissenschaftler haben sich eifrig bemüht, eine »natürliche« Erklärung für die biblische Darstellung zu finden: ein Erdbeben, einen Vulkanausbruch oder sonst eine Naturerscheinung, die man als Strafe Gottes für sündiges Verhalten auffassen könnte.

Aber soweit es die biblische Geschichte betrifft — bis jetzt ist sie die einzige Quelle für die Deutungen —, war es ganz entschieden keine Naturkatastrophe. Man muß sie ein »vorsätzliches« Ereignis nennen: der Herr enthüllt Abraham im voraus, was geschehen wird und warum. Es hätte also vermieden werden können, es ist keine von unabwendbaren Naturgewalten verursachte Katastrophe und soll nur soweit kommen, wenn sich der »Aufschrei« gegen Sodom und Gomorra als berechtigt erweist. Außerdem war es (wie sich bald zeigen wird) ein verschiebbares Geschehnis, das auch früher oder später hätte eintreffen können, ganz nach Belieben.

Da Abraham sich über die Vermeidbarkeit klar war, ließ er sich auf ein taktisches Streitgespräch ein. Er sagt: »Vielleicht gibt es fünfzig Rechtschaffene in der Stadt. Willst du sie umkommen lassen und nicht lieber um der fünfzig Rechtschaf-

fenen willen dem Ort vergeben?« Schnell fügte er hinzu:
»Fern sei es von dir, so etwas zu tun, die Rechtschaffenen zusammen mit den Schuldigen umzubringen! Fern sei es von
dir, dem Richter über die ganze Erde, keine Gerechtigkeit zu
üben!«

Ein Sterblicher hält seiner Gottheit eine Predigt! Es geht
darum, die Zerstörung — die vorsätzliche und vermeidbare
Zerstörung — zu unterlassen, falls sich in der Stadt fünfzig
Rechtschaffene befinden. Doch kaum hat der Herr eingewil-
ligt, die Stadt zu verschonen, wenn dort fünfzig Rechtschaffene zu finden sind, da korrigierte sich Abraham, der die
Zahl Fünfzig vielleicht gewählt hat, weil er wußte, daß sie an
bestimmte Erinnerungen rührt, und fragte, ob der Herr auch
zuschlagen wolle, wenn zu den fünfzig Rechtschaffenen nur
fünf fehlen. Als der Herr zustimmte, die Stadt auch dann zu
verschonen, handelte Abraham die Zahl zu vierzig, dann
dreißig, dann zwanzig, dann zehn herunter. »Und der Herr
sagte: Ich will sie um der Zehn willen verschonen. Als das Gespräch damit beendet war, ging er fort, und Abraham kehrte
in sein Zelt zurück.«

Als die beiden Begleiter des Herrn — in der Bibel werden sie
jetzt Mal'achim genannt, das heißt »Gesandte«, nicht »Engel«, wie die Bezeichnung übersetzt worden ist — nach Sodom kamen, bestand ihre Aufgabe darin, nachzuprüfen, ob
die Anklagen berechtigt waren, und dann ihrem Herrn Bericht zu erstatten. Lot, der am Stadttor saß, erkannte wie
Abraham sofort die göttliche Natur der beiden Besucher,
vielleicht an ihrer Kleidung oder an den Waffen, vielleicht
auch an der Art (kamen sie angeflogen?), wie sie auftauchten.

Jetzt war Lot an der Reihe, Gastfreundschaft zu zeigen. Die
beiden nahmen seine Einladung, bei ihm zu übernachten,
an. Aber es sollte keine ruhige Nacht werden, denn die Nachricht von ihrer Ankunft hatte die Stadt in Aufruhr versetzt:
»Noch hatten sie sich nicht schlafen gelegt, als die Stadtbe-
wohner, die Bürger von Sodom, junge und alte, die ganze Be-

völkerung aus jedem Viertel, das Haus umzingelten. Und sie riefen nach Lot und sagten zu ihm: ›Wo sind die Männer, die heute abend zu dir gekommen sind? Bring sie heraus, damit wir sie kennenlernen.‹« Als Lot ihnen nicht zu Willen ist, brachen sie die Tür auf; aber die beiden Mal'achim »schlugen sie, jung und alt, mit Blindheit, so daß sie den Eingang nicht finden konnten.«

Da den Gesandten klar wurde, daß Lot der einzige Rechtschaffene in Sodom war, verzichteten sie auf eine weitere Untersuchung, und das Schicksal der Stadt war besiegelt. Sie sagten zu Lot: »Wen du sonst noch hier hast, einen Schwiegersohn, deine Söhne und Töchter und andere Verwandte, alle, die in dieser Stadt sind, bring sie weg von hier, denn wir werden diese Stadt zerstören.« Als Lot seine Schwiegersöhne davon in Kenntnis setzte, reagierten diese mit Unglauben und Gelächter. Bei Morgenröte drängten die Gesandten Lot, ohne Verzug zu fliehen und nur seine Frau und seine beiden unverheirateten Töchter, die bei ihm lebten, mitzunehmen.

> »Aber Lot zögerte, so nahmen die Männer ihn, seine Frau und seine Töchter an der Hand — denn Jahwes Barmherzigkeit war über ihm —, führten sie hinaus und ließen sie erst vor der Stadt los.«

Hier drängten sie Lot, in die Berge zu fliehen: »Lauft um euer Leben! Seht euch nicht um und bleibt nirgends in der Ebene stehen. Rettet euch ins Gebirge, damit ihr nicht ums Leben kommt.« Aber Lot befürchtete, nicht beizeiten das Gebirge zu erreichen und vom Verderben ereilt zu werden, und machte einen Vorschlag: Könnten sie nicht mit der Zerstörung von Sodom warten, bis er Zoar erreicht hatte, die weitest entfernte Stadt? Damit sind die Gesandten einverstanden, und der eine von ihnen sagt: »Rette dich eilends dorthin, denn ich kann nichts tun, bevor du nicht dort angekommen bist.«

Die Katastrophe war also nicht nur vorsätzlich und vermeidbar, sondern auch verschiebbar, und sie konnte so ausgelöst werden, daß verschiedene Städte zu verschiedener Zeit davon betroffen wurden. Bei einer Naturerscheinung wäre das unmöglich gewesen.

> »Als die Sonne über der Erde aufgegangen
> und Lot in Zoar angekommen war, ließ der Herr vom Himmel herab
> Schwefel und Feuer auf Sodom und Gomorra regnen,
> die von Jawhe gekommen waren. Und er schleuderte diese Städte
> und die ganze Ebene empor und alle Bewohner und alle Pflanzen,
> die auf dem Boden wuchsen.«

Die Städte, die Menschen, die Vegetation, alles wurde von der Waffe der Götter »emporgeschleudert«. Hitze und Feuer versengten alles; die Strahlung reichte sogar noch weiter: Lots Frau blieb ungeachtet der Warnung während der Flucht stehen, um zurückzublicken, und wurde zu einer »Dampfsäule«*. Das Verderben, das Lot befürchtet hatte, ereilte sie.

---

* Allgemein hat man das hebräische Wort »Netsiv melah« mit »Salzsäule« übersetzt. Im Mittelalter wurden Traktate geschrieben, die erklärten, wie ein Mensch sich in Salzkristalle verwandeln könne. Aber wenn, wie wir ja annehmen, Abrahams und Lots Muttersprache Sumerisch gewesen ist und die Begebenheit zuerst nicht in semitischer, sondern in sumerischer Sprache beschrieben worden war, dann gelangen wir zu einem ganz anderen und einleuchtenden Verständnis für das Schicksal von Lots Frau.

In einem Vortrag vor der American Oriental Society und in einem Artikel in seinen »Beiträgen zur Assyriologie« hat Paul Haupt schlüssig bewiesen, daß das sumerische Wort »Nimur« sowohl Dampf als auch Salz bedeuten konnte, und zwar deshalb, weil die Sümpfe in der Nähe des Persischen Golfs die ersten Salzquellen der Sumerer waren. Da das Tote Meer im Hebräischen »Salzmeer« hieß, hat der hebräische Bibelerzähler wahrscheinlich das sumerische Wort falsch übersetzt und »Salzsäule« geschrieben. In Wirklichkeit aber wurde Lots Frau eine »Dampfsäule«. In diesem Zusammenhang ist es erwähnenswert, daß in ugaritischen Texten, wie etwa der kanaanitischen Erzählung von Aqhat (die in vielem der Erzählung von Abraham gleicht), der Tod eines Sterblichen durch die Hand der Götter folgendermaßen beschrieben wird: »Seine Seele entwich als Dampf wie Rauch aus seiner Nase.« Ja, im Erra-Epos, das meiner Ansicht nach der sumerische Bericht von der atomaren Vernichtung ist, heißt es vom Tod der Menschen durch Gott: »Die Menschen will ich verschwinden lassen, ihre Seelen sollen zu Dampf werden.«

Lots Frau hatte das Pech, zu denen zu gehören, die zu Dampf wurden.

Nacheinander wurden die Städte emporgeschleudert, die den Zorn des Herrn erregt hatten, und jedesmal durfte Lot entkommen:

> »Als die Götter die Städte in der Ebene vernichteten,
> dachten sie an Abraham und schickten Lot fort,
> ehe sie die Städte emporschleuderten.«

Lot zog wie angewiesen ins Gebirge und »wohnte in einer Höhle, und seine beiden Töchter waren bei ihm«.

Was dachten Lot und seine Töchter, nachdem sie erlebt hatten, wie alles Leben der Jordanebene auf furchtbare Weise vernichtet worden war und die unsichtbare Hand des Todes die Gattin und Mutter in Dampf verwandelt hatte? Sie dachten, so erzählt die Bibel, sie hätten den Untergang der Menschheit erlebt und wären nun die einzigen Überlebenden. Die Töchter meinten, die einzige Möglichkeit, den Fortbestand der Menschheit zu sichern, sei Inzucht, indem sie sich von ihrem Vater schwängern ließen:

> »Die Ältere sagte zu der Jüngeren: Unser Vater ist alt, und es
> gibt keinen Mann mehr auf Erden, uns zu schwängern, wie es
> Brauch ist. Komm, wir wollen unserem Vater Wein zu trinken
> geben, auf daß wir den Samen des Lebens von unserem Vater
> erhalten.«

So wurden beide von ihrem Vater schwanger, und jede gebar einen Sohn.

Die Nacht vor der Katastrophe muß für Abraham eine Nacht der Befürchtungen und der Schlaflosigkeit gewesen sein, denn sicher fragte er sich, ob wohl genügend Rechtschaffene in Sodom gefunden werden würden, so daß die beiden Städte verschont blieben, und er dachte gewiß auch voller Sorge an Lot und dessen Familie.

> »Und Abraham ging am frühen Morgen zu der Stelle, wo er mit Jahwe gestanden hatte, und blickte in die Richtung von Sodom und Gomorra und auf die Ebene, und er sah Rauch aufsteigen wie Rauch aus einem Ofen.«

Er sah ein »Hiroschima« und ein »Nagasaki« — die Vernich-

tung einer fruchtbaren und bevölkerten Ebene durch Atomwaffen. Das war im Jahr 2024 v. Chr.

Wo sind heute die Überreste von Sodom und Gomorra? Griechische und römische Geographen der Antike haben berichtet, das einst fruchtbare Tal mit fünf Städten sei nach der Katastrophe überschwemmt worden. Moderne Gelehrte glauben, daß das in der Bibel beschriebene »Emporschleudern«
ein Einbruch in der Südküste des Toten Meeres verursacht
habe, so daß sich das Wasser über das tieferliegende Gebiet
im Süden ergoß und es überschwemmte. Der übriggeblie-
bene Teil der Südküste sei das geworden, was die Einheimi-
schen el-Lisann (die Zunge) nannten, und die einstige Jordanebene als neuer südlicher Teil des Toten Meeres, der immer noch »Lots Meer« genannt wird. Im Norden habe das
südwärts strömende Wasser ein Zurückweichen der Küste
bewirkt (Abb. 102).
Die alten Berichte sind in moderner Zeit von verschiedenen
Forschern bestätigt worden. In den zwanziger Jahren unseres Jahrhunderts wurde, veranlaßt vom Päpstlichen Biblischen Institut, mit den dortigen Ausgrabungen begonnen
(A. Mallon: »Voyage d'Exploration au sud-est de la Mer
Morte«). Führende Archäologen wie W. F. Albright und
P. Harland stellten fest, daß Niederlassungen in den Bergen
rings um das Gebiet im 21. Jahrhundert v. Chr. ganz plötzlich verlassen und erst mehrere Jahrhunderte später wieder
bewohnt worden sind. Noch heute ist das Quellwasser rings
ums Tote Meer radioaktiv, und zwar »zur Genüge, daß es bei
Menschen und Tieren, die davon trinken, jahrelang Unfruchtbarkeit und anderes Unheil bewirkt« (I. M. Blake:
»Josuas Fluch und Elisas Wunder«, in »The Palestine Exploration Quarterly«).
Die Todeswolke, die von den Städten auf der Ebene zum
Himmel aufstieg, erschreckte nicht nur Lot und seine Töchter, sondern auch Abraham, so daß er sich nicht einmal in
den etwa achtzig Kilometer entfernten Bergen sicher fühlte.

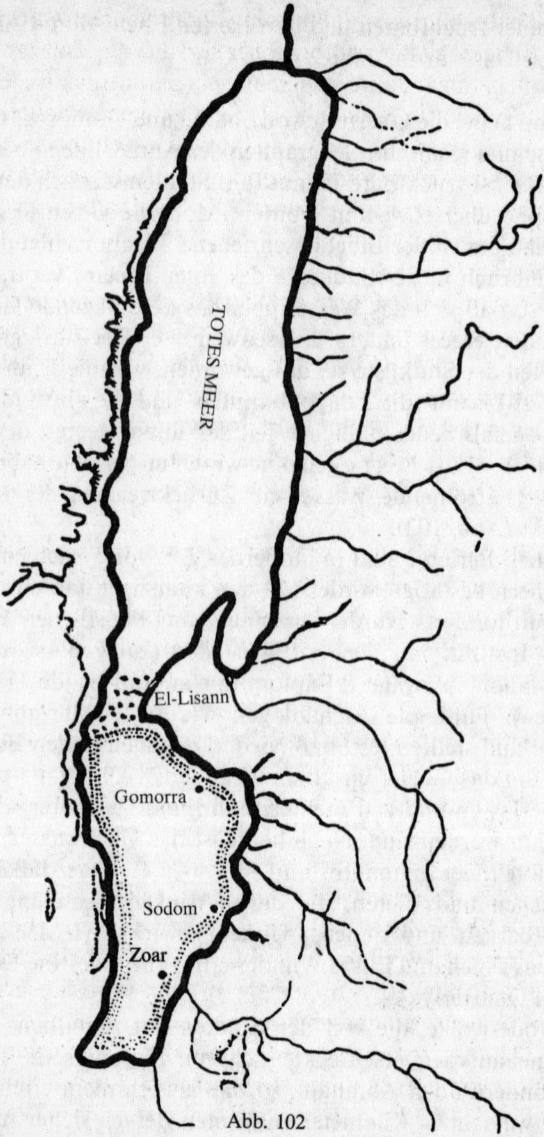

TOTES MEER

El-Lisann

Gomorra

Sodom

Zoar

Abb. 102

Die Bibel erzählt uns, daß er seine Zelte abbrach und nach Gerar weiterzog. Nie mehr wagte er sich auf die Halbinsel Sinai zurück. Sogar Jahre später, als sein Sohn Isaak wegen einer Hungersnot in Kanaan nach Ägypten gehen wollte, »erschien ihm Jahwe und sprach zu ihm: Geh nicht nach Ägypten hinunter; wohne in dem Land, das ich dir zeigen will«. Anscheinend war der Weg durch die Sinaihalbinsel immer noch gefährlich.

Aber warum?

Die Zerstörung der Städte auf der Ebene war meiner Meinung nach nur eine Episode, eine Nebensache; zur selben Zeit war auch der Flughafen auf der Sinaihalbinsel mit Kernwaffen vernichtet worden, und noch viele Jahre später war hier eine tödliche Strahlung vorhanden.

Das hauptsächliche Ziel war die Sinaihalbinsel, und das wirkliche Opfer war zum Schluß Sumer.

Das Ende von Ur kam zwar rasch, aber sein trauriges Schicksal wurde seit dem Krieg der Könige immer dunkler, näherte sich mehr und mehr wie der dumpfe Klang einer Trommel, der Trommel eines Henkers, der immer näher kommt. Das Schicksalsjahr — 2024 v. Chr. — war das sechste Regierungsjahr von Ibbi-Sin, dem letzten König von Ur; aber um die Gründe für die Not und die Schwierigkeiten zu finden und ihr Wesen erklären zu können, müssen wir die Berichte über diese verhängnisvollen Jahre von jenem Krieg an zurückverfolgen.

Nachdem die einfallenden Könige mit ihrer Mission gescheitert und zweimal von Abraham gedemütigt worden waren — einmal bei Kadesch-Barnea und dann abermals bei Damaskus —, waren sie sofort entthront worden. In Ur wurde Amar-Sin von seinem Bruder Schu-Sin ersetzt, der bei seiner Thronbesteigung feststellen mußte, daß die große Allianz zerschlagen war und die ehemaligen Verbündeten vor Ur an ihrem zerbröckelten Reich klammerten.

Obwohl auch Nannar und Inanna durch den Krieg der Könige ihren guten Ruf verloren hatten, waren sie die ersten Götter, in die Schu-Sin sein Vertrauen setzte. Schu-Sins frühe Schriften besagen, daß Nannar ihn zum Königtum berufen hatte, daß er von Inanna geliebt wurde, und daß sie ihn Nannar vorgestellt hatte (Abb. 103).

Abb. 103

»Die heilige Inanna hat mir erstaunliche Eigenschaften verliehen«, brüstete er sich, »Sins erste Tochter hat mir Waffen geschenkt, auf daß ich ein Land, das mir nicht gehorcht, besiegen kann.« Aber all das genügte nicht, das sumerische Reich zusammenzuhalten, und bald betete Schu-Sin zu mächtigeren Göttern um ihren Beistand.

Nach den Jahresberichten zu urteilen, die sowohl königlichen als auch kommerziellen und sozialen Zwecken dienten, und in denen jedes größere Ereignis des Jahres verzeichnet wurde, versuchte Schu-Sin in seinem zweiten Regierungsjahr Enkis Gunst zu erringen, indem er für ihn eine besondere Barke baute, die auf hoher See bis zur Unterwelt fahren konnte. Auch im dritten Jahr stand Enki an erster Stelle. Von diesen Bemühungen ist wenig bekannt; vielleicht waren sie gewissermaßen ein Umweg, um Marduks und Nabus Anhänger zu beschwichtigen. Offensichtlich schlugen sie fehl, denn im vierten und fünften Jahr wurde an der westlichen Grenze von Mesopotamien eine

massive Mauer errichtet, zu dem besonderen Zweck, das
Eindringen von Marduks westlichen Anhängern abzuwehren.

Als der Druck von Westen immer stärker wurde, wandte sich
Schu-Sin an die großen Götter von Nippur und bat sie um
Vergebung und Beistand. Die archäologischen Ausgrabungen in Nippur enthüllen, daß Schu-Sin auf dem geheiligten
Gelände von Nippur riesige Rekonstruktionen erbaut hatte,
von einem Ausmaß, was man seit den Tagen von Ur-Nammu
nicht mehr zu sehen bekommen hatte. Die Werke gipfelten in
einer Stele zu Ehren von Enlil und Ninlil, »einer Stele, wie sie
noch kein König je zuvor gebaut hatte«. Verzweifelt suchte
Schu-Sin die Bestätigung, daß er der König war, den »Enlil
in seinem Herzen auserwählt hatte«. Aber Enlil war nicht
da, ihm zu antworten, nur Ninlil, Enlils Gattin, die Schu-
Sins flehentliche Bitten erhörte. Sie gab ihm, »um sein Wohl-
befinden zu verlängern und die Zeit seiner Krone auszudehnen, eine Waffe, deren Strahl vernichtet, deren Schrecken einflößender Blitz den Himmel erreicht«.

Ein Text, der unter »Sammlung B« katalogisiert ist, läßt
durchblicken, daß Schu-Sin bei seinen Bemühungen, die frühere Verbindung mit Nippur wiederherzustellen, eine Versöhnung mit den Nippuriten (wie etwa Teras Familie) her-
beiführte, die Ur nach Ur-Nammus Tod verlassen hatten.
Laut diesem Text machte Schu-Sin, nachdem er das Gebiet,
wo Harran lag, »in Ehrfurcht hatte erzittern lassen«, eine
Friedensgeste: er schickte seine Tochter als Braut dorthin
(vermutlich als Braut des Statthalters oder seines Sohnes).
Sie kehrte dann mit einem Gefolge von Bürgern dieses
Gebiets nach Sumer zurück, »und es wurde an der Grenze
von Nippur eine Stadt für Enlil und Ninlil gebaut«. Es geschah zum erstenmal, »seit die Geschicke bestimmt werden,
daß für Enlil und Ninlil eine Stadt gebaut worden ist«,
rühmte sich Schu-Sin, der offenbar mit Lob rechnete. Wahrscheinlich halfen ihm die nippuritischen Umsiedler bei der
Wiedereinführung des Tempeldienstes in Nippur; und er

maßte sich selbst die Rolle und den Titel eines Hohenpriesters an.

Doch all dies war vergebens. Statt größerer Sicherheit ergaben sich noch mehr Bedrohungen, und die Sorge um die Treue in den fernen Provinzen wurde von der Sorge um Sumers eigenes Territorium abgelöst. »Der mächtige König, der König von Ur«, besagen Schu-Sins Inschriften, mußte feststellen, daß »die Betreuung des Landes« (Sumer) eine grundsätzliche Belastung geworden war.

Noch einen Versuch machte Schu-Sin, Enlil nach Sumer zurückzulocken, um bei ihm Schutz zu finden. Auf Ninlils Rat hin baute er für das göttliche Paar »eine große Reisebarke, für die größten Flüsse geeignet, die er mit kostbaren Steinen schmückte«. Er stattete sie mit Riemen und Staken aus feinstem Holz und einem kunstvollen Ruder aus, mit allem erdenklichen Komfort und Luxus, unter anderem mit einem hochzeitlichen Bett. Diese Barke setzte er in das große Wasserbecken vor Ninlils Haus des Vergnügens.

Der nostalgische Aspekt berührte Enlil, denn er hatte sich in die junge Krankenpflegerin Ninlil verliebt, als sie nackt in einem Fluß gebadet hatte, und so kehrte er nach Nippur zurück:

> »Als Enlil all dies vernahm, eilte er
> von Horizont zu Horizont, von Süden nach Norden reiste er,
> über Himmel und Erde eilte er,
> um sich an seiner geliebten Königin Ninlil zu erfreuen.«

Die gefühlsselige Reise war jedoch nur ein kurzes Zwischenspiel. Es fehlen einige wichtige Zeilen auf der Tontafel, so daß wir nicht wissen, was sich dann zugetragen hat. Die letzten, schwer lesbaren Zeilen besagen, daß »Ninurta, Enlils großer Krieger, den Eindringling betrunken machte«, nachdem »eine Inschrift, eine böse Inschrift« in der Barke entdeckt worden war, die Enlil und Ninlil vielleicht mit einem Fluch belegen sollte.

Es fand sich kein Bericht, der Auskunft gibt über Enlils Reaktion auf die Intrige; aber alles spricht dafür, daß er Nippur wieder verlassen und dieses Mal Ninlil mitgenommen hat.

Kurz darauf — nach unserem Kalender im Februar 2031 v. Chr. — erzitterte der Nahe Osten wegen einer totalen Mondfinsternis, die die Erde von Horizont zu Horizont verdunkelte. Die Orakelpriester von Nippur konnten den erschrockenen Schu-Sin nicht beschwichtigen. Es sei, sagten sie in ihrer schriftlichen Botschaft, ein Omen, daß »die Mauer des Königs, der die vier Regionen beherrscht, zerstört und Ur verwüstet werden würde«.

Verlassen von den alten Großgöttern unternahm Schu-Sin noch einen Versuch, entweder aus Trotz oder weil es für ihn die letzte Möglichkeit war: Er erbaute ausgerechnet im geheiligten Bezirk von Nippur einen Schrein für einen jungen Gott namens Schara. Als Sohn von Inanna war Schara (Prinz) wie einst Lugalbanda ein Halbgott, und in der Inschrift am Tempel erklärte Schu-Sin, er sei der Vater des jungen Gottes: »Dem göttlichen Schara, dem himmlischen Held, Inannas geliebtem Sohn, hat sein Vater Schu-Sin, der mächtige König von Ur, der König der vier Regionen, den Tempel Schagipada erbaut.« Das geschah in seinem neunten Regierungsjahr, das auch sein letztes war.

Ibbi-Sin, der neue Herrscher auf dem Thron von Ur, vermochte den Niedergang nicht aufzuhalten. Er konnte nichts anderes tun, als den Bau von Mauern und Befestigungen innerhalb von Sumer und um Ur und Nippur herum voranzutreiben, das übrige Land blieb ungeschützt. Seine Inschriften, von denen nur wenige über sein fünftes Jahr und später — obwohl er länger regierte — gefunden worden sind, berichten fast nichts von seinen Lebensumständen; doch es besagt viel, daß die üblichen Botschaften und Handelsabkommen zum Stillstand kamen. Zum Beispiel hörten die Treuebeteuerungen, die von den untergeordneten Städten alljährlich nach Ur gesandt wurden, nacheinander auf, zuerst diejenigen aus dem Westen, dann, im dritten Jahr, diejenigen aus den östlichen Provinzen. In diesem dritten Jahr kam der Außenhandel von Ur ganz plötzlich zum Erliegen, wie C. J. Gadd in seinem Buch »Geschichte und Monumente in Ur« berichtet. Die Steuereintreibungen bei der Kreuzung Drehem (in der Nähe von Nippur), wo Waren und Vieh verschifft wurden, hörten damals ebenso plötzlich auf wie die genaue Buchführung. Während der gesamten dritten Dynastie von Ur waren hier sorgfältig alle Geschäftseinnahmen verzeichnet worden, wie Tausende von guterhaltenen Tontafeln bezeugen.

Da Nippur von seinen großen Göttern verlassen worden war, setzte Ibbi-Sin sein Vertrauen wieder in Nannar und Inanna und machte sich in seinem zweiten Jahr zum Hohenpriester von Inannas Tempel in Uruk. Immer wieder bat er sie um Anleitung und Beruhigung, aber er bekam nichts anderes zu hören als Prophezeiungen von Zerstörung und Untergang. Im vierten Jahr seiner Regierung wurde ihm gesagt: »Wenn die Sonne im Westen aufgeht, ist es ein Omen für Ibbi-Sin: Ur wird verurteilt werden.«

Im fünften Jahr suchte Ibbi-Sin Stärkung, indem er sich in Inannas Tempel zu Ur zum Hohenpriester erklärte. Aber auch das half nicht: In diesem Jahr hörten sogar die anderen sumerischen Städte mit der Übermittlung ihres Treuegelöbnisses auf. Außerdem war es das letzte Jahr, in dem diese Städte wie üblich Opfertiere für Nannars Tempel in Ur schickten. Ur wurde nicht mehr als oberste Behörde anerkannt, ebensowenig sein großer Zikkurat-Tempel.

Zu Beginn des sechsten Jahres wurden die schlimmen Prophezeiungen noch dringlicher und auch genauer. »Wenn das sechste Jahr kommt, werden die Einwohner von Ur in der Falle sitzen«, sagte das eine Omen, und ein anderes lautete: »Das Unheil wird eintreten, wenn er, der sich Oberster nennt gleich einem, dessen Brust gesalbt ist, zum zweitenmal aus dem Westen kommt.« In diesem Jahr drangen, wie Boten von der Grenze berichteten, »Feinde aus dem Westen in die Ebene von Mesopotamien ein, und ohne Widerstand zu begegnen, gelangten sie ins Innere, wo sie eine große Festung nach der anderen einnahmen«.

Ibbi-Sin konnte nur die Enklave von Ur und Nippur halten, aber ehe das verhängnisvolle sechste Jahr zu Ende ging, hörten auch die Inschriften zu Ehren des Königs von Nippur jählings auf. Der Feind von Ur und seiner Götter, »einer, der sich Oberster nannte«, hatte das Herz von Sumer erreicht. Marduk war, wie die Orakel vorausgesagt hatten, zum zweitenmal nach Babylon zurückgekehrt.

Die vierundzwanzig schicksalhaften Jahre — seit Abraham aus Harran weggezogen war, seit Schulgi auf dem Thron abgelöst worden war, seit Marduks Exil bei den Hethitern begonnen hatte —, sie alle liefen auf das verhängnisvolle Jahr 2024 v. Chr. hinaus. Nachdem wir die getrennten, aber miteinander verbundenen biblischen Geschichten von Abraham einerseits und den drei letzten Königen von Ur andererseits verfolgt haben, wollen wir nun Marduks Fußspuren folgen.

Die Tontafel, auf der Marduks Autobiografie enthalten ist (von der hier bereits einiges zitiert worden ist), berichtet von seiner Rückkehr nach Babylon, nachdem er sich vierundzwanzig Jahre lang im Lande der Hethiter aufgehalten hat:

> »Im Hatti-Land befragte ich ein Orakel
> über meinen Thron und meine Herrschaft.
> Dort fragte ich: Bis wann?
> Ich nistete vierundzwanzig Jahre.«

Dann, im vierundzwanzigsten Jahr, erhielt er ein günstiges Omen:

> »Meine Tage (des Exils) waren beendet. Zu meiner Stadt ging
> ich, meinen Tempel Esagila gleich einem Berg wiederzuerbauen,
> meine Dauerwohnung zu beziehen. Ich lenkte meine Schritte nach
> Babylon, durch ... Länder (ging ich) zu meiner Stadt,
> ihr ... zu begründen, einen König in Babylon
> einzusetzen, im Hause meines Vertrags ...
> im bergähnlichen Esagil ... von Anu
> geschaffen ... Eine Plattform zu errichten ...
> in meiner Stadt ... Freude ...«

Danach sind auf der beschädigten Tafel die Städte aufgezählt, durch die Marduk auf seinem Weg nach Babylon
kam. Die wenigen lesbaren Städtenamen zeigen, daß Marduks Route von Kleinasien nach Mesopotamien ihn zuerst südwärts nach Hama (das biblische Hamat) führte,
dann in östlicher Richtung nach Mari (s. Landkarte Seite 36). Er war tatsächlich, wie das Orakel gesagt hatte, aus
dem Westen gekommen, begleitet von amoritischen Anhängern.

Sein Wunsch war es — so fährt Marduk fort —, »dem
Lande Frieden und Gedeihen zu bringen, Übles und Unheil zu verscheuchen, der Menschheit mütterliche Liebe
zu schenken«. Aber aus all dem wurde nichts. Ein feind-
licher Gott hatte »Zorn über Babylon gebracht«. Von
dem Namen dieses feindlichen Gottes sind bloß drei Buch-
staben lesbar: Nin... Damit kann nur Ninurta gemeint
sein.

Was die beiden Gegner unternommen haben, läßt sich nicht
ermitteln, weil die Fortsetzung fehlt. Aber einiges von dem
zerstörten Text kann man aus der dritten Tafel der Kedor-
Laomer-Texte erfahren. Trotz manch Rätselhaftem entsteht
der Eindruck eines totalen Durcheinanders: Die feindlichen
Götter marschieren an der Spitze ihrer Menschentruppen
gegeneinander; Marduks amoritische Anhänger ziehen
durchs Euphrat-Tal nach Nippur, und Ninurtas schnell zu-
sammengetrommelte elamitische Truppen stürmen ihnen
entgegen.

Wenn man diesen Bericht liest, stellt man fest, daß es keine
moderne Erfindung ist, einen Feind der Greueltaten zu be-
schuldigen. Der babylonische Text — wohlgemerkt, von einem Anhänger Marduks geschrieben — schreibt den elamitischen Truppen, und ihnen allein, die Entweihung der Tempel sowie der Schreine von Schamasch und Istar zu. Der Historiker geht sogar noch weiter: Er bezichtigt Ninurta, Marduks Anhängern fälschlicherweise die Schuld an der
Entweihung von Enlils Allerheiligstem in Nippur zugescho-

ben zu haben, um Enlil dazu zu bringen, sich gegen Marduk und seinen Sohn Nabu zu stellen.

Das geschah laut dem babylonischen Text, als sich die beiden feindlichen Heere in Nippur gegenüberstanden. Da seien die heilige Stadt und ihr Schrein, der Ekur, entweiht worden. Ninurta bezichtigte, wie gesagt, Marduks Anhänger dieser schlimmen Tat; aber so verhielt es sich nicht, sein Verbündeter Erra war der Übeltäter!

Wie Nergal (Erra) plötzlich in der babylonischen Chronik auftaucht, das wird im Erra-Epos erklärt; für uns aber ist wesentlich, daß er in den Kedor-Laomer-Texten namentlich genannt wird und die Entweihung anordnet:

>»Erra, der Erbarmungslose, betrat den heiligen Ort.
Er stellte sich in dem heiligen Gebiet auf,
und er betrachtete den Ekur. Er öffnete den Mund,
er sagte zu seinen jungen Männern:
Tragt die Schätze des Ekurs weg, nehmt seine Wertsachen,
zerstört sein Fundament, reißt nieder die Einfriedung des Schreines!«

Als Enlil, »erhöht auf seinem Thron«, vernahm, daß sein Tempel zerstört und sein Schrein besudelt worden war, daß im Allerheiligsten »der Schleier weggerissen« war, eilte er nach Nippur zurück. »Vor ihm fuhren Götter in strahlendem Gewand, er selbst strahlte gleich dem Blitz«, als er vom Himmel herabkam (Abb. 104). »Er ließ den heiligen Ort erzittern«, als er auf dem heiligen Gebiet landete. Enlil befahl dann seinem Sohn, dem Prinzen Ninurta, herauszufinden, wer den geheiligten Ort entweiht hatte. Aber anstatt wahrheitsgemäß zu sagen, daß es Erra, sein Verbündeter, gewesen war, wies Ninurta anklagend auf Marduk und dessen Anhänger.

Bei der Beschreibung dieser Szene betont der babylonische Chronist, daß Ninurta es bei der Begegnung mit seinem Vater am erforderlichen Respekt fehlen ließ: »Ohne um sein Leben zu fürchten, nahm er die Tiara nicht ab. Zu Enlil sprach er übel ... Gerechtigkeit gab es nicht; Zerstörung war geplant.« Und auf diese Weise herausgefordert, »sann Enlil auf Böses gegen Babylon«.

Abb. 104

Abgesehen davon, daß »böse Taten« gegen Marduk und Babyylon geplant worden waren, hatte man auch vor, Nabu und seinen Tempel Ezida in Borsippa anzugreifen. Aber Nabu gelang es, nach Westen zu fliehen, zu den Städten am Mittelmeer, die ihm treu ergeben waren:

> »Vom Ezida aus lenkte Nabu seine Schritte,
> auszurufen seine Städte; zum großen Meer strebte er.«

Nun folgt eine Beschreibung, die eine Parallele zu der biblischen Geschichte von der Vernichtung der Städte Sodom und Gomorra bildet:

> »Aber als Marduks Sohn im Land der Küste war,
> setzte der des bösen Windes [Erra] das flache Land in Flammen.«

Diese Zeilen müssen auf derselben Quelle beruhen wie die Darstellung in der Bibel: daß es Schwefel und Feuer vom Himmel regnete und die beiden Städte sowie die ganze Ebene emporgeschleudert wurden!

Im fünften Buch Mose (29, 22—27) steht, die Schlechtigkeit der Städte in der Jordanebene habe darin bestanden, daß sie »den Bund mit dem Herrn verlassen und anderen Göttern gedient haben«. Wie aus dem babylonischen Text zu ersehen

ist, bezog sich der »Aufschrei« (die Beschuldigung) darauf,
daß diese Städte sich bei dem letzten Kampf zwischen den
feindlichen Göttern auf Marduks und Nabus Seite geschlagen hatten. Noch etwas Wichtiges fügt der babylonische
Text hinzu: Mit dem Angriff auf die kanaanitischen Städte
beabsichtigte man nicht nur, die Zentren der Anhänger-
schaft Marduks zu zerstören, sondern auch Nabu zu vernichten, der dort Unterschlupf gesucht hatte. Das zweite Vorha-
ben glückte allerdings nicht, denn Nabu konnte beizeiten
auf eine Insel im Mittelmeer entfliehen, wo die Bevölkerung
ihn aufnahm, obwohl er nicht ihr Gott war:

> »Er kam zum großen Meer, saß auf einem Thron,
> der nicht der seine war, weil Ezida, seine eigentliche Wohnung,
> eingenommen worden war.«

Das Bild, das wir uns nach den biblischen und babylonischen Beschreibungen von der verheerenden Umwälzung im
alten Nahen Osten zu Abrahams Zeiten machen können, dieses Bild ist noch viel ausführlicher in dem bereits erwähnten
Erra-Epos dargestellt. Man hat den assyrischen Text aus
Fragmenten zusammengesetzt, die in der Aschurbanipal-Bi-
bliothek in Ninive gefunden wurden. Er gewann an Form
und Sinn, als noch mehr fragmentarische Versionen an anderen archäologischen Ausgrabungsstätten entdeckt wur-
den. Jetzt ist erwiesen, daß er auf fünf Tafeln geschrieben
wurde, und trotz Sprüngen und fehlenden Teilen und den
Meinungsverschiedenheiten unter den Forschern sind zwei
Übersetzungen erstellt worden: »Das Erra-Epos« von P. F.
Gössmann und »L'Epopea di Erra« von L. Cagni.
Das Erra-Epos erklärt nicht nur Wesen und Ursache des
Konfliktes, der schließlich dazu führte, daß die »endgültige
Waffe« gegen bewohnte Städte eingesetzt wurde (um einen
Gott — Nabu — zu vernichten, der sich vermeintlich dort
versteckte), sondern es macht auch klar, daß diese extreme
Maßnahme nicht leichtsinnig ergriffen worden war.
Aus mehreren anderen Texten geht hervor, daß die Großgöt-
ter während dieser akuten Krise unaufhörlich Kriegsrat hiel-

ten und ständig in Verbindung mit Anu standen: »Anu sprach die Worte zur Erde; die Erde sprach die Worte zu Anu.« Laut dem Erra-Epos fand auch vor dem Einsatz der Schrecken einflößenden Waffe noch eine Gegenüberstellung von Nergal (Erra) und Marduk statt, bei der Nergal seinen Bruder unter Drohungen zu überreden versuchte, Babylon zu verlassen und seinen Anspruch auf die Vorherrschaft aufzugeben.

Aber diesmal ließ sich Marduk nicht überreden, und Nergal schlug im Rat der Götter vor, ihn mit Waffengewalt aus dem Felde zu schlagen. Die Besprechung war hitzig und erbittert; Tag und Nacht wurde sie geführt. Ein besonders heftiger Wortstreit ergab sich zwischen Enki und seinem Sohn Nergal, in dem sich Enki auf die Seite seines Erstgeborenen stellte: »Warum setzt Erra seinen Widerstand fort, jetzt, wo Marduk sich erhoben hat und das Volk zum zweitenmal sein Bild errichtet?« fragte Enki. Schließlich verlor er die Geduld und schrie Nergal an, er solle ihm aus den Augen gehen.

Nergal verließ beleidigt den Rat und kehrte an seinen Wohnsitz zurück. Er überlegte und beschloß, die Schrecken einflößenden Waffen zu benutzen: »Die Länder will ich zerstören, zu einem Staubhaufen will ich sie machen. Die Städte will ich emporschleudern, sie vernichten. Die Berge will ich niederdrücken, ihre Tiere verschwinden lassen. Die Meere will ich aufrühren und das, wovon sie wimmeln, vermindern. Die Menschen will ich verschwinden lassen und ihre Seelen zu Dampf machen. Niemand soll verschont bleiben.«

Aus einem Text mit der Registratur CT-XVI-44/46 ist zu ersehen, daß Gibil, dessen Gebiet in Afrika an Nergals Domäne grenzte, Marduk von Nergals zerstörerischem Plan in Kenntnis setzte. Es war Nacht, und die Götter hatten ihre Besprechung vertagt. Da »sprach Gibil diese Worte zu Marduk: Die sieben Schrecken einflößenden Waffen, die Anu geschaffen hat, diese sieben schlimmen Waffen sollen gegen dich eingesetzt werden«.

Erschrocken fragte Marduk ihn, wo diese Waffen aufbewahrt würden. »O Gibil«, sagte er, »diese sieben, wo sind sie geboren, wo wurden sie erschaffen?« Darauf enthüllte Gibil ihm, daß sie in einem unterirdischen Versteck lagerten:

> »Diese sieben, in einem Berg sind sie verwahrt,
> in einer Höhle im Innern der Erde lagern sie.
> Von diesem Ort aus werden sie mit Glanz aufschießen,
> von der Erde zum Himmel Grauen verbreiten.«

Aber wo genau war dieser Ort? Das fragte Marduk immer wieder, worauf Gibil nur antworten konnte: »Selbst die weisen Götter wissen es nicht.«

Hierauf eilte Marduk zu seinem Vater Enki, um ihn zu benachrichtigen. »Das Haus seines Vaters betrat er.« Enki ruhte in der Kammer, in die er sich für die Nacht zurückgezogen hatte. »Mein Vater«, sagte Marduk, »Gibil hat dieses Wort zu mir gesprochen: Die sieben Waffen sollen benutzt werden, das hat er herausgefunden.« Er bedrängte seinen allwissenden Vater: »Das Versteck mußt du suchen, beeile dich!«

Da auch Enki das Versteck nicht kannte, beratschlagten die Götter von neuem. Zu seiner Verwunderung stellte Enki fest, daß nicht alle Götter genauso erschrocken waren wie er. Enki sprach sich heftig gegen den Plan aus und drängte sie, Nergal Einhalt zu gebieten, denn der Gebrauch der Waffen werde die Länder verwüsten und die Menschen vernichten. Nannar und Utu waren unschlüssig, aber Enlil und Ninurta waren dafür, sofort etwas zu unternehmen. Da sie uneins waren, wurde Anu die Entscheidung überlassen.

Als Ninurta endlich mit Anus entscheidendem Wort in der Unterwelt ankam, erfuhr er, daß Nergal bereits befohlen hatte, die sieben Schrecken einflößenden Waffen mit ihrem Gift zu versehen — mit den Sprengköpfen. Ausführlich schildert das Erra-Epos, wie Ninurta sich bemüht, Nergal (Erra) klarzumachen, daß die Waffen nur benutzt werden durften, wenn man sich über das Ziel einig war, und daß die Anunnaki und die Igigi, die Bemannung der Raumfahrtplattform und der Raumfähren, vorher gewarnt und die Menschen verschont werden mußten, weil »Anu, der Herr der Götter, mit dem Land Mitleid hatte«.

Zuerst weigerte sich Nergal, irgend jemanden zu warnen, und zwischen den beiden Göttern wurden harte Worte gewechselt. Schließlich gab Nergal nach und willigte ein, die Anunnaki und die Igigi, die alle Raumfahrtanlagen bemannt hatten, zu warnen, aber nicht Marduk und seinen Sohn Nabu und auch nicht Marduks menschliche Gefolgsleute. Darauf gebrauchte Ninurta, der Nergal die wahllose Zerstörung ausreden wollte, dieselben Worte wie Abraham, als dieser sich bemüht hatte, Sodom zu verschonen:

> »Kühner Erra, willst du die Rechtschaffenen
> mitsamt den Unredlichen vernichten?
> Willst du diejenigen, die gegen dich gesündigt haben,
> mitsamt denjenigen umbringen,
> die nicht gegen dich gesündigt haben?«

Mit Schmeicheleien, Drohungen und logischen Erklärungen stritten sich die beiden Götter über das Ausmaß der Zerstörung. Stärker als Ninurta wurde Nergal von persönlichem Haß verzehrt: »Ich werde den Sohn töten und den Vater ihn begraben lassen, dann werde ich den Vater töten, und niemand soll ihn begraben!« rief er. Ninurta ging diplomatisch vor und wies auf die Ungerechtigkeit der wahllosen Vernichtung hin, auf die strategischen Verdienste einer selektiven Zielsetzung, und seine Worte ließen Nergal schließlich schwankend werden. »Er hörte Ninurtas Worte, und die Worte beschwichtigten ihn wie feines Öl.« Er willigte ein, die Meere zu verschonen und Mesopotamien von dem Angriff auszuschließen; und er entwickelte einen gemäßigten Plan: In taktischer Hinsicht sollten die Städte zerstört werden, in denen Nabu sich vielleicht versteckt hielt; in strategischer Hinsicht wollte er Marduk dessen größte Beute abjagen, den Raumfahrtflughafen, »den Ort, von dem die Götter aufsteigen«:

»Von Stadt zu Stadt will ich einen Boten schicken;
der Sohn, Same seines Vaters, soll nicht entkommen,
das Lachen seiner Mutter soll aufhören.
Zum Platz der Götter soll er keinen Zutritt haben:
Den Ort, von dem die großen Götter aufsteigen,
werde ich emporschleudern.«

Nachdem Nergal seinen neuesten Plan, zu dem die Zerstörung des Flughafens gehörte, dargelegt hatte, war Ninurta sprachlos. Aber Enlil billigte den Plan, als er ihm zur Entscheidung vorgelegt wurde, Anu anscheinend ebenfalls. Daraufhin drängte Nergal Ninurta, mit ihm zusammen sofort zur Tat zu schreiten:

»Dann ging der Held Erra voraus,
eingedenk der Worte Ninurtas.
Ninurta folgte ihm gemäß dem gegebenen Wort,
aber bedrückten Herzens.«

Ihr erstes Ziel war der Flughafen, dessen Befehlsbereich im »Obersten Berg« verborgen war, und dessen Landebahnen auf der anstoßenden großen Ebene lagen:

»Zum Obersten Berg begab sich Ninurta,
die unvergleichlichen sieben
Schrecken einflößenden Waffen nahm er mit.
Beim Obersten Berg kam der Held an.
Er hob die Hand, der Berg wurde zertrümmert.
Die Ebene beim Obersten Berg wischte er dann aus;
in den Wäldern blieb kein Baum stehen.«

So wurden mit einem einzigen nuklearen Schlag der Flughafen sowie die Ebene mit den Landebahnen vernichtet, der Berg mit seinen Kontrollstationen zertrümmert. Die Zerstörung wurde, laut den Berichten, von Ninurta ausgeführt.

Nun war Nergal (Erra) an der Reihe, seiner Rache nachzukommen. Von der Sinaihalbinsel aus begab er sich auf dem Königsweg zu den kanaanitischen Städten und schleuderte sie empor. Der Wortlaut im Erra-Epos ist fast derselbe wie der in der biblischen Geschichte über Sodom und Gomorra:

> »Wetteifernd mit Ninurta folgte Nergal dem Königsweg.
> Die Städte erledigte er, sie fielen der Zerstörung anheim.
> In den Bergen verursachte er Hungersnot,
> ihre Tiere verendeten.«

Die folgende Schilderung könnte gut die Erschaffung des neuen südlichen Teils des Toten Meeres darstellen, den Durchbruch der südlichen Küstenlinie, und die dortige Vernichtung allen maritimen Lebens:

> »Er durchbrach das Meer, sein Ganzes teilte er.
> Das, was darin lebte, auch die Krokodile, ließ er vertrocknen.
> Wie mit Feuer versenkte er die Tiere,
> machte das Getreide zu Staub.«

Das Erra-Epos umfaßt also alle drei Aspekte des atomaren Geschehens: die vollständige Zerstörung des Flughafens auf der Sinaihalbinsel, die Vernichtung (in der Bibel »Emporschleuderung«) der Städte in der Jordanebene, den Durchbruch des Toten Meeres, der eine Ausdehnung in südlicher Richtung zur Folge hatte. Man kann wohl annehmen, daß eine derartige Verwüstung in mehr als einem einzigen Text erwähnt worden ist, und tatsächlich fanden sich noch einige.

Einer dieser Texte ist als K.5001 registriert und in den »Oxford Editions of Cuneiform [Keilschrift] Texts«, Band VI veröffentlicht worden. Er ist besonders wertvoll, weil er in der ursprünglichen sumerischen Sprache vorliegt und überdies Zeile um Zeile ins Akkadische übersetzt worden ist. So ist er zweifellos einer der frühesten diesbezüglichen Texte, und der Wortlaut erweckt den Eindruck, daß er als Quelle für die biblische Erzählung gedient hat. Er richtet sich an einen Gott, dessen Identität aus dem Fragment nicht hervorgeht:

> »Herr, Träger des Versengenden, welches den Gegner
> verbrannt, das ungehorsame Land ausgelöscht hat,
> welches das Leben der Anhänger der schlechten Welt ausgedörrt,
> welches Steine und Feuer auf die Feinde regnen ließ.«

In einem babylonischen Text spricht ein König von den furchtbaren Vorfällen, die »unter der Herrschaft eines früheren Königs« stattgefunden haben; er erwähnt auch, daß die den Flughafen bewachenden Anunnaki dank der Vorwarnung entkommen und »zum Himmelsdom aufgestiegen« sind. Dies sind die Worte des Königs:

> »In jener Zeit, unter der Regierung eines früheren Königs,
> änderten sich die Verhältnisse. Die Güter vergingen,
> leiden war normal. Der Herr [der Götter] erzürnte sich
> in rasendem Grimm. Er gab den Befehl:
> Die Götter jenes Ortes verließen ihn ...
> Die beiden, die das Übel veranlaßt hatten,
> verschonten die Wächter und ließen sie
> zum Himmelsdom aufsteigen.«

Im Kedor-Laomer-Text lautet die Schilderung folgendermaßen:

> »Enlil, der erhöht thronte, wurde von Unwillen verzehrt.
> Die Verwüster schlugen abermals Schlimmes vor.
> Der, welcher mit Feuer versengt [Ninurta],
> und der des bösen Windes [Nergal/Erra],
> gemeinsam verübten sie ihr Böses.
> Die beiden ließen die Götter fliehen,
> sie ließen sie vor der Versengung fliehen.«

Das Ziel, von dem sie die bewachenden Götter fliehen ließen, war der Abflugsort:

> »Das, was für den Flug zu Anu diente, zerstörten sie.
> Sein Antlitz löschten sie aus, den Ort zerstörten sie.«

So wurde der Raumfahrtflughafen, die Beute, deretwegen die Götter so häufig Krieg geführt hatten, vom Erdboden vertilgt: der Berg, in dem die Kontrollanlage untergebracht war, wurde zertrümmert; die Abschußrampen verschwanden vom Antlitz der Erde, und die Ebene, deren harten Boden die Raumfähren als Rollbahnen benutzt hatten, wurde so gründlich aufgewühlt, daß kein Baum mehr stehenblieb.

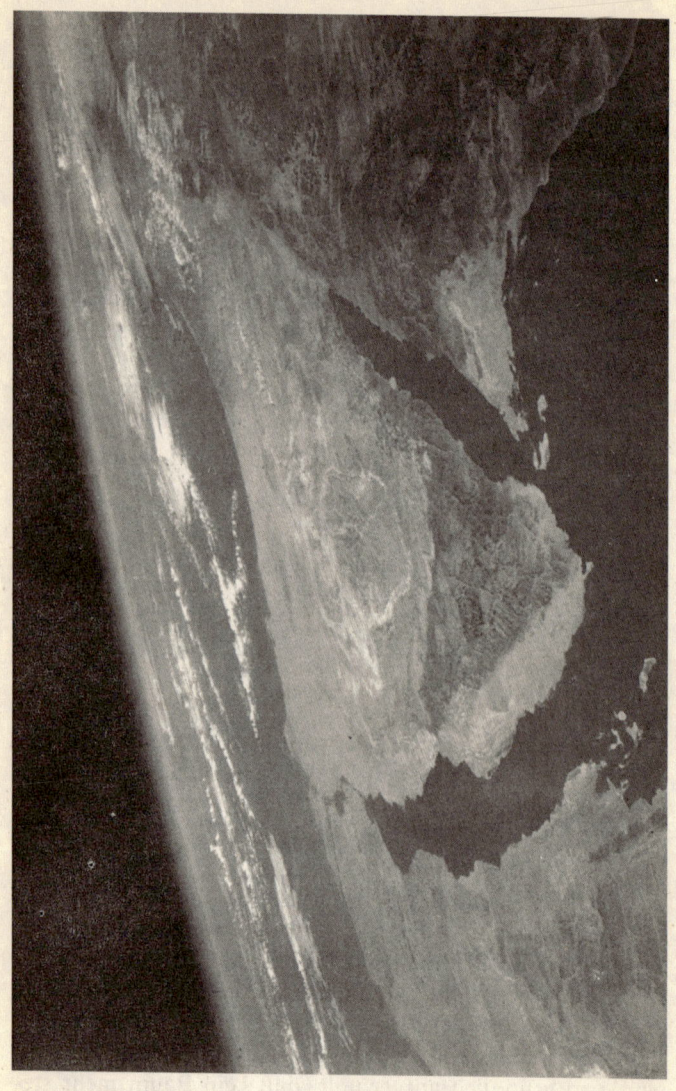

Abb. 105

Der großartige Ort konnte nie wieder betrachtet werden,
aber die Narbe, die an jenem schrecklichen Tag auf dem Antlitz der Erde zurückblieb, ist heute noch zu sehen! Es ist eine
breite Narbe, die man nur von oben, aus der Luft, erkennen
kann. Sie wurde erst vor einigen Jahren ermittelt, als Satelliten die Erde zu fotografieren begannen (Abb. 105). Bisher
hatten die Forscher dafür keine Erklärung.

Auf der Sinaihalbinsel erstreckt sich nordwärts die Zentralebene, das Überbleibsel eines Sees aus einem früheren geolo-
gischen Zeitalter. Es ist flacher, harter Boden, ideal geeignet
für die Landung von Satelliten, genauso ideal wie die
Mojave-Wüste in Kalifornien und die Edwards Air Force
Base, die von den amerikanischen Raumtransportern für
An- und Abflüge benutzt werden.

Wenn man auf dieser großen Ebene der Sinaihalbinsel steht —
deren harter Boden in jüngster Zeit für Panzerschlachten gedient hat —, sieht man in der Ferne die umgebenden Berge, die
der Ebene ihre ovale Form verleihen. Die Kalksteinberge ragen
weiß empor, aber dort, wo die ungeheure Narbe an die Ebene
stößt, bildet die schwarze Farbe des Bodens einen auffälligen
Gegensatz zu dem Weiß ringsum (Abb. 106).

Schwarz ist auf der Sinaihalbinsel keine natürliche Farbe;
das Weiß des Kalksteins und das Rot des Sandsteins blenden
die Augen mit Farbtönen, die von Hellgelb bis Grau und
Dunkelbraun reichen, aber nirgends gibt es Schwarz, das in
der Natur von Basaltgestein herrührt.

Doch hier, nordöstlich der riesigen Narbe, hat der Boden der
großen Ebene eine schwarze Farbe. Sie wird — wie die Auf-
nahme deutlich zeigt — durch schwarze Steine verursacht,
als hätte die Hand eines Riesen sie über das Gebiet gestreut
(Abb. 107).

Für die Narbe auf dem Antlitz der Sinaihalbinsel hat man
keine Erklärung gefunden, seit die NASA-Satelliten sie von
hoch oben aufgenommen haben. Anders verhält es sich,
wenn man meine Schlußfolgerung auf Grund der uralten
Texte gelten läßt, daß Nergal und Ninurta zu Abrahams Zei-

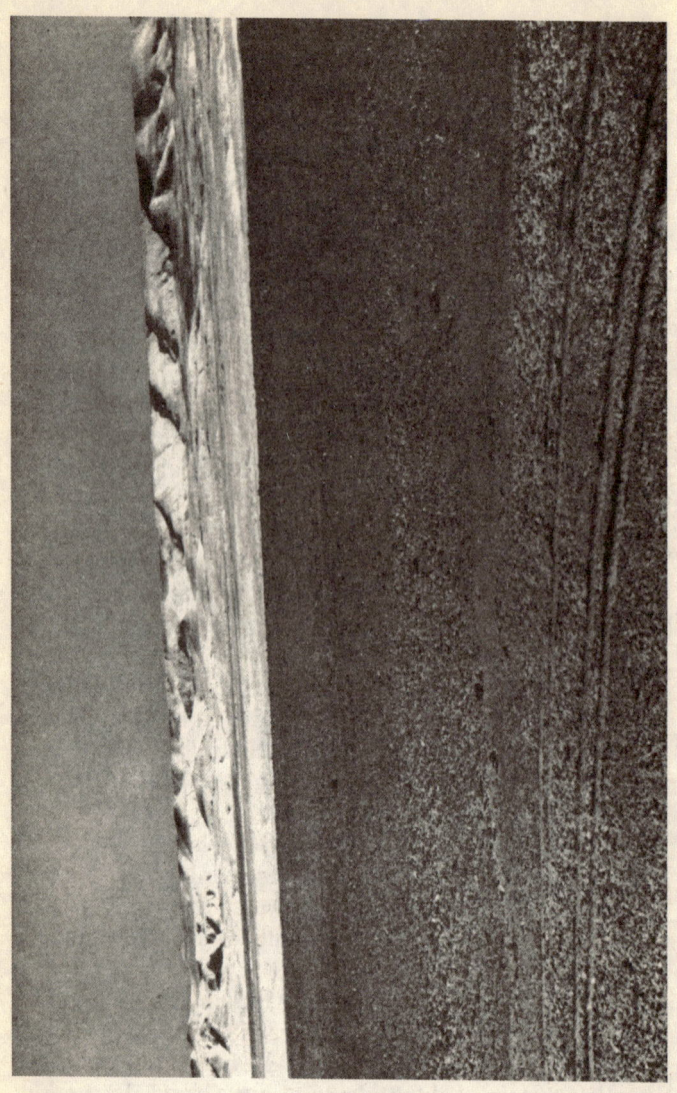

Abb. 106

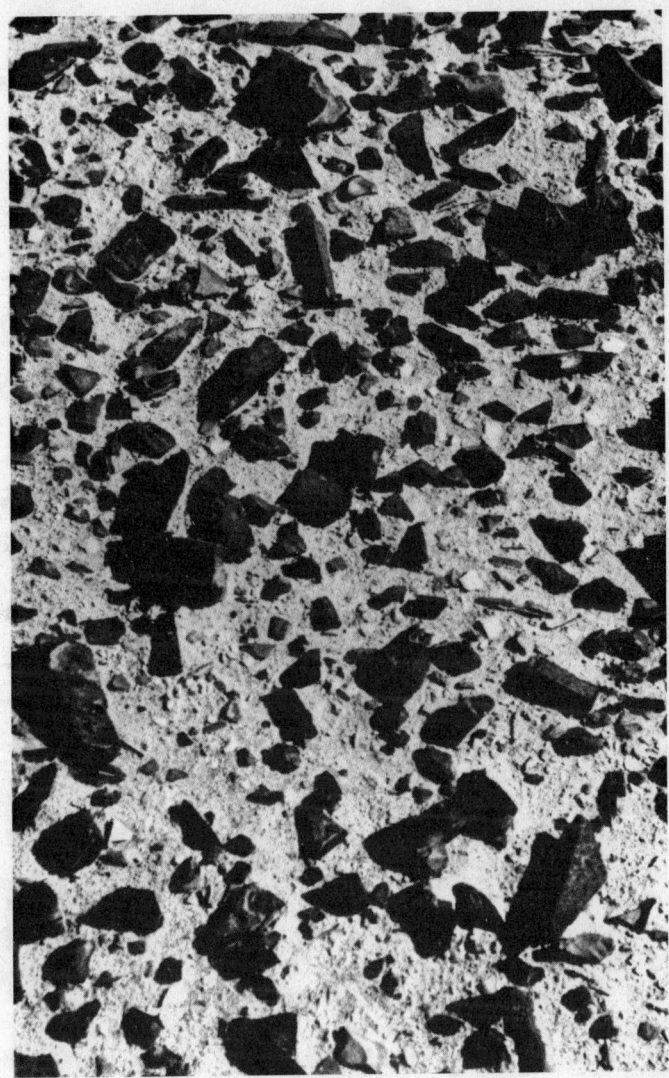

Abb. 107

ten den Flughafen mit Kernwaffen zerstört haben: »Das, was für den Flug zu Anu diente, zerstörten sie. Sein Antlitz löschten sie aus, den Ort zerstörten sie.«
Und den Flughafen, auch die bösen Städte, gab es nicht mehr.

Weit entfernt im Osten, in Sumer selbst, wurden die Atomexplosion und das nachfolgende Feuer weder empfunden noch gesehen. Aber Nergals und Ninurtas Untat blieb nicht unbemerkt, denn es stellte sich heraus, daß sie eine nachhaltige Wirkung auf Sumer und seine Bevölkerung, auf ihr gesamtes Dasein hatte.
Denn trotz Ninurtas Bemühungen, Nergal von der Vernichtung der Menschen abzuhalten, war großes Leid die Folge. Was die beiden nicht beabsichtigt hatten: Die Atomexplosion rief einen ungeheuerlichen Wind hervor, einen radioaktiven Wind, der als Wirbelsturm begann:
»Ein Sturm, der böse Wind, ging rings um den Himmel.«
Dann verbreitete sich der radioaktive Wind und zog mit den vom Mittelmeer wehenden Winden ostwärts, und bald darauf wurde Sumer, wie das Orakel geweissagt hatte, das letzte atomare Opfer.
Die Katastrophe, der Sumer am Ende von Ibbi-Sins sechstem Regierungsjahr anheimfiel, beschreiben viele lange Klagetexte, die den Untergang des mächtigen Reiches Ur und anderer Zentren der großartigen sumerischen Kultur betrauern. Sie erinnern an die biblischen Klagelieder, die die Zerstörung Jerusalems durch die Babylonier betrauern, so daß die Altertumsforscher, die als erste die sumerischen Klagetexte übersetzten, annahmen, auch die mesopotamische Katastrophe sei die Folge einer Invasion, und zwar eines Zusammenstoßes von elamitischen und amoritischen Truppen.
Als die ersten diesbezüglichen Tontafeln gefunden wurden, glaubten die Forscher, nur Ur sei zerstört worden, und demgemäß erhielten die Übersetzungen ihre Titel. Aber je mehr Texte man entdeckte, desto ersichtlicher wurde es, daß Ur we-

der die einzige betroffene Stadt noch der Mittelpunkt der Katastrophe war. Nicht nur beklagten ähnliche Texte das Schicksal von Nippur, Uruk und Eridu, sondern einige Texte lieferten sogar Listen von betroffenen Städten, die schließlich ganz Südmesopotamien umfaßten. Es schien, daß alle diese Städte von einer allgemeinen, plötzlichen Katastrophe gleichzeitig heimgesucht worden waren, nicht in langsamem Ablauf, wie es bei einer fortschreitenden Invasion der Fall sein würde, sondern gleichzeitig. Th. Jacobsen zog in seinem Werk »Ibbi-Sins Regierungszeit« daraus den Schluß, daß unmöglich barbarische Eindringlinge diese Katastrophe heraufbeschworen haben konnten, und sprach von »einem verwirrenden Rätsel«.

»Ob wir jemals mit voller Klarheit erkennen können, was in jener Zeit geschehen ist«, schrieb er, »läßt sich vorläufig nicht sagen. Die Geschichte überfordert unser Begriffsvermögen.«

Aber das Rätsel ist lösbar, und die ganze Geschichte ist zu begreifen, wenn wir die Katastrophe in Mesopotamien mit der Atomexplosion auf der Sinaihalbinsel in Beziehung setzen.

Die Texte, deren Länge bemerkenswert ist und die größtenteils gut erhalten sind, beginnen mit dem Bedauern, daß alle geheiligten sumerischen Stätten plötzlich von ihren Göttern verlassen und die Tempel »dem Wind preisgegeben« wurden. Dann werden die trostlosen Folgen beschrieben:

> »Daß die Städte verlassen wurden,
> daß die Häuser verlassen wurden,
> daß die Ställe verlassen und die Pferche geleert wurden;
> daß keine Ochsen mehr in ihren Ställen stehen,
> daß keine Schafe mehr in den Pferchen umherziehen,
> daß Flüsse bitteres Wasser führen,
> daß auf kultivierten Feldern Unkraut wächst,
> daß die Pflanzen welken.
> In den Städten und Dörfern kümmert sich
> keine Mutter mehr um ihre Kinder, der Vater sagt nicht mehr:
> O mein Weib, das Kind wächst nicht mehr auf dem Schoß der Eltern
> kräftig heran, keine Magd singt mehr ein Schlafliedchen.
> Das Königtum ist dem Land genommen worden.«

Bevor Hiroschima und Nagasaki von Atombomben, »die vom Himmel regneten, emporgeschleudert wurden«, konnte man immer noch an die biblische Geschichte von Sodom und Gomorra glauben, an die übliche Überlieferung vom regnenden Schwefel und Feuer, weil es keine andere Erklärung gab. Für die Forscher, die von Atomwaffen noch nichts wußten, bedeuteten die sumerischen Klagelieder nichts anderes als »Die Zerstörung von Ur« und »Die Zerstörung von Sumer«, wie sie sie betitelten. Aber das beschreiben diese Texte nicht: sie beschreiben Entvölkerung, nicht Zerstörung. Die Städte waren noch vorhanden, jedoch menschenleer; die Ställe waren noch da, aber ohne Tiere; die Pferche waren geblieben, doch ohne Schafe; das Wasser in den Flüssen wurde bitter; die Felder waren keineswegs verschwunden, sondern es wuchs darauf nur Unkraut, und auch an Pflanzen fehlte es nicht, aber sie welkten.

Invasion, Krieg, Tötung, alle diese Übel kannten die Menschen mittlerweile recht gut, dies aber war, wie die Klagetexte besagen, noch nie vorgekommen:

> »Das Land Sumer befiel ein Unglück,
> das der Mensch nicht kannte, eines,
> das er noch nie erlebt hatte, eines,
> gegen das er sich nicht zur Wehr setzen konnte.«

Der Tod erfolgte nicht durch die Hand eines Feindes, es war ein unsichtbarer Tod, »der auf der Straße umherstreicht, der auf der Straße losgelassen ist, der neben dem Menschen steht, ohne daß er ihn zu sehen vermag; wenn er ein Haus betritt, weiß man nichts von seiner Anwesenheit. Es gibt keine Verteidigung gegen dieses Übel, welches das Land befallen hat gleich einem Gespenst. Durch die höchste Mauer, durch die dicksten Mauern dringt er wie eine Flut; keine Tür kann ihn ausschließen, durch die Angel weht er herein gleich einem Wind.« Wer sich hinter den Türen verbarg, der wurde drinnen getroffen; wer aufs Dach kletterte, der starb auf dem Dach; diejenigen, die auf die Straße flüchteten, wurden auf der Straße getroffen: »Husten und Schleim schwächten die Brust, der Mund füllte sich mit Spucke und Schaum, Benommenheit und Schwindel überkamen sie, ein ungesundes taubes Gefühl, Kopfschmerzen und Übelkeit: Ihr Geist verließ den Körper.« Es war ein grausamer Tod:

> »Die erschrockenen Menschen konnten kaum atmen,
> der böse Wind verkrampfte sie, ließ ihnen keinen Tag mehr.
> Münder waren von Blut erfüllt, Köpfe schwammen in Blut.
> Das Gesicht erbleichte in dem bösen Wind.«

Der Ursprung des unsichtbaren Todes war eine Wolke, die am Himmel von Sumer erschien und »das Land wie ein Mantel bedeckte, sich darüber ausbreitete wie ein Laken«. Nachts schloß sie den Mond aus: »Der aufsteigende Mond wird gelöscht. Tagsüber ist die bräunliche Sonne in Dunkelheit gehüllt.« Die tödliche Wolke bewegte sich von Westen nach Osten, »verbreitete allenthalben Schrecken und Grauen, wurde von einem heulenden Wind getragen, einem großen Wind, der hoch oben brauste, ein übler Wind, der das Land überwältigte.«

Es war jedoch keine Naturerscheinung. Es war »ein großer Sturm, von Anu geleitet, aus dem Herzen von Enlil gekommen«. Das Erzeugnis der sieben Schrecken einflößenden Waffen, »in einem einzigen Akt wurde es gezeugt wie das bittere Gift der Götter wurde es im Westen gezeugt. Der böse Wind trug Dunkelheit von Stadt zu Stadt, trug dichte Wolken, die alles verdunkelten ... ein blendender Blitz hatte es vermocht. Mitten aus den Bergen war er über das Land gekommen, von der Ebene, die kein Erbarmen kennt, war es gekommen.«

Die Menschen waren verblüfft, aber die Götter kannten die Ursache des bösen Windes:

> »Ein böser Wind verkündete den unheilvollen Sturm.
> Ein böser Wind war der Vorläufer des unheilvollen Sturmes.
> Mächtige Abkömmlinge,
> tapfere Söhne waren die Verkünder der Pestilenz.«

Die beiden tapferen Söhne — Ninurta und Nergal — entfesselten in einem einzigen Akt die von Anu geschaffenen sieben Schrecken einflößenden Waffen, die am Ort der Explosion »alles entwurzelten, alles emporschleuderten«. Die alten Beschreibungen sind realistisch, so genau wie die Beschreibungen von heutigen Augenzeugen einer atomaren Explosion: es entstand nach dem Abwurf der Bomben eine ungeheure Helligkeit: »Sie verbreiteten Schrecken einflößende Strahlen nach den vier Punkten der Erde, die alles verbrannten wie Feuer.« In einem Klagelied Nippurs heißt es: »Der Sturm wurde durch einen Blitz entfacht.« Dann stieg ein atomarer Pilz zum Himmel auf — »eine dichte Wolke, die Dunkelheit bringt« —, es folgten Böen, »ein Sturm, der wütend die Himmel versengte«. Die Winde, die von Westen nach Osten bliesen, verbreiteten sich nach Mesopotamien: »Die dichten Wolken, die Dunkelheit vom Himmel bringen, die Dunkelheit von Stadt zu Stadt tragen . . .«
Nicht nur ein Text, nein, mehrere Texte bescheinigen, daß der böse Wind, der die tödliche Wolke brachte, an einem denkwürdigen Tag durch eine gewaltige Explosion verursacht wurde:

> »An jenem Tage, als der Himmel barst,
> als die Erde entflammte,
> ihr Antlitz vom Wirbel ausgelöscht wurde,
> als der Himmel sich verdunkelte und
> ein Schatten ihn bedeckte . . .«

Die Klageschriften sprechen davon, daß die Wolke »im Westen, nahe der Brust des Meeres« — eine Bezeichnung für die geschwungene Küste des Mittelmeers bei der Sinaihalbinsel —, »inmitten der Berge« auf einer Ebene entstand, von der es heißt, sie kenne kein Erbarmen. Das war der Ort der Abschußrampen, von wo aus die Götter zu Anu aufstiegen. Zudem ist in den Texten häufig von einem Berg die Rede. Im Erra-Epos wird er »der Oberste« genannt, in einem anderen Text »Berg der brüllenden Schächte«. Diese Bezeichnung erinnert an die ägyptischen Beschreibungen von einem ausgehöhlten Berg mit abschüssigen Gängen, auf denen die Pharaonen zum Leben nach dem Tode reisten. In meinem Buch »Stufen zum Kosmos« habe ich nachgewiesen, daß Gilgamesch auf seiner Suche nach Unsterblichkeit zu dem Berg auf der Sinaihalbinsel gelangt ist, nämlich zu dem Ort, wo die Raumfahrzeuge aufzusteigen pflegten.

Von hier aus wurde also die tödliche Wolke von den Westwinden weiter getragen, ostwärts bis zur Grenze von Anschan, bis zum Faltengebirge Zagros, so daß ganz Sumer von Eridu im Süden bis Babylon im Norden in Mitleidenschaft gezogen wurde. Der unsichtbare Tod bewegte sich langsam; es dauerte einen Tag und eine Nacht, wie eine Klage um Nippur kundtut:

> »An diesem Tage, an diesem einzigen Tage,
> in dieser Nacht, in dieser einzigen Nacht, richtete der Sturm,
> den ein Blitz erzeugt hatte, die Bevölkerung von Nippur hin.«

Die »Uruk-Klage« beschreibt die Verwirrung unter den Göttern und den Menschen. Als Anu und Enlil Enki und Ninki überstimmten und die Anwendung der Kernwaffen guthießen, ahnte keiner der Götter, welche Folgen das haben würde: »Die Großgötter erbleichten angesichts der Ungeheuerlichkeit«, als sie mit ansahen, wie »die gigantischen Strahlen bis zum Himmel reichten und die Erde bis ins Innerste erzittern ließen«.

Als der böse Wind »sich wie ein Netz zu den Bergen ausspannte«, flüchteten die Götter von Sumer aus ihren geliebten Städten. In dem Text »Klage über die Zerstörung von Ur« sind alle die großen Götter und ihre wichtigsten Söhne und Töchter aufgezählt, die die Städte und die großen Tempel in Sumer »dem Wind überließen«. Ein anderer Text, »Klage über die Zerstörung von Sumer und Ur«, fügt dramatische Einzelheiten dieser überstürzten Flucht hinzu. »Ninharsag vergoß bittere Tränen«, als sie Isin fluchtartig verließ. »Nansche schrie auf: O meine verwüstete Stadt!, als ihr geliebter Wohnort vom Unglück heimgesucht wurde.« Inanna lief eiligst aus Uruk fort, fuhr in einem Unterwasserschiff nach Afrika und jammerte, weil sie ihr Geschmeide und andere Besitztümer zurücklassen mußte. In ihrer Klage um Uruk bedauerte sie die menschenleere Stadt und trauerte um ihren Tempel, den »der böse Wind in einem einzigen Augenblick« vergiftet hatte, gegen den es keine Abwehr gab.

Die Beschreibung der Angst und Verwirrung beim Näherkommen des Windes findet in einer Klage um Uruk, die viele Jahre später zur Zeit des Wiederaufbaus geschrieben wurde, packenden Ausdruck. »Als die treuen Bürger von Schrecken ergriffen wurden, flüchteten die Gottheiten, die für die Verwaltung und das Wohlsein der Stadt Uruk verantwortlich waren, voller Entsetzen. Geht fort! riefen sie den Menschen mitten in der Nacht zu. Sucht Schutz in der Steppe!« Aber sie selbst verschwanden »auf unbekannten Wegen«. Der Text stellt bedrückt fest:

> »So verließen alle Götter die Stadt,
> hielten sich von ihr fern. Sie versteckten sich in den Bergen,
> sie entflohen zu fernen Ebenen.«

In Uruk blieb die Bevölkerung in chaotischen Verhältnissen zurück, ohne Führer, hilflos. »Panik herrschte in Uruk, die Vernunft war verzerrt.« Die Schreine wurden aufgebrochen, ihr Inhalt zerstört, und die Leute fragten: »Warum haben die wohlwollenden Augen der Götter weggeblickt? Wer ist schuld an dem Unheil?« Ihre Fragen wurden jedoch nicht beantwortet, und als der böse Wind vorüber war, »lagen die Menschen aufgehäuft, und Stille senkte sich über die Stadt gleich einem Mantel«.

Ninki flog, wie die Klage um Eridu besagt, zu einem sicheren Hafen in Afrika: »Ninki, die große Herrin, flog fort wie ein Vogel, verließ ihre Stadt.« Enki hingegen flüchtete von Eridu aus nur so weit, daß er von dem »bösen Wind« nicht erreicht wurde, blieb der Stadt jedoch nahe genug, daß er ihr Schicksal mitansehen konnte: »Ihr Herr blieb außerhalb der Stadt. Vater Enki blieb außerhalb der Stadt und vergoß bittere Tränen, als er ihr Schicksal sah.« Viele seiner Anhänger folgten ihm und lagerten im Freien. Einen Tag und eine

Nacht lang sahen sie, wie der Sturm »seine Hand auf Eridu legte«.

Nachdem der Sturm sich verzogen hatte, besichtigte Enki Eridu. Alles war still, die Bewohner »lagen aufgehäuft«. Die Überlebenden jammerten: »O Enki, die Stadt ist verflucht, ist ein fremdes Gebiet geworden!« Sie fragten ihn immer wieder, wohin sie gehen, was sie tun sollten. Aber obwohl der böse Wind sich verzogen hatte, war der Aufenthalt hier immer noch gefährlich, und »Enki blieb ihr fern, als ob es eine fremde Stadt wäre«. Er führte die Überlebenden in die Wüste, in ein lebensfeindliches Land, wo er sein Wissen darauf verwendete, den »ungesunden Baum genießbar zu machen«.

Von Babylon aus ließ der besorgte Marduk seinem Vater Enki eine dringende Nachricht zukommen, als die Wolke sich seiner Stadt näherte: »Was soll ich tun?« Enki gab ihm den Rat — den Marduk dann seinen Anhängern übermittelte —, wem es möglich sei, der solle die Stadt verlassen, aber nur in nördlicher Richtung, und sie dürften »weder stehenbleiben noch zurückblicken«, genau wie es Lot von den beiden Gesandten geraten worden war. Sie sollten keine Nahrungsmittel und Getränke mitnehmen, denn diese Dinge könnten »von dem Gespenst berührt worden sein«. Wem die Flucht nicht möglich sei, riet Enki des weiteren, der solle in den Untergrund gehen, »in eine unterirdische Kammer, in die Dunkelheit«, bis der böse Wind vorbeigezogen wäre.

Die nur langsame Weiterbewegung des bösen Windes führte dazu, daß einige Götter kostbare Zeit verloren. In Lagasch »weinte Mutter Bau bitterlich um ihren heiligen Tempel, um ihre Stadt«. Ninurta war zwar fortgegangen, aber seine Gemahlin brachte eine Flucht nicht über sich. »Wehe, meine Stadt, wehe, meine Stadt«, klagte sie immerzu, und fast hätte diese Verzögerung sie das Leben gekostet.

> »An diesem Tage wurde die Herrin von dem Sturm eingeholt.
> Als ob sie sterblich wäre, wurde sie von dem Sturm eingeholt.«

Aus den Klagetexten um Ur (einige davon hat Ningal selbst

verfaßt) geht hervor, daß Nannar und Ningal einfach nicht glauben wollten, daß das Ende von Ur unwiderruflich sei. Nannar flehte seinen Vater Enlil an, Mittel und Wege zu finden, daß die Katastrophe verhindert würde. Aber Enlil antwortete seinem Sohn, »das Schicksal lasse sich nicht abwenden«:

> »Ur wurde das Königtum geschenkt,
> aber ewige Herrschaft war nicht verbürgt.
> Gab es von der Gründung Sumers an bis zum heutigen Tage,
> seit sich die Bevölkerung vermehrt hat,
> jemals ein Königreich von ewiger Dauer?«

Ningal erinnert sich in ihrem langen Bericht, daß »der Sturm unerbittlich weiterzog, mit alles übertönendem Geheul«. Bei Tageslicht näherte er sich Ur. »Ich zittere immer noch, wenn ich daran zurückdenke«, sagt Ningal, »aber wir flüchteten nicht vor dem üblen Geruch.« Als es Abend wurde, »erhob sich Gejammer in Ur«. Dennoch blieben der Gott und die Göttin in der Stadt. »Vor dem üblen Geruch des Abends flohen wir nicht.« Dann wurde die große Zikkurat von Ur heimgesucht, und es wurde Ningal klar, daß »Nannar von dem bösen Sturm erfaßt worden war«.
Ningal und Nannar verbrachten eine alptraumhafte Nacht in der unterirdischen Kammer der Zikkurat. Erst am folgenden Tag, als der Sturm abgezogen war, nahmen Ningal und Nannar Abschied von der Stadt, die sie so sehr geliebt hatten.
Als sie fortgingen, sahen sie Tod und Verderben. »Wie Tonscherben füllten die Menschen die Straßen, in denen sie spazierengegangen waren; Leichen lagen herum. Auf den Plätzen, wo Feste gefeiert worden waren, lagen sie. Auf allen Straßen, wo sie spazierengegangen waren, lagen Leichen herum; auf den Plätzen, wo Feste gefeiert worden waren, häuften sich die Toten.« Die Toten wurden nicht begraben; »wie Butter in der Sonne schmolzen sie dahin«.
Da klagte Ningal um Ur, die einst so majestätische Stadt, die Hauptstadt von Sumer, die Metropole eines Reiches:

»Wehe, Sins Haus in Ur, bitter in deiner Verlassenheit...
Wehe, Ningal, deren Land vernichtet ward, so daß dein Herz zu
Wasser wird!
Die Stadt ist eine fremde Stadt geworden, wie kann man nun leben?
Das Haus ist ein Haus der Tränen geworden, es macht mein Herz
zu Wasser.
Ur und seine Tempel sind dem Wind verfallen.«

Ganz Südmesopotamien lag darnieder; der Boden und die
Gewässer waren vergiftet durch den bösen Wind. »An den
Ufern des Euphrats und des Tigris wachsen nur kränkliche
Pflanzen. In den Sümpfen verrottet das Schilf. In den Gär-
ten wächst nichts mehr, die Obstbäume sterben dahin. Die
Felder sind nicht bearbeitet, kein Samen wurde in den Boden
gesenkt, keine Lieder erklingen auf den Feldern.« Auch die
Tiere in der Umgebung waren betroffen: »Auf der Steppe
weidet kein Vieh mehr, alle lebenden Geschöpfe sind veren-
det.« Den Haustieren war es nicht besser ergangen: »Die
Pferche waren dem Wind ausgeliefert. Das Summen der But-
terfässer bei den Schafen ist verstummt. Die Ställe liefern
keine Milch, keinen Käse. Ninurta hat Sumer entleert. Der
Sturm überwältigte das Land, löschte alles aus; er tobte wie
ein großer Wind durch das Land, niemand konnte ihm entgehen. Verlassen sind die Städte, verlassen die Häuser. Niemand geht auf Straßen und Wege.«
Die Verwüstung in Sumer war vollständig.

Nachwort

Sieben Jahre nachdem der »böse Wind« Sumer ausgelöscht hatte, begann sich das Leben wieder zu normalisieren. Aber anstatt ein Reich zu sein, das über andere herrschte, war Sumer jetzt selbst ein besetztes Land, in dem elamitische Truppen im Süden und gutianische im Norden für Ordnung sorgten.

Die Stadt Isin, die nie eine besondere Rolle gespielt hatte, wurde vorübergehend als Verwaltungssitz ausersehen, und ein ehemaliger Statthalter von Mari wurde Regent. Texte aus dieser Zeit beklagen die Tatsache, daß einem Mann, der »nicht sumerischen Samens ist«, die Zügel übergeben worden waren. Wie sein semitischer Name Isbi-Erra besagt, war er ein Anhänger Nergals, und seine Ernennung muß zwischen Nergal und Ninurta vereinbart worden sein.

Manche Altertumsforscher nennen die Jahrzehnte, die dem Untergang von Ur folgten, das dunkle Zeitalter des mesopotamischen Geschichte. Von dieser trostlosen Zeit ist wenig bekannt, außer den Angaben in den Jahresberichten. Isbi-Erra suchte seine weltliche Herrschaft zu festigen, indem er die Sicherheit verstärkte, da und dort etwas wiederaufbaute, die ausländische Garnison in Ur auflöste und seinen Machtbereich auf diese Stadt ausdehnte. Er erhob Anspruch darauf, ein Nachfolger der Könige von Ur zu sein, aber nur ein paar andere, wieder bewohnte Städte erkannten seine Vorherrschaft an, und in Larsa forderte ihn sogar ein mächtiger Statthalter hin und wieder heraus.

Etwa zwei Jahre später bemühte sich Isbi-Erra auch um re-

ligiöse Machtbefugnis, indem er sich als Beschützer von
Nippur aufspielte und hier die Embleme von Enlil und Ninurta errichtete. Aber nur Ninurta gab ihm dazu die Erlaubnis; die anderen Götter von Nippur hielten sich abseits und
blieben zurückhaltend. Um Unterstützung zu finden, ernannte Isbi-Erra Priester und Priesterinnen, die die Anbetung von Nannar, Ningal und Inanna wieder einführen sollten. Es scheint jedoch, daß die Herzen der Einwohner an
anderen Göttern hingen, wie zahlreiche Schurpu-(Reini-
gungs)-Texte erkennen lassen, nämlich an Enki und Marduk.
Enki benutzte seine wissenschaftlichen Kenntnisse (»magische Kräfte« in den Augen des Volkes) dazu, Kranke zu hei-
len, die Gewässer zu reinigen und genießbare Pflanzen wachsen zu lassen.

Im nächsten halben Jahrhundert, das die Regierungszeit von
zwei Nachfolgern Isbi-Erras bedeutet, wurde das Alltags-
leben allmählich wieder normal, Landwirtschaft und Industrie blühten auf, Innen- und Außenhandel wurden von
neuem aufgenommen. Aber erst siebzig Jahre nach der Zerstörung — genausoviel Zeit wie nach der Entweihung des
Tempels in Jerusalem — konnte der Tempel in Nippur von
dem dritten Thronnachfolger von Isin, Isme-Dagan, wiederaufgebaut werden. In einem langen, Nippur gewidmeten
Text beschrieb er, wie das dortige göttliche Paar seine Gebete
erhörte, so daß es ihm möglich war, Nippur und seinen Tempel neu zu schaffen und »die göttlichen Tafeln an die Stadt
zurückzugeben«.

Es herrschte großer Jubel im Lande, als der neue Tempel im
Jahr 1953 v. Chr. Enlil und Ninlil geweiht wurde. Erst jetzt
wurden die Städte von Sumer und Akkad offiziell als wieder
bewohnbar erklärt.

Das führte jedoch nur dazu, die alte Rivalität zwischen den
Göttern erneut zu entfachen. Isme-Dagans Nachfolger trug
einen Namen, der anzeigte, daß er ein Anhänger Inannas
war. Aber dem machte Ninurta schnell ein Ende, und der
nächste Herrscher ist Isin — der letzte, der einen sumeri-

schen Namen trug — gehörte zu seinen Anhängern. Ninurtas Anspruch auf das wiederaufgebaute Land war jedoch
unhaltbar; er hatte, wenn auch ungewollt, Sumers Zerstörung verursacht. Der Name des nächsten Nachfolgers weist
darauf hin, daß Sin seine Autorität zurückgewinnen wollte;
aber die Tage seiner Vorherrschaft — und derjenigen von Ur
— waren vorbei.

So kam es, daß Anu und Enlil schließlich Marduks Anspruch auf die Vorherrschaft Babylons gelten ließen. Der babylonische König Hammurabi hat diese schicksalhafte Entscheidung im Vorwort zu seinem berühmten Gesetzeskodex
verewigt:

>>Hoher Anu, Herr der Götter,
der vom Himmel auf die Erde kam, und Enlil,
Herr des Himmels und der Erde, der die Geschicke des Landes bestimmt,
sie haben Marduk, Enkis erstgeborenen Sohn, bevollmächtigt,
im Sinne Enlils über die Menschheit zu herrschen,
haben ihn groß gemacht zwischen den Göttern,
die alles beachten und sehen, haben Babylon dazu erwählt,
in der Welt an erster Stelle zu stehen,
und Marduk in seiner Mitte das ewige Königtum übergeben.<<

Babylonien und dann Assyrien wurden immer bedeutender.
Sumer gab es nicht mehr, aber in einem fernen Land ging der
Regierungsstab als ihr Vermächtnis von Abraham und sei-
nem Sohn Isaak in die Hände Jakobs über, dessen zweiter
Name Isra-El lautete.

Zeittabelle der Erdchronik

Vor den
Jahren *1. Ereignisse vor der Sintflut*

450 000 Auf dem Nibiru, einem fernen Planeten unseres Sonnensystems, droht das Leben zu erlöschen, weil sich seine Atmosphäre zersetzt. Von Anu entthront, entkommt der
Herrscher Alalu in einem Raumschiff und findet Zuflucht auf der Erde. Hier entdeckt er Gold, das sich zum
Schutz der Atmosphäre verwenden läßt.

445 000 Angeführt von Enki, einem Sohn Anus, landen die
Anunnaki auf der Erde und errichten Eridu, die erste Erdstation, um aus dem Gewässer des Persischen Golfs Gold
zu gewinnen.

430 000 Das Klima der Erde wird milder. Immer mehr Anunnaki
kommen auf die Erde, darunter Enkis heilkundige Halbschwester Ninharsag.

416 000 Da die Goldproduktion nachläßt, kommt Anu mit dem
Thronerben Enlil auf die Erde. Es wird beschlossen, das
lebenswichtige Gold durch Bergbau in Südafrika zu gewinnen. Das Los bestimmt Enlil zum Befehlshaber der
Erdmission; Enki wird nach Afrika verwiesen. Beim Verlassen der Erde wird Anu durch Alalus Enkelsohn herausgefordert.

400 000 In Südmesopotamien sind folgende Anlagen entstanden:
ein Raumschiffflughafen (Sippar), ein Kontrollzentrum
(Nippur), ein metallurgisches Zentrum (Badtibira), ein
medizinisches Institut (Schuruppak). Das Gold wird in
Afrika verschifft, veredelt und von den Igigi, die die Erde
umkreisen, auf die Raumschiffe verladen, die regelmäßig
von Nibiru kommen.

380 000 Mit Unterstützung der Igigi versucht Alalus Enkel, die Macht über die Erde zu gewinnen. Die Enliliten siegen im Krieg der alten Götter.

300 000 Die Anunnaki, die in den Goldminen arbeiten, meutern. Enki und Ninharsag erschaffen durch genetische Manipulation mit einem weiblichen Affenmenschen die primitiven Arbeiter, die die Schwerarbeit der Anunnaki übernehmen. Enlil überfällt die Minen und verschleppt diese Arbeiter nach Mesopotamien. Sie erhalten die Fähigkeit, sich fortzupflanzen, und der Homo sapiens beginnt sich zu vermehren.

200 000 Die Entwicklung auf der Erde stagniert während einer neuen Eiszeit.

100 000 Das Klima erwärmt sich wieder. Die Anunnaki (die biblischen Nefilim) vermählen sich trotz Enlils Unwillen mit den Töchtern der Menschen.

75 000 Ein neues Eiszeitalter beginnt. Regressive Menschentypen entstehen. Die Cromagnon-Rasse überlebt.

49 000 Enki und Ninharsag erlauben den Anunnaki-Menschen, in Schuruppak zu herrschen. In seiner Wut plant Enlil die Vernichtung der Menschheit.

13 000 Enlil wird es klar, daß das Vorbeiziehen des Nibirus in Erdennähe eine ungeheure Flutwelle auf der Erde auslösen wird. Er läßt die Anunnaki schwören, die drohende Katastrophe vor den Menschen geheimzuhalten.

vor
Christus *2. Ereignisse nach der Sintflut*

11 000 Enki wird wortbrüchig und weist Ziusudra (Noah) an, ein Unterwasserschiff zu bauen. Die Sintflut überschwemmt die Erde; die Anunnaki sehen die vollständige Zerstörung von ihren kreisenden Satelliten aus mit an.
Enlil übergibt den überlebenden Menschen Geräte und Samenkörner. Im Hochland beginnt die Landwirtschaft. Enki zähmt Tiere.

10 500 Den Nachkommen Noahs werden drei Regionen zugewiesen. Ninurta, Enlils erstgeborener Sohn, errichtet Talsperren und kanalisiert die Flüsse, um Mesopotamien bewohnbar zu machen. Enki macht das Niltal urbar. Die Si-

naihalbinsel wird von den Anunnaki als Stützpunkt für den neuen Flughafen ausersehen, das Kontrollzentrum wird auf dem Berg Moria (später Jerusalem) errichtet.

9780 Ra (Marduk), Enkis erstgeborener Sohn, teilt die Herrschaft über Ägypten zwischen Osiris und Seth.

9330 Seth kämpft mit Osiris und entmannt ihn; er übernimmt die Rolle des einzigen Herrschers über das Niltal.

8970 Horos rächt seinen Vater Osiris, indem er den Ersten Pyramidenkrieg beginnt. Seth flieht nach Asien, er eignet sich die Sinaihalbinsel und Kanaan an.

8670 Die Enliliten lehnten sich dagegen auf, daß Enkis Nachkommen allein über die Raumfahrtanlagen herrschen, und beginnen den Zweiten Pyramidenkrieg. Der siegreiche Ninurta zerstört alle Anlagen in der Großen Pyramide. Ninharsag, Enkis und Enlils Halbschwester, beruft eine Friedenskonferenz ein. Die Aufteilung der Erde wird neu besprochen. Die Herrschaft über Ägypten wird von der Dynastie Ra (Marduk) auf die von Thoth übertragen. Heliopolis entsteht als neue Leuchtsignalstadt.

8500 Die Anunnaki errichten Außenposten an den Zugängen zu den Raumfahrtanlagen; einer davon ist Jericho.

7400 Während weiterhin Friede herrscht, gewähren die Anunnaki den Menschen Verbesserungen. Beginn der Jungsteinzeit. Über Ägypten herrschen Halbgötter.

3800 In Sumer beginnt die urbane Zivilisation; die Anunnaki bauen die alten Ortschaften wieder auf, zuerst Eridu und Nippur. Anu stattet der Erde einen Besuch ab. Zu seinen Ehren wird eine neue Stadt erbaut: Uruk (Erech). Den Tempel dieser Stadt macht er zur Wohnung seiner geliebten Enkelin Inanna (Istar).

vor
Christus 3. Königtum auf Erden

3760 Der Menschheit wird das Königtum bewilligt. Kisch ist die erste Hauptstadt unter Ninurtas Ägide. In Nippur wird der Kalender eingesetzt. In Sumer, der ersten Region, erblüht die Zivilisation.

3450 Das Primat wird auf Nannar (Sin) übertragen. Marduk proklamiert Babylon zum »Torweg der Götter«. Der

»Turmbau zu Babel« wird begonnen. Die Anunnaki verwirren die Sprache der Menschen. Da Marduks Coup fehlgeschlagen ist, kehrt er nach Ägypten zurück. Er setzt Thoth ab und legt sich mit dessen jüngerem Bruder Dumuzi an, der mit Inanna verheiratet ist. Als vermeintlicher Mörder Dumuzis wird Marduk in der Großen Pyramide lebendig begraben. Nach seiner Befreiung durch einen Rettungstrupp geht er ins Exil.

3100 Ein 350jähriges Chaos endet mit der Einsetzung des ersten Pharaos in Memphis. Die Zivilisation wird in die zweite Region gebracht.

2900 Das sumerische Königtum wird nach Uruk verlegt. Die Herrschaft über die dritte Region, das Indus-Tal, wird Inanna übertragen, und auch hier beginnt die Entwicklung der Zivilisation.

2650 Die sumerischen königlichen Hauptstädte werden fortwährend gewechselt, und das Königtum droht zu zerfallen. Enlil verliert die Geduld mit der ungezügelten Vermehrung der Menschen.

2371 Inanna verliebt sich in Scharru-Kin (Sargon), der eine neue Hauptstadt errichtet: Agade (Akkad). Das akkadische Reich nimmt seinen Anfang.

2316 Um die Herrschaft über die vier Regionen zu erringen, eignet sich Sargon geweihten Boden aus Babylon an. Der Marduk-Inanna-Konflikt flammt wieder auf. Er endet damit, daß Marduks Bruder Nergal von Südafrika nach Babylon reist und Marduk überredet, Mesopotamien zu verlassen.

2291 Naram-Sin besteigt den Thron von Akkad. Von der kriegerischen Inanna aufgewiegelt, dringt er in die Sinaihalbinsel ein und überfällt Ägypten.

2255 Inanna reißt die Macht in Mesopotamien an sich; Naram-Sin entweiht Nippur. Die obersten Anunnaki zerstören Agade. Inanna entkommt. Sumer und Akkad werden von fremden Truppen besetzt, die Enlil und Ninurta ergeben sind.

2220 Unter den gebildeten Herrschern über Lagasch entwickelt sich die sumerische Kultur zu neuer Blüte. Thoth hilft dem König Gudea beim Bau einer Zikkurat für Ninurta.

2193 In Nippur wird Tera, Abrahams Vater, in eine priester-
     lich-königliche Familie geboren.

2180 Ägypten wird geteilt; Nachfolger von Ra (Marduk) regie-
     ren im Süden; feindliche Pharaonen sitzen auf dem
     Thron von Unterägypten.

2130 Da Enlil und Ninurta immer seltener zugegen sind, ist
     auch die Autorität in Mesopotamien umstritten. Inannas
     Versuch, das Königtum abermals nach Uruk zu verlegen,
     ist nicht von Dauer.

vor
Christus 4. Das verhängnisvolle Jahrhundert

2123 Abraham kommt in Nippur zur Welt.

2113 Enlil vertraut Sems Länder Nannar an, und Ur wird zur
     Hauptstadt eines neuen Reichs erklärt. Ur-Nammu be-
     steigt den Thron und wird der »Beschützer von Nippur«
     genannt. Ein nippurianischer Priester — Tera, Abrahams
     Vater — kommt nach Ur, um Verbindung mit dem Kö-
     nigshof aufzunehmen.

2096 Ur-Nammu fällt in einer Schlacht. Die Menschen inter-
     pretieren seinen frühen Tod als Verrat der Götter Anu
     und Enlil. Tera zieht mit seiner Familie nach Harran um.

2095 Schulgi besteigt den Thron von Ur und vergrößert seinen
     Herrschaftsbereich. Während das Reich gedeiht, verfällt
     Schulgi Inannas Reizen und wird ihr Liebhaber. Als Ent-
     gelt für geleistete Dienste erhält seine Fremdenlegion
     Larsa.

2080 Unter Mentuhotep I. rücken die thebanischen Prinzen,
     die zu Ra (Marduk) stehen, nordwärts vor. Marduks
     Sohn Nabu gewinnt in Westasien Anhänger für seinen Va-
     ter.

2055 Auf Nannars Befehl entsendet Schulgi elamitische Trup-
     pen, um die Unruhen in kanaanitischen Städten zu unter-
     drücken. Die Elamiten gelangen zu dem Torweg, der zur
     Halbinsel Sinai und zu dem dortigen Raumschiffflugha-
     fen führt.

2048 Schulgi stirbt. Marduk zieht in das Land der Hethiter
     um. Abraham erhält den Befehl, mit einer Elitetruppe
     der Kavallerie nach Südkanaan zu gehen.

2047 Amar-Sin (der biblische Amraphel) wird König von Ur.
Abraham geht nach Ägypten, bleibt hier fünf Jahre und
kehrt dann mit noch mehr Truppen wieder zurück.

2041 Von Inanna angeleitet, bildet Amar-Sin eine Koalition
der Könige des Ostens und setzt eine militärische Expedition nach Kanaan und der Sinaihalbinsel in Gang. Der
Anführer ist der Elamit Kedor-Laomer. Abraham schlägt
sie am Torweg zum Flughafen zurück.

2038 Schu-Sin ist Amar-Sins Nachfolger auf dem Thron von
Ur; das Reich zerfällt.

2029 Ibbi-Sin ist der nächste Thronfolger. In den westlichen
Provinzen gewinnt Marduk immer mehr Anhänger.

2024 An der Spitze seiner Anhänger zieht Marduk nach Sumer
und inthronisiert sich selbst in Babylon. Die Kämpfe deh-
nen sich bis Mittelmesopotamien aus. Nippurs Allerhei-
ligstes wird entweiht. Enlil fordert Marduks und Nabus
Bestrafung. Enki widersetzt sich, aber sein Sohn Nergal
ergreift Enlils Partei.

Als Nabu alle seine kanaanitischen Anhänger aufbietet,
um den Raumfahrtflughafen einzunehmen, stimmen die
Großgötter dem Einsatz der Kernwaffen zu. Nergal und
Ninurta zerstören den Flughafen und die aufsässigen kanaanitischen Städte.

2023 Die Winde tragen die radioaktive Wolke nach Sumer. Die
Menschen sterben einen fürchterlichen Tod, die Tiere ver-
recken, das Wasser ist vergiftet, der Boden wird unfrucht-
bar. Sumer und seine großartige Kultur sind zerstört.
Seine Hinterlassenschaft geht an Abrahams rechtmäßigen Sohn über, den er im Alter von hundert Jahren zeugt:
Isaak.

Bibliographie

Zusätzlich zu den im Text erwähnten Quellen habe ich folgende Materialien herangezogen:

I. Abhandlungen, Artikel und Berichte aus folgenden Zeitschriften und wissenschaftlichen Reihen

Abhandlungen der Deutschen (Preußischen) Akademie der Wissenschaften zu Berlin (Berlin)

Abhandlungen der Deutschen Orient-Gesellschaft (Berlin)

Abhandlungen der Heidelberger Akademie der Wissenschaften, Philo.-hist. Klasse (Heidelberg)

Abhandlungen für die Kunde des Morgenlandes (Leipzig)

Acta Orientalia (Oslo)

Acta Societatis Scientiarum Fennica (Helsinki)

Ägyptologische Forschungen (Hamburg—New York)

Der Alte Orient (Leipzig)

Alter Orient und Altes Testament (Kevalaer/Neukirchen-Vluyn)

Altorientalische Bibliothek (Leipzig)

Altorientalische Forschungen (Leipzig)

Altorientalische Texte und Untersuchungen (Leiden)

Altorientalische Texte zum Alten Testament (Berlin und Leipzig)

American Journal of Archaeology (Concord, Mass.)

American Journal of Semitic Languages and Literature (Chicago)

American Oriental Series (New Haven)

American Philosophical Society, Memoirs and Transactions (Philadelphia)

Analecta Biblica (Rom)

Analecta Orientalia (Rom)

Anatolica (Istanbul)

Anatolian Studies (London)

Annual of the American Schools of Oriental Research (New Haven)

Annual of the Palestine Exploration Fund (London)

The Antiquaries Journal (Paris)
Antiquités Orientales (Paris)
Antiquity (Gloucester)
Archiv für Keilschriftforschung (Berlin)
Archiv für Orientforschung (Berlin)
Archiv Orientalni (Prag)
The Assyrian Dictionary (Chicago)
Assyriologische Bibliothek (Leipzig)
Assyriological Studies (Chicago)
Ausgaben der Deutschen Orient-Gesellschaft in Assur (Berlin)

Babyloniaca (Paris)
Babylonian Expedition of the University of Pennsylvania: Cuneiform Texts
   (Philadelphia)
Babylonian Inscriptions in the Collection of J. B. Nies (New Haven)
Babylonian Records in the Library of J. Pierpont Morgan (New Haven)
Beiträge zur Assyriologie und semitischen Sprachwissenschaft (Leipzig)
Berliner Beiträge zur Vor- und Frühgeschichte (Berlin)
Berliner Beiträge zur Keilschriftforschung (Berlin)
Biblica et Orientalia (Rom)
The Biblical Archaeologist (New Haven)
Biblical Archaeology Review (Washington)
Bibliotheca Mesopotamica (Malibu)
Bibliotheca Orientalis (Leiden)
Bibliothèque de l'École des Hautes Études (Paris)
Boghazköi-Studien (Leipzig)
Die Boghazköi-Texte im Umschrift (Leipzig)
British Schools of Archaeology in Egypt: Egyptian Research Account Pu-
   blications (London)
Bulletin of the American Schools of Oriental Research (Jerusalem und Bag-
   dad; Baltimore und New Haven)
Bulletin of the Israel Exploration Society (Jerusalem)

Calcutta Sanskrit College Research Series: Studies (Calcutta)
The Cambridge Ancient History (Cambridge)
Chicago University Oriental Institute, Publications (Chicago)
Columbia University Oriental Studies (New York)
Cuneiform Texts from Babylonian Tablets in the British Museum (London)
Cuneiform Texts from Nimrud (London)

Découvertes en Chaldée (Paris)
Deutsche Orient-Gesellschaft, Mitteilungen; Sendschriften (Berlin)
Deutsche Morgenländische Gesellschaft, Abhandlungen (Leipzig)

Egypt Exploration Fund, Memoirs (London)
Eretz-Israel: Archaeological, Historical and Geographical Studies (Jerusalem)
Ex Oriente Lux (Leipzig)
Expedition: The Bulletin of the University Museum (Philadelphia)

Forschungen und Fortschritte (Berlin)
France: Délégation en Perse, Mémoires (Paris)
France: Mission Archéologique de Perse, Mémoires (Paris)

Handbuch der Archäologie (München)
Handbuch der Orientalistik (Leiden/Köln)
Harvard Semitic Series (Cambridge, Mass.)
Hebrew Union College Annual (Cincinnati)
Heidelberger Studien zum Alten Orient (Wiesbaden)
Hittite Texts in Cuneiform Character from Tablets in the British Museum (London)

Invenaires des tablettes de Tello (Paris)
Iran (London)
Iranica Antiqua (Leiden)
Iraq (London)
Institut Français d'Archéologie Orientale: Bibliothèque d'Étude, Mémoires (Cairo)
Israel Exploration Journal (Jerusalem)
Israel Oriental Studies (Jerusalem)

Jena University: Texte und Materialien, Frau Prof. Hilprecht Sammlung (Leipzig)
Jewish Palestine Exploration Society, Bulletin (Jerusalem)
Journal of the American Oriental Society (New York und New Haven)
Journal of the Ancient Near Eastern Society of Columbia University (New York)
Journal Asiatique (Paris)
Journal of Biblical Literature and Exegesis (Middletown, Conn.)
Journal of Biblical Literature (Philadelphia)
Journal of Cuneiform Studies (New Haven)
Journal of Egyptian Archaeology (London)
Journal of Jewish Studies (Oxford)
Journal of Near Eastern Studies (Chicago)
Journal of the Palestine Oriental Society (Jerusalem)
Journal of the Royal Asiatic Society (London)
Journal of Sacred Literature and Biblical Record (London)
Journal of Semitic Studies (Manchester)

Journal of the Society of Oriental Research (Chicago)
Journal of the Transactions of the Victoria Institute (London)

Kadmos (Berlin)
Keilinschriftliche Bibliothek (Berlin)
Keilschrifttexte aus Assur historischen Inhalts (Leipzig)
Keilschrifttexte aus Assur religiösen Inhalts (Leipzig)
Keilschrifttexte aus Assur verschiedenen Inhalts (Leipzig)
Keilschrifturkunden aus Boghazköi (Berlin)
Keilschrifttexte aus Boghazköi (Leipzig)
*Königliche Museen zu Berlin: Mitteilungen aus den Orientalischen Samm-
    lungen* (Berlin)
Königliche Akademie der Wissenschaften zu Berlin: Abhandlungen (Berlin)

Leipziger Semitische Studien (Leipzig)

Mémoires de la Délégation archéologique en Iran (Paris)
Mesopotamia (Copenhagen)
Mitteilungen der Altorientalischen Gesellschaft (Berlin)
Mitteilungen des Instituts für Orientforschung (Berlin)
Mitteilungen der vorderasiatisch-ägyptischen Gesellschaft (Berlin)
The Museum Journal (Philadelphia)
Museum Monograms, the University Museum (Philadelphia)

Old Testament and Semitic Studies (Chicago)
Oriens (Leiden)
Oriens Antiquus (Rom)
Oriental Institute Publications (Chicago)
Orientalia (Rom)
Orientalische Literaturzeitung (Berlin und Leipzig)
Oxford Editions of Cuneiform Texts (Oxford)

Palestine Exploration Quarterly (London)
Proceedings of the American Philosophical Society (Philadelphia)
Proceedings of the Society of Biblical Archaeology (London)
Publications of the University of Pennsylvania, Series in Philosophy (Phil-
    adelphia)

Qadmoniot (Jerusalem)
The Quaterly of the Department of Antiquities in Palestine (Jerusalem)

Reallexikon der Assyriologie und Vorderasiatischen Archäologie (Berlin
    und Leipzig)
Reallexikon der Vorgeschichte (Berlin)

Recuil de travaux relatifs à la philosophie et à l' archéologie (Paris)
Rencontres Assyriologique Internationales (various venues)
Revue Archéologique (Paris)
Revue d'Assyriologie et d'archéologie orientale (Paris)
Revue biblique (Paris)
Revue hittite et asiatique (Paris)
Revue de l'Histoire des Religions: Annales du Musée Guimet (Paris)

Sächsische Akademie der Wissenschaften: Berichte über die Verhandlungen (Leipzig)
Sächsonische Gesellschaft der Wissenschaft, philo.-hist. Klasse (Leipzig)
Studia Orientalia (Helsinki)
Studia Pohl (Rom)
Studia Semitici (Rom)
Studies in Ancient Oriental Civilizations (Chicago)
Sumer (Bagdad)
Syria (Paris)

Tel-Aviv (Tel-Aviv)
Texte und Materialien der Frau Prof. Hilprecht Collection (Leipzig und Berlin)
Textes cuneiformes (Paris)
Texts from Cuneiform Sources (Locust Valley, N. Y.)
Transactions of the Society of Biblical Archaeology (London)

Ugarit Forschungen (Münster)
Ugaritica (Paris)
Universitas Catolica Lovaniensis: Dissertations (Paris)
University Museum Bulletin (Philadelphia)
University Museum, Publications of the Babylonian Section (Philadelphia)
Untersuchungen zur Assyriologie und Vorderasiatischen Archäologie (Berlin)
Ur Excavations (London)
Ur Excavations Texts (London)

Vetus Testamentum (Leiden)
Vorderasiatisch-Ägyptische Gesellschaft, Mitteilungen (Leipzig)
Vorderasiatische Bibliothek (Leipzig)
Vorläufiger Bericht über die Ausgrabungen in Uruk-Warka (Berlin)

Die Welt des Orients (Wuppertal/Göttingen)
Wissenschaftliche Veröffentlichungen der Deutschen Orient-Gesellschaft (Berlin und Leipzig)

Yale Near Eastern Researches (New Haven)
Yale Oriental Series, Babylonian Texts (New Haven)
Yerushalayim (Jerusalem)

Zeitschrift für die alttestamentliche Wissenschaft (Gießen/Berlin)
Zeitschrift für Assyriologie (Berlin/Leipzig)
Zeitschrift der Deutschen Morgenländischen Gesellschaft (Leipzig/Wiesbaden)
Zeitschrift für Keilschriftforschung (Leipzig)

II. Sekundärliteratur

Alster, B.: Dumuzi's Dream. 1972.
Amiet, P.: Elam. 1966.
—: La Glyptique Mesopotamienne Archaique. 1961.
Andrae, W.: Das Gotteshaus und die Urformen des Bauens im Alten Orient. 1930.

Barondes, R.: The Garden of the Gods. 1957.
Barton, G.: The Royal Inscriptions of Sumer and Akkad. 1929.
Baudissin, W. W. von.: Adonis und Eshmun. 1911.
Bauer, J.: Altsumerische Wirtschaftstexte aus Lagasch. 1972.
Behrens, H.: Enlil and Ninlil. 1978.
Berossus: Fragments of Chaldean History. 1828.
Borchardt, L.: Die Entstehung der Pyramiden. 1928.
—: Einiges zur dritten Bauperiode der Großen Pyramide. 1932.
Borger, R.: Babylonisch-assyrische Lesestücke. 1963.
Bossert, H. T.: Das Hethitische Pantheon. 1933.
Breasted, J. H.: Ancient Records of Egypt. 1906.
Brinkman, J. A.: A Political History of Post-Kassite Babylon. 1968.
Bruchet, J.: Nouvelles Recherches sur la Grande Pyramide. 1965.
Brunton, P.: A Search in Secret Egypt. 1936.
Buccellati, G.: The Amorites of the Ur III Period. 1966.
Budge, E. A. W.: The Gods of the Egyptians. 1904.
—: A History of Egypt. 1909.
—: Osiris and the Egyptian Resurrection. 1911.
Budge, E. A. W. und King, L. W.: Annals of the Kings of Assyria. 1902.

Cameron, G. G.: A History of Early Iran. 1936.
Castellino, G.: Two Shulgi Hymns. 1972.
Chiera, E.: Sumerian Epics and Myths. 1934.
—: Sumerian Lexical Texts from the Temple School of Nippur. 1929.
—: Sumerian Temple Accounts from Telloh, Jokha and Drehem. 1922.

—: Sumerian Texts of Varied Contents. 1934.

Clay, A. T.: Miscellaneous Inscriptions in the Yale Babylonian Collection. 1915.

de Clerq, H. F. X.: Collection de Clerq. 1885—1903.

Cohen, S.: Enmerkar and the Lord of Aratta. 1973.

Contenau, G.: Manuel d'archéologie orientale. 1927—47.

—: Umma sous la Dynastie d'Ur. 1931.

Cooper, J. S.: The Return of Ninurta to Nippur. 1978.

Craig, J.: Assyrian and Babylonian Religious Texts. 1885—87.

Cros, G.: Nouvelles Fouilles de Tello. 1910.

Davidson, D., und Aldersmith, H.: The Great Pyramid: Its Divine Message. 1924, 1940.

Deimel, A.: Schultexte aus Fara. 1923.

—: Sumerisches Lexikon. 1925—50.

—: Veteris Testamenti: Chronologia Monumentis Babyloniaca-Asyrii. 1912.

—: Wirtschaftstexte aus Fara. 1924.

Delaporte, L.: Catalogue des Cylindres Orientaux. 1920—23.

Dijk, J. van: Le Motif cosmique dans le pensée Sumeriénne. 1965.

—: La sagesse suméro-accadienne. 1953

Dussaud, R.: Les Découvertes des Ras Shamra (Ugarit) et l'Ancien Testament. 1937.

—: Notes de Mythologie Syrienne. 1905.

Ebeling, E.: Die Akkadische Gebetsserie »Handerhebung«. 1953.

—: Der Akkadische Mythos vom Pestgotte Era. 1925.

—: Keilschrifttexte aus Assur religiösen Inhalts. 1919, 1923.

—: Literarische Keilschrifttexte aus Assur. 1931.

—: Der Mythos »Herr aller Menschen« vom Pestgotte Ira. 1926.

—: Tod und Leben nach den Vorstellungen der Babylonier. 1931.

Edwards, I. E. S.: The Pyramids of Egypt. 1947, 1961.

Edzard, D. O.: Sumerische Rechtsurkunden des III. Jahrtausend. 1968.

Erman, A.: The Literature of the Ancient Egyptians. 1927.

Fairservis, W. A. Jr.: The Roots of Ancient India. 1971.

Fakhry, A.: The Pyramids. 1961.

Falkenstein, A.: Archaische Texte aus Uruk. 1936.

—: Fluch über Akkade. 1965.

—: Die Inschriften Gudeas von Lagasch. 1966.

—: Literarische Keilschrifttexte aus Uruk. 1931.

—: Die neu-sumerischen Gerichtsurkunden. 1956—57.

—: Sumerische religiöse Texte. 1950.

Falkenstein, A. und von Soden, W.: Sumerische und Akkadische Hymnen und Gebete. 1953.

Falkenstein, A., und van Dijk, J.: Sumerische Gotteslieder. 1959—60.
Farber-Flügge, G.: Der Mythos »Inanna und Enki.« 1973.
Ferrara, A. J.: Nanna-Suen's Journey to Nippur. 1973.
Festschrift für Herman Heimpel. 1972.
Forrer, E.: Die Boghazköi-Texte in Umschrift. 1922—26.
Fossey, G.: La Magie Syrienne. 1902.
Frankfort, H.: Cylinder Seals. 1939.
—: Gods and Myths on Sargonic Seals. 1934.
—: Kingship and the Gods. 1948.
Frankfort, H., et al.: Before Philosophy. 1946.
Friedrich, J.: Staatsverträge des Hatti-Reiches. 1926—30.

Gadd, C. J.: A Sumerian Reading Book. 1924.
Gadd, C. J., und Kramer, S. N.: Literary and Religious Texts. 1963.
Gadd, C. J., und Legrain, L.: Royal Inscriptions from Ur. 1928.
Gaster, Th.: Myth, Legend and Custom in the Old Testament. 1969.
Gelb, I. J.: Hittite Hieroglyphic Monuments. 1939.
Geller, S.: Die Sumerische-Assyrische Serie Lugal-e Me-lam-bi *NIR.GAL.* 1917.
Genouillac, H. de: Fouilles de Tello. 1934—36.
—: Premières recherches archéologique à Kish. 1924—25.
—: Tablettes de Dréhem. 1911.
—: Tablettes sumériennes archaique. 1909.
—: Textes economiques d'Oumma de l'Epoque d'Our. 1922.
—: Textes religieux sumériens du Louvre. 1930.
—: La trouvaille de Dréhem. 1911.
Genoville, H. de: Textes de l'epoque d'Ur. 1912.
Götze, A.: Hattushilish. 1925.
—: Hethiter, Churriter und Assyrer. 1936
Graves, R.: The Greek Myths. 1955.
Grayson, A. K.: Assyrian and Babylonian Chronicles. 1975.
—: Babylonian Historical-Literary Texts. 1975
Green, M. W.: The Uruk Lament. 1984.
Gressmann, H., und Ungnad, A.: Altorientalische Texte und Bilder zum Alten Testament. 1909.
Gurney, O. R.: The Hittites. 1952.
Gurney, O. R., und Finkelstein, J. J.: The Sultantepe Tablets. 1957—64.
Güterbock, H. G.: The Deeds of Suppilulima. 1956.
—: Die Historische Tradition bei Babyloniern und Hethitern. 1934.
—: Hittite Mythology. 1961.
—: Siegel aus Boghazkoy. 1940—42.
—: The Song of Ullikumi. 1952.

Hallo, W. W.: Women of Sumer. 1976.
Hallo, W. W., und Dijk, J. J. van.: The Exaltation of Inanna. 1968.

Harper, E. J.: Die Babylonischen Legenden. 1894
Haupt, P.: Akkadische und sumerische Keilschrifttexte. 1881—82.
Hilprecht, H. V.: Old Babylonian Inscriptions. 1893—96.
Hilprecht Anniversary Volume. 1909.
Hinz, W.: The lost World of Elam. 1972.
Hooke, S. H.: Middle Eastern Mythology. 1963.
Hrozny, B.: Hethitische Keilschrifttexte aus Boghazköy. 1919.
Hussey, M. I.: Sumerian Tablets in the Harvard Semitic Museum. 1912—15.

Jacobsen, Th.: The Sumerian King List. 1939.
—: Towards the Image of Tammuz. 1970.
—: The Treasures of Darkness. 1976.
Jastrow, M.: Die Religion Babyloniens und Assyriens. 1905.
Jean, C. F.: La religion sumérienne. 1931.
—: Shumer et Akkad. 1923.
Jensen, P.: Assyrisch-Babylonische Mythen und Epen. 1900.
—: Der I(U)ra-Mythus. 1900.
—: Die Kosmologie der Babylonier. 1890.
—: Texte zur Assyrisch-Babylonischen Religion. 1915.
Jeremias, A.: The Old Testament in the Light of the Ancient Near East. 1911.
Jirku, A.: Die älteste Geschichte Israels. 1917.
—: Altorientalischer Kommentar zum Alten Testament. 1923.
Jones, T. B., und Snyder, J. W.: Sumerian Economic Texts from the Third
    Ur Dynasty. 1923.
Josephus, Flavius: Against Apion.
—: Antiquities of the Jews.

Kärki, I.: Die Sumerischen Königsinschriften der Frühbabylonischen Zeit.
    1968.
Keiser, C. E.: Babylonian Inscriptions in the Collection of J. B. Nies. 1917.
—: Patesis of the Ur-Dynasty. 1919.
—: Selected Temple Documents of the Ur Dynasty. 1927.
Keller, W.: The Bible as History in Pictures. 1963
Kenyon, K.: Digging Up Jerusalem. 1974.
King, L. W.: The Annals of the Kings of Assyria. 1902.
—: Babylonian Boundary Stones. 1912.
—: Babylonian Magic and Sorcery. 1896.
—: Babylonian Religion and Mythology. 1899.
—: Chronicles Concerning Early Babylonian Kings. 1907.
—: Hittite Texts in the Cuneiform Characters. 1920—21.
Kingsland, W.: The Great Pyramid in Fact and Theory. 1932—35.
Knudtzon, J. A.: Assyrische Gebete an den Sonnengott. 1893.
König, F. W.: Handbuch der chaldischen Inschriften. 1955.
Köppel, R.: Die neuen Ausgrabungen am Tell Ghassul im Jordantal. 1932.

Kramer, S. N.: Enki and Ninhursag. 1945.
—: Lamentation Over the Destruction of Ur. 1940.
—: From the Poetry of Sumer. 1979.
—: Poets and Psalmists. 1976.
—: Sumerian Literature. 1942.
—: Sumerian Texts in the Museum of the Ancient Orient, Istanbul. 1943—49.
—: Sumerische Literarische Texte aus Nippur. 1961.
Kramer Anniversary Volume. 1976.

Labat, R.: Manuel d'Epigraphie Akkadienne. 1963.
Lambert, W. G.: Babylonian Wisdom Literature. 1960.
Lambert, W. G., und Millard, A. R.: Atra-Hasis, the Babylonian Story of the Flood. 1969.
Langdon, S.: Babylonian Liturgies. 1913.
—: Babylonian Wisdom. 1923.
—: »Enuma Elish« — The Babylonian Epic of Creation. 1923.
—: Excavations at Kish. 1924.
—: Historical and Religious Texts. 1914.
—: Semitic Mythology. 1964.
—: Sumerian and Babylonian Psalms. 1909.
—: The Sumerian Epic of Paradise. 1915.
—: Sumerian and Semitic Religious and Historical Texts. 1923.
—: Sumerian Liturgical Texts. 1917.
—: Sumerian Liturgies and Psalms. 1919.
—: Sumerian and Semites in Babylon. 1908.
—: Tablets from the Archives of Drehem. 1911.
—: Tammuz and Ishtar. 1914.
Langdon, S., und Gardiner, A. H.: The Treaty of Alliance. 1920.
Legrain, L.: Historical Fragments. 1922.
—: Royal Inscriptions and Fragments from Nippur and Babylon. 1926.
—: Les Temps des Rois d'Ur. 1912.
—: Ur Excavations. 1936.
Lepsius, K. R.: Denkmäler aus Ägypten. 1849—58.
Luckenbill, D. D.: Ancient Records of Assyria and Babylonia. 1926—27.
—: Hittite Treaties and Letters. 1921.
Lutz, H. F.: Selected Sumerian and Babylonian Texts. 1919.
—: Sumerian Temple Records of the Late Ur Dynasty. 1912.

Mazar, B.: The World History of the Jewish People. 1970.
Mencken, A.: Designing and Building the Great Pyramid. 1963.
Mercer, S. A. B.: The Tell el-Amarna Tablets. 1939.
Mortgat, A.: Die Entstehung der sumerischen Hochkultur. 1945.
—: Vorderasiatische Rollsiegel. 1940.

Müller, M.: Asien und Europa nach Altägyptischen Denkmälern. 1893.
—: Der Bündnisvertrag Ramses II. und des Chetiterkönigs. 1902.
Müller-Karpe, H.: Handbuch der Vorgeschichte. 1966—68.

Nies, J. B.: Ur Dynasty Tablets. 1920.
Nies, J. B., und Keiser, C. E.: Historical, Religious and Economic Texts and
    Antiquities. 1920.

Oppenheim, A. L.: The Interpretation of Dreams in the Ancient Near East.
    1956.
—: Mesopotamian Mythology. 1950.
Oppert, J.: La Chronologie de la Genèse. 1895.
Otten, H.: Mythen vom Gotte Kumarbi. 1950.
—: Die Überlieferung des Telepinu-Mythus. 1942.

Parrot, A.: The Arts of Assyria. 1961.
—: Sumer — the Dawn of Art. 1961.
—: Tello. 1948.
—: Ziggurats et Tour de Babel. 1949.
Paul Haupt Anniversary Volume. 1926.
Perring, J. E.: The Pyramids of Gizeh From Actual Survey and Measure-
    ment. 1839.
Petrie, W. M. F.: The Pyramids and Temples of Gizeh. 1883—85.
—: Researches on the Great Pyramid. 1874.
—: The Royal Tombs of the First Dynasty. 1900.
Poebel, A.: Historical Texts. 1914.
—: Miscellaneous Studies. 1947.
—: Sumerische Studien. 1921.
Pohl, A.: Rechts- und Verwaltungsurkunden der III. Dynastie von Ur. 1937.
Price, I. M.: The Great Cylinder Inscriptions of Gudea. 1927.
Pritchard, J. B.: The Ancient Near East in Pictures Relating to the Old
    Testament. 1969.
—: Ancient Near Eastern Texts Relating to the Old Testament. 1969.

Quibell, J. E.: Hierkanopolis. 1900.

Radau, H.: Early Babylonian History. 1900.
—: *NIN-IB*, The Determiner of Fates. 1910.
—: Sumerian Hymns and Prayers to the God Dumuzi. 1913.
—: Sumerian Hymns and Prayers to the God Ninib. 1911.
Rawlinson, H.: The Cuneiform Inscriptions of Western Asia. 1861—1909.
Rawlinson, H. G.: India. 1952.
Reiner, E.: Shurpu, A Collection of Sumerian and Akkadian Incantations.
    1958.

Reisner, G.: Sumerisch-Babylonische Hymnen. 1896.

—: Tempelurkunden aus Telloh. 1901.

Renger, J.: Götternamen in der Altbabylonischen Zeit. 1967.

Ringgren, K. V. H.: Religions of the Ancient Near East. 1973.

Roberts, J. J. M.: The Earliest Semitic Religions. 1972.

Roberts A., und Donaldson, J.: The Ante-Nicene Fathers. 1918.

Roux, G.: Ancient Iraq. 1964.

Rutherford, A.: The Great Pyramid Series. 1950.

Saggs, H. W. F.: The Encounter with the Divine in Mesopotamia and Israel. 1976.

—: The Greatness That Was Babylon. 1962.

Salonen, A.: Die Landfahrzeuge des Alten Mesopotamien. 1951.

—: Nautica Babyloniaca. 1942

—: Die Waffen der alten Mesopotamier. 1965.

—: Die Wasserfahrzeuge in Babylon. 1939.

Sayce, A. H.: The Ancient Empires of the East. 1884.

—: The Religion of the Ancient Babylonians. 1888.

Schmandt-Besserat, D.: The Legacy of Sumer. 1976.

Schnabel, P.: Berossos und die Babylonisch-Hellenistische Literatur. 1923.

Schneider, N.: Die Drehem- und Djoha-Texte. 1932.

—: Die Götternamen von Ur III. 1939.

—: Die Götterschiffe im Ur-III-Reich. 1946.

—: Die Siegellegenden der Geschäftsurkunden der Stadt Ur. 1950.

—: Die Zeitbestimmungen der Wirtschaftsurkunden von Ur III. 1936.

Schrader, E.: The Cuneiform Inscriptions and the Old Testament. 1885.

—: Die Keilinschriften und das Alte Testament. 1902.

Schroeder, O.: Keilschrifttexte aus Assur verschiedenen Inhalts. 1920.

Scott, J. A.: A Comparative Study of Hesiod and Pindar. 1898.

Sethe, K. H.: Amun und die Acht Urgötter von Hermopolis. 1930.

—: Das Hatschepsut-Problem. 1932.

—: Urgeschichte und älteste Religion der Ägypter. 1930.

Sjöberg, A. W.: Der Mondgott Nanna-Suen in der Sumerischen Überlieferung. 1960.

—: Nungal in the Ekur. 1973.

—: Three Hymns to the God Ningishzida. 1975.

Smith, S.: A History of Babylon and Assyria. 1910—28.

Smyth, C. P.: Our Inheritance in the Great Pyramid. 1877.

Soden, W. von.: Sumerische und Akkadische Hymnen und Gebete. 1953.

Sollberger, E.: Corpus des inscriptions »royales« présargoniques de Lagash. 1956.

Speiser, E. A.: Genesis. 1964.

—: Mesopotamian Origins. 1930.

Studies Presented to A. L. Oppenheim. 1964.

Tadmor, H., und Weinfeld, M.: History, Historiography and Interpretation. 1983.
Tallquist, K. L.: Akkadische Götterepitheta. 1938.
—: Assyrische Beschwörungen, Series Maqlu. 1895.
Thompson, R. C.: The Devils and Evil Spirits of Babylonia. 1903.
—: The Reports of the Magicians and Astrologers of Nineveh and Babylon. 1900.
Thureau-Dangin, F.: Les cylindres de Gudéa. 1925.
—: Les inscriptions de Shumer et Akkad. 1905.
—: Recueil des tablettes chaldéennes. 1903.
—: Rituels accadiens. 1921.
—: Die sumerischen und akkadischen Königsinschriften. 1907.
—: Tablettes d'Uruk. 1922.

Ungnad, A.: Die Religion der Babylonier und Assyrer. 1921.

Vian, F.: La guerre des Géants. 1952.

Walcot, P.: Hesiod and the Near East. 1966.
Ward, W. H.: Hittite Gods in Hittite Art. 1899.
Weber, O.: Die Literatur der Babylonier und Assyrer. 1907.
Weiher, E. von: Der Babylonische Gott Nergal. 1971.
Wheeler, M.: Early India and Pakistan. 1959.
—: The Indus Civilization. 1968.
Wilcke, C.: Das Lugalbanda Epos. 1969.
—: Sumerische literarische Texte. 1973.
Wilson, J. V. K., und Vanstiphout, H.: The Rebel Lands. 1979.
Wilson, R. R.: Genealogy and History in the Biblical World. 1977.
Winckler, H.: Altorientalische Forschungen. 1897—1906.
—: Altorientalische Geschichtsauffassung. 1906.
—: Sammlung von Keilschrifttexten. 1893—95.
Wiseman, D. J.: Chronicles of Chaldean Kings. 1956.
Witzel, M.: Keilinschriftliche Studien. 1918—25.
—: Tammuz-Liturgien und Verwandtes. 1935.
Woolley, C. L.: Abraham: Recent Discoveries and Hebrew Origins. 1936.
—: Excavations at Ur. 1923.
—: Ur of the Chaldees. 1930.
—: The Ziggurat and Its Surroundings. 1939.

Zimmern, H.: Sumerische Kultlieder aus altbabylonischer Zeit. 1912—13.
—: Zum Babylonischen Neujahrsfest. 1918.

Personenregister

Sachregister

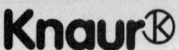